Strategic Management

지속적 경쟁우위를 위한

경영전략론

제 4 판

김승경 저

學山 도서출판
학산미디어

저자 서문

이 책의 초판이 나온 이후 9년 만에 경영전략론 제4판을 펴내게 되었다. 제4판에서는 독자들이 경영전략론에 좀 더 쉽게 접근할 수 있도록 간명하게 그리고 사례인구를 추가하여 보완하였다.

최근 급격한 경영환경의 변화는 시공의 장벽을 뛰어넘어 동조화되고 있다. 2008년 미국 발 글로벌(Global) 금융위기에 더해 2011년에는 유럽의 재정위기, 제4판을 보완하는 2017년 이 순간에도 기존 산업 질서를 송두리째 흔들고 있는 4차 산업혁명의 파도가 모든 기업과 개인을 위협하고 있다. 이와 같은 세계경제의 불확실성과 글로벌 동조화에 대비해 많은 기업들은 여러 가지 시나리오를 마련하고 있다. 이제는 위기관리를 위한 비상경영체제가 일상화되어야 한다는 것이다. 글로벌화의 거센 물결은 국가간의 장벽을 허물면서 전 세계를 하나의 열린 시장으로 변화시켰고, 스마트폰 및 인공지능(AI) 등의 각종 기술혁신은 기업 내의 계층 간 그리고 기능부서간의 장벽은 물론 외부의 협력업체와 나아가서는 경쟁업체와 산업의 장벽까지도 무너뜨리고 있다. 이러한 환경변화는 기업들에게 새로운 위협을 가져다주는 동시에, 기업이 성장할 수 있는 새로운 기회도 제공해 준다고 할 수 있다. 따라서 하루가 다르게 변화하는 환경 속에서 성공적인 기업경영을 추구하려는 경영자들에게 효과적인 경영전략의 수립과 실행은 기업의 생존과 발전을 담보하는 필수불가결한 요소이다. 경영전략은 이러한 불확실한 무한경쟁 시대에 지속적인 경쟁우위를 확보하기 위한 중요한 방법론을 제공해 주기 때문이다.

이 책은 글로벌 무한경쟁 시대에 기업의 성과를 극대화하기 위한 경영전략의 수립과 실행에 있어서 학습자들에게 필요한 기본적인 개념, 이론 및 기법 등을 설명하고, 이를 실제 기업경영에 적용하여 경영전략 수립과 추진 시에 활용할 수 있도록 실전 응용능력을 배양하여, 개인과 조직이 지속적 경쟁우위를 구축하는 데 그 목표를 두고 있다.

이를 위해 저자는 학생 혼자 읽어도 소화할 수 있도록 기업경영과 경영전략 등의 기본적인 개념에서부터 쉽게 시작하여 경영전략의 수립과 실행 및 평가까지 경영전략기획의 프로세스에 따라 일관성 있게 책을 집필하였다. 아울러, 경영전략의 개념 및 이론에 대한 학습뿐만 아니라, 이러한 이론을 응용하여 현업 실무에서 활용할 수 있도록 경영전략에 대한 사례를 연구하고, 또한 실제 업무에 적용할 수 있도록 실전실습 양식도 확충하여 본서에 포함시켰다.

따라서 본서는 대학생들을 위한 경영전략의 교과서로 사용될 수 있을 뿐만 아니라, 현업에 종사하는 경영자 및 실무자들에게도 실용적인 가이드북으로써 유용하게 활용될 수 있을 것이다.

본서는 전체적으로 4개의 주요 부분으로 구분하여, 총 16개장으로 구성되어 있다.

제1부는 각종 경영전략의 수립에 필요한 기초를 다루고 있다. 제1장에서는 경영이 무엇이고 경영전략이 왜 필요한지 그리고 경영전략과 그 과정을 왜 학습해야 하는지를 살펴보고, 제2장에서 경영전략의 개념과 학문적 발전과정을 학습한 다음, 제3장에서 기획의 개념과 경영전략기획의 프로세스를 고찰한다.

제2부는 경영전략 수립에 필요한 여러 가지 다양한 이론과 기법들을 경영전략기획의 프로세스에 따라 체계적으로 설명한다. 제4장에서 목적지향적 사고로 바람직한 모습을 구상하는 미션(사명) 및 비전의 수립을, 제5장과 제6장에서 기업 내외부의 환경분석을 통한 상황분석을, 제7장에서 목표 설정의 의미와 방법을, 이어서 제8, 9, 10장에서는 사업부수준과 기업수준의 전략 및 일상생활에서도 활용할 수 있는 각종 범용적 경영전략 대안의 도출기법을, 그리고 제11장에서 액션플랜(Action Plan) 및 일정화 등의 세부 실행계획 수립을 살펴본다.

제3부에서는 구체적으로 경영전략 실행 시의 고려할 사항과 경영전략 수행과정 및 평가에 필요한 이론과 기법을 살펴본다. 제12장에서 기업문화의 개념과 환경변화에 따른 적응 및 경영자의 역할을, 제13장에서는 다양하게 활용되고 있는 각종 경영혁신 기법들을 제시하고, 그리고 14장에서는 균형성과표의 개념과 이를 활용한 관리 프로세스를 설명한다.

끝으로 제4부에서는 실전 응용능력을 배양하고 기업 실무에서 바로 활용할 수 있도록, 경영전략기획 실습과 사례연구로 구성한다. 제15장에서 기업 경영전략의 기획과 성공적 인생기획 실습을, 제16장에서는 학습자들의 벤치마킹(Benchmarking)을 위해 여러 가지 다양한 경영전략을 기획한 사례를 연구한다.

경영전략론 제4판을 펴내면서도 처음 생각하였던 목표에 비해 미흡한 부분이 많이 있다고 판단되며, 앞으로 본서를 사용하는 독자들의 기탄없는 비판을 받아들여 더욱 보완할 기회를 갖고자 한다.

마지막으로 본서가 제4차 산업혁명의 시대에 21세기 기업을 이끌어 나갈 학생들과 현재 기업에서 경영전략을 수립하고 실행하는 경영자들에게 많은 도움이 될 수 있기를 기대한다. 아울러 이 책을 출판하는 데 혼신의 힘을 쏟아주신 학산미디어 사장님과 관계자 여러분께 감사드린다.

2017년 8월

관악산을 바라보며 연구실에서

저자 김승경

e-mail : skk@daelim.ac.kr

차례

차례

차례

PART 1

경영전략 기초

CHAPTER

01

경영과 경영전략

제1절 경영이란

경영학에서 연구하는 기업은 주로 영리기업이다. 따라서, 경영학에서 기업이란 최소 자원으로 최대 효과를 산출함으로써 이윤을 극대화하기 위하여, 인력, 물자, 자본 등 여러 경영자원을 조합하여 제품을 만들거나 서비스를 제공하는 기관을 일컫는다.

아울러, 경영이란 '경영자가 조직의 목적을 설정하고, 그 목적을 달성하기 위하여 전략을 결정하며, 그 전략을 효율적으로 집행하기 위하여 관리 · 운영하는 동태적 과정'을 말한다.

여기서 조직이란 '특정한 목적 · 목표를 달성하기 위하여 위계구조를 지닌 2개 이상의 구성요소 및 외부환경과의 상호 유기적인 관계를 지닌 단위체(system)'라 할 수 있다.

도표 1-1 조직의 형태

조 직	정 부	• 중앙정부 - 행정부, 사법부, 입법부, 군대 등 • 지방정부 - 시청, 도청, 군청, 각급 교육위원회 등
	기 업	• 공기업 - 한국토지주택공사, 한국가스공사, 한국도로공사 등 • 영리기업 - 합명회사. 합자회사, 유한회사, 주식회사 등 • 비영리기업 - 재단법인(학원, 병원 등)
	가 계	• 1인 가계, 핵가족, 3세대 가족 등

인간사회에는 〈도표 1-1〉에서 보는 바와 같이 기업뿐만 아니라 정부 및 가계와 같은 조직이 있다. 또한 정부는 크게 중앙정부와 지방정부로 구분할 수 있으며, 기업 중에서도 공기업, 영리기업, 비영리기업 등 여러 가지 조직이 존재한다.

각 조직 형태별 목적 및 구성요소 등을 살펴보면 〈도표 1-2〉와 같다. 각 조직은 사회 내에서 자신이 가지고 있는 역할에 따라 제각기 다른 목적을 추구하게 된다. 정부(국가)의 목적은 국민의 안녕과 복지라고 할 수 있으며, 또한 사기업은 이윤극대화가 조직의 궁극적인 목적이고 공기업의 목적은 공익실현이며, 가계(가정)의 목적은 행복이라고 할 수 있다. 정부, 기업, 가계 등 세 가지의 조직 목적 가운데 경영학에서 주된 관심을 갖는 조직은 기업이며, 그 중에서도 영리기업이라고 할 수 있다.

경영은 여러 가지 종류의 조직이 가진 각각의 성격이나 목적의 특수성과 관계없이 모든 조직에 공통적으로 적용할 수 있는 요소를 추출한 개념이다. 과거에는 경영을 관리라고 불렀고, 오늘날에도 공기업, 학교, 병원, 가계와 같은 조직에 대해서는 경영 대신에 관리라는 표현을 흔히 사용하고 있다. 그러나 관리는 전략과 운영이라는 중요한 요소를 포함하고 있지 않다는 점에서 경영과 엄격히 구분되어야 한다.

도표 1-2 조직 형태별 비교

조직명	정 부	기 업		가 계
		영리기업	공기업	
목 적	국민의 안녕과 복지	이윤극대화 (고객만족)	공익실현 (수지균형)	행복
구성 요소	국민	주주, 임직원	정부, 임직원	가족
외부 환경	세계 각국	고객, 타기업	사회의 다양한 이해관계자	기업, 정부
System 중 Process	조세징수 → 집행 → 국민만족	투자유치 → 사업기획 → 상품제공 → 이익	정부출연 → 공익사업진행 → 국민만족	가계소득 → 생활 → 행복

경영이 무엇인가를 이해하기 위한 방법의 하나로 그 내용을 전략, 관리 그리고 운영이라는 세 가지 활동으로 나누는 3분법이 흔히 사용된다.

여기에서 전략이란 조직의 사회적 역할에 따라 목적을 설정하고, 그 목적을 달성하기 위하여 외부환경으로부터 주어지는 기회를 내부의 능력으로서 포착하는 커다란 수단 · 방법을 의사결정하는 활동을 말한다. 관리란 결정된 전략을 집행하는 데 투입되는 자원을 최소화(능률추구)하거나 주어진 자원을 이용하여 추구하는 목표의 달성도를 최대화(효과추구)하는 활동, 또는 이두가지를 동시에 추구하는 활동을 말한다. 그리고 운영이란 관리적 활동을 사전적으로 정해진 방식과 체계에 따라 수행하는 것을 말한다.

전략은 일회적 비일상적인 의사결정이 요구되는 까닭에 정형화하기 어려운 반면, 운영은 반복적이고 일상적인 활동이므로 매뉴얼(manual)화할 수 있으며, 관리는 그 중간적인 성격을 갖는다.

전략이 경영에서 중요한 내용으로 부각된 오늘날에는 경영과 관리를 같은 개념으로 쓰는 것은 옳지 않으며, 전략을 경영의 중요한 요소로 받아들여야 한다.

다만 논리적으로는 경영을 전략, 관리, 운영이라는 세 가지 개념으로 나누어 볼 수 있지만, 실제로는 그 구별이 어렵거나 조직체의 상대적 위치에 따라 분류가 바뀔 필요가 생긴다. 그러므로 경영의 내용을 전략, 관리, 운영이라는 세 가지 개념으로 획일적으로 나누어 모든 조직에서 그대로 받아들이는 것은 바람직하지 않다.

경영자란 조직의 전략, 관리 및 운영 활동을 능동적으로 주관하는 사람으로 조직의 수직적 체계에서 놓여진 위치에 따라 최고경영자, 중간경영자, 그리고 하부경영자로 나누어진다.

일반적으로는 최고경영자는 회장에서 이사까지, 중간경영자는 특정부문을 책임지는 부장에서 과장까지, 하부경영자는 특정한 책임을 지지 않는 대리급 이하로 불리는 것이 보통이다. 그러나 조직체의 어느 위치에서 어느 위치까지가 최고 경영자이고 또 어느 위치에서 어느 위치까지가 중간 경영자 그리고 어느 위치에서 부터가 하부경영자라고 획일직으로 단정해서는 안 된다. 왜냐하면 이들 경영자는 그 위치가 어디이든지 위에서 설명한 경영상의 활동(즉 전략, 관리, 운영)을 공통적으로 수행하기 때문이다.

다만 최고경영자는 자신의 활동 중 전략에 가장 큰 비중을, 그리고 관리 및 운영에 약간의 노력과 시간을 할애하는 반면, 중간경영자는 관리에 가장 큰 비중을 두고 전략, 운영에는 작은 비중을 둔다. 그리고 하부경영자는 운영에 가장 큰 비중을 두고 관리와 전략에는 상대적으로 낮은 참여를 하게 된다.

경영은 조직의 목적을 달성하기 위하여 여러 자기 자원을 복합적이고도 유기적인 방식으로 결합시키는 활동이다. 이러한 경영활동은 크게 PDS, 즉 사전적 활동인 계획(plan) – 현장 활동인 실행(do) – 사후적 활동인 평가(see)의 과정으로 정리할 수 있다. 또한 사후적 활동은 다음 경영의 사전적 활동에 대한 기초가 된다는 점에서 연결고리를 이룬다. 즉, 평가를 해보면 성공적으로 잘한 측면도 나올 수 있고, 실패한 측면도 나올 수 있는데, 성공점은 강화하고 실패점은 개선하는 피드백(feedback)과정을 거치게 되는 것을 말한다. 이러한 의미에서 경영이란 여러 가지 경영요소가 수평적으로 분화된 활동이 아니라 동태적으로 결합된 과정이라고 볼 수 있다.

제2절 경영전략의 필요성

원래 경영학이란 관리의 개념에서 출발하였다. 또한 기업경영의 활동은 기업의 기본적 기능인 생산과 마케팅을 포함하여 인사, 재무, 회계 등 여러 가지 기능별로 구성되어 있다. 따라서 경영학은 생산운영관리, 마케팅관리, 재무관리 등의 기능별 학문으로 발달되어 왔으며, 그렇기 때문에 기능별로 얼마나 효율적인 경영을 하느냐에 관심을 가지게 되었다. 즉 종래의 경영자들은 자사의 목표를 수립하고 이를 달성하기 위하여 생산, 마케팅, 인사, 재무, 회계 등 기업이 보유한 자원을 관리하는데 초점을 맞추었다. 그러나 생산운영전략, 마케팅전략, 재무전략 등의 경우처럼 단순히 기능별 경영만을 잘한다고 해서 전체 기업경영이 잘 된다고는 말할 수 없다.

기업은 궁극적인 목표인 이윤극대화를 위해 매출액을 극대화시키거나 원가를 극소화시키고자 한다. 다시 말해서 매출을 증대시키거나 원가를 절감하는 활동을 통해 이윤을 극대화하는 노력을 하는 것이다.

그런데 매출증대와 원가절감이라는 두 방안은 동시에 달성하기가 곤란할 뿐 아니라 부문이나 부서간의 갈등을 야기하기도 한다. 예컨대 생산부문의 담당자는 이윤극대화라는 기업의 목표를 달성하기 위하여 매출액 증대보다는 원가를 절감하기 위한 생산 방향과 방법을 모색할 것이다. 반면, 마케팅 부문의 담당자는 판매비용을 줄여 원가를 절감하기 보다는 비록 원가가 더 많이 들지라도 판매를 늘릴 수 있는 방안을 채택하려고 할 것이다. 이러한 갈등은 생산 · 판매 회의에서 흔히 재현될 수 있는데, 생산책임자는 원가절감을 위해 생산 품목을 줄이자고 주장하는 반면, 판매책임자는 고객의 다양한 욕구를 충족시키기 위해 오히려 판매 품목을 더 늘려야 한다고 주장한다. 어느 책임자의 의견이 옳은가? 두 사람 의견이 다 맞다. 두 사람 모두 궁극적으로는 이윤극대화를 목적으로 하고 있기 때문이다. 그러나 그 목적을 추구하는 방법에 있어서는 의견을 달리하고 있는 것이다. 이와 같은 생산관리 담당자와 마케팅관리 담당자간의 갈등은 각자가 지닌 역할의 차이에 의해서 발생하는데, 이러한 갈등은 재무와 인사 부문, 또는 라인부서와 스태프부서와 같은 관리부문 사이에서도 갈등이 빈번히 일어나고 있다.

그렇다면 이와 같이 기업 내부의 부문 및 부서 간에서 발생하는 문제는 어떻게 해결해야 하는가? 이와 같은 갈등은 각 부문 및 부서의 담당자 사이에서 해결될 문제가 아니다. 그들의 상급자(일반적으로 최고경영자인 사장)나 총괄부서에 의해 전사적인 차원에서 해결되어야 할 문제다. 이때 전사적인 차원이라 함은 현재와 미래의 시장수요뿐 아니라 그 기업이 가지고 있는 기술, 자금, 경영관리능력 등을 감안한 것이다. 그리고 여기에서 더 나아가 기업의 안정과 성장 간의 균형 등의 장기적인 회사의 목표, 아울러 기업의 가치관, 경영자의 철학 등을 포함한 기업문화 등을 모두 고려하여야 한다는 것을 의미한다.

이러한 맥락에서 볼 때, 단순히 관리만을 잘 한다고 해서 기업경영이 잘 된다고 말할 수 없는 것이다. 다시 말해서 조직의 목적 · 목표를 설정하고, 각 관리부문의 갈등을 전사적인 관점에서 조정하여 해결하는 활동인 경영전략이 마치 주택의 지붕과 같이 관리의 상위개념으로서 기업경영에 포함될 때, 비로소 기업은 일관된 목표를 가진 경영활동을 하므로써 궁극적인 목적인 이윤극대화에 가까이 갈 수 있는 것이다.

더욱이 1973년의 오일쇼크, 1997년의 외환 위기에서부터 2008년 미국의 서브프라임모기지 사태로 인한 세계적 금융위기 등에서 두드리지게 나타난 특징인 환경의 급격한 변화와 이로 인한 국경 없는 지구촌 전반에 거친 '불확실성 시대(the age of uncertainty)'의 전개는 급격한 환경변화에 선제적 · 능동적으로 대처할 수 있는 기업만이 지속적으로 존속 · 발전할 수 있다는 교훈을 주었다. 반면에 1960년대까지의 확실성시대의 기업경영 패턴을 답습하여 효율성을 추구하는 관리활동의 수행만을 경영의 전부로 알던 경영자들은 실패의 쓰라림을 맛볼 수밖에 없게 된 것이다.

따라서 관리활동의 상위개념 내지는 기본전제로서 환경의 급격한 변화에 적응하여 회사의 기본전략을 결정하는 전략적 의사결정능력이 모든 경영자의 필수적인 자격조건이 되고 있다. 아울러, 불확실한 기업환경에 대응하여 변화하는 고객의 선호에 맞게 기업의 방향을 정립하고 활동하는 전략적 경영의 필요성이 대두되고 있다.

환경이 동태적으로 변화할 때 기업의 성패는 효율적인 관리보다 선택한 전략이 얼마나 환경에 적응하느냐에 따라 좌우된다는 것을 알 수 있다. 따라서 1973년의 오일쇼크를 계기로 전략의 중요성에 새삼 눈을 뜨게 된 미국의 경영학계에서는 1970년대 중반 이후 '경영정책(business policy)' 또는 '경영전략(business strategy, strategic management)'을 필수과목으로 채택하게 되었다. 세부적인 내용은 후술하겠지만, 경영전략이란 기업의 목적 · 목표를 달성하기 위해 기업의 내외부 환경을 분석하여 희소한 경영자원의 최적 배분을 통하여 기업의 경쟁우위를 창출하고 유지하는 주요한 의사결정을 말한다.

제3절 경영전략과 그 과정을 배워야 하는 이유

학생들은 경영전략과 그 기획 과정에 대해 왜 배워야 하는지 의문을 가질 수도 있는데, 그 이유는 전략을 선택하는 사람들은 기업의 중간경영자 이상으로, 학생들이 취업해서 그 지위에 오르려면 대개 적지 않은 시간이 지나야 하기 때문이다. 그렇다면 학생들이 경영전략과 그 기획 과정에 대해 지금 배워야 하는 이유는 무엇일까?

이에 대해 적어도 네 가지 이유를 찾아볼 수 있다.

첫째, 경영전략과 그 기획 과정은 학생 여러분을 고용하는 기업의 전략을 분석할 수 있는 기법을 제공하기 때문이다. 여러분 직장에서의 성공여부는 그 기업의 경쟁우위에 의해 결정나게 되는데, 성공적인 기업을 선택하여 직장생활을 하기위해서는 그 기업이 어떻게 경쟁우위를 획득하는가에 대한 이론을 이해하는 것이 중요하다. 즉, 경쟁우위의 원천이 되지 못하는 전략을 가진 기업들은 경쟁우위의 원천이 될 수 있는 전략을 가진 기업보다 여러분에게 좋은 기회를 제공하지 못할 것이기 때문이다. 이렇게 기업을 구분할 수 있는 여러분의 능력은 경력관리에 매우 중요하다.

둘째, 여러분이 어느 기업을 선택한 다음에는 개인적인 성공을 위해 해당 기업의 전략과 그 실행과정에서의 자신의 역할을 이해하는 것이 매우 중요하다. 기업이 추구하는 전략에 따라 여러분이 수행하는 역할이나 기능에 대해 기업이 기대하는 것이 변할 가능성이 높기 때문이다. 예컨대, 여러분이 같은 회계기능을 수행하더라도 저원가 전략을 추구하는 기업과 차별화 전략을 추구하는 기업에서의 회계기능 담당자의 역할은 다른 양상을 띤다. 물론, 생산운영, 마케팅, 연구개발 및 인력관리 등 여러 경영기능 또한 다른 역할을 기대한다. 따라서 여러분이 속한 기업의 전략을 잘못 이해하고 있다면 여러분이 수행하는 회계, 재무 및 마케팅 업무의 효과성은 매우 저조할 것이다.

셋째, 대기업에서는 소수의 경영자들만이 경영전략 선택의 기능에 관여하게 되지만, 중소규모 또는 스타트업 기업에서는 더 넓은 범위의 종업원들이 전략경영 과정에 참여하게 된다. 만일 여러분이 이와 같은 중소규모 또는 스타트업 기업에서 일하게 된다면, 여러분은 경영전략을 선택하거나 전략경영 과정을 실행하는 직무를 수행할 가능성이 매우 높다. 이러한 상황에서 여러분이 경영전략을 선택하거나 실행하는 데 유용하게 쓰이는 전략적 개념을 숙지하고 있는 것은 여러분 개인 경쟁력은 물론 조직 경쟁력에도 큰 도움이 될 것이다.

마지막으로, 가장 중요한 학습이유라고도 볼 수 있는데, 경영전략의 개념과 기획 프로세스의 학습 및 그에 따른 사고력 개발은 각자에게 가장 중요한 여러분의 인생을 성공적으로 사는

데 큰 도움을 준다. 특히, 본서에서 추천하는 전략적 기획의 프로세스는 조직이든, 개인이든, 회사업무기획이든, 심지어 성공적인 인생기획에도 범용적으로 활용할 수 있는 강력한 기법이기 때문이다. 그 증거를 보여주기 위해 본서 15장에 성공적 인생기획의 실습을 위한 양식과 그 작성법을 설명하였으니, 성공적인 인생기획을 위해 반드시 완성하여 활용하기를 바란다. 아울러, 지면의 제약으로 인해 본서에 포함하지 못한 실제 인생기획사례가 필요한 독자는 연락주기를 바란다.

CHAPTER

02

경영전략이란?

제1절 경영전략의 개념

전략(strategy)이라는 용어의 원천은 고대 그리스 시대에 알렉산더(Alexander)대왕이 영토 확장을 위한 전쟁계획과정에서 시작된 용어이다. 전쟁전략(the battle strategy)이라는 용어는 알렉산더대왕이 그리스 문화의 영향을 받고 있는 마케도니아(Macedonia)를 점령할 계획을 갖고 공격준비를 완료한 후 근린동맹평의회(Amphictyonic Council)에 승인을 받기 위한 연설과정에서 처음 사용했다고 한다. 그 후 전략이라는 용어는 레닌(Lenin; 1927)과 나폴레옹(Napoleon; 1940) 및 모택동(Mao Tse-Tung;1967) 등이 자주 사용하였다는 기록이 있다.

전략이 군사전략(military strategy)이라는 용어에서 유래되었다는 관점에 따라 '전략은 일반적으로 전쟁의 효율적인 목적(승리)이나 목표를 달성하기 위해 상대방(적)의 대응책을 고려하여 유리한 대비책을 구축하고 전체적인 행동의 방향을 결정하는 행위'라고 정의할 수 있다.

경영학에서는 전략이라는 용어를 인용하여 경영전략(business strategy) 또는 전략경영(strategic management)이라는 용어를 쓰고 있는데, 이 경영전략의 용어는 변화하는 기업환경 속에서 기업의 안정과 성장을 위해 환경에 적응 및 대응하기 위한 방향설정과 그 수단 선택에 관한 의사결정이라고 정의할 수 있다. 그러나 경영전략에 대한 정의는 학자마다 다르고 아직까지 통합적인 견해는 나타나지 않았지만, 여기에서는 그 동안에 연구된 전략개념에 대해 설명하고자 한다.

1 전략에 대한 다양한 정의

① 의사결정이 긴밀하게 결합 · 통일되어 있는 통합의 패턴이다.

② 장기적인 목표들, 행동 프로그램들, 자원배분의 우선순위로 조직의 목적을 결정하고 나타내는 것이다.

③ 조직이 현재 있거나, 있어야만 하는 사업을 선택하는 것이다

④ 환경의 기회와 위협들에 조직의 강점과 약점들을 적절히 반응함으로써 사업에 있어 우위를 성취하려는 기업의 시도이다.

⑤ 이해관계자들에게 주려고 하는 경제적 · 비경제적 공헌들의 본질을 정의하는 것이다.

⑥ 목적달성의 중요도와 실행가능성이 높은 과거 및 남과 다른 차별화 된 수단이다.

⑦ 사람, 돈, 물자, 시간 등 자원배분의 기준으로 전략적으로 중요한 것에 자원을 더 많이 배분한다.

이 외에도 학자에 따라 다음과 같이 여러 가지 정의가 있다.

① **Chandler(1962)는**

'전략은 조직의 가장 근본적인 장기 목적과 그 목적을 이루기 위해 어떤 행동방식을 취할 것인가 하는 것, 그 목적을 달성하는데 필요한 자원의 배분을 결정하는 것이다.'라고 정의한다. Chandler의 정의는 전략이 조직의 목표와 이를 달성하기 위한 수단, 또한 전략의 수립과 실행의 측면을 모두 포괄한다고 보고 있다. 목표는 장기적이어야 하며 또한 기업에 있어서 가장 근본적인 것이기에 조직에 미치는 영향이 크다.

② **Andrews(1987)는**

'전략은 기업이 성취하고자 하는 목적, 목표, 정책, 그리고 계획들, 기업이 관여하고자 하는 제품—시장의 영역(product—market domain), 그렇게 결정된 제품—시장영역에서의 경쟁방식을 결정하는 의사결정의 유형(pattern of decision)이다.'라고 정의한다. Andrews의 정의는 전략이란 어디서 무엇을 가지고 어떻게 경쟁할 것인가에 대한 구체적인 계획의 과정에서 수립되는 의사결정의 결과로 보고 있다.

③ **Mintzberg(1978)는**

'전략은 조직에서 일어나는 일련의 주요 의사결정이나 행동에서 나타나는 어떤 유형이다.'라고 정의한다. Mintzberg는 기존의 전략에 대한 개념과는 다른 차원에서 전략이 일련의 점진적인 의사결정의 산물로서 전략은 조직 활동의 과정에서 자연스럽게 표출되는 것으로 모든 조직에는 전략이 있다고 말한다.

④ **Hofer & Shendel(1978)는**

'전략은 환경의 제약 하에서 목표달성을 위해 조직이 사용하는 주요 수단으로서 환경과 자원동원의 상호작용 유형이다.'라고 정의한다. 이 정의는 전략이 목표와 수단을 포괄하는 개념이 아닌 전략을 단지 목표달성을 위한 수단에 한정하고 있다. 목표설정과 전략수립은 상호관련성이 있지만 구별되는 개념이라는 것이다. 또한 환경의 중요성에 대해 강조하면서 환경과 내부자원의 전략적 적합의 결과로서 전략의 개념을 정의하고 있다.

⑤ **Glueck(1980)는**

'전략은 기업의 기본적인 목표를 달성하기 위한 종합적인 활동계획이다.'라고 정의한다. 이는 전략이 일상적인 업무나 기능별 활동과는 구별되는 미래지향적이며 통합적인 측면을 강조하는 것이다.

⑥ **Ohmae(1988)는**

'전략의 핵심은 고객을 위한 가치창출에 있다.'라고 정의한다. 이는 경쟁우위는 결국 자사가 제공하는 고객에 대한 가치가 경쟁사보다 뛰어날 때 발생한다고 보고, 고객을 위한 가치창조를 강조하는 개념이다.

⑦ **Porter(1996)는**

'전략은 기업의 경쟁우위를 구축하고 구체적인 경쟁방식을 선택하는 의사결정이다.'라고 정의한다. 이는 경영전략의 상대성 및 경쟁우위의 중요성을 강조하는 것으로 전략은 기업들이 자신을 둘러싸고 있는 경쟁환경 하에서 경쟁우위를 구축하고 생존하기 위해서 환경에 대한 분석을 통해 자신의 본원적 위치를 결정하는 과정으로 이해하고 있다.

⑧ **Barney(1997)는**

'전략은 한정된 경영자원을 효과적으로 배분하는 의사결정의 패턴이다.'라고 정의한다. 한정된 경영자원을 어떤 사업이나 활동에 집중할 것인가라는 개념은 전략을 경영성과를 결정하는 중요한 의사결정이라고 보는 개념으로, 전략의 개념을 외부환경 의존적인 관점에서 내부자원 또는 역량에 대한 관점으로 전환시킨 것이다.

이와 같이 수십 년 동안 많은 학자들이 전략의 개념에 대하여 많은 관심을 기울여 왔지만, 대부분 전략이라는 복잡한 개념에 대해서 서로 다른 일면 만을 강조해 온 것으로 보인다. 따라서 지금까지의 어떠한 전략개념도 보편적 정의를 이끌어내지는 못했다.

공통적인 경영전략의 개념은 '기업의 목적(경쟁우위)을 달성하기 위한 중요하고도 실행가능성이 높은 커다란 방법'이다. 간단히는 '경쟁에서 이기는 방법'이라고도 할 수 있다. 커다란 방법이라 한 것은 대개의 경우 전략이 중요하다는 것에는 동의하는 데 아직도 목적처럼 애매하여 좀 더 구체화 할 필요가 있다는 의미다. 또한 작은 수단은 전략이라 하지않고 전술 또는 전법이라고 하기 때문이다. 커다란 전략은 보다 구체적인 수단, 방법으로 세분화 할 필요가 있는데 이를 전술이라 한다. 실제 기업에서는 전술이라는 표현보다는 액션플랜(Action Plan, 실행계획, 실천방안, 행동계획)이라는 용어를 흔히 사용한다. 다시 한번 전술을 목적으로 간주하고 그것의 보다 구체적 수단, 방법을 정한 것은 전법이 될 수 있다.

그렇다면 좋은 전략이란 어떠한 전략을 말하는지 좋은 전략의 요건을 살펴보자.

무엇보다도 먼저 '목적달성의 중요도'이다. 다시 말해서 이러한 수단 · 방법을 수행하면 틀림없이 목적이 달성될 것 같다는 확신이 들어야 좋은 전략이며, 전략의 필수 요건이다.

둘째, '실행가능성'이다. 해당 전략이 우리 조직이나 내가 실행이 가능해야 한다.

셋째, '차별성'이다. 해당 전략이 과거의 것과 또는 다른 사람의 것과 달라야 하며, 창의적일수록 좋은 전략이다.

넷째, '고질적 문제해결 가능성'이다. 해당문제의 고질적인 원인을 이 전략이면 확실히 해결할 수 있다는 확신이 서야 좋은 전략이다.

다섯째, '장애요인제거 가능성'이다. 미래의 성공이나 목적달성에 장애가 예상되는 것, 즉 마음에 몹시 걸리는 장애요인이 제거될 수 있다는 확신이 서는 것이 좋은 전략이다.

2 전략의 종류

전략을 시간(Time)에 따라 분류하면 장기전략, 중기전략, 단기전략으로 구분할 수 있고, 장소(Place)에 의해 구분하면 세계시장전략, 국내시장전략으로 나눌 수 있으며, 입장(Occasion)에 따라 분류하면 국가전략, 기업전략, 부문 · 본부전략, 부서전략으로 구분할 수 있다.

SWOT분석이란 내부환경의 강약점 분석과 외부환경의 기회 · 위협 분석을 통하여 전략을 도출하는 기법이다. 이러한 SWOT분석을 활용하면 전략 도메인(Domain, 생존영역, 사업영역)과 실행전략으로 구분할 수 있는데, 그 예를 들어 구체적으로 설명하면 다음과 같다.

우리 역사상의 3대 대첩은 을지문덕 장군의 살수대첩, 강감찬 장군의 귀주대첩, 이순신 장군의 한산대첩이다. 이 3대 대첩의 공통점은 세 장군이 전략적 사고를 했다는 점이 될 것이다. 아군과 적군의 강약점을 살핀 후 어디서 싸워야 우리 편이 유리한가, 구체적으로 어떻게 싸워야 하는가를 정한 후 전투에 임했다. 아군이 유리한 싸움터를 전략 도메인이라 하며 싸우는 방법을 실행전략이라 하는데, 전략은 이처럼 전략 도메인과 실행전략으로 나누어 볼 수도 있다. 이순신 장군의 한산대첩의 경우에는 한산도 넓은 바다가 그 당시의 전략 도메인이고, 학익진이 실행전략이 될 것이다. 그리고 을지문덕 장군의 살수대첩에서는 전략 도메인과 실행전략이 살수와 둑방이 될 것이다.

이것을 인생에 적용하면 성공하기에 유리한 직업이나 종사분야가 전략 도메인이 되고, 그러한 직업이나 종사분야에서 성공하기 위한 구체적 방법이 실행전략이 된다. 한편, 기업경영에 응용하면 경쟁력 있는 주력 사업영역이 전략 도메인이 되며, 전략적 제휴나 품질혁신 등과 같은 사업방법이 실행전략에 해당된다.

조직에서 여러 가지 위계수준들은 기업의 전략을 정의하는 데 주요한 역할을 할 뿐만 아니라 각기 수준에 맞는 경영책임을 가진다. 경영자가 당면하는 의사결정 수준과 범위에 따라 전략을 구분하면, 〈도표 2-1〉과 같이 기업전략, 사업(부)전략, 기능별전략으로 나누어진다. 경영전략 분야에서 주로 다루는 것은 기업전략과 사업전략으로, 이러한 전략들을 자세히 살펴보도록 하자.

도표 2-1 의사결정 수준에 따른 전략의 분류

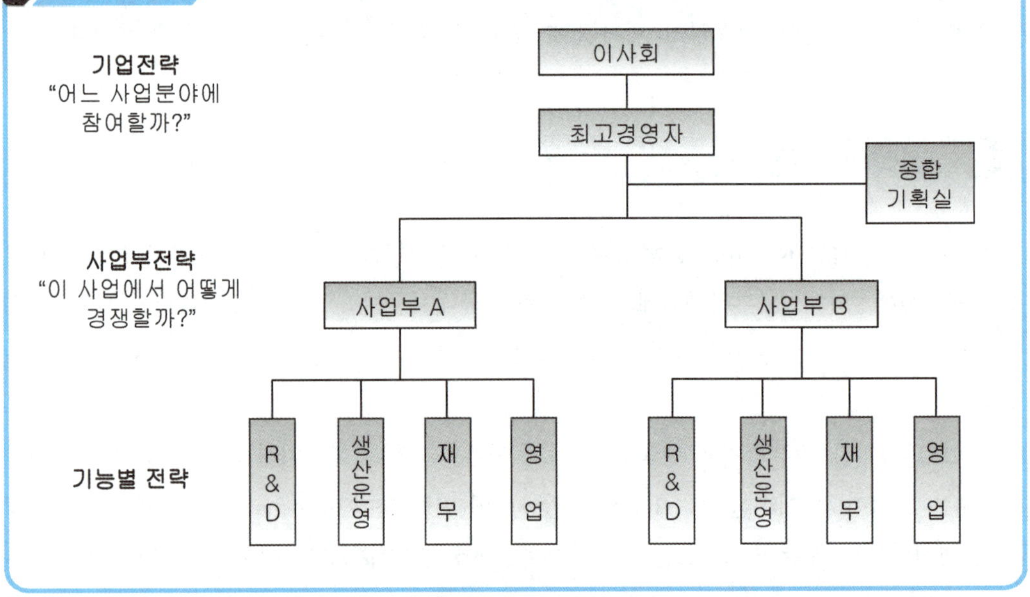

기업전략(corporate strategy)은 기업 전체적으로 참여할 사업영역을 결정하며, 사업전략(business strategy)은 개별 사업(본)부 내에서의 경쟁전략을 다룬다.

기업이 성과를 높이기 위해서는 다음 두 가지 요소를 고려해야 한다. 첫째, 구체적으로 어떤 사업분야에 들어가서 경쟁을 할 것인가를 정한다. 둘째, 그 사업분야에서 구체적으로 어떻게 경쟁을 해서 수익률을 높일 것인가를 결정한다. 첫 번째 문제가 '기업수준의 경영전략'이고, 두 번째 문제가 '사업(부)수준의 경쟁전략'에 해당한다. 〈도표2-2〉는 이러한 기업전략과 사업전략의 차이점을 대비시키고 있다.

기업전략은 그 기업이 경쟁하는 시장과 산업의 범위를 결정한다. 즉 기업전략은 다각화, 수직적 통합, 기업인수합병, 해외사업진출과 같은 신규사업 또는 시장의 진출과 같은 결정이나 각 사업분야에 경영자원을 배분하고 기존 사업부문에서의 탈퇴와 같은 결정을 의미한다. 이에 반하여 사업부전략은 기업이 각각의 시장에서 경쟁하는 구체적인 방법을 다룬다. 기업이 경쟁에서 이기려면 경쟁대상 기업보다 경쟁우위에 설 수 있는 전략이 필요하다. 그 경쟁우위를 확보하고 유지하는 전략이 사업수준의 경쟁전략이다.

도표 2-2 기업전략과 사업전략의 차이

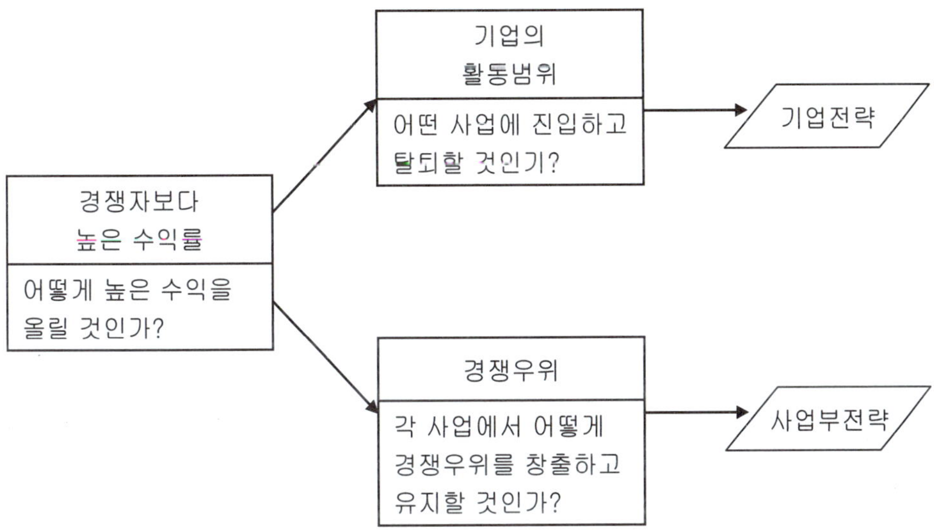

기업경영의 전략을 기업전략과 사업전략으로 나누는 것은 기업이 여러 사업에 참여하고 있는 다각화기업이라는 것을 전제하고 있다. 만일 기업들이 다각화되어 있지 않고 단일 품목만을 취급하면 사업전략과 기업전략을 따로 구분해야 할 필요성은 없어진다. 단일업종 기업에게는 사업전략이 곧 기업전략과 같이 때문이다.

그리고 본서에서는 다루지 않지만 각각의 사업부수준에서 보다 하위수준의 전략은 개별사업부 내에 있는 기능별 조직, 즉 R&D(연구개발), 생산, 마케팅, 인사, 재무 등에서의 기능별 전략이다. 기능수준에서는 경쟁우위를 유지하는 데 필요한 연구개발, 생산, 마케팅, 인적자원, 재무, 조달, 유통, 판매 등에 있어서 필요한 기능적인 능력들을 개발하는 핵심적인 활동을 다루게 된다. 즉 기능별 전략은 기업수준의 전략과 사업부수준의 경쟁전략이 수립된 이후,

각각의 제품기획, 영업활동, 자금조달 등 기능별 분야에서 세부적인 수행방법을 결정한다. 이러한 기능별 전략은 경영전략분야에서 다루지 않고 각각의 생산, 마케팅, 인사, 재무 등의 기능별 학문분야에서 연구한다.

이와 같이 기업전략, 사업부전략, 기능별 전략은 조직의 다른 수준에서 이루어진다. 기업전략은 대체로 최고경영자와 기업의 종합기획실 같은 스탭조직에서 이루어지고, 사업부전략은 각 기업의 개별사업부단위에서 수립되고 시행된다. 기능별 전략은 대부분 사업부전략이 수립된 이후 각각의 기능별 조직에서 실시된다.

제2절 경영전략의 발전과정

전술한 바와 같이 전략이라는 용어는 원래 병법(兵法) 또는 군사학에 그 근원을 두고 있다. 서양에서 알렉산더대왕이 전략이라는 용어를 사용한 것과 같이 동양에서도 일찍이 손빈이 기원전 360여 년 전에 손자병법을 서술하였다.

물론 전쟁과 기업간의 경쟁을 동일시하기는 어렵지만 상당히 유사한 점도 많다. 예컨대 기업과 군대는 모두 인력, 자본, 장비, 기술을 보유하고 경쟁에 임하고 있고, 외부환경의 변화에 영향을 받고 있으며 경쟁기업이나 경쟁국가의 행동에 대해 민감하게 대응해야 하는 것이다. 뿐만 아니라 구체적인 경쟁사례를 보아도 전면공격, 수비전략, 정면 돌파전략, 적을 기만하는 전략 등과 같이 군대의 전략과 비슷한 양상으로 기업들이 경쟁하는 것을 볼 수 있다.

전략(strategy)이 기업이나 국가가 경쟁우위를 갖기 위하여 경영자원을 배분하는 전반적인 계획이라고 하면, 전술(tactic)은 특정한 기능분야 또는 시장에서의 성과를 높이는 구체적인 계획을 뜻한다. 즉, 전술이 소규모의 전투에서 승리하기 위한 작전을 의미한다면, 전략은 전투가 아닌 전쟁에서 승리하기 위한 전반적으로 이끌어 가는 방법이라고 볼 수 있는 것이다.

경영전략의 역사는 경영사와 그 맥을 같이한다. 경영학의 태동은 독일을 중심으로 한 유럽에서 이루어졌지만, 오늘날에는 미국의 경영학이 전 세계를 휩쓰는 미국 경영학의 시대이다. 따라서 오늘날의 경영전략 분야가 어떻게 생성 발전되어 왔는가를 미국 경영사를 중심으로 살펴보기로 하자.

1 생산운영관리 시대(1900~1919년)

산업화 과정에 있던 미국에서는 19세기 말부터 20세기 초까지 공장형태의 공업이 급진적으로 발전하고 그 규모도 확대되어 근대적 생산관리 형태가 출현하였다. 그러나 관리의 형태는 대부분 인습적이며 구식관리형태가 성행했기 때문에 산업현장에서는 임금과 생산성의 문제로 인해 노사간에 첨예한 이해관계가 대립되었다. 1900년대에 들어오면서 이를 해소하기 위한 능률증진운동이 전개되고 획기적인 연구가 활발히 일어났는데, 이를 계기로 하여 과학적 관리법이라고 하는 획기적인 경영기법이 등장하게 된다.

우리는 흔히 '만들면 팔리는 시대'라고 칭하기도 하는 이 생산관리 중심적인 시대의 과학적 관리법은 당시 공장 관리자였던 테일러(Frederic Taylor)가 제안하였다. 과학적 관리법은 노동능률을 좌우하는 작업량, 작업속도, 작업동작, 작업방법 등을 과학적으로 분석하여 공장관리 및 작업관리 체계를 확립시켰으며, 기업에서는 이를 통하여 종전의 주먹구구식 경영을 탈피하여 생산성을 획기적으로 향상시켰다.

이러한 과학적 관리법은 노동자의 공정한 하루 작업량을 과학적으로 설정함으로써 임률의 결정을 합리화하고 생산의 계획적 관리를 실천하며, 그 당시 노동자와 기업주간의 임금제도의 불합리성에서 오는 이해대립으로 인해 공장에서 빈번하게 발생하던 노동자의 조직적 태업을 근본적으로 해결하려고 노력하였다.

테일러의 과학적 관리법은 개별작업의 능률향상을 도모하기 위하여 작업자 개개인의 과업관리를 시도한 데 반하여, 포드(Henry Ford)는 기계화된 컨베이어 시스템(conveyor system)에 의해 전체 작업을 합리화함으로써 작업능률을 향상시켰고, 이는 대량생산을 가능하게 했을 뿐만 아니라 단위원가를 절감시킨 획기적인 방법이었다. 이러한 컨베이어에 의한 일관작업을 수행하는 시스템을 일명 '포드시스템(Ford System)'이라고 불리며, 작업장 전체가 동시에 작업을 시작하여 동시에 정지하므로 동시관리라고도 한다. 이와 같이 과학적 관리로서의 테일러 시스템과 포드 시스템은 다 같은 과학적 관리기법 임에도 불구하고 그 접근해 가는 방법에는 차이가 있었음을 알 수 있다.

2 인사 및 조직관리 시대(1919~1945년)

테일러 시스템에서 포드 시스템에 이르는 과학적 관리체계는 기술적인 접근방법(engineering approach)을 통한 일선 작업자들의 능률향상에 초점을 두었다. 그 결과 인간을 기계의 노예로 전락시켜 감정을 가진 동물로서의 인간의 심리적, 사회적 측면을 경시하였다. 이러한 과학적 관리방식은 제 1차 세계대전 이후 두 가지 측면으로부터 도전을 받게 되었다.

첫째는 노동조합의 대두이다. 전쟁으로 말미암아 군수품 생산을 능률적으로 수행하기 위하여 각종 생산관리 제도는 비약적으로 발전하였으나, 전시에 있어서의 노동력 부족과 함께 전후에 민주화 사조가 형성되어 노동자의 인격을 중시하는 새로운 관리제도의 개발이 요청되었다.

둘째, 전후의 민주화 사조이다. 당시의 세계적인 추세는 1917년 미국 윌슨 대통령의 민족자결주의에 영향을 받아 과거 영국, 프랑스, 네덜란드 등에 의해 지배되던 식민지 등이 차차 독립을 쟁취하게 되었고 우리나라에서도 1919년 3.1운동이 일어난 것이다. 이러한 역사적 배경 하에서 노동자들이 그 동안 기계의 노예역할에서 해방되어 자신의 인권을 회복하고자 몸부림 친 것은 지극히 당연한 일이었다. 이러한 상황에서 경영자들은 단순한 생산성 향상보다도 기업의 구성원으로서 노동자라는 인간을 인격적으로 대우하지 않을 수 없게 된 것이다.

조직내의 인간적인 요인에 변화를 주면 생산성에 어떤 효과가 있는가하는 실험의 결과를 통해 인간적인 요소가 생산에 영향을 미친다는 것을 알게 되었다. 이러한 새로운 인간관계의 측면에 초점을 두어 과학적인 실험을 통해 경제적 조건 뿐 아니라 심리적 조건이나 사회적 조건에 의해 영향받는 다면적인 인간상을 파악한 대표적인 논자들이 바로 호손 실험(Hawthorne Experiments)으로 유명한 메이요(Elton Mayo)와 레슬리스버거(F. J. Roethlisberger) 등의 '인간관계론'이다. 이에 따라 처음으로 심리적, 사회적 요소가 인간의 동기유발과 태도뿐만 아니라 생산에도 영향을 미친다는 것을 알게 되었다.

3 마케팅관리 시대(1945~1958년)

미국은 제2차 세계대전 이후 전시 특수수요가 끝나자 생산시설의 유휴화라는 새로운 문제를 떠안게 되었다. 이러한 상황에서 기업의 당면과제는 생산시설을 가동시키는 것이었고, 기업 경영자들은 이를 위해 높은 소득수준에 바탕을 두고 있는 미국 소비자들의 잠재구매력을 실제 구매행위로 이어지게 하는 데 온 관심을 집중하게 되었다. 즉 단순한 판매활동을 넘어서 소비자가 원하는 상품이 무엇인가를 파악하고, 이러한 요구에 부응하는 상품을 개발, 능동적으로 구매력을 창조해 나가는 마케팅 활동이 전개된 것이다. 이러한 소비를 활성화시키기 위한 경영자들의 노력에 의하여 1945년에서 1958년에 이르는 동안 미국 경제는 4.8%라는 전례없는 경제성장을 이루었다.

4 기획관리 시대(1959~1972년)

전후 순탄한 성장을 지속해 오던 미국 경제는 경기순환의 결과 나타난 구조적인 수급의 일시적 불균형으로 인하여 1959년에 불황국면에 들어서게 되었고, 그 결과 미국의 GNP도 0.7% 하락하게 되었다. 이러한 경제적 불황기에서 기업들은 미래의 시장 경기 예측에 지대한 관심을 쏟지 않을 수 없게 되었고, 이에 따라 이러한 역할을 담당하는 기획실 제도가 이후 많은 기업에 도입되었다.

1960년대 초의 기획실에서 수행한 경기예측은 통계적 기법을 통한 양적인 예측으로서 새로운 업종에의 참가 및 기존 업종의 폐쇄 등과 같은 질적, 전략적 성격의 것은 아니었다. 단기적으로는 투하된 생산시설의 조업도를 경기예측에 따라 효율적으로 조정하여 수급을 조절하고, 장기적으로 생산시설의 증설 및 감축과 이에 따른 자금 수요를 예측하고 효율적인 자금 조달원을 선택하는 데 초점을 맞춘 계획 업무였다.

한국의 재벌 기업들도 1980년대 초반까지 비서실 또는 종합기획실이란 이름의 스텝조직을 완비하여 기획업무를 담당하였다. 이들 기획실의 주요 업무는 그룹의 장기성장전략을 수립하고 개별 계열사들의 성과를 높이도록 계획하고 감독하는 것에 있었다. 1997년말 외환위기로 인하여 소위 재벌이라고 하는 기업집단으로 그룹단위의 스탭 조직인 비서실과 종합기획실이 공식적으로 금지되어, 삼성그룹과 현대그룹 등과 같은 기업집단은 종래의 비서실과 종합기획실 기능을 축소하고 많은 권한을 개별 계열사로 이양하는 추세를 보여 왔었다. 한국 기업들의 기획실 폐지는 기획실이 그룹차원에서의 스탭 부서로서의 역할인 장기적인 발전전략을 수립함에 있어 계열사간 지배구조의 비합리화를 탈피하기 위한 정부의 강력한 시책이기도 하였다.

1950년대 말의 불황을 이기고 60년대에 미국 경제는 또다시 비교적 순탄한 성장을 이루었으니, 50년대의 성장과는 근본적인 차이가 있었다. 즉 50년대의 경제성장은 인플레이션을 수반하지 않은 것임에 비해, 60년대는 인플레이션을 수반한 값비싼 성장이었던 것이다. 그러나 인플레이션은 고정자산에 투자가 이루어지고 있는 제조기업으로서는 환영할 만한 일이었고, 이러한 호황이 계속되자 60년대 초 성급하게 도입하였던 기획실 중심의 경영관리체계는 다시 마케팅 중심의 경영체계로 대치되었다.

5 전략경영시대 I (1973~1980년대 중반) : 산업조직론적 관점

1973년의 오일쇼크는 미국 경제에 커다란 충격이었으며, 1959년의 공황보다도 훨씬 심각한 경기 침체를 몰고 왔다. 오일쇼크로 야기된 불확실성의 시대에서 각 기업은 다시금 기획실을 찾게 되었으며, 이 시기에 나타난 기획실은 60년대 초와 달랐다. 1959년의 경기침체가 경기순환의 한 국면이었던 것과는 달리, 1973년 이후의 경기 침체는 외생변수의 영향으로 인하여 발생한 것으로서 기업의 본질적이고 전략적인 문제와 직결되었기 때문이다.

기업 차원에서 성장을 위해 미래를 설계하는 경영정책론에 기초한 전략개념은 1970년대 이후 미국의 경제상황이 악화되기 시작하고, 특히 석유위기와 같이 예기치 못한 환경변화가 기업경영의 중요한 요소로 부각되면서 보다 환경 분석적이고 실천적인 연구로 전환되었다. 이에 따라 단순히 미래의 비젼 및 성장과 관련된 전략의 유용성을 제시하던 차원에서 구체적인 기업행위를 결정하는 방향으로 연구의 축이 옮겨지게 되었다.

이러한 변화를 주도한 것은 경영학자가 아닌 경제학에 기초한 산업조직론자들 이었다. 포터(Michael E. Porter)로 대표되는 산업조직론자들은 전략의 수준을 기업 전체적인 차원에서 사업단위 수준으로 끌어내려, 전략을 개별 산업 내에서 행동하는 기업들이 선택하는 의도적이고 구체적인 행위로 규정했다. 이들의 관점에 의하면 경영전략이란 특정산업에서 평균 이상의 수익을 올리기 위해서 산업의 특성을 고려하여 적합한 기업행위를 채택하는 것으로 파악된다.

이와 같이 1970년대의 전략개념은 산업조직론에 바탕을 둔 전략계획(strategic planning)과 경쟁전략(competitive strategy)이 주류를 이루었다. 이러한 포터식의 전략론은 1980년대 초에 절정에 달하게 되어, 「경쟁전략(Porter, 1980)」, 「경쟁우위(Porter, 1985)」가 경영정책 및 전략론의 기본 교과서로 자리잡으면서 전략적 경영에서 차지하는 비중이 확고하게 되었다.

포터로 대표되는 산업조직론적 접근은 산업의 구조적 특징이 기업의 행동을 결정짓고, 그 기업의 행동이 기업의 성과를 결정짓는다는 논리이다. 이러한 관점에 따르면 기업의 경쟁력 혹은 성공에 가장 큰 영향력을 미치는 요인은 기업이 위치한(position) 산업구조이기 때문에 경영전략의 초점은 산업의 구조적 특성을 분석해서 어떤 산업에 기업을 위치시킬 것인가(positioning)에 두어진다.

경쟁을 심화시키는 핵심요소는 산업에 따라 다르다. 기존 경쟁자가 설비 증설을 통해 경쟁을 심화시키는 경우도 있고, 신규 경쟁자가 다수 등장하여 경쟁을 심화시키는 경우도 있으며, 전혀 예상치 못했던 제품이 기존제품을 대체함으로써 경쟁자로 나타날 수 도 있는 것이다. 이와 같이 산업 내에서 경쟁을 유발하여 결과적으로 그 산업의 투자수익률에 영향을 주는 요소는 산업 내 기존 경쟁기업, 잠재적 진출기업, 공급자, 구매자, 대체품으로 요약된다. 이처럼 산업구조를 변화시키는 요인과 그 산업에 속한 자신의 강,약점이 파악되면 그 기업은 자신의 경쟁적 입장을 이해하게 되고 전략을 통해 성과를 높일 수 있는 경쟁영역을 찾아 낼 수 있을 것이다.

그러나 산업조직론적 접근은 80년대 초반부터 두드러지게 나타난 미국 기업들의 경쟁력 하락과 상대적으로 일본 기업들의 급속한 성장을 설명하는데 한계를 드러냈다. 더욱이 경제학에서 도출된 변수들을 중심으로 대규모 자료를 수집하여 이를 통계적으로 처리하는 데 치중하였기 때문에 기업 경영자들에게 규범적인 측면에서 많은 시사점을 제공하지는 못했다.

6 전략경영시대 II (1980년대 중반 이후): 자원기반관점

자원기반관점은 1980년대 이후 부상하기 시작한 이론인데 기업의 내부로부터, 특히 기업이 보유한 자원에 근거하여 기업을 보는 시각으로, 기업 내부의 경영자원에 따라 전략이 결정된다는 논리이다. 이에 의하면 기업이 장기적으로 높은 수익성을 내기 위해서는 경쟁력 있는 경영자원을 끊임없이 축적하고, 이러한 보유자원에 근거해서 전략을 수립해야 한다는 것이다.

산업조직론적 경쟁요인 모델은 산업에 진입하고자 할 때 먼저 산업구조 분석에 따라 산업을 결정하고, 다음으로 경쟁자의 전략을 분석하여 진입전략을 채택하고, 마지막으로 이러한 전략 수행에 필요한 자원을 파악하여 획득하는 것을 가정한다. 이에 반해 자원기반관점은 기업의 내부적인 경영자원(resources)과 핵심역량(core competence)을 분석하는 것으로, 기업은 각자 자신이 처한 보유자원에 의해 필요한 전략을 선택해야 한다는 것이다. 즉, 기업의 경쟁우위는 포터가 말하는 것처럼 포지셔닝 보다는 그 기업이 보유하고 있는 경영자원이나 핵심역량에 기반을 두어야 한다는 것이다.

이 관점에 의하면, 기업의 성공은 기업을 둘러싼 환경요인이 아니라 기업이 보유하고 있는 내부의 특수한 자원에 의해 결정된다. 동일한 산업에 속한 기업이라 할지라도 기업마다 환경변화에 대응하는 방식이 다른데, 그 이유는 바로 기업이 보유한 저마다의 자원이 다르기 때문이다. 따라서 기업이 성공하기 위해서는 환경변화를 빨리 파악하고 이에 적합한 전략을 수립하는 것도 중요하지만 이보다 더 중요한 것은 수립된 전략을 실행하는 것이다. 그리고 전략을 성공적으로 실행하기 위해서는 이에 필요한 경영자원과 핵심역량을 보유하고 있거나 창출해야만 한다는 주장이다.

이러한 보유자원에 근거한 전략 내지는 기업행동의 결정논리는 연구자에 따라 자원을 정의하는 방식이 다르고, 논리가 너무 추상적으로 전개되는 등 통일된 이론체계로 불리기에는 아직 어려움이 많다. 기업에 경쟁우위를 가져다 주는 자원은 모방도 불가능하고 이동하기도 쉽지 않다. 모방이나 거래가 불가능한 자원이라면 그러한 자원을 파악하는 것이 어렵거나, 혹은 그러한 성공적인 자원이 형성된 원인을 알기 어렵다는 뜻이 된다. 따라서 우리가 어떠한 자원이 경쟁우위를 가져 다 주는 자원이라는 것을 알게 되는 시점은 그러한 자원을 보유한 기업이 경쟁우위를 갖고 성공했을 때 비로소 파악할 수 있는 것이다. 또 자원기반관점에서는 기업이 어떠한 자원을 보유하고 있느냐 하는 문제보다는 그러한 자원을 획득하고 축적할 수 있는 능력이 무엇이며 그 능력이 어떤 과정을 통해 창출되었느냐는 것이 보다 중요하다고 강조한다. 이렇게 기업의 핵심자원으로 단순히 기업이 보유한 유·무형의 자원이 아니라 이러한 자원을 개발하는 능력을 강조하다 보니, 자원의 개념이 지나치게 확장된 면도 없지 않다.

지금까지 설명한 경영전략의 발전과정을 요약하여 정리하면 〈도표 2-3〉과 같다.

도표 2-3 경영전략의 발전과정

<table>
<tr><th rowspan="2">경영의 초점</th><th colspan="5">관 리 시 대</th><th colspan="2">전략시대</th></tr>
<tr><th>생산관리</th><th colspan="2">인사관리 및 조직관리</th><th>마케팅관리</th><th>기획관리</th><th colspan="2">전략경영</th></tr>
<tr><td>시 기</td><td>1900~1919</td><td colspan="2">1919 ~ 1945</td><td>1945~1958</td><td>1959~1972</td><td>1973~1980년대 중반</td><td>1980년대 중반 ~</td></tr>
<tr><td>계 기</td><td>대기업의 출현</td><td>제1차 세계대전 (노동력부족 &인권의식 강화)</td><td>기업조직의 복잡화</td><td>제2차 세계대전 (소득증가& 생산시설유휴화)</td><td>경기침체</td><td>오일쇼크</td><td>일본기업의 두각과 경쟁심화</td></tr>
<tr><td>학문적 탐구 (예)</td><td>테일러의 과학적 관리법</td><td>메이요의 호손연구, 맥그리거의 XY이론</td><td>버나드 사이몬의 조직이론, 아지리스의 개성과조직</td><td>마케팅의 4P</td><td>앤소프의 경영계획</td><td>앤드류즈의 경영전략, 포터의 경영전략 산업조직론적 관점</td><td>하멜과 바니 프라할라드 등의 핵심역량, 자원준거 관점</td></tr>
<tr><td>현 상</td><td>포드의 대량생산체계</td><td>노조의 활성화</td><td>비공식조직 스태프조직</td><td>순탄한 양적성장</td><td>기획실 도입 및 통계학적 기법응용</td><td>질적문제 추구, Contingency Planing 등장</td><td>핵심역량, 자원 등 기업 내부 측면 강조</td></tr>
</table>

출처 : 조동성, 21세기를 위한 전략경영, 2006

7 경영전략의 최신 경향

1990년대 후반부터 전 세계는 인터넷의 폭발적인 성장과 벤처들의 약진에 흥분의 도가니에 들어갔었다. 정보통신기술(ICT; information and communications technology)은 전혀 새로운 기업을 탄생시킬 뿐만 아니라, 기존 기업들의 경쟁우위를 순식간에 잠식시킬 수 있는 엄청난 잠재력을 가진 것으로 평가되었다. 예를 들어, Amazon의 인터넷 서점은 수백 개의 점포를 가진 Barns and Noble을 능가하는 매출을 기록하였다. 이와 같은 인터넷 벤처기업들의 약진에 비해 전통적인 굴뚝산업 기업들은 인터넷이 가져오는 변화에 대응하지 못해 멸종위기에 처한 공룡과 같은 존재로 비유되기도 하였다. 한때 인터넷 벤처기업들의 전성기에는 이른바 신경제라 하여, 기존의 경제학이나 경영학의 이론이 더 이상 맞지 않는다는 극단적인 주장까지 나타나기도 하였다.

그러나 인터넷 버블이 붕괴되고 인터넷 벤처기업들이 속속 파산하게 되면서, 인터넷이 과연 경제학이나 경영학의 이론을 새로 써야 할 정도의 혁명적인 변화인가에 대한 근본적인 회의를 주기도 하였다. 결론적으로, 인터넷이 상당히 중요한 기술진보임에는 분명하나, 기존의 경영전략 이론을 뒤집을 만한 혁명적인 변화는 아니라는 것이다. 수많은 인터넷 벤처기업들이 몰락한 배경에는 지속가능한 경쟁우위의 창출이라는 경영전략의 기본 요소를 달성하지 못했기 때문이다.

한편, 인터넷 벤처기업들의 흥망성쇠는 경영전략의 연구주제를 더욱 다양화하는데 공헌하였다. 인터넷은 수확체증의 법칙(increasing returns of scale)이나 네트워크 경제성(network economy)이 가져오는 전략적 의미에 대한 연구를 촉진시켰고, 벤처나 스타트업 기업 및 기업가정신(entrepreneurship)에 대한 연구를 경영전략의 영역으로 끌어들였다. 아울러, 인터넷과 같이 급속도로 성장하는 산업에서 전략적 제휴의 중요성이 부각되었고, 네트워크형 기업조직이나 가상조직(virtual organization)이 강조되었으며, 인터넷과 같은 현상파괴적(disruptive innovation) 기술진보에 적절히 대응하지 못한 기존 기업들의 문제점에 대한 연구도 활발해졌다. 또한, 기존의 사업영역을 뛰어넘는 새로운 제품과 서비스를 제공하려고 하는 블루오션 전략(blue ocean strategy)이 중요한 전략적 대안으로 제시되기도 하였다.

2016년 1월, 세계적 전문가 2천여명이 모인 스위스 다보스의 세계경제포럼(WEF: World Economic Forum)에서 '제4차 산업혁명'은 정보혁명이라 불리우는 제3차 산업혁명을 기반으로 한 디지털과 바이오산업 및 물리학 등의 경계를 융합하는 기술혁명이라는 개념으로 처음 언급되었다. 이후, 제4차 산업혁명은 인공지능(AI: Artificial Intelligence), 사물인터넷(IoT: Internet of Things), 빅데이터(big data), 모바일(mobile) 등 첨단 정보통신기술이 경제와 사회 전반에 융합되어 혁신적인 변화가 나타나는 차세대 산업혁명으로 일컫어지고 있다. 2017년 현재, 이러한 4차 산업혁명의 파도가 제조업 전반뿐만 아니라 대부분의 영역에서 패러다임을 뒤흔들고 있다. 일자리 지형 변화라는 사회구조적 변화가 나타날 것이라는 전망에서부터 전 세계의 산업구조 및 시장경제 모델에 커다란 영향을 끼칠 것으로 전망되는 가운데, 지속적 경쟁우위를 점하기 위한 기업의 대응 전략과 그에 따른 생존 전략에 많은 이들의 초점이 맞추어지고 있다.

CHAPTER

03

기획과 경영전략

제1절 기획의 개념

제2절 경영전략기획

제1절 기획의 개념

조직은 끊임없이 존속·발전하여야 하며, 조직에 속한 그 구성원은 조직의 존속·발전에 기여해야만 존재가치를 인정받을 수 있다. 그런데 과거와 또는 전임자와 똑같이 일을 하게 되면 조직의 발전을 기대할 수 없기 때문에, 기획의 기법을 익히고 활용하여 차원 높고 차별화된 업무개선 성과를 얻어야 한다.

1 기획의 의미

다음은 생활 또는 업무 중 접하는 '기획'이라는 용어 사용 사례이다. 대체 무슨 뜻인가? 각각의 의미를 살핀 후 기획의 Key Word를 찾아보자.

도표 3-1 '기획'용어 사례별 의미

사 례	의 미	Key Word
1. 백화점에 갔더니 입구에 '**기획상품** 판매'라는 안내가 있고 가격이 개당 5,000원인 넥타이들이 수북하게 쌓여 있었다.		
2. 정부조직 명칭에 '**기획재정부**'가 있다. 정부 재정을 담당하고, 각 기관에 예산 배분을 하는 기관인데 그 앞에 '기획'이라는 용어가 붙어있다.		
3. 대통령 선거 때만 되면 각 당에서 '**대선 기획단**'이라는 조직을 설치, 운영한다.		
4. '**기획부동산 업체**'라는 용어가 신문지상에 떴다.		
5. 우리 학교(기업/기관) 내에도 '**기획**'이라는 용어가 들어간 조직이 있다.		
6. '**인생 기획**'을 잘 해야 한다.		
7. "그 사람은 성실한데 '**기획력**'이 부족한 게 흠이야"라는 말이 있다.		
8. 사기업 최고경영층이 "우리 직원들의 기안 문서를 보면 핵심파악이 어렵고, 문서 목차도 각자 다 다른 데 '**기획력**'이 부족한 것 같아"라는 지적이 있다.		

기획의 목적은 업무성과의 개선 또는 혁신이다.

우리는 흔히 일하는 방법을 바꾸는 것을 업무개선이라 하는데 이것은 정확한 말이라 볼 수 없다. 진정한 업무개선은 업무성과 즉, 업무처리의 결과가 향상되는 것이 목적이고, 성과가 향상되었을 때 비로소 업무개선에 성공한 것이 된다. 개선과 혁신의 차이점은 무엇일까? 과거에 잘 되어 오던 것이 문제를 일으켜 그것을 원상복구 했다면 이것을 혁신이라고 하지는 않는다. 무엇인가를 고쳤더니 결과 및 성과가 현재보다 조금 나아졌다면 그것도 개선이지 혁신은 아니다. 혁신은 단기간 내 업무성과가 대폭적으로 최소한 50%에서 수천% 향상 되었을 때 사용할 수 있는 말이다. 개선은 오랜 시간에 걸쳐 지속적으로, 점진적으로 이루어진다는 점에서 혁신과 구별된다. 업무기획을 하는 목적은 최소한 업무(성과)개선이며, 최대한 업무(성과) 혁신을 이루기 위함이다. 기획을 하지않고 옛날 그대로의 방식대로 하면 계획이 되는데, 이때의 업무성과는 잘해야 현상을 유지하는 수준에 그치게 된다. 그렇다면 기획과 계획의 차이점은 무엇일까?

첫 번째 차이는 목적의 차이이다.

기획을 하는 사람은 무엇인가 과거와 다르게 일을 한다. 계획을 하는 사람은 거의 과거와 비슷하게 일한다. 예를 들어, 오늘 저녁 동창회에 갈 계획이 있다고 하지, 동창회에 갈 기획이 있다고는 하지 않는다.

작년과 똑같이 진행되는 체육대회는 계획에 의한 체육대회 진행이지, 기획에 의한 체육대회 진행이라 하지 않는다. 이와 같은 계획과 기획의 차이는 어디에서 비롯된 것일까? 바로 '목적'이다.

동창회 계획의 예를 갖고 살펴보자. 목적이 단순한 친목 도모이고, 따라서 식당에서 저녁에 만나 밥 한끼 먹고 소주 한 잔 하고, 이런 저런 얘기하다 헤어지는 것이다. 6하 원칙은 있는데 목적은 단순하고, 나머지 항목은 동창회 때마다 숫자만 바뀔 뿐이다. 즉, 계획은 고정된 목적과 과거 답습적인 방법을 택한다. 그러나 기획은 목적부터 다르다. 아니 처음부터 백지 위에서 목적을 다시 생각한다. 과거 추억의 회상이라든지, 서로 인생성공의 정보를 교환 한다는지, 동창이 어떻게 사는지 확인 한다든지, 등등 무수한 목적을 일단 더 찾아낸다. 그리고 그 많은 목적 중에서 현재 상황에 가장 부합되는 목적을 하나 또는 병렬적 채택이 가능하다면 2~3개를 정하게 된다.

목적도 상황에 따라 올바른 것을 선정해야 한다.

예를 들어 최근 다같이 결혼한 동창들이 많으면 아마도 다른 동창의 사는 모습 확인이 주 목적이 될 것이며, 인생의 황혼기에 접어든 시기라면 추억의 회상이 주된 목적으로 선정될 수 있을 것이다. 이렇게 지금까지와 다른 목적이 선정되면 5W2H중 'Why(목적)'을 제외한 나머지 4W2H가 자동으로 지금까지와는 다르게 확 바뀌게 된다. 추억의 회상이 주 목적이 되면 Who는 동창들 뿐만 아니라 과거 은사님이 참석자에 추가될 것이고, What은 추억의 장소 방문 또는 추억 회상의 대화가 되며, When은 주중의 저녁이 아니라 주말로 1박2일이 될 것이다. 또한, Where는 서울의 식당이 아니라 시골 고향이 되며, How는 전세버스 대절, How much는 1인당 10만원으로 대폭 바뀌게 될 것이다. 이처럼 새로운 목적을 파악하는 것이 계획수준에서 벗어나 기획을 하는 첫 걸음이 된다. 기획과 계획의 첫 번째 차이점은 기획은 아직은 애매한 무수한 목적에서 출발하지만, 꿈과 희망과 감동을 주는 비전으로 바꾸는 것이며, 계획은 확정된 구체적인 목적에서 출발한다는 점이다.

두번째 차이는 기획은 반드시 평가(See)를 포함한다는 것이다.

기획을 영어로 Planning이라고 하는데 이것은 Plan(계획), Do(실행), See(평가)를 포함하는 개념이다. 즉, 기획이란 계획을 세워서 직접 실행하거나 다른 이가 실행하게끔 한 다음, 그 결과를 평가해서 성공 점은 더 강화하고 실패 점은 개선하도록 피드백(feedback)하는 것이라고 할 수 있다. 그림으로 그리면 〈도표3-2〉와 같다.

도표 3-2 기획의 싸이클(cycle)

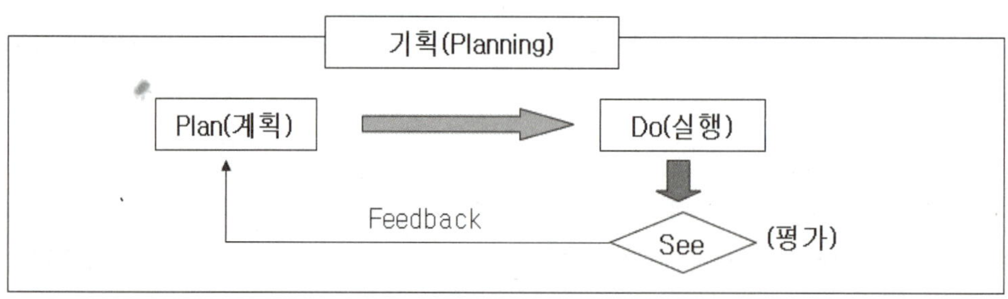

기획(企劃)을 한자 어원으로 보면, 〈도표 3-3〉과 같이 기획(企劃)의 꾀할 '企'자는 사람 '人'과 머무를 '止'자로, 그을 '劃'자는 그림 '畫'자와 칼 '刀'자로 구성 되어 있다. 다시 말해서 기획(企劃)을 한자 어원으로 풀어 정의하면, 사람이 지금하고 있는 일이나 방법을 잠시 멈추고, 백지 위에서 '목적'을 깊이 생각한 후 어떠한 제약도 없는 상태에서 꿈같은 그림(비전)을 그린 다음, 이제 현실을 직시한 후에 말이 되지 않는 허망한 것은 칼로 잘라내고 실현가능한 도전적인 비전 · 목표부터 실행하여 혁신적인 성과를 산출하고 평가하는 것이라고 할 수 있다.

따라서 이러한 기획은 미션경영이나 경영혁신의 기본 기법이라 할 수 있다.

도표 3-3 한자 어원으로 본 기획의 의미

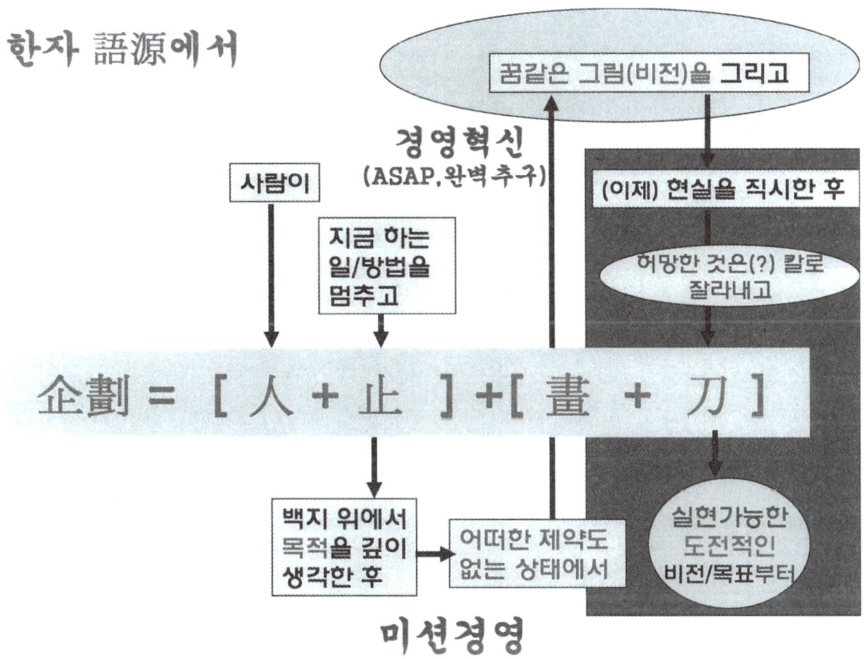

지금까지 논의 된 것을 바탕으로 기획의 의미를 상세하게 정의하면 다음과 같다.

'기획이란 격변하는 외부 환경변화로 인해 바뀌어진 고객들의 새로운 요구부응을 위하여 성공 비전(Vision)과 도전적 목표를 설정한 후, 그에 합당한 새로운 수단 · 방법을 도출하고, 최적 자원배분을 통하여 사내외 고객들을 설득한 후 그들과 함께 실행하여 혁신적 성과를 얻어내고 지속적으로 평가 · 개선하는 시스템적 활동'이라고 할 수 있다. 이와 같은 기획은 크고 작은 조직이나 업무 · 일 모두에 대해서 수행할 수 있다.

2 기획의 필요성

(1) 기획력이 부족하면

첫째, 문서 한 장 작성에도 작게는 몇 시간에서부터 몇 일, 몇 주일까지 걸린다. 아울러, 늘 바쁜데 진도도 안 나가고 성과도 없다.

둘째, 결재 상신 시 상사의 지적 및 반려가 많고, 핵심 파악이 안 된다며 짜증을 내신다. 또한, 여기 저기 빠진 부분들이 있고, 실행방안도 실제 적용이 의심스럽다고 하신다.

셋째, 결재 후 실행하려 할 때 여기저기서 반대의 목소리가 높다.

넷째, 실행 도중에 예기치 못한 문제가 수시로 발생하여, 그에 대한 처리로 당초의 일정이 지연되고, 목표에 미달하게 된다.

다섯째, 억지로 일은 끝 마쳤지만 후유증이 심각하다. 누가 담당했는가? 책임져야 하는 게 아닌가? 열심히 한 것은 인정하지만 결과(성과)가 안 좋아 높은 인사평가는 곤란하다.

(2) 기획력이 탁월하면

첫째, 문서 작성을 잘한다. 잘 아는 업무는 5분만에 문서 1건도 작성한다.

둘째, 상사의 지적, 결재 보류 및 반려가 없다. 심지어 상사가 문서를 잘 보지 않고도 도장을 찍고, 사인(sign)을 한다.

셋째, 일을 실천할 때, 협조해야 할 사내 타 부서 및 이해관계자들이 실행에 적극 협조한다. "맞다. 이것은 매우 중요하다. 내가 우리가 적극 도와 주어야 한다"라면서...

넷째, 일의 전체 모습과 과정을 한눈에 파악하고, 중도에 발생 가능한 Risk를 미리 예측하고 그에 대한 대비책을 갖추고 있어, 어떤 경우가 닥쳐도 당황하지 않는다.

다섯째, 최초의 (기대성과) 목표가 초과달성 되어 모두가 기뻐하고, 축하한다. 예리(sharp)하게 일을 잘한다는 이미지가 구축되고, 고업적 평가를 받아, 높은 연봉도 받고 승진도 할 수 있다.

그 외에도 직장인이 기획력이 탁월하면 〈도표3-4〉와 같이 여러 가지 장점이 있다.

도표 3-4 기획력이 탁월했을 때의 좋은 점

❐ 직장인이 기획력이 탁월하면

1.시야가 넓어진다 - 기관장/상사/부하/동료의 입장 고려 - 국민/ 정부/ 고객/ 이익단체/기타 고객 /우리 기관의 균형된 이익 고려 - 이 의사결정 뒤의 뒤의 발생 영향고려 - 먼 미래의 성공도 고려	모든 고객의 만족과 칭찬, 존경 공정한 사람, 선견지명 있는 사람 이미지 구축
2.어떤 일이든 자신 있게 빨리 한다 - 이해관계자 갈등 조정 - 정보수집 분석, 맥 급소 조기 발견 - 창의적, 차별화된 해결방안 수립 - 항상 목표 기한 내 목표수준 초과 달성	지적할 게 없는, 이렇게 빨리? 감탄의 이미지 어려운 일을 믿고 맡길 수 있는 실력 있는 사람 이미지
3.퇴직후 인생 2모작 성공가능성 Up - 정부기관 CEO, 사기업체 임원/CEO - 경영 컨설턴트 - 교수, 공채 정부 고위직, 정치인 - 창업 성공	60대 이후 더 크게 성공하는, 더 행복하게 사는 사람

(3) 기획의 필요성

한마디로 얘기하면 급변하는 글로벌 환경변화에 스피디(Speedy)하게 대처하여 지속적으로 성공하기 위함이다.

예컨대, 부동산이 폭등할 때까지는 부동산에 투자하지 않다가 한물 간 다음에 부동산 투자를 한다거나, 벤처주식이 수십 배의 주가를 유지하다 대폭락을 거듭할 때 주식에 손댄 다거나, 펀드가 수십 퍼센트의 수익을 낼 때는 관망하다가 상투에서 펀드를 산다고 가정해 보자. 무엇이 문제인가? 환경 또는 상황(Time–때, Place–장소, Occasion–입장 : 이하 TPO)은 급변하는데, 대응이 늦어서 성공의 기회를 상실하였다는 것이 문제일 것이다.

오늘날 정신없이 급변하는 상황변화는 우리에게 과거와 똑같은 생각이나 업무처리를 하는 사람에게는 도태의 리스크(risk)를 부담시킨다. 과거처럼 경영환경의 변화 속도가 매우 느린 시절이라면 기획이 필요 없을 수도 있다. 오히려 안정적으로 과거방식대로, 전임자의 방식대로 일하는 사람이 더 옳다고 판단될 수도 있다. 그러나 지금은 그런 상황이 아니다. TPO가정신없이 바뀌고 있으므로 새로운 TPO에 맞는 새로운 일처리 방법 즉 기획을 하지 않고서는 변화의 소용돌이에 휩싸여 쇠퇴의 길로 접어들게 된다. 따라서 급변하는 상황에 능동적으로 스피디(Speedy) 하게 대처하여 미래에도 지속적으로 성공하기 위한 필수능력이 바로 기획력인 것이다.

혹시 다음과 같이 일하고 있지는 않은가? 어떤 일을 할 때면 가슴이 답답해지고, 처음 해보는 일이라면 증세는 더욱 심각하지 않는가? 빨리 과거에 자신이나 전임자가 작성했던 기획서나 보고서를 찾아서 이름 바꾸고, 날짜 및 숫자를 고친 다음 결재를 올린다. 일이 끝나면 영수증을 챙겨서 전표처리 한 후 이번 일은 끝났다고 한숨 돌리지 않는가? 7~80년대라면 그리 문제되지 않겠지만, 지금처럼 21세기 무한경쟁 환경에서는 문제가 된다. 이런 식으로 밖에 못하면 회사에서 굳이 비싼 차장, 과장, 대리 봉급을 주고 일을 시킬 필요가 없다. 신입사원도 그 정도는 가능하다고 경영층은 판단하고 있다. 무엇인가 신입사원과 차별화 된 업무처리와 성과가 필요하다. 그렇지 않으면 연봉도 삭감되고, 승진도 안될 위기에 처하게 될지도 모른다. 과거와 똑같은 업무처리는 계획수립 및 실행에 불과하다. 기획의 수준으로 레벨(level)을 올려야 하는 이유가 여기에 있다.

4장에서 상세히 설명할 목적전개도라는 기법을 활용하여 기획의 목적 및 필요성을 파악해보자.

'기획을 한다'가 너무 애매하기 때문에 기획이 계획과 가장 다른 특징 두 가지를 찾아서 그것으로부터 「~을 위하여」라고 위로 계속 올려 〈도표 3-5〉와 같이 목적전개도를 그렸다. 업무 기획의 직접적인 목적은 업무개선이다. 그것은 회사에게는 발전을, 개인에게는 고 업적평가, 고 연봉 및 고속승진을 갖다 줄 것이다.

도표 3-5 기획의 목적전개도

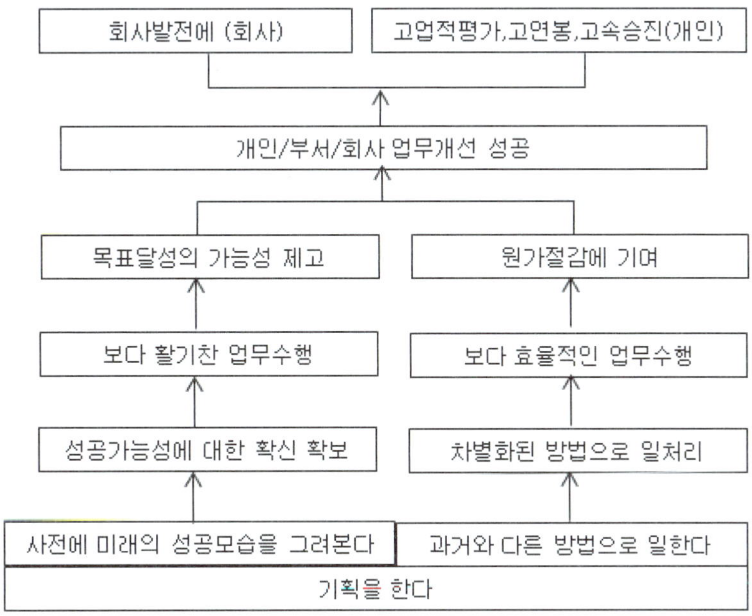

제2절 경영전략기획

1 일의 모습

주변 동료나 부하직원들이 상사에게서 기획서나 보고서를 작성하라는 지시를 받으면 무엇인가를 열심히 찾지 않는가? 그렇다. 과거에 자신 또는 전임자가 작성했던 기획서나 보고서를 찾기 위해 열심히 파일이나 서류철을 뒤진다. 원하던 서류를 찾으면 한 숨을 놓고, 이름 바꾸고 날짜와 데이터(data)를 상황에 맞게 수정한 다음 결재를 올린다. 그리고 한 건 했다고 생각한다. 그런데, 아무리 찾아도 과거에 작성했던 서류가 없으면 그 때부터 고민하게 된다. 작은 과제는 몇 십 분에서 부터 큰 프로젝트는 몇 일까지도 고민한다. “전체 윤곽을 어떻게 잡을까? 목차는 어떻게 할까?” 등을 고민하다가 결국은 어떤 식으로 목차를 잡는가?

혹시 〈도표 3-6〉과 같은 목차와 유사하지는 않은가? 즉, 기존의 5W1H(6하원칙)에서 How Much(예산/비용)-1H-가 추가된 5W2H를 활용한 양식이다. 이러한 양식을 활용하고, 이렇게 일처리 하는 것이 바람직스러울까? 이미 잘 알고 있고 기계적으로 처리해도 되는 단순한 일이라면 이렇게 해도 무방하다.

도표 3-6 기존의 일반적인 기획서 · 보고서 목차

제 목	
1. 목적 및 배경(Why)	
2. 주체 (Who)	
3. 대상 (What)	
4. 장소 (Where)	
5. 일시 (When)	
6. 방법 (How)	
7. 예산 (How Much)	

그러나 처음 하는 일이고 급격한 환경 변화 속에서 수준 높게 일처리를 하고자 한다면, 일이 생긴 모습대로 일을 추진하기를 추천한다. 그렇다면 일은 어떻게 생겼을까? 일을 시스템이라고 한다. 가장 완벽한 시스템을 우리 인체에 비유를 많이 한다.

이에 착안해서 보면, 사람은 목과 머리와 사지를 포함한 몸통으로 되어 있다. 그리고 공기 등의 환경이 없으면 살지 못하며, 환경에 적응하면서 살고 있다. 일의 모습도 사람과 같다고 볼 수 있다. 사람이 환경과 적응하며 살듯이, 일도 환경과 적응하면서 해야 한다. 사람에게 목이 있듯이 어떠한 일이라도 또는 어떠한 기획서라도 제목이라는 것이 있다. 제목이 없는 일을 본적이 없을 것이다. 사람의 머리에 해당하는 것이 일에는 해당 제목을 하는 그 일의 목적이 있다. 그리고 사람의 사지에 해당한 것이 일에서는 해당 제목 및 목적을 달성하기 위한 수단 · 방법이 될 것이다. 이중에 커다란 수단 · 방법을 전략이나 기본방향이라 볼 수 있고, 작은 수단 · 방법을 Action Plan(실행방안, 실천계획)이라 할 수 있다. 이것을 그림으로 약식으로 표현하면 〈도표3-7〉과 같다.

도표 3-7 사람과 일의 모습

❒ 일의 모습-일은 어떻게 생겼을까?

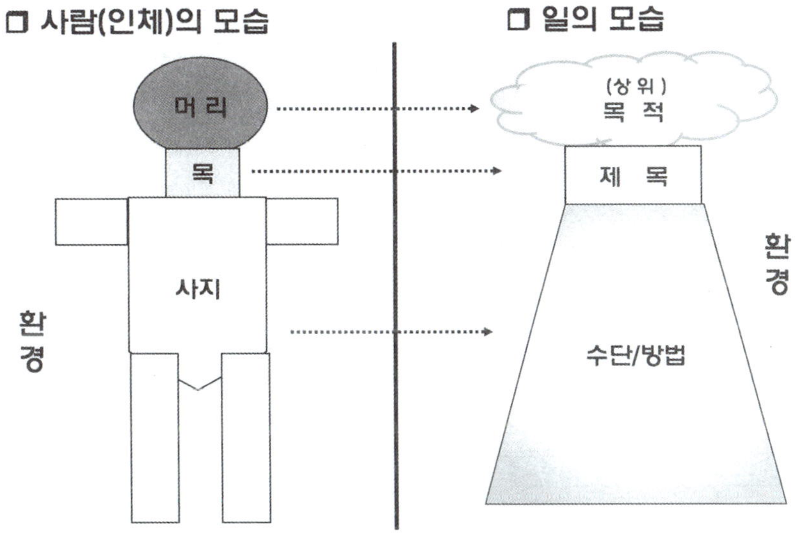

2 경영전략 기획의 프로세스

첫 번째 단계는 목적 · 미션(mission) · 비전(vision)인데, 이것을 미래의 바람직한 모습이라고 한다. 뜻은 미래에 조직 또는 일의 성공 모습이다. 이러한 목적을 확인하는 이유는 하려고 하는 일의 가치-유익, 효용, 쓸모-를 파악해서 가치가 없으면 폐기하고, 가치가 있으면 성공을 위해 도전하기 위함이다. 이 때 필요한 사고가 목적 지향적 사고이다.

두 번째 단계는 상황분석인데, 이것은 현재의 모습을 파악하고 분석하는 것을 말한다. 온 세상의 상황(TPO)을 모두 파악할 필요는 없다. 목적인 미래의 바람직한 모습과 관련된 것 중심으로 파악 · 분석하면 된다. 바람직한 모습과 현재 모습을 비교하면 대개는 양자가 불일치한다는 것을 알게 된다. 이것은 해결해야 할 커다란 문제이자 기획을 통해 양자를 일치시켜야만 성공을 이룰 수 있다는 것을 깨닫게 되는 단계가 되는 것이다. 즉, 상황분석을 하면 현재의 문제점이나 미래의 장애요인이 도출된다. 이 때 필요한 사고가 합리적 · 논리적 사고로, 분해해서 파악하는 사고이다.

세 번째 단계는 기획의 종합목표 설정의 단계다. 미래의 바람직한 모습이 현재 모습과 불일치하고 있는 문제를 언제까지, 어느 수준까지 해결하여 성공을, 목적을 달성할 것인가를 정하는 단계다. 목적은 정성적으로 표현되어 있는데 이것을 빨리 측정이 가능한 정량목표로 전환시켜야만 한다. 목표 없이 목적 상태로 두면 목적달성이 한없이 지연될 수 있고, 일이 끝난 후 이 일이 성공했는지, 실패했는지를 판정할 수 있는 기준이 없어 서로 잘했느니 못했느니 하는 분쟁이 발생할 수 있기 때문이다. 목표는 ①목적(무엇)을 ②언제까지 ③어느 수준까지로 구체화 한 것인데 이외에도 반드시 측정방법(Measuring Method)을 설정하여 측정 가능하게 해 두어야 한다. 이때 〈도표3-8〉과 같이 벤치마크(탁월한 남의 이름과 그 수준)와 자신의 현재수준까지도 파악되어 있다면 훌륭하다고 할 수 있다.

도표 3-8 목표설정 항목

목표항목				참고항목	
목적물	언제까지	어느수준까지	M.M	벤치마크	현재수준
미래 바람직한 모습의 대표항목	장기, 중기, 단기	level	구체측정방법	탁월한 남의 이름과 탁월한 수준	과거/현재 수준

네 번째 단계는 목적 · 목표 달성의 중요하고도 실행 가능한 수단 방법인 전략의 설정과 아직도 커다랗고 애매한 상태에 있는 전략을 보다 구체적인 수단 · 방법으로 전개하는 액션플랜(Action Plan)의 설정 단계이다. 세상의 모든 일은 목적–수단의 관계로 이루어져 있고, 따라서 바람직한 모습을 전략으로, 전략을 Action Plan으로 구체화 할 때 최초의 목적달성의 가능성이 높아지는 것이다. 전략을 수립할 때는 중점주의(핵심요소) 중심으로 생각하고 일하는 전략적 사고가 필요하다. 구체화된 Action Plan을 수립할 때는 전과 다른 차별화된 창의적 사고가 필요한데 경험이 많을 수록 나이가 들수록 어려워하는 부분이나 후술하는 몇 가지 질문법만 활용하면 많은 아이디어를 짧은 시간에 도출할 수 있다.

다섯 번째 단계는 실행계획을 수립하는 단계인데 지금까지 설정한 목적, 목표, 전략, Action Plan을 누구의 도움을 받아 누구와 함께 일을 해야 하는가(조직화), 언제까지 무슨 과정의 일들을 해내야 하는가의 이정표(일정화), 비용은 모두 얼마나 필요한가(예산화)를 구체적으로 정해 두는 작업이 된다. 이때는 관계된 모든 사람과 모든 요소를 파악하고 미래까지 예측할 수 있는 시스템적 사고가 필요하다. 이와 같이 하여 Plan(계획)을 완성하고 실천하고 평가 및 개선하면 된다.

지금까지 설명한 경영전략 기획의 프로세스에 의한 기획서 목차는 〈도표 3-9〉와 같으며, 그리고 참고로 정부기관의 대형 기획서 목차를 표현하면 〈도표 3-10〉과 같다.

도표 3-9 일의 모습과 바람직한 기획서 목차

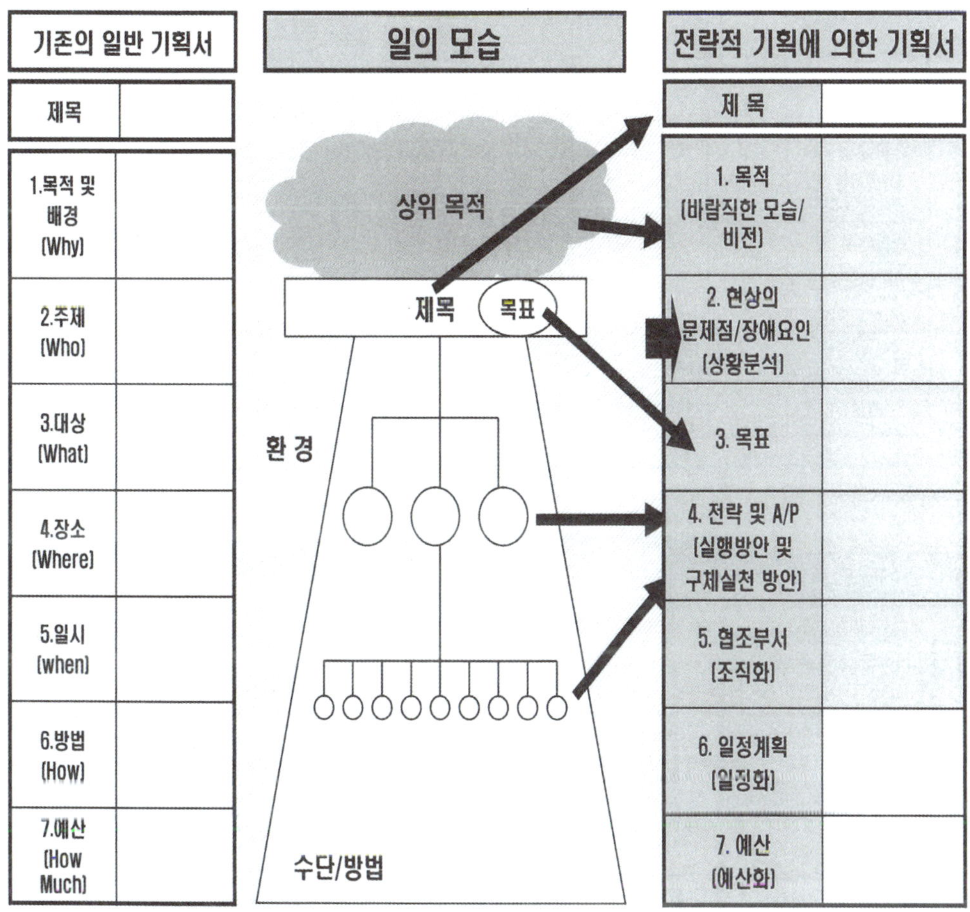

도표 3-10 전략적 기획에 의한 정부기관의 대형 기획서 목차

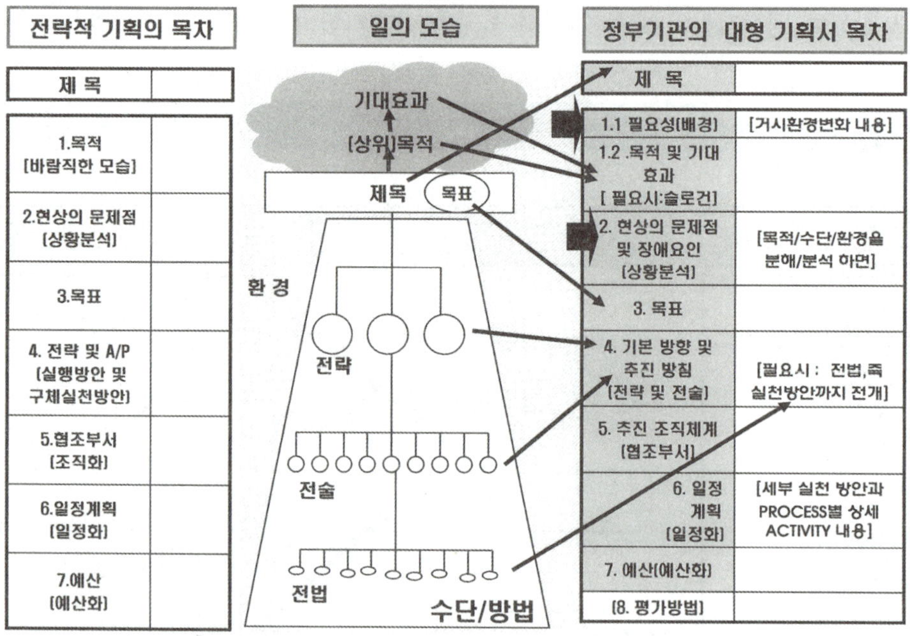

도표 3-11 전략적 기획의 프로세스와 5대 사고와의 관계

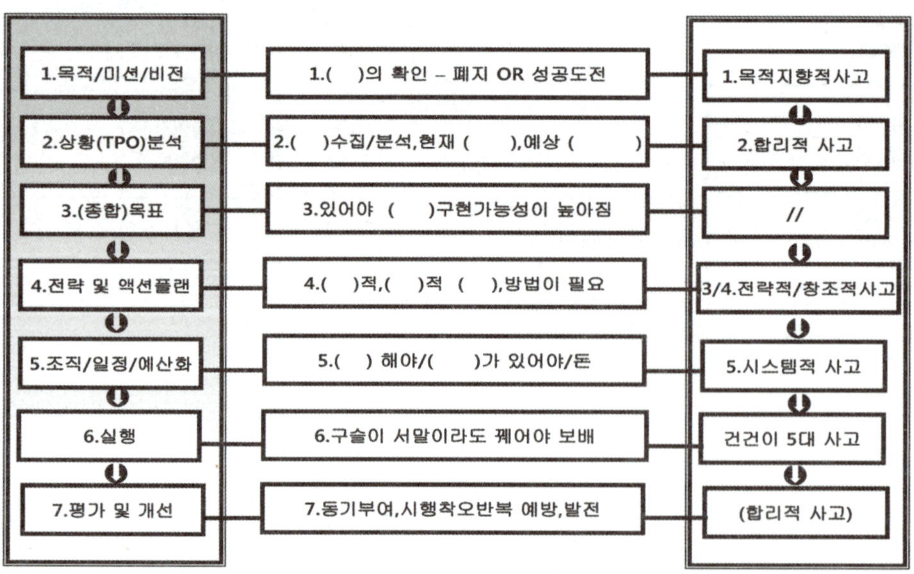

도표 3-12 전략적 기획의 프로세스

Ubiquitous 기획(문제해결)의 Tool

조 직		전략적 기획 (PLAN)	개 인	
회사(기업) 차원	부서(장) 차원		인 생	담당업무
경영이념 (초창기) 기업비전	부서미션/비전	1.목적/미션/비전	인생미션/비전	업무목적/ 미션/비전
위상분석 3C 분석 SWOT 분석	부서 SWOT 분석	2.상황 (TPO) 분석	인생 SWOT 분석	현상파악 문제점 파악
중장기 기업 (비전 및) 목표 설정	부서 중장기 목표 설정	3.목표 설정	인생종합 목표설정	(개선) 목표설정
중장기 전략 및 액션 플랜	부서 중장기 전략 및 중점과제	4.전략 및 액션플랜	인생전략 (돈/명예/사랑/건강) 및 액션플랜	(개선안) 실행방안 - 실천방안
단년도 사업계획 -전사조직 -사업일정 -예 산	단년도 부서 사업계획 -부서 조직 -부서 업무 계획 일정 -예 산	5.조직/일정/예산화	연도/월별 실행 계획서 (조직/일정/예산)	• 협조부서 • 추진일정 • 예 산
Do (실행)				
See (평가)				

결론적으로 상황에 따라 용어나 정보의 깊이가 다를 수는 있지만, 이러한 경영전략 기획의 프로세스는 〈도표 3-12〉와 같이 조직이든 개인이든, 회사 업무기획이든 인생기획이든 어디서나 활용할 수 있다

지속적 경쟁우위를 위한

경영전략론

PART 2

경영전략 수립

CHAPTER

04

목적 · 미션 · 비전 수립

제1절 성공인의 사고습관

남북전쟁 때의 실화이다. 8만 대군을 이끌고 원정길에 오른 북군의 미드(Mid) 장군은 남군의 리(Lee) 장군이 6만 대군을 보유하고 있다는 사실을 파악하게 된다. 그러자 미드 장군은 〈도표4-1〉과 같이 링컨 대통령에게 긴급하게 1만 병력의 추가지원을 요청하게 된다. "존경하는 대통령 각하! 이제 남군과의 대전투에 앞서 이미 증명된 프러시아병법을 말씀드릴 수 밖에 없습니다. 이 병법에 의하면 공격군(북군) : 수비군(남군)의 비율이 3:2가 되어야 공격군이 승리할 수 있는데 이 계산에 의하면 9만(북군) : 6만(남군)이 확보되어야만 합니다. 따라서 현재 8만 외에 1만 명의 군사를 즉시 보내주시면 감사하겠습니다."라는 내용이었다.

도표 4-1 링컨대통령 예화

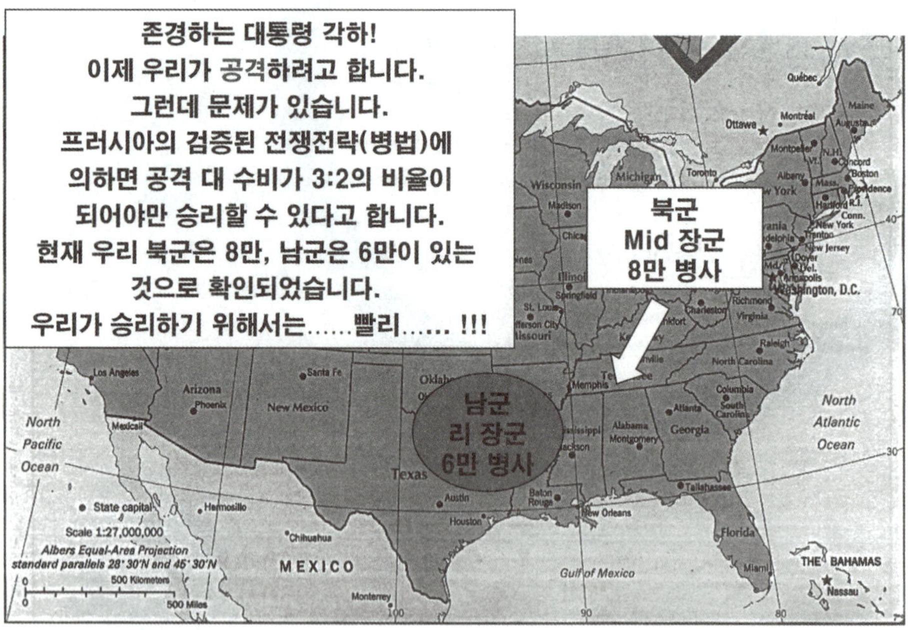

이제 당신이 링컨 대통령이라면 부하인 미드장군에게 무엇이라 대답하겠는가? 어떤 말이라도 좋다. 첫 번째 답변(질문)만 하나의 문장으로 아래 칸에 기재하시오.

이번엔 실제 재벌 사례를 추가로 연구해 보도록 하자.

한국전쟁(6.25동란)때 현대건설의 정주영 회장이 부산 UN묘지에 잔디 대신 보리싹을 심어주고, 많은 돈을 벌었다는 이야기는 사람들이 알고 있지만, 자세한 내용을 알고 있는 사람은 많지 않다. 때는 1950년도 말 겨울이었다. 낙동강까지 후퇴한 전황 중에 UN군 사령부에서는 급히 부산에 피난 내려온 건설회사 사장들을 모아놓고, UN묘지에 잔디를 심어달라는 요청을 했다. 참석했던 많은 건설업체 사장들은 이구동성으로 "어떻게 잔디를 심느냐?"라며, 그것은 불가능하고 답변하였다. 왜냐하면 한겨울에 잔디를 심으면 뿌리를 내리지 못하고 얼어서 죽어버리기 때문이었다. 이때 정주영 회장은 UN군 장교에게 단 한마디 질문으로 이 공사를 따게 된다. 정주영 회장은 UN군 장교에게 무엇이라고 말했을까? 역시 하나의 문장으로 아래 칸에 기재하시오.

이 두 사례에서 우리가 얻을 수 있는 교훈은 다음과 같은 것이다.

첫째, 우리가 지금 하려는 일에는 반드시 목적이 있는데, 그러한 목적을 망각한 상태에서 일하고 있다.

둘째, 우리가 지금 하려는 일은 수단에 불과한데, 이 수단에서 벗어나 목적을 알게 되면 더 좋은 수단, 방법을 찾아낼 수 있다.

셋째, 성공한 사람의 사고습관은 무슨 일이든 먼저 목적을 파악한 후, 그 다음에 비로소 수단, 방법을 강구한다는 점이다.

제2절 바람직한 모습 그리기(목적 · 미션 · 비전)

목적이란 사물이나 일의 존재이유, 가치, 임무, 기능, 역할, 사람/고객이다. 가치란 유익, 유용, 쓸모, 쓸데, 효과, 성과, 업적이다. 임무란 맡은 바 책임이고, 기능이란 가치나 임무 달성을 위한 활동이다. 그리고 역할이란 가치, 임무달성을 위한 활동 중 일부이다. 그렇다면 목적을 파악하려는 목적은 무엇일까?

사물이나 일의 가치를 확인하여 가치가 있으면 열심히 하고, 가치가 없다면 쓸데없는 일이므로 즉시 중단하기 위함이다. 또한 지금, 현재의 수단 · 방법보다 더 좋은 수단 · 방법을 찾기 위함이다.

1절 사례에서 보듯이 링컨 대통령이나 정주영 회장은 범인이 아니라고 할 수도 있다. 그들은 특별한 작업 없이도 사고의 방법이나 구조가 거의 자동적으로 목적을 묻고, 대안을 도출하도록 습관화되어 있다고 볼 수 있다. 그러나 보통사람들은 그러하지 못하기 때문에 목적지향적 사고를 습관화하기 위하여 다소 귀찮지만 백지위에 차근차근 목적들을 적어 놓고, 그것을 살펴볼 필요가 있다. 스스로 발견한 목적들을 체계적으로 정리해 놓은 도표를 '목적전개도' 또는 '목적체계도'라 한다. 고객이나 타인을 설득하려 할 때 또는 조직의 분위기를 혁신하려할 때 이러한 목적전개도를 작성하여 가치있는 목적을 공유하면 매우 강력한 힘을 발휘한다.

다시 말해서 목적전개도란 조직과 일의 가치파악을 위하여 보이지 않는 가치를 체계적으로 정리한 도표라 할 수 있다. 그 작성 목적과 효용은 현재 하고 있는 일의 가치를 쉽게 파악할 수 있고, 조직과 일의 미션(임무)를 쉽게 파악할 수 있을 뿐만 아니라, 다른 사람이나 부하들을 설득하기 쉽다.

목적전개도 작성요령은 먼저, 최하단에 현재 하고 있는 일을 간단히 적는다. 그리고 목적의 비약없이 「~을 위하여」라고 차근차근 묻는다. 잘 생각이 안나면 「이것이 없으면 또는 이것을 안하면 당장 어떤 피해가 발생하는가?」를 물은 후 긍정적 표현으로 바꾸면 된다. 탁월한 목적전개도는 목적을 비약하지 않고 차근차근 올려 층(Level)의 숫자가 많은 것이다. 이 기법을 개발한 사람은 미국의 네들러 박사와 그의 일본인 제자 히비노 쇼조이다. 앞에서 소개한 링컨 대통령과 정주영회장의 사례에 대해 목적전개도를 작성해 보면 〈도표 4–2〉와 〈도표 4–3〉과 같다.

지금 "무엇을 위하여 공부하는가?"라는 질문을 던지고 공부한다의 목적전개도를 부모의 입장에서 목적의 비약없이 차근차근 완성해 보면 〈도표 4–4〉와 같아진다.

내가 부모라면 진정으로 고민하는 목적은 어느 Level인가? Level 10이나 Level 11을 자식을 공부시키는 목적으로 삼는 부모는 적을 것이다. 잘 살펴보면 Level 5의 좋은 직업이나 Level 4의 좋은 대학 입학이 될 것이다. 물론 최소한 중학생이상 고등학생 자녀를 둔 부모의 입장이다. 초등학교 저학년 자녀를 둔 부모는 어쩌면 Level 3이나 Level 2의 부모의 심리적 안정이나, 시험성적이 보편적인 목적이 될 것이다. 어느 Level이든 진정으로 부모로서 고민하는 Level에서 목적–수단 전개도를 그려보면 부모인 나의 고민이 사라질 수도 있고, 자식의 성공을 위한 새로운 수단이나 방법을 찾을 수 있을 것이다. 목직전개도를 그려보면 소위 명문대학 입학은 인생성공의 수단의 수단임을 알 수 있다. 자식의 특기나 강점을 살려서 명문대학에 진학하려는 다른 친구들보다 조기에 단련시키고, 진입시키면 된다.

도표 4-2 링컨 대통령 사례에서의 목적전개도

인류의 평화와 행복

↑

서방시민의 평화와 행복을 이룬다

↑

미국민의 행복을 이룬다

↑

미국의 발전을 이룬다

↑

미국의 안정을 이룬다

↑

남북통일을 이룬다

↑

남군의 항복을 받는다

↑

남북선생에서 승리한다

↑

이번전투에서 승리한다

↑

공격한다

도표 4-3 정주영회장 사례에서의 목적전개도

인류의 평화와 행복을 위하여

↑

동북아의 안전을 위하여

↑

한국의 통일을 위하여

↑

한국전쟁에서의 승리를 위하여

↑

북한에 대한 전력우위를 위하여

↑

한국전쟁에 대한 지속적 무기/병력지원을 얻기 위하여

↑

미 의회의 계속적인 지지를 얻기 위하여

↑

미국민의 계속적인 한국건쟁 지지를 위하여

↑

미국민의 전사한 미군에 대한 마음을 편하게 해주기 위하여(TV시청)

↑

미국 대통령 후보에 대한 예우를 갖추기 위하여

↑

UN 묘지를 단장하기 위하여

↑

파랗게 보이기 위하여

↑ ~을 위하여

잔디를 심는다

도표 4-4 '공부한다'의 목적전개도

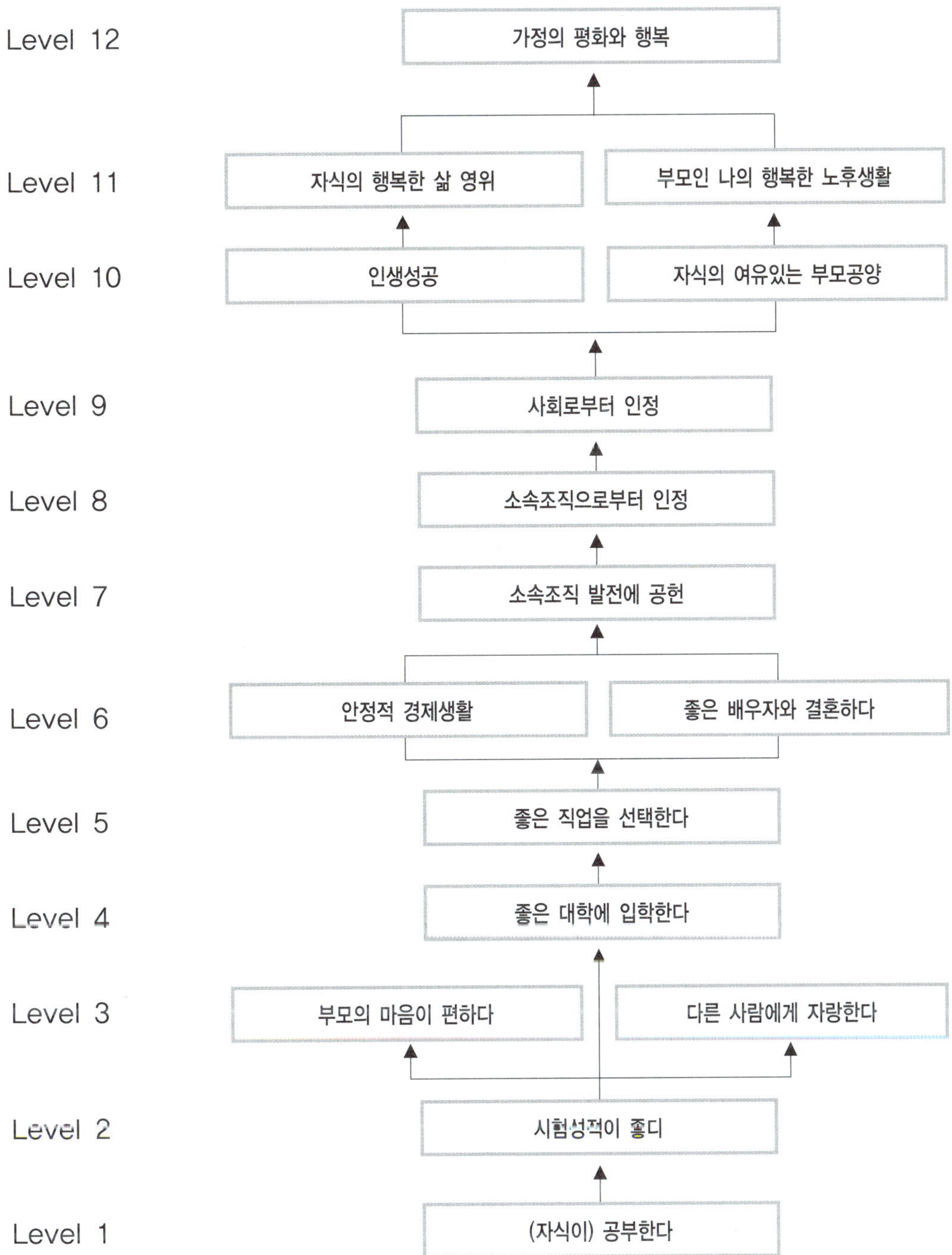

도표 4-5 기업경영의 목적전개도

(기업과 국가의)
영구한 존속 발전

↑

사회(발전에) 공헌

↑

(기업의) 지속적 안정과 성장

↑

사회에 대한 가치창출

↑

(종업원, 정부, 은행 등)
고객만족

↑

이윤극대화

↑

(소비자) 고객만족

↑

기업경영활동 내부의 부가가치창출

↑

생산성 향상

↑

제품, 서비스 제공

〈도표 4-5〉는 기업경영을 목적전개도로 작성한 것이다.

목적전개도 작성능력 향상을 위하여 '책을 본다'와 '운동을 한다'에 대해서 가치있는 목적들을 스스로 작성해 보자.

〈도표 4-6〉은 신입직원 교육과정을 개설하는 것에 관해 목적전개도를 작성한 사례로, 이 그림을 보면 신입직원이 왜 교육을 받아야 하고 어떤 교육과목이 필요한지를 알 수 있다.

도표 4-6 신입직원 교육과정 개설을 위한 목적전개도

❑ 목적 전개도 작성사례

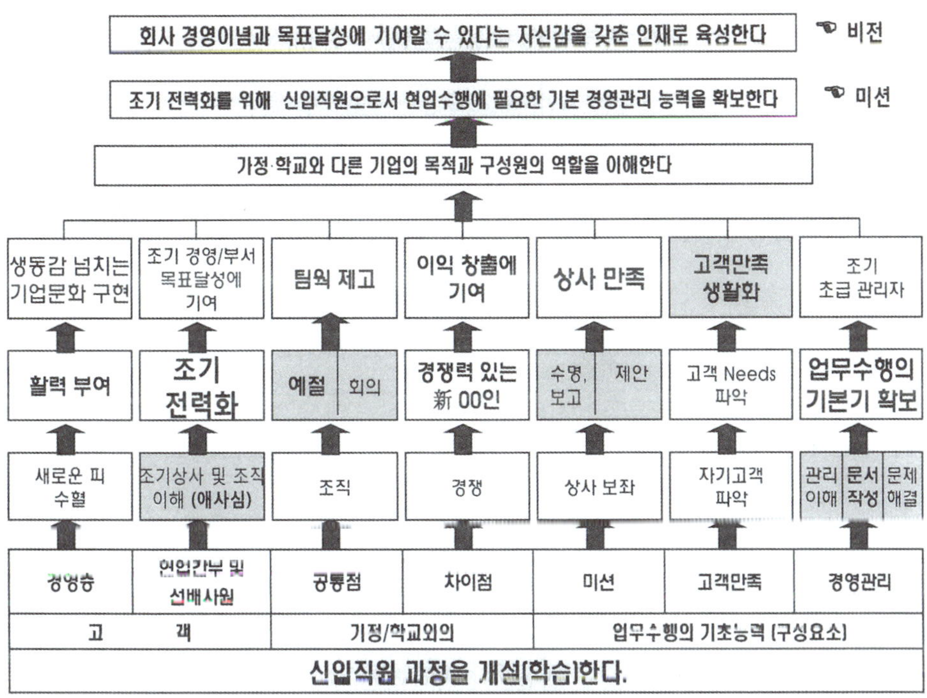

목적은 상황에 따라서 무수한 용어로 변형되어 표현된다. '돈, 고객, 결과, 미션, 행복, 현재, 명예, 이익, 효과, 비전, 생산성, 미래, 인류, 성과, 업적, 전략, 성공, 사람---' 등의 용어가 상황에 따라서 목적의 의미가 되기도 한다.

일반적으로 상황에 따라서 다르다는 말을 많이 사용하는데, 그렇다면 상황이란 도대체 무엇일까?

상황(TPO)이란 때(Time), 장소(Place), 입장(Occasion)이다. 상황은 끊임없이 변한다. 상황변화는 과거에 옳았던 것을 지금 틀리게 만들기도 하고, 지금 옳은 것을 미래에 틀리게 만들기도 한다. 따라서 상황변화는 끊임없이 문제를 생성한다. 목적도 상황(TPO)에 따라 달라진다.

예를 들어 '총을 쏜다[사격]'의 목적도 상황 즉, TPO에 따라 달라지게 된다.

1) Time (때, 시간)
   전쟁때 무엇을 위하여 총을 쏘는가? ⇒ 적군을 죽이기 위하여
   평시에 무엇을 위하여 총을 쏘는가? ⇒ 사격술을 향상하기 위하여

2) Place (장소)
   사격장내에서 무엇을 위하여 총을 쏘는가? ⇒ 정신집중을 위하여
   산악지역에서 무엇을 위하여 총을 쏘는가? ⇒ 꿩사냥을 위하여

3) Occasion (입장)
   군인입장 : 무엇을 위하여 총을 쏘는가? ⇒ 적군을 사살하기 위하여
   경찰입장 : 무엇을 위하여 총을 쏘는가? ⇒ 범인을 검거하기 위하여
   아동입장 : 무엇을 위하여 총을 쏘는가? ⇒ 재미를 느끼기 위하여

정리하면, 무슨 일을 하든지 먼저 목적(가치)부터 파악하는 사고를 목적지향적 사고라고 하며, 목적을 파악하는 방법은「무엇을 위하여」라고 간단히 물어보면 된다. 목적은 상황(TPO)에 따라 달라지며, 성공한 사람의 공통점은 목적지향적 사고를 한다는 점이다. 목적을 파악하면 새로운 세계를 보게 되며, 지금보다 더 좋은 수단·방법을 찾을 수 있게 된다. 그리고 전술한 바와 같이 경영전략 기획의 첫 번째 단계가 바로 목적/미션/비전 설정 단계로 목적지향적 사고를 활용한다.

바람직한 모습은 목적이고, 이러한 목적은 TPO에 따라 달라진다. 따라서 바람직한 모습을 그리기 이전에 TPO부터 명확히 해야 할 것이다.

목적은 그 일을 했을 때의 최종산출물(Output)부터 상위조직이나 타부서의 성공에 대한 기여나 후방고객 및 외부고객에 대한 만족이다. 또한 목적은 미션, 비전이라는 명칭으로 쓰인다. 미션과 비전은 조직뿐만 아니라 개인에게도 있을 수 있으며, 업무에도 있다.

목적이 잘 설정되어야 기획이 멋지게 될 수 있고, 일이 끝난 후 평가도 목적이 잘 설정되어야 이것을 기준으로 하게 되므로 매우 중요하다는 것은 이미 언급한 바 있다.

바람직한 모습 그리기는 상황에 따라서 그리는 대상 즉 범위가 달라지게 된다. 최종 결과만을 대상으로 바람직한 모습을 그릴 것인가? 즉 목적만 찾아서 그것의 성공모습만 그려보고 끝낼 것인가 아니면 그 목적달성의 과정까지도 바람직한 모습을 그릴 것인가를 상황(TPO)에 따라서 결정해야 한다. 여기서는 최종결과 즉, 목적만 바람직한 모습으로 그리는 일반적인 경우를 설명하기로 한다.

1) 이 때의 기법은 목적전개도만 사용하면 된다.
2) 목적전개도 작성법에 대해서는 이미 목적지향적 사고에서 학습 했던 것처럼 지금 하려고 하는 일을 제일 아래에 「~을 ~한다」형식으로 간단히 적은 후, 「무엇을 위하여」하는가를 물어서 위로 올리면 된다.
3) 만약, 목적이 생각이 잘 안나면 이것을 안하면 당장 어떤 손해가 발생하는 지를 찾은 후 다시 긍정적 표현으로 바꾸면 된다.
4) 또한 지금 하고 있는 일이 너무 크다고 생각되면 제일 하단에 적은 것을 구성요소, 영향요소 또는 핵심 Key-Word 몇 개로 나누어서 적은 후 그것으로부터 차근차근 위로 올려가면 된다.
5) 어느 정도 위로 올라간 후 일반적으로, 타부서에 대한 기여, 고객만족, 회사 이윤극대화에 기여, 지속적 사회 국가발전에 대한 기여로 끝나게 된다.

〈도표4-7〉을 활용하여 자기가 소속되어 있거나 가상의 부서 또는 조직의 목적전개도와 미션을 수립해 보자.

1) 미션 설정을 위하여 목적전개도를 작성해야 한다. 〈도표4-7〉의 제일 위에 있는 칸은 제일 마지막에 작성한다.
2) 작성 양식 최 하단에 간단히 부서 또는 개인의 업무를 「무엇을 ○○한다」의 형식으로 기재한다.
3) 커다란 부서/개인 업무를 구성하는 일의 덩어리 또는 업무Process를 3~5개로 분할하여 기재한다.
4) Level 5 까지 구성업무단위로 각기 차근차근 올린 후 Level 6에서는 통합한다.
5) Level 7 이상에서는 (부서미션) → 본부미션 → 고객만족 → 회사 이윤극대화로 올라간다.

6) Level 7~8을 중심으로 하여 미션의 목적부를 찾고, 역할부는 구성업무들을 그대로 가져오면 부서(업무)미션이 완성된다.

도표 4-7 목적전개도 및 미션수립 실습 Sheet

소속조직 명칭		미션	목적부	
			역할부	

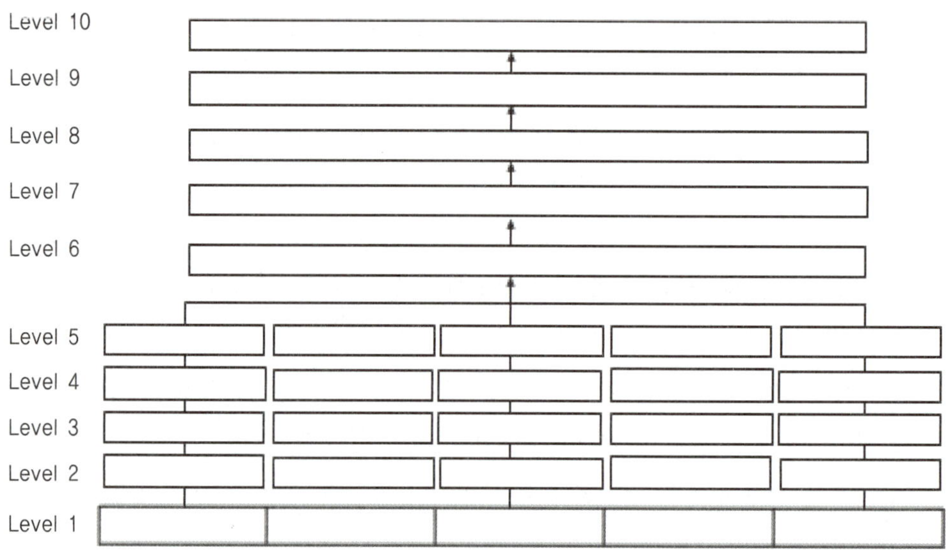

CHAPTER

05

상황분석 I : 외부환경 분석

잠깐 쉬었다 갈까요?

아래 Quiz는 미국 예일대학의 Business School 교육과정에 등장하는 문제이다. 먼저 개인단위로 풀이한 후, 팀 리더의 리드로 팀의 합의된 의사결정사항을 답안지에 기재 바란다.

Q. 서부시대에 톰, 제리, 머피 3명이 결투를 하게 되었다. 톰은 명중률 100%, 제리는 80%, 머피는 30%이다. 규칙은 3명이 돌아가면서 1회, 1방씩만 쏘되, 상대는 임의로 정할 수 있도록 하였다. 총을 쏘는 순서는 명중률이 낮은 머피, 제리, 톰의 순서이다. 이때 당신이 머피의 친구라면 머피에게 어떤 조언(예 : 톰을 먼저 쏘아라 등)을 하겠는가?

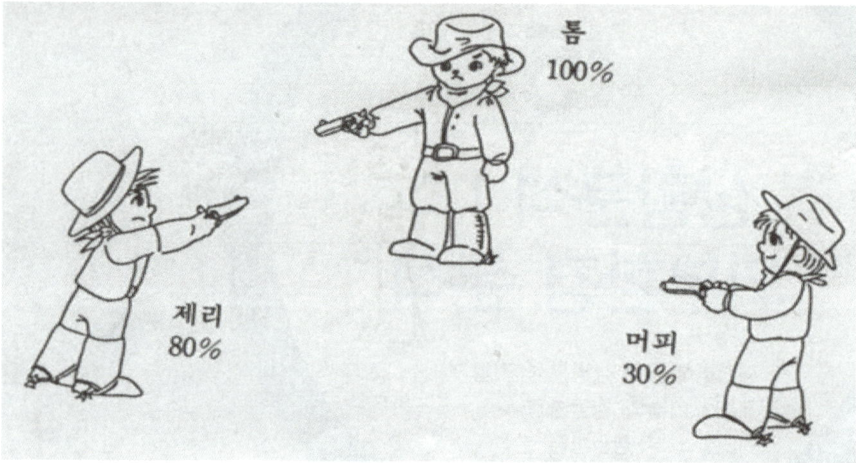

경영전략 기획이든 문제해결이든 최종 목적을 달성하는 것이 목표가 된다. 그런데 현상은 최종 목적 중 일부는 달성되어 있고, 일부는 불일치된 상태에 있는 것이 일반적이다. 이에 현재 모습을 바람직한 모습과 비교하여 어느 정도의 괴리(Gap)가 존재하고 있는지를 파악하여 그 Gap을 해소 시켜 주어야 할 필요가 있다. 즉 현재의 문제점과 미래의 장애요인을 파악하는 것이 상황분석이다.

상황분석을 위해 마구잡이식으로 모든 현재의 모습이나 정보를 파악할 필요는 없다. 바람직한 모습이나 목적을 기준으로 그것들의 현재 모습이나 수준만 파악하면 된다. 현재 모습파악은 보다 구체적인 상황(TPO)분석이자 필요한 정보를 수집, 분석하여 미래의 상황까지도 예측해 보는 작업이 된다.

정보를 전략적으로 수집하는 요령은 첫째 목적, 바람직한 모습에 필요한 정보만 수집할 것, 둘째 Know-Where 즉 이 정보가 어디에, 누구에게 있는가 부터 파악하는 것이다. Where만 알면 Know-how의 입수는 자동적으로 이루어지기 때문이다.

이번 상황분석에서는 가치 있는 목적이 확인 되었다면, 그 목적을 보다 구체적인 것들로 분할해야만 됨을 확인하고 그 방법을 확인할 것이다. 세상의 모든 목적과 가치들은 대개가 추상적이며, 애매한 경우가 많다. 이 때문에 이러한 목적과 가치들을 구현해 내기 위해서는 그것들을 보다 구체화, 세분화할 필요가 있는 데, 이 때 필요한 사고가 합리적 · 논리적 사고이다. 사물이나 일을 올바로 파악하기 위해서는 전체를 빠짐없이 살펴 볼 필요가 있는데 이때 필요한 사고가 합리적 사고이기 때문이다.

이번 장에서는 우선, 기업에서 뿐만 아니라 일상생활에서도 활용할 수 있는 범용적인 상황분석 기법을 다양하게 살펴보고, 기업의 외부 환경을 체계적 · 논리적으로 분해하여 현상을 파악하는 방법을 중점적으로 알아본 후, 다음 장에서 기업의 내부 환경 분석에 대해 살펴보기로 한다.

제1절 범용적 상황분석 기법

1 바람직한 모습에서 작성한 목적전개도를 활용하는 방법

1) 목적전개도의 각 항목들 중 기획의 목적에 가장 부합되는 것을 몇 가지만 선정해 낸다.
2) 이때 Output(제일 아래 level의 것)은 필수적으로 선정해야 한다.
3) 정성적인 목적들을 측정하는 측정방법과 바람직한 수준을 먼저 설정한 후 같은 측정방법으로 현 수준을 기입한다.
4) 정량화가 잘 안되는 것은 Index(대용지표)를 활용한 설문조사 점수를 채택한다.
5) 경우에 따라서는 매우 높다. 높다, 보통, 낮다, 매우 낮다 또는 세계일류, 국내일류, 국내 2~3류 수준으로 분류하여 현 수준을 파악해도 좋다.

〈도표 5-1〉은 어느 제조업체의 A/S부서가 목적전개도를 활용하여 상황을 분석한 사례이다. 여기에서 매출이 증가하는 것까지 A/S부서의 책임은 아닐 것이다. 따라서 level V의 목적을 A/S부서에서는 다루지 않았다.

도표 5-1 A/S부서에서 목적전개도를 활용한 상황분석 사례

(사례연구) 목적전개도 활용법 사례

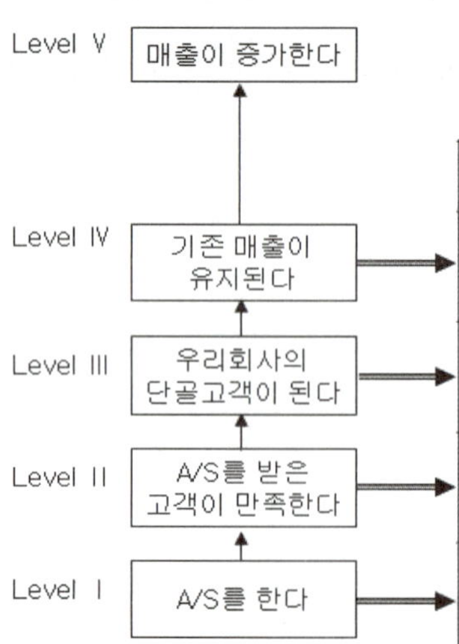

명칭	측정방법	바람직한 모습,수준	현재모습,수준	책임의 범위
3차 목적	기존매출유지에 대한 A/S의 기여인정도(임원들의 주관적평점)	매우 높다	보통이다	일부
2차 목적	A/S불만으로 인한 고객이탈율	10%	30%	전부
1차 목적	고객의 A/S만족도 설문조사(5.0만점)	4.5이상	3.8	전부
Output	우리부서의 A/S서비스 수준평점(감사실의 Checklist활용,100점 만점)	90점이상	85점	전부

❷ TPO 분석

수집된 정보는 가능한한 가시적으로 도표화 하는 것이 좋다. 그리고 컬러(Color)화 해 줌으로써 정보 분석자나 제3자에게 한 눈에 들어오도록 할 필요가 있다. 많은 성인들이 막대그래프, 점선그래프, 원그래프를 초등학생 용이라 비하하는 경향이 있는데 절대로 그렇지 않다. 이것보다 더 효과적인 프리젠테이션 도구도 없다. 많은 애용 바란다.

그래프화, 도표화, Color화 하여 (실적) 정보를 분석할 때는 TPO분석을 한다.

- T (Time, 시간) 분석이란 전년, 전반기, 전분기, 전월, 전주 대비 분석이다.
- P (Place, 장소) 분석이란 해외이든 국내이든 간에 타 지역 대비 분석이다.
- O (Occasion, 입장) 분석이란 고객, 경쟁사 및 자사에 대한 분석이다. 그 상세 체계(Chain)도의 사례는 〈도표 5-2〉와 같다.

도표 5-2 TPO 분석법을 활용한 상황분석 사례

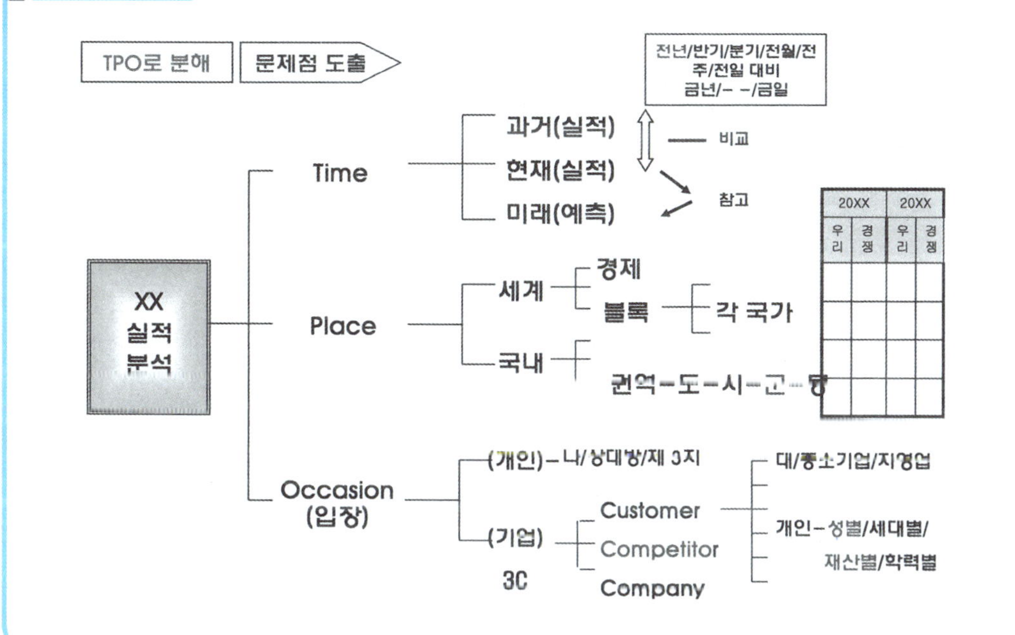

3 구성요소와 영향요소로 분해하는 방법 – 구성/영향 요소법

예를 들어 책상이 있다고 가정해 보자. 책상을 분해하면 어떤 것들이 나타날까? 일단 외관 형태로 분류해 보면 책상면이 있고, 서랍이 있고, 다리가 있다. 어떤 것은 이동바퀴도 있다. 그 다음 구성 재료로 분류하면 나무, 강철, 플라스틱, 고무(바퀴)로 나뉘어 질 것이다. 그 외에 무쇠(못)나 아교풀(접착제)이 추가될 지도 모른다. 이처럼 어떤 커다란 사물을 분해하는 방법은 외관을 기준으로 해서 형태나 재료와 같은 분류기준에 따라 다시 그것을 구성하는 요소로 분해하는 방법이 가장 일반적인데 이것을 구성요소법이라 한다.

어떤 사물을 파악할 때 주의해야 할 점이 있다. 사물 그 자체만 또는 그 사물의 내부만 보아서는 전체의 반밖에 보지 못한 것이다. 무슨 이야기냐 하면 어떤 사람이 있다면 그 사람 자체만 보면 그 사람을 완전히 알 수 없고, 그 사람의 과거와 그 사람의 환경까지 살펴보아야 그의 진면목을 파악할 수 있듯이 사물도 그 사물의 내부 구성요소만 보아서는 안되며, 그 사물을 둘러싼 환경요인까지도 살펴볼 때 비로소 그 사물을 전체로서 보다 완벽하게 파악할 수 있게 된다.

도표 5-3 구성요소와 영향요소법을 활용한 상황분석 사례

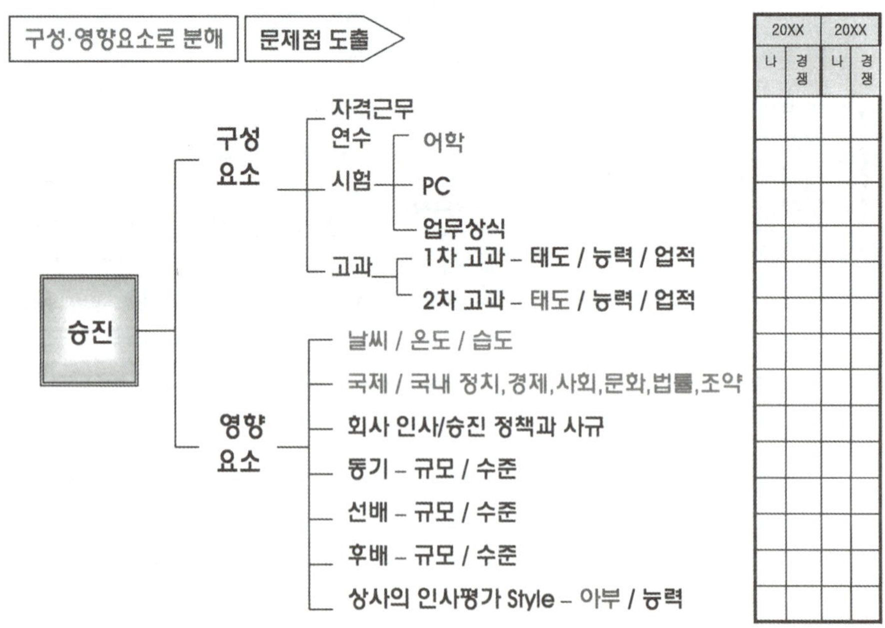

앞에서 예를 든 책상이라면 책상을 둘러싼 환경들, 즉 가깝게는 공기, 온도, 습도와 책상의 사용자들과 과거로 거슬러 올라가면 책상을 만든 사람, 책상의 재료가 되는 나무, 플라스틱 등과 책상을 만들 때 사용된 공구나 기계 등도 살펴보아야 한다. 이처럼 책상을 둘러싸고 있는 것들을 영향요소라 하는데 보다 완벽한 분해를 위해서는 앞서의 구성요소와 함께 영향요소를 모두 파악해야 한다.

〈도표 5-3〉의 체계도는 조직원이라면 모두가 중요시 생각하고 있는 '승진'에 관해서 구성 · 영향요소법으로 분해한 것이다.

4 품질, 원가, 시간으로 분류하는 법 - QCT법

공공 조직이든 기업체이든 조직에 소속되어 근무하는 사람들은 누구라도 자신의 일을 잘하고 싶어한다. 그런데 일 또는 업무라는 것의 결과는 눈에 보이는 것보다는 안 보이는 경우가 훨씬 더 많다. 영업이나 생산을 담당한 사람의 경우 담당 업무의 결과는 매출액 또는 생산량과 같이 눈에 보이지만, 지원관리부서에서 일하는 사람의 경우에는 담당 업무의 성공이라는 것이 애매하기 짝이 없다. 이때 Q,C,T라는 Checklist로 분류하면 구체화가 가능해 진다.

Q는 Quality(품질)과 Quantity(수량)을 뜻하며, C는 Cost(원가나 경비) 등이 된다. T는 Time(시간)인데 Delivery(납기, 마감기한), Timeliness(적기), Cycle Time(작업 총 소요시간)으로 다시 분류된다.

예컨대, 총무팀원의 경우 행사(담당자의) 개최 업무라면 Q는 행사참석자의 만족도와 행사 개최 건수 목표달성, C는 행사비용, T중 Delivery는 시간내 행사 종료, Timeliness는 제때 행사 개최, Cycle Time은 행사준비부터 행사완료까지의 총 소요시간이 된다.

이처럼 거다란 일을 분류하는 기준으로는 QCT가 적절하다고 볼 수 있다.

〈도표 5-4〉의 체계도는 인생에서 매우 중요하고 추상적이기도 한 '성공적 결혼'을 QCT법으로 분해한 것이다.

도표 5-4 QCT법을 활용한 상황분석 사례

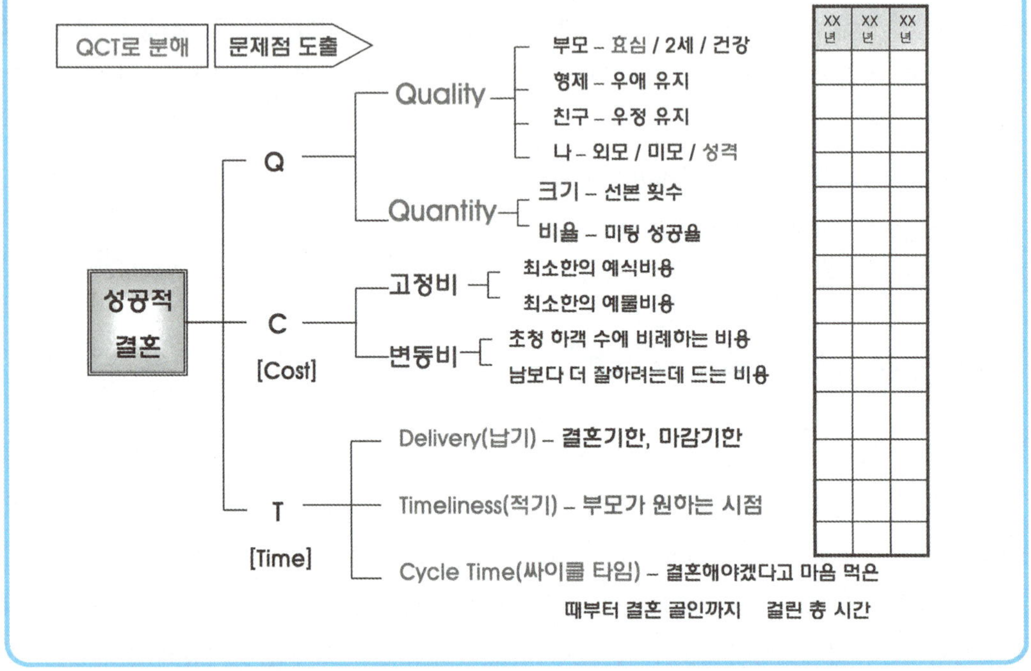

5 같다고 생각되는 용어로 분해하는 법 – 동의어 열거법

추상적이고 애매한 용어를 분해할 때는 구성요소나 영향요소가 잘 생각나지 않는다. 보이지 않기 때문이다. 이때는 그것과 비슷하다고 생각되는 용어들을 가능한 한 많이 찾아보는 방법이 있다.

예컨대, '성공이란 무엇인가?' 에 대해 구성요소나 영향요소의 발견이 쉽지가 않다. 이 때는 성공과 비슷하다고 생각되는 것을 찾아보는 방법이 보다 용이한 분해법이 된다. 돈을 많이 번 것, 명예나 사회적 지위가 높은 것, 가정이나 사회, 인류발전에 크게 기여한 것, 장수한 것 등이 도출될 수 있을 것이다. 그러면 성공이라는 추상적이고, 애매한 용어를 돈, 명예, 사회발전에의 기여, 장수의 네 가지로 압축하여 분해할 수 있게 된다. 이와 같이 추상적이며 애매한 것을 분해하는 방법을 동의어 열거법 이라 한다.

6 때, 장소, 주체(입장)과 방법으로 분류하는 법 – TPO/M법

어떤 사람이 포장마차 사업을 하기로 하였다고 가정하자. 포장마차사업을 구성요소법에 의해 마차, 진열대, 메뉴, 재료 등을 생각하고, 영향요소법에 의해 경찰, 손님, 수산물 센터, 동네건달 등을 생각했다고 했을 때 이것이 포장마차 사업의 전부는 아닐 것입니다. 좀 더 넓게 생각하기 위하여 포장마차사업을 구체적으로 분류하는 기법으로 TPO/M법인데, 이것은 앞서의 상황(Time, Place, Occasion)에 Method(방법)를 추가한 것이다.

어느 때에, 어느 계절에 장사를 시작할까? 1년 내내 할까? 여름에만 할까? 하루종일 할까? 밤에만 할까?가 Time에 대한 분류다.

시내에서 할까? 동네에서 할까? 대로변에서 할까? 골목에서 할까? 다른 사람과 몰려있는 곳에서 할까? 혼자만 있는 곳에서 할까? 등은 Place에 대한 분류가 된다. 고객은 장년층, 중년층, 청년층 모두로 할까 특정 층으로만 할까? 나 혼자서 할까? 아내 또는 친구와 같이 할까가 Occasion에 대한 분류가 된다.

기존에 남이 하던 사업을 인수해서 할까? 신규로 새로 개업할까? 등이 Method(방법)에 의한 분류가 된다. 이와 같이 어떤 커다란 일을 TPO/M에 의해 세분화하는 기법도 있다.

7 육하원칙으로 분류하는 법 – 5W2H법

일을 분해하는 기준으로 예로부터 내려온 대표적인 기법은 육하원칙, 즉 5W1H법이다. 5W1H란 Why(왜), What(무엇), Who(누가), When(언제), Where(어디서)와 How(어떻게) 이다. 누구나 보고서나 레포트를 쓴 후에 이것 중 어느 것이 빠졌는가를 확인하기도 하고, 아예 처음부터 작성 순서를 이것으로 정하여 '1. 목적 2. 주최 또는 참석 대상자 3. 활동내용 4. 일시 5. 장소 6. 참여방법' 등과 같은 소제목을 적어 놓고, 나머지 상세내용을 채워 넣기도 하였을 것이다. 따로 예를 들거나 설명할 필요가 없는 누구나가 잘 알고 실제로 사용하고 있는 기법이지만, 직장생활을 하는 사람이라면 앞으로는 5W1H를 잊어버리고 5W2H로 기억할 필요가 있다. 5W1H에 모든 일의 걸림돌로 등장하는 How much(얼마나, 비용)이 추가된 것이다.

왜 하지? 무엇을 하지? 누가(또는 누구에게, 누구와)하지? 언제(또는 언제까지) 하지? 어디서 하지? 어떻게 하지? 돈은 얼마나 들지? 라는 일곱 가지 질문법으로 애매한 상황을 구체화하는 기법이 5W2H법인 것이다.

제2절 기업의 경영환경

1 경영환경의 중요성과 유형

(1) 경영환경의 중요성

경영환경이 어떠한지에 따라 기업에게는 기회(opportunity)도 되고 위협(threat)도 되기 때문에 매우 중요하다. 그러므로 경영학에서 경영환경을 연구하는 이유는 어떻게 하면 기회적 환경을 잘 이용하고 위협적 환경을 최소화하여 기업조직을 존속 · 발전시키는가에 관심이 있기 때문이다.

20세기 초만 하더라도 기업을 어디까지나 하나의 폐쇄시스템으로 보고 기업내부의 재무, 영업, 회계, 생산관리만 합리적으로 잘하면 기업이 잘되는 것으로 간주하여 오직 내부경영의 합리화만 집중적으로 연구하였다. 그러나 점차 사회는 복잡해지고 사람들의 인식도 바뀌고 생물학에서 연구되던 개방시스템 이론이 경영학에 도입되기 시작하면서 경영환경의 중요성이 부각되었던 것이다. 처음에는 기업의 환경으로 시장의 중요성만 고려하다가 그 이후 주주, 노조, 협력업체, 정부 등 이해관계자 집단의 영향력에 관심을 갖게 되었고 최근에는 국제적 환경, 세계 각국의 정치, 문화까지도 중요한 외부 경영환경으로 인식하게 되었다.

(2) 경영환경 유형

경영환경의 분류는 국내환경 · 국제환경, 외부환경 · 내부환경, 업무환경 · 거시환경 등으로 유형화할 수 있는데, 여기서는 특정기업의 경영활동에 직접적으로 관련되는 과업환경(구체적 환경 혹은 업무환경)과 외부에서 전반적으로 모든 기업에 영향을 미치는 일반환경(또는 거시환경)으로 구분하여 살펴보자. 그러나 이러한 구분은 어디까지나 상대적이며 그 경계도 애매모호하다. 예를 들어 외국기업에 수출품을 만들어 100%납품하는 업체에게 있어서 환율변동이나 관세장벽은 더 이상 일반환경도 아니며 외부환경도 아니다. 상황변화에 따라 일반환경이 과업환경이되기도 하고 과업환경이 점차 영역이 넓어져서 일반환경이 되기도 한다(도표 5-5).

과업환경

회사의 업무와 직접 관계되는 환경들로서 다음과 같은 것들이 있다.

- 고객 : 경쟁의 격화로 고객의 위상과 그 영향력은 그 어느 때보다도 높아졌다. 소비자들은 조직화되어 소비자고발센터, 공정거래위원회, 정부, 매스컴에 호소하기도 하고 인터넷 등을 이용하여 고객집단의 여론을 주노하기노 하여 고객은 왕, 기업은 신하가 되었다.
- 주주 : 대주주 혹은 소액주주 집단은 주주총회에서 대표이사를 임명할 수 있을 뿐만 아니라 이사를 선출하여 경영활동의 방향을 주도하기도 한다.
- 노조 : 기업 구성원의 의견을 대표하는 노동조합은 파업이나 의견제시를 통하여 경영활동을 제약하거나 방향을 바꾸기도 한다. 물론 전국규모의 한국노총이나 민주노총의 주장은 기업의 더 큰 환경요인이다.

도표 5-5 기업의 이해관계자들

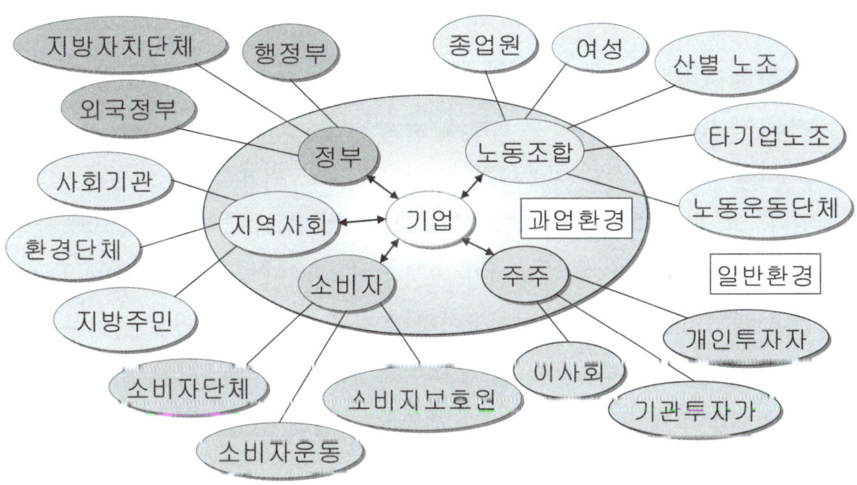

- 타기업 : 경쟁업체와는 같은 시장을 놓고 시장점유율 확장의 각축을 벌이는 한편, 협력업체는 원료공급과 제품유통과정에서 기업이 가장 신경 쓰는 집단이다. 경쟁업체는 시장점유를 넓혀올 뿐만 아니라 종업원, 신기술, 노하우도 빼가지만 잘 이어지면 공생관계가 되어 환경변화에 같이 대처하기도 한다. 한편 협력업체를 지나치게 무시하면 부실기업이

되어 불량원료를 공급하는 등의 차질을 빚기도 하는데 오늘날의 기업은 점차 다양화, 전문화되어 협력업체간의 연결이 더욱 증대되고 있다.

- 정부와 법 : 세법, 공정거래법, 독과점법, 공해방지법, 직업훈련법 등 많은 법과 규제가 기업활동을 지원하거나 제한하기도 하며 정부는 국민경제를 이끌면서 벤처기업 육성, 특별 금융지원, 공기업의 민영화, 임금가이드라인 제정, 외국인 투자허용, 규제완화정책 등 기업에 막대한 영향력을 발휘한다.
- 지역사회와 압력단체 : 지역시민의 영향력은 조경권 침해, 환경보호, 위락시설 설립반대 등의 형태로 최근 증대되고 있으며 NGO(비정부조직)의 환경운동, 참여연대의 소액주주 운동, 재벌 상속세 개정법, 성희롱 방지법, 의약분업실시, 남녀 평등고용법 등은 모두 시민단체의 압력으로 정부에 의해 제정되어 경영활동에 직접 영향을 미치고 있다.

일반환경

특정 회사뿐 아니라 다른 모든 회사에도 간접적으로 영향을 미치는 환경요인으로서 다음의 것들이 있다.

- 경제상황 : 기업에 직·간접적으로 영향을 미치는 경제적 환경은 물가수준, 산업구조, 경제개발정책, 경기변동, 재정정책과 재정상태 등 수없이 많다. 예를 들면 GNP 수준에 따라 소비자의 욕구가 다르다. 또 IMF 상황에서 한국 기업들은 종업원을 해고하고 연수원을 폐쇄하고 재무전문가를 고용하였다. 어떤 기업은 외국기업에 팔리고 어떤 기업들은 합병되었다. 그 때의 소비자들은 백화점보다 할인점으로, 중형차보다 소형차로 몰렸다.
- 정치환경 : 크게는 사회주의 체제인가 자본주의 체제인가에서부터 작게는 공무원들의 기업인들에 대한 마음가짐까지 선진국이나 후진국이나 할 것 없이 정치환경은 기업 경영의 중요한 환경요소이다. 예를 들어 여야가 싸우고 반정부시위가 성행할 때면 외국 바이어들의 행렬이 급격하게 감소되고 새로운 기업의 창업은 줄어들며 오히려 폐업이 증가한다.
- 기술발전 : 기술의 급격한 발전은 사무실의 사무기기, 공장의 생산시설에서부터 고객의 수요패턴변화와 그에 따른 제품과 서비스의 유형변화에 이르기까지 그 영향력은 실로 거대하여 세계적 대기업도 하루아침에 침몰시키고 무명의 소기업을 순식간에 세계적인 기업으로 탈바꿈시킨다. 기술발전의 속도가 빨라짐에 따라 기존의 기업경영에 지식경영, 경영혁신, 시간관리, 정보기술, 인간게놈개발의 문제까지 대두시켰다.

- 사회 · 문화환경 : 사회변동은 조직구성원들의 가치관 변화뿐만 아니라 고객들의 수요변화를 자극하며 국가간의 문화차이는 글로벌 경영시대에 고려해야 할 필수분야가 되었다. 뿐만 아니라 여러 사회, 여러 국가의 사회적 · 문화적 환경도 기술분야 못지않게 바뀌면서 기업경영에 기회와 위협을 안겨다 준다. 우리나라의 N세대 출현으로 재래식 동대문 시장은 후퇴하고 밀리오레나 두산타워가 새롭게 자리 잡았다. 맞벌이 부부의 증가는 인터넷 홈쇼핑을 증대시키며 고령화 사회는 기업들로 하여금 실버산업에 눈을 뜨게 한다.

(3) 환경에의 대응방법

조직이 환경에 대응하는 방법은 다양하겠지만 다음의 두 부류로 나눌 수 있다. 첫째는 환경을 있는 그대로 놓아둔 채 조직 자체가 환경에 맞추어 나가는 것이고, 둘째는 조직의 구미에 맞도록 환경을 바꾸어 나가는 것이다. 전자를 환경적응(adaptation), 후자를 환경통제(control)라 한다.

환경에 적응하기

여기서는 톰슨(J. Thompson)의 이론에 국한하여 기업이 환경에 대응하는 몇 가지 방안을 고려한다.

- 완충활동(buffering) : 기업이 환경으로부터 투입(input : 원료, 자금, 인력)받는 곳이 나 산출(output : 판매)하는 곳에 예비자원을 많이 쌓아 놓으면 환경변화의 타격이 적을 것이다. 원료를 미리 사서 비축해 놓으면 갑자기 공급이 단절되어도 몇 달은 버틸 것이다. 시장의 수요가 폭등할 때를 대비해 미리 많이 만들어서 쌓아두어도 되고 갑자기 수요가 급감하면 싸게 덤핑으로 팔면서라도 내부의 생산라인을 가동시키고 종업원을 해고할 필요도 없게 된다.
- 경계활동(boundary spanning) : 환경대응을 잘하기 위해서는 환경을 정확히 예측하는 것이 급선무인데 환경과 기업의 경계선에서 활동하는 종업원(경계활동담당자)들의 수를 늘리고 이들의 환경정보 수집활동을 적극 지원하면 어느 정도 미래예측이 쉬워진다. 예를 들면 판매원들이 시장동향을 정확히 파악하도록 지원해 주거나 원료공급 회사를 출입하는 구매담당자가 원료공급 흐름을 시시각각 생산부서에 보고해 주도록 해놓는 것이다.
- 전문부서 설립 : 특별히 전문기관이나 전문가를 두어서 항상 환경변화를 분석하고 예측하여 내부 구성원들에게 정보를 제공하게 하는 경우도 많다. 또는 마케팅부서, 연구개발부서, 회계부서에 환경요인만을 담당하는 또 하나의 작은 부서를 설립하여 환경을 예측하고

대책을 세우게 한다. 이렇게 되면 기업은 자꾸만 분화되어 특수한 환경상황에 알맞은 특수조직으로 계속 분화될 것이다. 예를 들면 홍콩의 경영환경에 대처하기 위해 홍콩지사를 별도 설립 운영하거나 가전제품 중에서 냉장고 수요변동이 심하기 때문에 별도로 냉장고 사업부를 독립시키는 경우가 그것이다.

환경을 통제하기

이는 경영환경이 기업에 긍정적 영향을 미치도록 혹은 적어도 부정적 영향을 적게 미치도록 환경과의 관계를 바꾸어 놓든지 환경자체를 변경시키는 방법이다.

- 공동운영 : 경쟁회사나 원료공급회사 혹은 판매대리회사 등과 합병하든지, 중역을 상호 겸임하게 한다면 그 회사들로부터 가해지는 위협은 감소되고 오히려 기회가 증대 될 것이다. 예를 들면 맥주회사가 맥주병회사를 흡수하든지, IMF 위기에 처한 기업이 주거래 은행의 중역을 자문역으로 모신다든지, LG전자와 삼성전자가 공동으로 기술개발을 하면서 해외 경쟁사에 공동 대처하는 방식이 그것이다.
- 광고 : 기업의 광고는 소비자뿐 아니라 일반국민, 정부, 거래처, 사람들을 설득시키고 변화시키는 데 사용될 수 있다. 소비자에게 광고하여 없는 수요도 창조할 수 있으며 공해물질 산출에 대한 지역주민의 반발을 기업이미지 광고로 잠재울 수도 있다. 이처럼 광고는 기업에 불리한 환경을 유리한 환경으로 변화시키는 데 많은 역할을 한다.
- 사업변경 : 기업이 어느 환경에 대처하기가 아주 어려울 때는 그 사업을 포기하든지 다른 사업으로 업종을 아예 바꿔버리는 수도 있다. 예를 들면 담배제조회사가 소비자의 소송이 잇따르고 금연 캠페인이 증대되니까 담배제조를 줄이고 주류제조에 손을 대는 경우가 그것이다. 물론 기존사업을 더욱 확장하여 환경에 대처하는 경우도 있다. 기존에 생산되는 제품의 시장점유율이 경쟁사보다 적어서 항상 경쟁사가 하자는 대로 끌려가던 기업에서 투자액을 몇 배로 늘려 경쟁사를 제치고 시장을 마음대로 주도하기도 한다.
- 로비활동 : 우리나라에서는 로비활동을 주로 부정적 시선으로 보지만 선진국에서는 합법적으로 비용을 제공하면서 자기회사에 유리한 법을 제정하도록 영향력을 행사하게 한다. 기업 자체적으로 로비스트를 고용하여 의사결정기관에 접근하는 경우도 있지만 이것이 힘들 경우에는 자기와 유사한 이해관계에 처한 조직들과 손잡고 연대하여 로비활동을 벌이거나 영향력을 행사한다. 우리나라의 전국경제인연합회, 중소기업연합회, 대한상공회의소 등이 그것이다.

(4) 경영환경의 변화전망

인간의 욕구는 끝이 없고 항상 지금보다 더 나은 삶을 원하기에 기술발전은 계속되고 새로움에 대한 갈망과 호기심의 본능으로 변화는 영원한 것이 된다. 실로 누군가의 말대로 '모든 것은 변한다.' 라는 말만 빼고 이 세상은 모두 변한다. 문제는 기업경영이 환경의 영향을 받기 때문에 환경변화에 따라 기업경영도 변화되어야 한다는 데 있다. 따라서 앞으로 경영환경이 어떤 방향으로 변화할지를 〈도표 5-6〉과 같이 미리 예측하는 일이 중요하다.

도표 5-6 미래의 한국사회

분 야	2000년대	미 래
인구구조	신세대 중심	고령자 중심
가족형태	핵가족	핵가속의 재분열
여성지위	사회진출 붐 시작단계	사회 각 분야의 중심
소득분배	양극화 초기단계	양극화 고착화
고용구조	잠재적 고실업	고실업 고착화
권력구조	제도권중심	비제도권으로 이동
세대갈등	산업화세대-민주화세대	민주화세대-포스트385세대
산업형태	산업간 경계	산업간 융합, 4차 산업혁명

현재, 변화하고 있는 방향을 살펴보면 다음과 같다.

- 지식사회 : 이제는 기업의 자산이 공장시설이나 자본금 크기가 아닌 기업(구성원)이 가지고 있는 정보와 지식으로 평가된다. 일반사회뿐 아니라 기업에서도 권력구조나 서위서열이 정보 · 지식 정도에 따라 정해질 것이다. 또한 지식은 누구나 소유할 수 있으며 물적 자산보다 이동과 확산이 쉽고 빠르기 때문에 지식으로부터 나오는 권력을 누구나 갖게 되어 조직 내 민주화가 성큼 다가올 것이다. 즉 중앙집권적 위계조직이 붕괴되고 다차원적 모자이크형 권력사회화 현상이 조직 안에서도 이루어질 것이다. 혹시 권력이 집중되더라도 지식노동자를 중심으로 권력관계가 재편될 것이다. 기업 간의 경쟁도 지식창조력 경쟁으로 변하여 비용의 최소화나 능률화보다는 비용을 더 들이더라도 지식과 정보를 창조할 수 있는 기업이 유리하게 된다.

- 다원사회 : 사회권력 구조가 변혁을 일으키면서 신세대 집단에 의한 문화역류현상, 피지배계층이나 소수세력의 집단적 주장의 강화, 이익집단의 다양화, 소규모 기업들의 역할강화 등 수많은 단체들과 세력들이 기업의 환경을 구성할 것이다.
- 국제화 : 통신, 정보, 이동수단의 발달로 지구촌 경제로 일원화되어 가는 경향이 있다. 따라서 기업의 인적 · 물적 자원의 구성도 국경을 초월한 지 오래며 영업활동이나 경쟁체제도 세계 수준에서 글로벌 하게 이루어지고 있다. 국가간 경계가 없이 상호투자가 가능하며 글로벌 쇼핑센터에서 제품의 판매와 구매가 가능하다. 다국적기업은 점점 확대되어 자본과 노동의 이동이 자유롭게 행해지며 민족기업의 이미지는 구시대유물이 되었다.
- 기술혁명 : 기술발전을 앞으로도 계속되어 생산설비와 생산방식의 빈번한 교체와 제품수명주기(product life cycle)는 계속 짧아질 것이다. 따라서 미래에 대한 불확실성은 점차 증대되어 기업의 의사결정은 더 어려워질 것이다.
- 스피드(speed)화 : 기술, 의식, 수요패턴 등의 변화가 기존의 속도가 아닌 더 빠른 속도로 변하기 때문에 과거의 관리방식으로 변화를 감지하거나 대책을 세우기 어렵게 될 것이다. 사회 모든 분야에서 '시간'이라는 4차원적 자원의 중요성이 정보 · 지식에 이어 경영의 중요한 자원으로 취급되기 시작하였다. 디지털 혁명은 모든 정보자산을 광속으로 복사, 변화시켜 시공을 초월하여 모든 곳에 전파시키는 것이기 때문에 기업은 시간자원을 소홀히 취급해서는 안될 것이다.

제3절 외부 경영환경 분석

1 SKEPTIC 기법

인간이 그들을 둘러싼 가족, 동료, 사회, 국가, 세계와 같은 외적 여건의 영향을 받듯이, 기업 역시 기업을 둘러싼 정치(정부), 경제, 기술, 문화 그리고 인구 특성과 같은 거시적 환경요인뿐만 아니라 기업이 속한 산업, 그리고 경쟁 회사와 고객의 영향을 받는다. 기업에게 영향을 미치는 외부 경영환경 요소들을 분석하는 경우에는 일반적으로 SKEPTIC이라는 첵크리스트(check-list)를 사용할 수 있다. 여기서 SKEPTIC이란 외부 경영환경을 분석할 경우, check-list의 약자로 S는 사회(Society), K는 경쟁(Competition), E는 경제(Economy), P는 정치(Politic), T는 기술(Technology), I는 정보(Information), C는 고객(Customer)을 의미한다. 이러한 SKEPTIC을 활용하여 외부환경을 분석할 경우, 체계적으로 그리고 신속한 분석이 가능하다.

(1) S : Society, 사회

문화란 사회구성원들의 특성을 나타내는 학습되고 공유되고 강제되고 상호 관련된 일련의 상징으로 구성원들의 생존에 관련된 문제의 해결책을 제공해 주기 때문에 그 문제의 해결책을 실천하는 영리단체인 기업의 존속과 성장에 지대한 영향을 미친다. 즉 문화의 변화추세는 많은 기업들에게 기회와 위협을 제공한다. 서구식 문화에 익숙한 청소년층의 대폭적인 증가는 '맥도널드', '버거킹' 과 같은 패스트푸드 체인점이 번창할 수 있는 기회로 작용하였으며, 반대로 기존의 제과점을 쇠퇴시킨 위협요인으로 작용하였다. 또한 X-Generation, DINK족들 역시 이런 문화적 사회적인 트렌드라고 할 수 있다.

(2) K : Competition, 경쟁

경쟁기업의 상황은 외부 여건 중에서도 기업의 활동에 가장 직접적으로 영향을 미치는 요소이다. 따라서 경쟁기업들과 구별되는 특정기업이 지닌 여러 능력의 가치나 장점을 극대화시키는 전략을 수립하기 위해서 경영자는 경쟁자가 누구인가를 파악한 후 각 경쟁사가 취할 법한 전략 변화의 특성과 성공 여부, 다른 기업들이 취할 실현 가능한 전략적 조치에 대한 경쟁자들의 대응형태, 그리고 앞으로 나타날지 모르는 산업 또는 주변 환경의 변화에 대한 경쟁자들의 대처방향 등을 개괄적으로나마 분석하는 데 신경을 써야 한다.

경쟁 기업이란 항시 변하는 것이므로 경영자는 노출된 경쟁자뿐만 아니라 현재는 표면에 나타나지 않고 있더라도 미래에 강력히 등장할 경쟁사를 예견해야 한다. 경쟁기업 분석에는 미래의 목표, 현재 실행중인 전략, 가정, 능력 등 네 가지 진단요소들이 있으며, 이 네 요소들을 정확히 파악한다면 경쟁기업들의 대응 윤곽을 예측할 수 있다.

(3) E : Economy, 경제

기업이 수립한 전략이 실제 실행되었을 때 나타나는 결과는 전략 실행시의 실업률과 경제성장률에 영향을 받게 된다. 예컨대, 자본집약적 산업에 대한 막대한 투자는 초기에 당기 순손실이 크다는 점을 고려하여 경제적 여건이 좋은 호경기에 맞추어 이루어져야 한다. 예를 들어

호텔업체는 건물 신축시기를 결정할 때, 건물의 준공 시점과 호경기를 일치시키려 할 것이다. 그러므로 경제환경에 대한 분석 또한 전반적인 경제 환경보다도 개별산업에 관계되는 경제환경에 초점을 맞추어야 한다. 경제환경을 분석할 때에는 경기지표지수, 환율변동, 물가지수변동, 소비심리 등이 주요 변수이며, 이런 변수를 움직이는 요인으로는 원자재가격, 임금, 세금, 이자율, 임대료, 실업률 등이 있다.

(4) P : Politic, 정치

기업의 활동은 정부나 공공기관의 법률, 규제 및 사회단체의 압력에 의해 영향을 받으며, 이러한 법적 사회적 규제는 기업의 모든 활동과 직접적인 연관이 있다. 기업의 활동 즉, 생산, 유통, 광고, 품질보증 등의 영역에 걸쳐 상당한 영향력을 미치는 것이다. 다시 말해서, 정부는 기업에게 지원자와 규제자의 역할을 동시에 수행하므로 기회요인이 될수도 있고, 위협요인이 될 수도 있다.

(5) T : Technology, 기술

현대의 많은 기업들은 제품의 생산, 판매에 있어서 기술에 결정적으로 의존하고 있다. 즉, 생산, 업무, 정보, 보관유통, 광고매체(Media) 등의 기술에 직접적으로 의존하여 회사 경영을 실시하고 있는 것이다. 기술의 변화 속도에 발맞추어 과거 어느 때 보다 진부화가 빨리 진행되고 있는 상황이다. 따라서 기술변화와 흐름에 적응을 하고 못하고는 기업성패에 직접적인 영향을 미치며, 기술의 축적은 시장이 형성되는 시기에 독점적 지위를 확보할 수 있도록 해주는 확실한 경쟁 원동력의 하나로 여겨진다.

(6) I : Information, 정보

인구 통계적 환경은 시장의 규모를 결정짓는 가장 기초적인 요인이다. 인구 통계적 변수는 연령, 소득, 교육수준, 출생률, 가족구성, 주거지역, 인구이동경로 등을 포함하고 있다. 또한, 시장세분화와 표적시장 선정에 있어서 가장 먼저 고려해야 할 변수로 소비자 개인의 구매성향은 그를 둘러싼 문화, 가족, 관습, 지역에 의해 상당한 영향을 받는다.

예컨대, 의료, 위생시설의 발전으로 인한 인간의 평균수명 연장과 가족계획으로 인한 청소년층의 감소는 연령 분포상 노인 인구를 증가시켰고, 이는 '실버산업'이라는 새로운 사업기회를 출현시켰다. 또한 소득 수준의 증가는 자동차시장의 규모 확대에 영향을 미쳤으며, 교육수준의 증가는, 특히 우리나라와 같이 교육열이 세계적으로 높은 곳에서는 교육관련 사업을 확대 시켰다.

(7) C : Customer, 고객

기업들은 현재 또는 잠재적 소비자들의 욕구를 파악한 다음 이러한 욕구를 충족시켜 줄 수 있는 수단으로서 기업 활동을 수행해야 한다. 기업이 소비자의 욕구에 얼마나 부응하느냐에 따라서 기업의 경쟁력이 결정되기 때문이다. 따라서 생산된 제품의 판매보다 소비자의 욕구와 필요를 사전에 파악하여 경쟁기업보다 차별적으로 이들의 욕구에 부합함으로써 기업은 경쟁우위를 확보할 수 있는 것이다.

즉 기업의 제품을 구매하는 고객은 기업의 경쟁력을 좌우하는 중요한 요인이라 할 수 있다. 우리와 치열한 경쟁을 벌이는 경쟁자 못지않게 중요한 것이 바로 우리 기업의 제품을 구입하는 고객이다. 왜냐하면 경쟁자와 대비한 경쟁우위를 최종적으로 인정해 주는 것이 바로 고객이기 때문이다.

2 산업환경 분석

산업환경을 분석하는 기법을 처음으로 경영전략에 도입한 사람은 하버드 경영대학원의 포터(M. porter)이다. 포터는 1980년『경쟁전략(Competitive Strategy)』이라는 저서에서 경제학의 산업조직론에서 발전된 산업구조분석을 기업에 적용하기 쉽도록 변형시킨 분석틀인 다섯 가지 힘 모델(Five Forces Model)을 제시하였다. 포터의 모델은 기업의 경영성과를 산업환경의 관점에서 설명하고자하는 견해로, 산업구조와 경쟁강도의 관계를 이해하는데 기여한 모델이다. 여기서 포터는 〈도표 5-7〉과 같이 산업내 기업의 수익성은 해당 산업 내 경쟁강도의 영향을 받으며, 경쟁강도는 기존 기업간의 경쟁, 잠재적 진출기업의 위협, 대체품의 위협, 공급자의 교섭력, 구매자의 교섭력 등 다음의 다섯 가지 힘에 의해 결정된다고 주장하였다. 즉, 포터의 분석틀에 의하면 이러한 다섯 가지 경쟁적인 세력에 의해 수익률이 결정된다는 것이다. 상황에 따라 5가지 경쟁요소가 상이하게 나타나므로 기업은 보다 큰 영향을 미치는 요소를 중시하여 분석하고 이에 대한 대비책을 수립하여야 한다.

도표 5-7 포터의 다섯 가지 힘 모델(Five Forces Model)

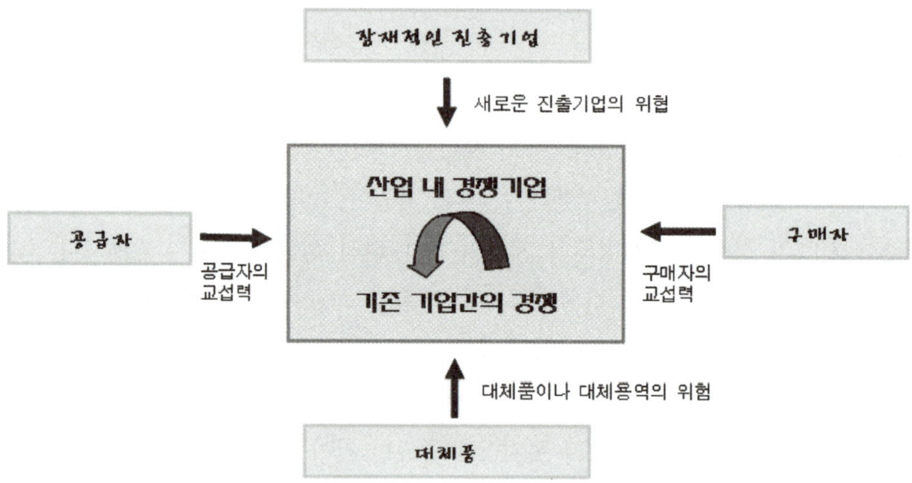

(1) 기존 기업간의 경쟁

대부분의 산업에서 경쟁의 양상과 산업전체의 수익률을 결정하는 가장 중요한 요인은 이미 그 산업내에서 경쟁하고 있는 기존 기업들 간의 경쟁관계이다.

여기서 기존 경쟁기업들 간의 경쟁은 흔히 유리한 위치를 차지하려는 여러 전략, 즉, 가격정책이나 광고경쟁, 신제품 개발, 소비자 서비스 및 제품보증 등의 형태로 나타난다, 한 산업내의 각 기업들은 서로 상호 의존적인 관계를 맺고 있어 어느 한 기업이 경쟁적인 조치를 취할 경우 다른 경쟁기업들에게 두드러진 영향을 미치기 때문에 자연히 보복적인 조치나 대응조치를 불러일으키게 된다.

산업내의 기존기업들 간의 경쟁양상과 강도를 결정하는 요소는 다음과 같다.

산업의 집중도

집중도(concentration)란 동일산업에 속하는 기업의 수와 그 개별기업의 규모를 말한다. 대개 산업이 집중되어 있을수록, 즉 그 산업에 참여하고 있는 기업의 수가 적을수록 산업의 전반적인 수익률은 상대적으로 높아지게 되며, 그 산업이 경쟁적일수록, 즉 많은 기업들이 경쟁에 참여할수록 산업의 수익률은 낮아지게 된다.

집중도가 높은 산업일수록 산업내에 경쟁이 별로 없고 지배적인 기업이 가격을 마음대로 조정할 수 있을 것이므로 높은 수익률을 보일 것이다. 또한 산업내에 소수의 기업들이 경쟁하는 과점산업에서는 대개 가격경쟁을 자제하고 기업들 끼리 암묵적인 가격담합을 하는 경우가 나타난다.

경쟁기업의 동질성과 이질성

일반적으로 기업들의 목적이나 전략 등이 유사할 경우 명시적이거나 암묵적인 담합을 하기가 쉬운데 이러한 담합의 가능성은 그 산업내의 수익률과 연관을 갖는다. 명시적이거나 암묵적인 담합을 통해서 그 산업내의 기업들은 치열한 가격경쟁 등으로 인하여 수익률이 저하되는 것을 막을 수 있다.

제품차별화

제품의 차별화 정도가 수익률에 영향을 미치는데 일반적으로 차별화되지 않은 일상재의 경우 소비자들은 특정기업의 제품을 선호할 이유가 없으므로 이 경우에는 가격외에는 경쟁할 만한 수단이 없어 치열한 가격경쟁을 보이게 된다.

이와는 반대로 제품의 차별화 정도가 높으면 높을수록 소비자들의 브랜드에 대한 선호도가 높아지므로 기업은 가격으로 경쟁하는 것을 피하고 광고나 신제품개발 등의 차별화 기법으로 경쟁을 하게 된다. 즉, 차별화된 산업일수록 수익률이 높고 차별화가 적은 산업일수록 수익률이 낮아지게 되는 것이다.

초과설비

산업의 수익률은 초과설비와 경기순환에 따라 민감하게 변하기도 한다. PIMS(Profit Impact of Market Share)에 대한 실증연구에 따르면 생산설비와 수요가 일치할수록 기업의 수익률이 높아진다고 한다. 불황기의 많은 기업들은 유휴설비를 갖는다. 특히 자본집약도가 높은 산업일수록, 즉 거대한 생산설비가 필요할수록, 불황기의 기업들은 고정비용을 줄이기 위해 가격을 인하해야 할 필요성을 느낀다. 이러한 불황기의 유휴설비로 인한 가격인하는 산업의 수익률을 급격하게 약화시킨다.

그러나 주기적으로 불황과 호황을 반복하는 경기순환이 아니라 장기적으로 그 산업의 유휴설비가 있는 경우, 산업의 수익률은 퇴거장벽의 높이에 따라 결정된다. 퇴거장벽(exit barrier)이란 진입장벽(entry barrier)과 마찬가지로 산업에서 철수하는 데 어려움이 있는 경우를 말한다. 만일 기업들이 쉽게 다른 산업으로 옮길 수 있다면 구조적인 불황에 있는 산업내의 기업수는 자유롭게 조정이 되어서 산업내의 유휴설비는 금방 없어지게 된다.

비용구조

각각의 산업에서 기업들이 어느 정도 가격경쟁을 하는가는 산업의 비용구조에 따라 다르다. 비용구조는 고정비용과 변동비용의 비중을 뜻한다. 반도체산업의 비용구조를 살펴보면 자본설비에 대한 투자와 연구개발에 대한 투자가 대부분을 차지하고 원재료비는 꾸준히 감소하는 추세이다. 임금이 차지하는 비중은 극히 미미하고 유통비, 운송비 등이 차지하는 비중은 전체에서 1~2% 정도로 아주 낮은 수준이기 때문에 대부분이 고정비용으로 구성되어 있어, 기업들은 생산설비의 활용도를 높이기 위해 가격경쟁을 시도하기도 한다.

(2) 잠재적 진출기업의 위협

어느 한 기업이 높은 수익률을 올리고 있을 때나, 그 산업이 정말 유망한 산업이라고 할 때, 새로운 경쟁기업들이 쉽게 뛰어들 수 있다면 산업의 수익률은 떨어지기가 쉬울 것이다. 또한 실제적 진입이 일어나지 않는다고 해도 만일 다른 기업들이 언제든지 그 산업에 뛰어들 준비가 되어있다면, 그 산업에 있는 기존기업들은 잠재적 경쟁자가 진입할 수도 있다는 위험 때문에, 가격을 높게 받지 못하고 경쟁적인 수준으로 낮추어 이런 진입을 막을 필요가 있다.

이처럼 경제학에서는 기존기업들이 신규 진입기업에 비해 가지는 우위를 진입장벽(entry barrier)이라고 한다. 즉, 진입장벽이란 신규 진입기업들이 기존기업들에 대해 부담하는 상대적인 불리함이다. 이와 같은 진입장벽들은 그 산업에 경쟁기업의 진입을 약화시키고 그 산업에서의 높은 수익률을 유지할 수 있게 한다. 대표적인 진입장벽으로는 규모의 경제, 자본소요량, 절대적 비용우위, 제품차별화, 유통망, 정부규제, 기존사업자의 보복 등이 있다.

규모의 경제(economy of scale)

생산요소 투입량의 증대(생산규모의 확대)에 따른 생산비절약 또는 수익향상의 이익을 말한다. 예를 들어 규모의 경제가 상당히 큰 자동차산업의 경우 연간 수십만 대의 자동차를 생산해서 판매까지 할 능력이 없는 기업들은 시장에 진입하기 어렵다.

자본소요량

신규기업이 산업에 진입하는 데 필요한 투자액이 상당히 많은 경우에는 소수의 기업을 제외하고는 이런 산업에 진입하기가 힘들다. 예를 들어, 항공기 제작산업은 세 회사(Boeing, Airbus, McDonnell Douglas)만이 존재한다. 이렇게 자본소요량이 많은 산업에서는 신규기업의 진입이 원천적으로 저지되어 있다.

절대적 비용우위

기존기업들은 신규 진입기업들에 비해 때로는 절대적인 비용우위에 있기도 하다. 이러한 비용우위를 초기진입자의 이익(first mover's advantage)이라고 하는데, 산업에 일찍 참여함으로써 기존사업들은 신규 진입기업들에 비해 원료를 싸게 구입할 수 있는 방법을 알고 있고, 경험효과(experience effect)의 이득을 더 많이 볼 수 있다. 경험효과는 생산에 대한 경험이 늘어남에 따라 수율이 높아지고, 공정이 개선됨으로써 발생한다.

제품차별화

제품차별화가 가능한 산업에서 기존기업들은 신규 진입기업들에 비해 브랜드인지도 및 소비자들의 상표충성도 측면에서 상당한 이득을 보고 있다. 실증연구에 따르면 미국소비자들은 비슷한 품질이라도 소비자에게 잘 알려지지 않은 기업들의 제품보다는 더 잘 알려진 기업들의 제품을 더 높은 가격을 주고서라도 구입한다.

이에 비해 신규기업들은 차별화된 시장에서 자사의 브랜드를 정착시키기 위하여 많은 광고를 하여야 한다. 따라서 제품차별화가 된 시장에 있어서는 자신의 브랜드에 대한 투자가 많은 비용이 소요되므로 자본력이 없는 기업에게는 이것이 진입을 저지하는 하나의 진입장벽으로 작용하게 된다.

유통채널

기존기업들이 이미 강력한 유통채널을 확보한 경우, 소매상들은 신규진입 기업의 제품을 취급하지 않으려는 경향을 보인다. 왜냐하면 소매상들이 제품을 진열할 수 있는 공간은 한정되어 있으므로 잘 알려지지 않은 신규기업들의 제품보다는 널리 알려진 제품을 진열하기를 원하기 때문이다.

예를 들어 한국의 진로와 같이 강력한 유통망을 갖고 있는 경우 소매상들은 진로 이외의 다른 소주를 갖다 놓을 필요를 느끼지 못한다. 소비자들이 선호하는 이유 외에도 진로와 같이 강한 공급자가 있을 경우 지배적 기업으로부터 보복적인 공급중단을 받을까봐 두려워서 다른 경쟁사 제품을 진열해 놓을 인센티브가 없어지기 때문이다(참이슬의 약진으로 진로의 주도권 소주시장 점유율이 2001년 7월에는 전국시장 53%까지 올라 단일 브랜드로는 최고판매율 경신), 참이슬은 출시 초기부터 대나무 숯 2번 여과로 깨끗한 소주라는 차별화된 컨셉을 일관되게 관리하며 지속적 브랜드 관리활동을 하고 있다.

정부규제와 제도적 진입장벽

사실상 정부규제는 신규기업의 진입을 막는 가장 효과적인 진입장벽이다. 예를 들어, 정부는 방송통신사업분야에서의 이동통신 사업자나 공중 · 지상파 방송 사업자의 수를 제한하므로 정부의 허가없이 사업을 하는 것은 불가능하다. 또한 특허권, 저작권 등을 부여함으로써 독점적인 권한을 인정해주기도 한다. 따라서 이런 특허권이 있는 경우 신규기업들의 진입은 제한되고 독점권이 보장된다. 최근 우리나라에서는 각종 불합리한 정부규제를 철폐함으로써 경쟁을 촉진하려는 여러 움직임이 일고 있다.

기존사업자의 보복

앞에서 열거한 진입장벽은 신규진입자에 대한 기존사업자의 보복가능성이 높으면 높을수록 훨씬 더 효과적이게 된다. 기존기업들이 신규진입자에게 가할 수 있는 보복은 여러 가지가 있지만, 진입을 막기 위한 가격인하, 광고 및 마케팅활동의 증대, 신규진입자에 대한 법적 제소 등의 방법을 사용할 수 있다.

영국의 British Airways는 대서양 항공노선에 신규진입한 Virgin Atlantic을 시장에서 몰아내기 위해 장기간 가격인하를 감행하였다. 심지어 Virgin Atlantic 항공사의 고객명단까지 훔쳐서 그 고객들에게 특별히 가격인하를 시도하는 등의 비도덕적인 방법까지 쓴 것이 알려지면서 회사의 이미지가 크게 손상된 경우도 있다.

(3) 대체품의 압력

만일 산업의 수익률이 소비자가 그 제품이나 서비스에 대해 기꺼이 지불하려는 가격에 따라 결정된다면 산업의 수익률은 대체재(substitute)의 유무에 따라 상당히 달라지게 된다.

예를 들어 서울시내의 버스와 택시, 지하철은 서로 긴밀한 대체재 관계에 있다. 만약 택시요금이 너무 많이 오르면 버스나 지하철로 사람들이 발길을 돌릴 것이다. 반면 지하철이 자신의 독점적 지위를 이용해 요금을 올린다면 버스나 택시회사에게 손님을 빼앗기게 될 것이다. 따라서 이렇게 긴밀한 대체관계에 있는 교통수단은 요금인상이 동시에 이루어지는 것이 보통이다.

즉, 대체재가 많으면 많을수록 기업들이 자신의 제품이나 서비스에 높은 가격을 받을 수 있는 가능성은 줄어든다. 이와 같이 대체재의 존재가 그 산업의 가격결정에 영향을 미치는 정도는 크게 두 가지 요소에 좌우된다. 첫째가 소비자들이 쉽게 대체재로 옮겨갈 수 있는가 하는 문제이며, 다음으로는 대체재가 가진 유용성이다.

(4) 공급자의 교섭력

교섭력은 공급사나 구매사간에 상대적인 힘의 격차에서 발생한다. 즉, 당사자 간에 교섭력의 격차에 따라 가격결정이나 납품대금의 결제조건 등에서 유리하거나 불리한 입장에 처하게 된다.

여기서 공급자의 교섭력이란 공급자가 구매자보다 유리한 상대적 위치를 가지고 있다면 가격 인상이나 판매하는 제품 및 서비스의 질을 떨어뜨리겠다는 위협을 통해 교섭력을 발휘할 수 있다는 것이다. 공급자들은 자신의 교섭능력이 강할 때 가격을 높임으로써 자신의 이윤의 폭을 넓힐 수 있다.

제품이 덜 차별화되고 일상재화가 될수록 공급자의 구매자에 대한 상대적인 교섭은 떨어지고 공급자의 가격과 이윤은 점점 낮아진다. 예를 들면, OPEC은 산유국의 교섭력을 높이려는 카르텔이고, 노동조합도 사실은 노동서비스를 공급하는 노동자들이 단체 교섭력을 높여 구매자인 기업으로부터 더 많은 이익을 얻기 위한 조직이라고 이해할 수 있다.

(5) 구매자의 교섭력

구매자들은 가격인하나 품질향상 및 서비스 증대를 요구하거나 경쟁기업들을 서로 대립시켜 이득을 보는 행위 등으로 구매대상 산업과 경쟁을 벌이는데, 이러한 행위는 모두 그 산업의 수익성을 감소시키는 결과를 빚는다.

어떤 산업에 있는 기업이든 궁극적으로는 소비자들에게 제품이나 서비스를 공급한다. 구매자의 교섭력을 결정하는 데에는 다음 두 가지의 요소가 중요하다.

첫째, 제품차별화가 심할수록 구매자는 가격에 대해 민감하지 않게 된다. 예를 들어, 과자, 의류 등과 같은 제품은 종종 원가보다 훨씬 높은 가격을 받고 있으며, 구매자들은 높은 가격을 지불하더라도 자신이 선호하는 제품을 사기 마련이다.

둘째, 구매자의 교섭능력에 더 영향을 미치는 것은 판매하는 기업과 구매하는 기업간의 교섭력의 차이이다. 구매자의 공급자에 대한 상대적 크기가 중요한 요소이다. 또한 구매자들이 공급자의 제품, 가격, 비용구조에 대해 보다 자세한 정보를 가질수록 구매자의 교섭력은 강해진다. 그러나 구매자들이 공급선을 바꾸는 데 많은 전환비용(switching cost)이 든다면 구매자의 교섭력은 떨어진다. 한편 수직적 통합을 할 수 있는 경우 구매자의 교섭력은 강화된다.

실증연구에 따르면 구매자가 더 큰 기업일수록, 구매금액의 크기가 공급자의 매출에서 차지하는 비중이 크면 클수록 그리고 구매자가 훨씬 가격에 민감할수록 공급하는 기업의 수익률은 낮아지게 된다.

이러한 포터의 모델은 산업분석의 기본 틀로서 활용되어 왔는데, 지나치게 구조 결정론적이라는 한계점이 지적되고 있다. 산업구조가 기업의 전략적 행동에 지대한 영향을 미치는 것은 사실이지만, 산업내 모든 기업에게 동일하게 영향을 미치는 것은 아니다. 오히려 기업의 행동이 구조를 바꾸는 역방향의 힘도 존재한다.

예컨대, 경쟁기업이 너무 많아서 경쟁강도가 높고 공급과잉이 되어 산업의 전체적인 수익률이 저하되는 구조적인 불황 산업의 경우가 있다고 하자. 그러면 치열한 경쟁에 의해 시장에서 퇴출되는 기업이 늘어나게 되고 그에 따라 상대적인 경쟁강도가 낮아지게 되며, 아울러 기업들은 이같은 자연도태가 아닌 기업간 인수합병을 통해 단기간에 산업구조를 바꾸고 공급규모를 줄여 경쟁강도를 낮추기도 한다.

3 경쟁기업 분석

(1) 경쟁기업의 분석요소

경쟁기업을 분석하는 주된 목적은 경쟁기업의 행동을 예측하는데 있다. 경쟁기업들과 구별되는 특정기업이 지닌 여러 능력의 가치나 장점을 극대화시키는 전략을 위해서 경영자는 우선 경쟁자가 누구인가를 파악한 후, 각 경쟁자가 취할 것 같은 전략변화의 특성과 성공여부, 다른 기업들이 취할 가능한 전략적 조치에 대한 경쟁자들의 대응 형태, 그리고 나타날지 모르는 산업 또는 주변 환경의 변화에 대한 경쟁자들의 대처 방향 등을 개괄적으로나마 분석하는 데 신경을 써야 한다.

경쟁기업 분석에 있어서 가장 중요한 질문은 '과연 경쟁기업이 누구냐'하는 것이다. 여기서 경쟁기업이란 변화는 것이므로 경영자는 노출된 동종 업종의 경쟁자뿐만 아니라 현재는 나타나지 않고 있더라도 앞으로 강력히 등장할 경쟁자를 예견해야 한다.

이러한 경쟁기업을 분석할 때는 〈도표 5-8〉과 같이 경쟁기업들의 미래목표, 현재 실행 중인 전략, 가정(제반가설), 역량(능력) 등 네 가지 진단요소들이 있으며, 이 네 요소들을 잘 이해하고 정확히 파악한다면 경쟁기업들이 앞으로 전개되는 상황변화에 어떻게 반응하고 대처해 나갈 것인지를 예측할 수 있다.

도표 5-8 경쟁기업의 분석요소

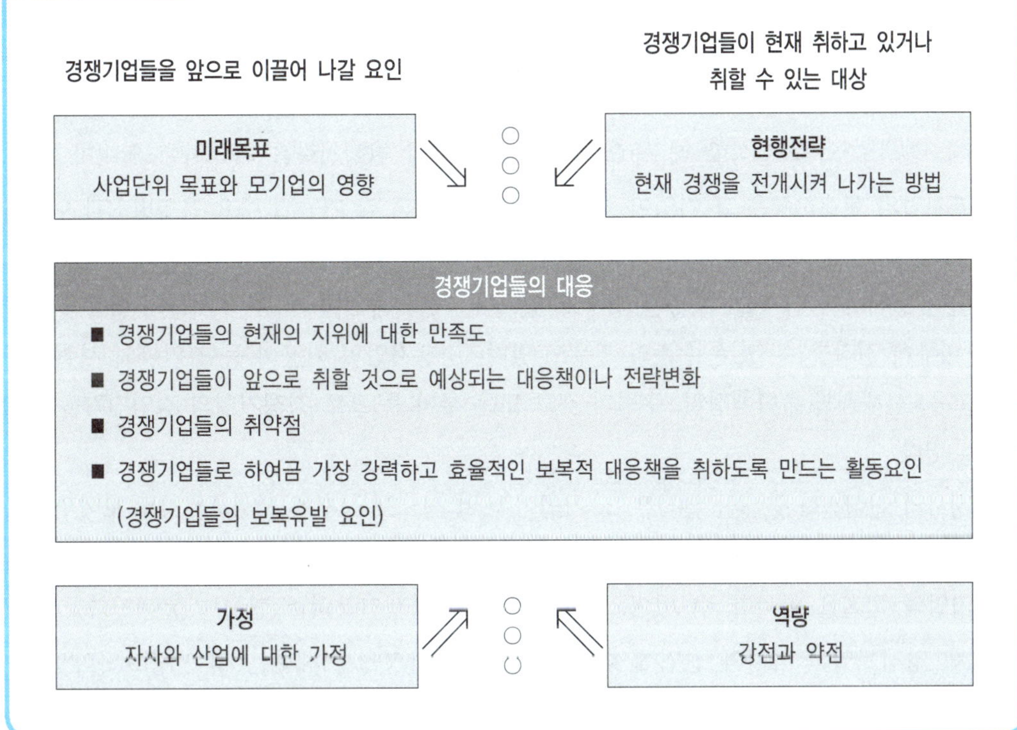

대부분의 기업들이 경쟁기업의 현황, 즉 현행전략(current strategy)과 역량(capabilities)에 관해서는 많은 조사를 통해 비교적 상세히 알고 있다. 하지만, 경쟁기업의 행동을 실제 좌우하는 본질적인 측면인 미래목표(future goals)나 기업의 근저에 흐르는 가정(assumptions)에 대

해서는 잘 모르는 경우가 많으며, 실제로 관심도 미미하다. 경쟁기업 분석의 본질적인 측면에서 볼 때, 경쟁기업의 현황이나 행동보다는 미래목표나 가정이 정작 경쟁기업의 향후 행동을 결정짓는 주요 요인이라 점을 유의하여야 할 것이다.

경쟁기업 분석의 네 가지 진단요소들을 살펴보면 다음과 같다.

첫째, 경쟁기업의 목표를 이해해야 한다.

경쟁기업의 목표를 알게 되면 그들이 현재의 지위와 재무상황에 만족하고 있는지를 파악할 수 있고, 따라서 그들이 과연 전략적 변화를 가져올 것인지 그리고 얼마나 적극적으로 외부사건이나 타 기업의 움직임에 대처할 것인지를 예측할 수 있다. 예를 들면, 매출액 성장에 중점을 두는 기업은 시장점유율에 촉각을 곤두세우겠지만, 투자수익률에 관심이 높은 기업은 사업전망이나 사업수익률에 민감하게 반응할 것이다. 가장 중요사항은 경쟁기업이 단기적인 이윤극대화를 추구하는지 또는 장기적인 이윤극대화를 추구하고 있는지의 문제이다. P&G는 시장점유율 확보를 위해 오랜 기간이라도 손해를 감수하기로 유명한데, 장기적인 이윤추구의 경우에는 가격경쟁을 포기하고 공생하려는 노력을 할 것이란 것을 예측할 수도 있다. 또한, 경쟁기업의 수익률을 예측하여 분석하는 것도 중요하다.

둘째, 경쟁 기업을 분석할 때 중요한 것은 경쟁사의 현행전략을 파악하는 일이다.

경쟁기업의 현행전략은 그 기업이 종사하는 사업에서의 각 기능별 주요 운영방침과 나아가서 제 기능들 간의 통합조정방안까지 포함된다. 이러한 전략은 일련의 전략수립과정을 거쳐서 개발되어 명백하게 인지할 수 있는 경우도 있으나, 기업 내 여러 기능 부서들의 활동을 통해 단지 미루어 짐작할 수 있는 수준의 경우도 있다. 경쟁기업의 최근의 동향(얼마의 시설투자, 직원고용, 신제품의 출하예정일, 주변의 정보 또는 루머 등)으로 경쟁기업의 경영전략을 예측할 수 있다.

경쟁사의 현행전략에 대한 분석은 그 기업이 어떤 식으로 경쟁에 참여하는지를 보여주므로, 이에 대한 대처를 보다 용이하게 해준다. 나아가서, 이러한 경쟁방법의 성과를 지켜봄으로써 경쟁기업의 허실을 파악할 수 있어, 보다 효율적인 경쟁전략의 수립이 가능해진다.

셋째, 경쟁기업이 자사와 산업에 대해 갖고 있는 가정을 이해하는 것이 중요하다.

모든 기업은 사업을 영위함에 있어서 모종의 가정을 두고 있는데 이러한 가정들을 밝혀내는 것은 매우 중요한 작업이다. 왜냐하면, 기업의 모든 전략이나 활동은 이러한 가정에 기반을 두고 있거나 그 테두리 내에서 만들어지기 때문이다.

먼저, 자사에 대한 가정이란 자사를 바라보는 시각으로서, 자사가 처한 상황에 관한 일련의 가정들을 가리킨다. 예를 들면, 기업은 자사를 사회적 책임을 다하는 기업, 산업계 리더, 저원가 생산업체 또는 막강한 영업력을 보유한 기업 등 다양한 모습으로 바라볼 수 있다. 만일 자사를 저원가 생산업체로 간주하는 기업이라면, 가격인하를 단행하는 경쟁기업들에 대해서 과감한 가격파괴로 대응할 것이다.

다음으로, 산업에 대한 가정이란 자신이 종사하는 산업 및 그 산업에 종사하고 있는 기업들에 대한 가정을 가리킨다. 그 예로는 산업추세에 대한 가정이나 경쟁기업의 자원, 기술, 지구력 등에 대한 가정 등을 들 수 있다. 기업은 이러한 가정들에 근거하여 전략적 목표와 구체적 실행전략을 수립하게 된다.

특정 사업과 관련된 경쟁기업의 목표와 가정적 판단의 내용은 그 기업의 역사나 사업경력을 면밀히 분석하고 경영자들의 경력과 성향, 그리고 자료를 구하는 기관과 그 기관의 자문방향을 파악할 때 더욱 확실히 알 수 있으므로 이에 대한 조사를 잊어서는 안 된다.

넷째, 경쟁사의 역량을 파악하는 것이 필요한데, 이때 경쟁기업의 역량을 객관적으로 평가하는 것이 중요하다.

경쟁기업의 역량은 그 기업이 지니고 있는 강점과 약점에 기반해서 가늠해 볼 수 있다. Porter에 따르면, 넓은 의미에서의 기업의 강 · 약점은 자신이 제시한 산업구조 분석 모델에 포함된 산업 내 경쟁을 유발하는 다섯 가지 요인들을 참착해서 평가될 수 있다고 한다. 그는 이러한 역량의 예로서 핵심역량, 성장력, 대응력, 변화적응력, 지구력(장기전 감당능력)의 다섯 가지를 들고 있다.

역량파악을 할 때 경쟁기업의 자금보유, 기술력, 관리기술 및 브랜드 강도 등 경영자원을 제대로 평가할 수 있어야 한다.

(2) 전략집단을 활용한 경쟁기업의 분석

전략집단의 개념

전략집단(strategic group)이란 전략군이라고도 하며, 특정 산업 내에 속해 있는 기업들 중에서 상호 경쟁관계에 있으면서 비슷한 자원을 가지고 동일하거나 유사한 전략을 구사하는 기업군을 말한다. 대부분의 산업은 하나 이상의 전략집단(군)으로 구성되어 있으며, 동일 전략집단에 속하는 기업들끼리는 타 전략집단에 속하는 기업들에 비해 서로 유사한 면을 많이 가지고 있다. 왜냐하면, 기업의 여러 가지 속성들, 예컨대 조직구조나 기업문화 등은 그 기업이 추구하는 전략에 상당부분 반영되기 때문이다.

한편, 동일 전략집단 내의 기업들은 서로 비슷한 전략을 채택하고 있을 뿐만 아니라 동일한 고객을 유치하기 위해 서로 다투기 마련이므로 상호 강력한 경쟁기업이 되기 쉽다. 따라서, 기업의 수익성에 대한 주요 위협요인들도 그 기업이 속하는 전략집단 내에서 비롯되는 경우가 많으므로 경영자는 동일 전략군 내 기업들의 동향에 세심한 주의를 기울여야 한다.

상이한 전략집단들은 Porter의 산업구조 분석 모델에서 제각기 다른 위치를 점하고 있다. 따라서, 전략집단에 따라 Porter의 다섯 가지 경쟁유발 요인들의 강도가 서로 다를 수 있다. 즉, 단일 산업 내에서도 전략집단에 따라 상대적으로 기회요인이 많고 위협요인이 적은 경우가 있을 수 있으며, 이러한 전략집단에 대해서는 외부기업의 신규진출이 한층 더 용이하다 하겠다.

아울러, 동일신업에 속하는 기업들일지라도 각자가 가지고 있는 전략적 속성에 따라 상이한 형태의 수익률을 보일 수 있다. 그러므로 산업 내 경쟁을 좀 더 정확하고 면밀하게 이해하기 위해서는 동일산업 내 기업들일지라도 몇 개의 전략군(strategic group)으로 나누어 연구할 필요가 있다.

전략집단의 구분기준

전략집단을 활용하여 산업 내의 경쟁구조를 분석하는 첫 번째 단계는 우선 모든 경쟁기업들의 전략을 여러 가지 차원에 따라 유형화시키는 것이다. 이러한 유형화 작업을 통해 산업 내부의 모든 기업들을 '전략집단'들로 분류될 수 있다.

예컨대 퍼스널 컴퓨터 산업의 경우, 폭넓은 제품라인, 높은 상표이미지, 넓은 판매망, 재벌 그룹의 계열사라는 점 등에서 동일한 특성을 나타내는 삼성전자, LG전자 등이 하나의 전략집단을 이루고 있다. 이와는 달리 좁은 제품라인, 재벌 계열사보다 낮은 상표이미지, 중소기업이라는 점에서 비슷한 특성을 지닌 큐닉스, 삼보컴퓨터 등의 퍼스컴 전문업체 들이 다른 하나의 전략 집단을 형성하고 있다.

유사한 전략적 특성을 가진 기업끼리 묶어 몇 개의 전략집단으로 구분 할 수 있는데, 그 기준이 되는 전략적 특성의 예로는 다음 일곱 가지를 꼽을 수 있다.

- 제품특성 : 제품 수, 특색, 기능, 품질, 독창성 등
- 조직특성 : 기업의 규모, 목표, 범위, 부서간 통합 정도, 문화 등
- 생산특성 : 생산기술, 조업규모, 자동화비율, 비용구조, 수직적 통합 정도 등
- 시장특성 : 고객, 가격대, 유통경로, 판촉 및 광고 등

- 소유권 유형 : 모기업과의 관계, 모기업의 기대 등
- 재무특성 : 금융레버리지, 자본의 원천과 비용, 자금관리방식 등
- 본국정부와의 관계(국제기업의 경우) : 정부정책 등

이상 열거한 일곱 가지 특성들에 의해서 기업은 그 전략적 위치가 결정된다. 동일한 전략군 내에 속해 있는 기업들이라 할지라도 모든 전략적 특성이 한결같은 것은 아니며, 단지 많은 부분이 유사할 따름이다. 또한, 전략집단은 세분시장과 반드시 일치하지도 않는다. 하나의 세분시장을 놓고 경쟁하는 기업들이라 할지라도 대기업과 소기업, 또는 기술보유기업과 기술부재기업 간에는 전략적 차이가 발생할 수 있기 때문이다. 여하튼, 전략집단의 구분은 각 전략군 내에 존재하는 구조적 요인 및 전략집단 간 이동장벽의 파악을 가능하게 하여 산업분석을 보다 용이하게 해준다.

전략집단의 활용

경쟁전략에서는 전략집단이 어떤 차원에서 형성되는가 하는 현상분석보다는 '형성된 전략집단이 산업구조에 어떤 영향을 미치는가?' 또는 '어떤 기업이 특정 전략집단에 진출하거나 다른 기업이 우리 기업이 속한 전략집단에 진출할 때 산업구조상에 어떤 변화가 일어나는가?'와 같은 문제들의 분석이 매우 중요하다.

전략집단도(strategic group map)란 산업 내 기업들을 특징지을 수 있는 포괄적인 변수 두 가지를 각각 횡축과 종축에 표시한 후 산업 내 기업들을 대상으로 두 가지 전략변수의 활용정도를 측정, 해당기업들을 몇 개의 전략집단으로 그룹화시킨 것이다. 이는 간단한 그림을 통해서 많은 전략점 시사점을 얻을 수 있다는 점에서 학계뿐만 아니라 실무에서도 많이 이용되고 있다.

기업경영자는 이러한 전략집단 분석을 통해 기업의 장단점과 그 산업이 제공하는 기회나 위협 요소를 훨씬 구체적이고 명확하게 할 수 있다. 그러나 특정 기업의 장단점은 고정되어 있는 것이 아니고, 산업이 진화되어 전략집단들의 상대적인 위치가 재편성되거나 혹은 기술혁신이나 대규모 투자로 인하여 각 기업의 구조적 위치나 장단점은 변화할 수 있는 것이다.

따라서 기업들은 자신이 속한 산업 내에서 다음과 같은 전략적 행동을 함으로써 기업의 위치를 강화하여 수익성을 증대시킬 수가 있다.

첫 번째, 기술혁신이나 산업구조의 변화를 통해 새로운 전략집단을 형성시키는 것이다.

두 번째 전략적 행동은 특정 산업 내에서 보다 유리한 기반을 가진 전략집단을 선택해서 파고 들어가는 것이다.

세 번째는 소속 전략집단의 구조적 기반이나 그 집단 내에서 자신의 입지를 강화시키는 투자를 하는 것이다. 예컨대 이동장벽을 높이거나 대체품에 대비하거나 판매능력을 강화시키는 것 등이 그것이다.

이처럼 구조적으로 유리한 새로운 전략적 위치를 포착하거나 또는 산업이 진화해서 다른 전략집단으로 이동할 기회를 미리 파악하여 기업의 전략을 변경한다면 보다 큰 성과를 얻을 뿐만 아니라 경쟁기업보다 전략적 위치를 강화시킬 수 있을 것이다.

4 제품수명주기에 따른 산업환경의 변천

산업구조 분석은 기업이 전략을 수립하는 데 결정적 영향을 미치는 산업 내 경쟁요소들을 파악할 수 있도록 해준다. 그러나 이러한 분석에 따른 산업환경도 시간이 흐름에 따라 변화할 것이며, 이러한 변화는 기업의 전략수립에 지대한 영향을 미친다. 왜냐하면 산업환경의 변천에 따라 투자대상으로서 산업의 매력도가 바뀌고, 때로는 기업이 전략을 수정하지 않을 수 없게끔 되기 때문이다.

산업환경의 변천과정에 관하여 가장 대표적인 이론은 제품수명주기(product life cycle) 이론이다. 이 이론에 따르면 모든 산업은 일반적으로 도입기(introduction), 성장기(growth), 성숙기(maturity), 쇠퇴기(decline)의 네 단계를 거친다고 한다. 도입기는 제품이 개발되기 시작하는 단계로서, 성장속도는 매우 느리고 가격도 비교적 높다. 그러나 고객들의 신제품에 대한

도표 5-9 제품수명주기의 단계

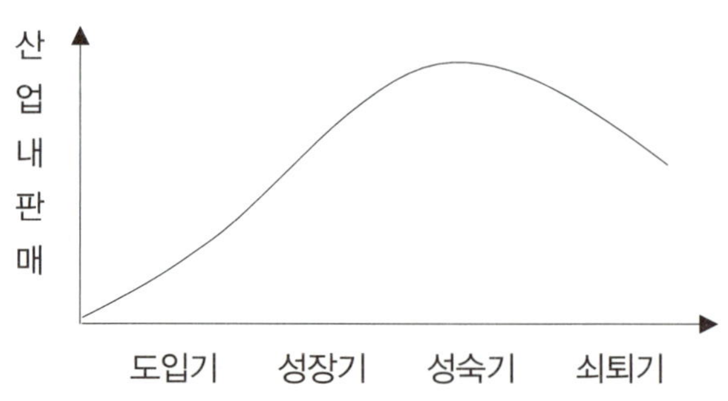

인지도와 신규수요가 늘어남에 따라 성장기로 진입하게 되면 가격도 점차 하락하기 시작한다. 성장을 거듭함에 시장은 포화상태가 되어 성장도 멈추고 수요도 대체수요에만 국한되는 성숙기를 맞이하게 된다. 결국에 가서는 쇠퇴기로 접어들어 수요가 줄어드는 상황이 전개된다.

〈도표 5-9〉는 이러한 네 가지 제품수명주기에 따른 산업 내 판매의 변화추세를 보여주며, 〈도표 5-10〉은 각 단계별 경쟁적 특징을 제시하고 있다. 나아가서, 〈도표 5-11〉은 각 제품수명주기 단계에서 예상되는 기업의 전략, 경쟁, 성과를 나열하고 있다.

도표 5-10 제품수명주기 단계별 경쟁적 특징

	도 입 기	성 장 기	성 숙 기	쇠 퇴 기
기 술	고	중	저	저
규모의 경제	저	중	고	고
상표 충성도	저	저	고	고
가 격 경 쟁	저	저	고	고
전반적 경쟁	저	저	고	고

도표 5-11 제품수명주기에 따른 기업의 전략, 경쟁, 성과

	도 입 기	성 장 기	성 숙 기	쇠 퇴 기
구매자 및 구매지 행동	• 고소득 구매자 • 확신에 찬 구매자	• 구매집단의 확산 • 균일하지 않은 품질의 수용	• 대중소비 • 시장포화 • 반복구매 • 상표차별화	• 까다로운 구매자
제품 및 제품변화	• 열악한 품질 • 비규격 제품 • 잦은 디자인 변경 • 기본직인 제품	• 기술적 제품 차별화 • 제품개량 경쟁 • 좋은 품질	• 최상의 품질 • 제품차별화의 감소 • 규격화 • 세붐변화감소	• 제품차별화 소멸 • 들쭉날쭉한 품질
마케팅	• 매우 높은 판매 대비 광고비 • 높은 마케팅 비용 • 제품인지도 증대에 주력	• 높은 판매 대비 광고비 • 상표인식도의 구축	• 비교적 낮은 판매 대비 광고비 • 시장세분화 • 생산라인 확대 • 광고경쟁	• 낮은 판매대비 광고비 및 여타 마케팅 비용

제조 및 유통	• 과잉 생산능력 • 단기적 생산 • 고도의 기술인력 • 높은 생산비용 • 전문화된 유통경로	• 과소생산능력 • 대량생산으로 전략 • 유통경쟁 • 대량 유통경로	• 적정 생산능력 • 제조과정안정화 • 낮은 기술인력 • 효율성 강조 • 장기생산계획 • 유통경로축소 • 제품라인 확대로 유통비용의 증가 • 대량유통경로	• 초과잉 생산능력 • 대량생산 • 특수유통 경로
종합전략	• 시장점유율 증대의 효과 • 연구개발 및 기술증대에 주력	• 가격조정 및 품질 이미지개선 • 마케팅에 주력	• 경쟁적 원가 구조 확보에 주력 • 마케팅 효율화에 주력	• 원가통제에 주력
경쟁상황	• 소수의 기업들 • 제한된 경쟁 • 제품위주 경쟁	• 신규 진입기업 증대 • 다수의 경쟁기업들 • 잦은 합병	• 가격경쟁 • 경기진정 • 자체상표의 증가	• 퇴출기업 증대 • 경쟁기업 감소
수익성	• 높은 가격 • 낮은 수익 • 비교적 낮은 가격탄력성	• 상당히 높은 가격 • 높은 수익 • 인수합병성행	• 가격/이윤 저하 • 수익저하 • 시장점유율 및 가격구조의 안정화 • 인수합병퇴조	• 낮은 가격/이윤 • 낮은 수익

출처 : Porter, M. Competitive Strategy, The Eree Press, pp.159-161, 1980 재정리

5 환경예측

오늘날 기업이 처한 환경은 급속도로 변화하고 있다. 이렇게 다이나믹한 환경변화에 대처하고 치열한 경쟁에서 살아 남으려면 환경의 변화를 예측하고 이에 효과적으로 대응해 나갈 수 있는 경영자의 능력이 절실히 요구된다. 특히 환경변화의 정확한 예측은 전략경영의 핵심 영역 중 하나라 할 수 있으므로, 경영자는 주요 환경변화를 예측할 수 있는 능력 및 기법을 개발에 부단한 노력을 기울여야 한다. 효과적인 환경예측을 위해서는 일반적으로 다음 세 단계를 따르는 것이 바람직하다.

- 제1단계 : 기업에 지대한 영향을 미치는 환경요소들을 찾아낸다.
- 제2단계 : 적절한 예측기법을 선택한다.
- 제3단계 : 예측결과를 전략수립 과정에 반영한다.

(1) 주요 환경요소

경영자가 예측할 필요가 있는 환경요소들은 아주 다양하고 광범위하다. 그러나 비용이나 시간 그리고 예측기법의 제약으로 이러한 환경요소들을 모두 예측한다는 것은 사실상 불가능하다. 따라서, 대개의 경영자들은 자사의 성패에 가장 결정적인 영향을 미칠 것으로 여겨지는 몇몇 주요 환경요소들만 선택하여 분석하곤 한다. 예측자료의 수집은 간혹 기업간부나 위원회에서 담당하기도 하나, 그 궁극적 책임은 결국 최고경영층에게 돌아간다고 하겠다.

경영자가 예측하여야 할 환경요소는 5-2절 기업의 경영환경에서 서술한 과업환경과 일반환경으로 나누어서 살펴보는 것이 바람직하다.

(2) 예측기법

기업은 자사에 지대한 영향을 미치는 주요 환경요소들을 모두 수집한 연후에 현재의 이러한 추세들이 미래에도 계속 이어질 것인지를 분석하고 예측하는 작업을 하여야 한다. 이렇게 도출된 예측자료, 즉 미래에 대한 가정이야말로 기업이 전략을 수립하는 기반이 된다. 하지만, 예측작업은 현재 상황에 대한 자료에 근거하여 행해지므로 그 정확도는 경영자의 직감이나 운에 상당부분 좌우되기도 한다. 따라서, 경영자는 예측의 정확도를 최대한 높일 수 있도록 나름대로 노력하여야 하며, 이를 이해서는 예측 목적이나 대상에 가장 적절한 예측기법을 선택하는 것이 무엇보다 중요하다.

예측기법은 크게 양적 접근법과 질적 접근법으로 나뉜다. 통상 양적 접근법이 질적 접근법보다 더 우수한 것으로 알려져 있으나, 예측결과는 상호 간 그리 차이가 나지 않는 경우가 많다. 게다가, 과거의 역사적 자료의 부재 등으로 질적 접근법을 택해야만 하는 경우도 종종 있다. 결국, 어떤 기법을 채택할 것인가 하는 것은 예측대상인 환경요소 그 자체뿐만 아니라, 예측의 본질과 중요성, 활용가능한 정보의 양과 정확도, 시간적 여유 및 비용 등에 달려 있다 하겠다. 이하에서는 몇몇 대표적인 예측기법들을 양적 접근법과 질적 접근법으로 나누어 알아보기로 한다.

양적 접근법

양적 접근법은 수치자료 또는 통계치에 근거한 예측기법으로, 추세분석과 통계모델분석을 대표적으로 꼽을 수 있다.

① **추세분석**

추세분석(trend extrapolation)은 기업들 간에 가장 널리 쓰이는 예측기법으로, 현재의 추세를 미래에까지 확장하여 적용하고자 하는 것이다. 이것은 환경이 어느 정도 일관성이 있고 단기적으로는 서서히 변화한다는 가정하에서 유용한 기법이다. 그 대표적인 예가 시계열분석 기법으로, 일련의 과거 역사적 사건들을 토대로 미래를 예측하는 것이다. 이러한 추세분석의 근본적인 문제점은 과거의 역사적 추세가 다양하고 많은 변수들과의 관계에 기초하고 있어서 그 중 어느 한 변수라도 변화하면 미래의 추세는 엄청나게 달라질 수 있다는 사실을 간과하고 있다는 것이다. 따라서, 실제 예측전문가조차도 2년 이상을 내다보는 것은 상당히 부정확할 수 있음을 인정하고 있다.

② **통계모델분석**

통계모델분석(statistical modeling)은 둘 이상의 변수 간 인과관계를 찾아내고자 하는 정량적 예측기법이다. 그 대표적인 예로는 변수들 간의 상관관계를 도출해 예측자료로 사용하는 회귀분석과 그 밖의 계량경제학적 분석방법이 있다. 이 기법은 역사적 추세를 파악하기에는 매우 유용하지만 과거의 역사적 자료에 의존하고 있다는 점에서 상기한 추세분석과 마찬가지 문제를 안고 있다.

질적 접근법

질적 접근법은 수치 자료보다 직관, 전문지식, 경험 등에 치중하는 예측기법으로, 브레인스토밍, 시나리오작성, 델파이어기법을 예로 들 수 있다.

① **브레인스토밍**

브레인스토밍(brainstorming)은 기본적으로 예측주제에 대해 어느 정도 지식을 가지고 있는 사람들이 모여서 새로운 아이디어와 예측을 자유로이 토론함으로써 합의를 도출해 내는 것이다. 이 예측기법은 토론 참여자들의 창의적인 생각이 충분히 발현될 수 있도록 상호 의견에 대한 분석이다 비판을 금지하고, 자유분방한 분위기 속에서, 일단은 질보다 양을 추구하며, 참여자들의 의견을 듣고 연상작용을 불러 일으켜 편승발언하는 등의 네 가지를 원칙으로 하고 있다. 이것은 통계학적 숫자놀음보다 육감이 더 발달한 경영자에게 적절한 기법이다.

② 시나리오작성

시나리오작성(scenario-writing)은 추세분석과 함께 가장 널리 쓰이는 예측기법 중 하나이다. 여기서 시나리오란 주요 변수나 이슈가 미래에 어떻게 전개될 지를 기술한 것으로서 여타 예측결과들을 종합하여 작성된 가상적 이야기다. 이렇게 시나리오를 작성해 봄으로써 보다 포괄적이고 종합적인 환경예측이 가능해지며, 전략경영자들은 이 시나리오에 기초하여 대안을 물색하거나 계획을 수립하게 된다.

③ 델파이기법

델파이기법(Delphi technique)은 체계적인 절차를 거쳐 전문가집단의 합의를 도출해내는 기법으로, 보통 다음 세 단계를 거친다. 그 첫 단계로 설문조사 등을 통해 전문가들의 의견을 상세히 수집한다. 그 다음에, 수집된 의견들을 관련 전문가들이 익명으로 검토한다. 마지막으로 전문가들은 합의에 도달할 때까지 각자의 의견을 수정할 수 있는 기회를 가진다. 즉, 델파이법은 전문가들에 의한 다수결 미래예측 기법이라고 할 수 있다. 이 기법은 비용과 시간이 상당히 많이 드는 단점이 있으나, 정치 사회적 문제에 대한 예측이 필요할 때는 매우 유용하게 쓰일 수 있다.

(3) 예측결과의 활용

선택한 예측기법에 따라 예측결과가 나오면, 경영자는 그 결과를 전략경영과정에 적절히 활용하여야 한다. 나아가서, 이러한 환경예측이 전제로 하고 있는 상황조건들을 충분히 이해하여 예측결과를 실제로 적용하는 데 착오가 없도록 하여야 한다.

환경의 예측은 기업으로 하여금 미래의 성공을 위해 예상되는 요구사항들을 파악할 수 있도록 도와줄 뿐만 아니라, 기업의 기본적 임무를 재정립시켜 준다. 또한, 기업의 목표를 달성할 수 있는 전략의 설계를 가능케 해준다. 즉, 예측 결과 만일 기업의 현 상태와 목표달성(바람직한 상태) 사이에 현격한 차이가 있는 것으로 판명되면, 경영자는 새로운 계획과 조치로 대응할 수 있다.

◐ 유의사항

예측결과를 활용함에 있어서 특히 다음 세 가지 사항을 유의하여야 한다.

① 예측이 필요한 환경요소의 파악

수많은 요소들이 기업에 영향을 미치지만, 그 중 가장 중요한 요소는 판매예측과 경쟁추세처럼 당장에 관심사가 되는 것들이다. 전략의 성공에 필수적인 모든 환경요소들을 완벽하게 이해하는 것은 시간적으로 보나 경영자원 측면에서 보나 사실상 불가능하다. 따라서, 경영자는 어떠한 요소가 예측할 만한 가치가 있는지를 자신의 경험이나 직감에 의존하여 결정하여야 하며, 이러한 판단이 적절히 이루어졌을 때 예측기법의 선택 및 예측결과의 활용이 기업에 도움을 줄 수 있다.

② 사외 자료출처의 확보

경영자는 정부기관, 무역 및 산업협회 그리고 예측자료를 실비에 제공할 수 있는 개인 또는 단체를 파악하고 있어야 한다.

③ 단계별 예측작업

예측작업을 이제 막 시작한 경영자는 계량경제학 등 아주 복잡한 예측기법을 동원하기보다는 판매원 예측이나 간부들의 의견수렴과 같이 비교적 단순한 작업부터 시작하는 것이 바람직하다. 경험이나 지식이 점차 축적된 다음에 더 복잡한 분석기법을 채택하는 것이 순서라 하겠다.

예측의 한계

근래 들어 예측기법이 눈부시게 발전하고 있지만 완벽한 예측이란 실제로 불가능하다. 가장 훌륭한 예측기법조차도 그 기반이 되는 모델 자체가 부정확하거나 자료가 불완전하면 그 효용성이 떨어지게 된다.

이러한 판단상의 착오뿐만 아니라, 기업 내 실제 환경 분석과정과 관련된 요소들이 문제를 일으킬 수도 있다. 그 대표적인 예로 안전예측(safe forecast)의 폐해를 들 수 있다. 이는 전략 수립자가 반발과 위험을 덜기 위해 지나치게 보수적인 예측을 하는 경향에서 비롯되는 문제점이다. 즉, 경영자는 손쉽게 목표를 달성하고 이에 따른 보상을 받기 위해 예상매출액을 일부러 낮게 잡을 수도 있는데, 이는 기업으로 하여금 새로운 사업기회를 제대로 활용하지 못하도록 하는 등 많은 부작용을 낳을 수 있다. 그 밖에 핵심적인 정보를 비판적으로 생각하기보다 많은 양의 정보수집에만 혈안이 되어 문제가 발생하는 경우도 있는데, 이는 전략수립과정의 효율성을 저해하기 마련이다.

Wheelwright & Clarke(1976)은 127개 기업에 대한 조사연구를 토대로 성공적인 예측을 방해하는 주요 원인들을 발견하였다. 구체적으로 예측을 하는 자와 그 예측에 기반해서 의사결정을 내리는 자 간 의견차이 및 비효과적인 의사전달, 효과적인 예측기법의 부족, 예측활동에 따른 혜택을 전부 누릴 수 있는 일련의 행동방침 부재 등을 예측실패의 원인으로 꼽고있다.

아무리 훌륭한 예측절차일지라도 기업의 전략계획과정에 적절하게 통합되지 못한다면 별로 쓸모가 없을 것이다. 또한, 환경예측이 장래계획에 필수불가결한 요소이기는 하지만, 어떠한 예측기법을 사용하여도 미래를 완벽하게 예견하거나 기업의 불확실성을 제거할 수는 없다는 사실을 경영자들은 명심하여야 한다. 하지만 효과적인 예측을 함으로써 기업이 뜻밖의 사태로 곤란을 겪을 위험성은 줄일 수 있다.

6 고객분석

기업의 제품을 구매하는 고객은 기업의 경쟁력을 좌우하는 가장 중요한 요인으로, 치열한 경쟁을 벌이는 경쟁자 이상으로 중요한 것이 바로 우리 기업의 제품을 구입하는 고객이다. 왜냐하면 경쟁자와 대비한 경쟁우위를 최종적으로 인정해 주는 것이 바로 고객이기 때문이다.

도표 5-12 기업의 지향성에 따른 전략 유형

경쟁지향 정도 \ 고객지향 정도	작다	크다
작다	제품중심전략	고객중심전략
크다	경쟁자중심전략	경쟁전략

고객분석, 경쟁자분석, 그리고 자사분석의 3박자가 맞아야 경쟁우위 전략을 수립할 수 있다. 자사가 아무리 경쟁사보다 원가우위에 있다 하더라도 고객이 원하는 것은 가격이 아니라

차별화된 독특한 기능이라면 경쟁우위를 획득할 수 없는 것이다. 기업이 고객과 경쟁사 중 어디에 중점을 두느냐에 따라 기업전략을 〈도표 5-12〉와 같이 네 가지 유형으로 나눌 수 있다. 그림에서 보는 바와 같이 경쟁자와 고객에 대한 분석이 동시에 이루어져야만 비로소 바람직한 경쟁전략이 수립될 수 있을 것이다.

〈도표 5-13〉과 같이 경쟁이 치열해짐에 따라 기업의 중심전략이 바뀌게 되는데, 경쟁이 심하지 않을 때는 제품 중심으로 전략을 수립하다가 경쟁이 심화되면 될수록 그 중심점이 고객, 경쟁자로 옮겨가다가 마침내는 두 가지 즉 고객과 경쟁자를 모두 중시하는 경쟁전략으로 귀착되게 된다.

도표 5-13 경쟁도에 따른 전략의 변화

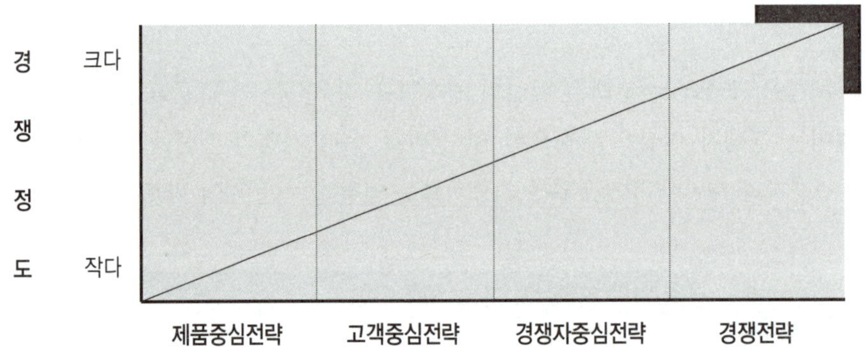

경쟁전략 수립과정에 고객 분석이 반드시 필요한 이유를 정리하면 다음과 같다.

첫째, 시장에서의 급격한 변화가 기업들에게 커다란 위협과 기회를 제공하고 있다. 따라서 고객의 욕구와 필요의 변화를 이해하지 못하면 경쟁에 뒤지게 되기 때문이다.

둘째, 사회문화적 환경의 변화다. 사회문화적 환경의 변화는 시장 변화의 기본적 출발점으로 기존의 사업이나 제품으로는 충족되지 못하는 사회적 욕구를 낳는다. 바로 여기에 신제품과 새로운 사업 기회가 발견된다. 다시 말해서 이를 잘 활용하면 새로운 제품 개발과 함께 새로운 시장을 개척할 수 있다는 것이다.

셋째, 국민 소득의 증가에 따른 소비자 욕구의 변화는 제품의 수요 측면에서 기업간의 경쟁을 심화시킨다. 따라서 고객 욕구에 잘 부응하지 못하는 기업은 경쟁에서 살아남을 수가 없기 때문이다.

이와 같이 우리가 고객을 분석하는 목적은 고객에 대한 이해를 보다 충분히 하여 경쟁사보다 고객의 요구에 더 잘 부응하는 데 있다. 철저한 고객 분석을 통해 고객 욕구를 충족시키면 경쟁사보다 훨씬 효과적으로 원가를 관리할 수 있을 뿐만 아니라 독특하고 표출되지 않은 고객 집단의 욕구를 충족시켜 경쟁사와 차별화도 이룩할 수 있다. 또한 고객 분석을 통해 신상품을 시장에 소개하는 타당성을 확인할 수 있고 기존상품의 위상도 개선시킬 수 있다.

고객 분석의 출발점은 고객 행동의 이해에서부터 시작한다. 고객 행동에 대한 이해가 끝나면 이를 바탕으로 다음과 같은 세 가지 질문에 대답할 수 있어야 한다. 고객 분석은 아래의 질문에 답하는 것을 의미하기 때문이다.

첫째, 우리의 고객은 누구인가? 이를 알기 위해서는 시장을 세분화하고 이 자료를 바탕으로 우리 기업이 만족시키고 있는 고객층을 발견해야 한다.

둘째, 고객이 제품이나 서비스를 구매하는 동기는 무엇인가? 제품이나 서비스의 특성 중에서 실제로 고객들에게 중요한 것은 무엇인가? 고객의 현재 및 미래의 구매동기의 변화를 파악하면 우리 제품의 상대적 위치를 평가하는 데 유용하다.

셋째, 고객들이 인식하시 못한 채로 존재하는 충족되지 않은 욕구가 있는가? 고객들이 현재의 제품과 서비스에 만족하고 있는가? 고객들의 충족되지 않은 욕구를 파악하면 새로운 사업기회를 발견하게 되는 것이다.

그런 다음에 세분 시장의 매력도를 평가한 후 목표시장을 선정하고 이에 대응하는 제품 포지셔닝 컨셉(Positioning Concept)을 개발하면 될 것이다.

CHAPTER

06

상황분석 II : 내부환경 분석

외부 경영환경의 분석에 의하여 여러 개의 기회가 포착되었을 때, 그 중 하나를 선택하기 위하여 경영자가 해야 할 첫 번째 일은 자신의 기업이 이러한 기회를 성공적으로 현실화할 수 있는 능력이 있는가를 판정하는 것이다.

기업의 내부 경영환경 분석의 일차적 목적은 기업이 보유한 자원(resource)과 능력(capability)을 평가하여 경쟁우위의 원천이 되는 강점과 약점을 파악하는데 있으며, 보다 궁극적으로는 외부기회에 대해 강점을 활용하거나 또는 핵심역량이나 능력의 개발과 축적을 통해 강점을 계속 유지하고 약점은 보완하는 데 있다.

내부자원이란 기업이 전략을 수립하고 실행하는 데 있어 도움이 되는 것으로 기업이 보유하고 있는 모든 자산, 능력, 정보, 지식 등을 포함하고 있다.

기업의 자원을 크게 분류하면 유형자원과 무형자원으로 나눌 수 있다. 유형자원은 인력과 기계 · 장비와 같은 물질적 자산 및 재무적 자원 등 가시적 자원을 의미하며, 무형자원은 기업의 명성, 기술, 노하우와 같은 비가시적 자원을 의미한다.

제1절 자원의 특성

바니(J.B Barney, 1991)는 기업의 자원이 성공적인 전략 수행의 원천이 되기 위해서는 유용성, 희소성, 불완전한 모방성, 불완전한 대체성 등의 네 가지 특성을 갖추어야 한다고 주장하였다.

여기서 자원의 유용성(utility)이란 기업의 효율성과 생산성을 증대시키기 위한 전략을 수립하고 실행하는 데 도움을 줄 수 있다는 것을 의미한다.

유용성이 높다고 하더라도 희소성(rareness)이 없을 경우 그 자원은 경쟁우위의 원천이 되기 어렵다. 다른 기업이 그 자원을 보유하고 있지 않을수록 희소성이 증대되고, 그러한 자원을 보유한 기업은 보유하지 않은 기업에 비해 경쟁우위를 가질 것이다.

불완전한 모방성(incomplete imitability)이란 장기적으로 경쟁기업들이 유용하면서도 희소한 자원을 획득할 수 없을 때, 즉 완전하게 모방할 수 없음을 의미하는 것이다. 모방의 불완전성에 영향을 주는 요인으로는 ① 특정자원을 획득하기 위해서는 독특한 역사적 조건(기업의 성장과정과 기업문화)이 갖추어져야 할 때 ② 기업이 보유하고 있는 자원과 기업의 지속적 경쟁우위 간의 연관성에 대한 인과관계가 모호할 때 ③ 경쟁우위가 기업 이미지, 기업의 대외적 유대관계 등 복잡성에 의해 나타날 때이다.

불완전한 대체성(incomplete substitutability)이란 기업이 보유하고 있는 유용하고 희소하고 모방이 어려운 자원과 동등하게 취급될 수 있는 대체재가 존재하지 않을 때 비로소 그 자원이 지속적인 경쟁 우위를 가질 수 있다는 것이다. 지금까지 설명한 자원의 특성과 경쟁지위 간의 관계를 간단히 요약하면 〈도표 6-1〉과 같다.

도표 6-1 자원의 특성과 경쟁지위

자원의 특성				경쟁지위
유용성	희소성	불완전한모방성	불완전한 대체성	
×	×	×	×	경쟁열위
○	×	×	×	동등한 경쟁
○	○	×	×	일시적 경쟁우위
○	○	○	×	경쟁우위
○	○	○	○	지속적 경쟁우위

제2절 핵심역량

1 핵심역량의 개념

Hamel과 Prahalad는 핵심역량(core competence)을 "고객에게 가치를 높이거나 그 가치가 전달되는 과정을 더 효율적으로 할 수 있는 특정한 방법의 능력을 나타내며 또한 이러한 능력은 기업이 신규산업으로 진출할 수 있는 능력이 된다"고 정의하였다. 여기서 주의하여야 할 것은 핵심역량이란 단순히 어느 기업이 잘하는 활동을 의미하지는 않는다는 점이다. 핵심역량이란 개념은 항상 경쟁기업에 비하여 그 기업이 더 잘할 수 있는 상대적인 경쟁능력을 말한다. 즉, A기업이 마케팅능력이 강하다고 하더라도 다른 경쟁기업도 이와 비슷한 수준의 강한 마케팅능력을 갖고 있고 있다면 그러한 마케팅능력은 A기업의 핵심역량이 될 수 없다. 왜냐하면 다른 기업이 그 기업만큼 잘한다는 것은 결국 그 기업에게 경쟁우위를 가져다 줄 수 없기 때문이다. 따라서 핵심역량이란 '기업의 여러 가지 경영자원 중 경쟁기업에 비하여 훨씬 우월한 능력, 즉 경쟁우위를 가져다 주는 기업의 능력'이라고 이해되어야 한다.

핵심역량을 파악하며 이를 지속적으로 발전시키는 것은 개별사업단위와 기업전체의 경쟁우위에 많은 영향을 끼친다. 단기적으로 보면 기업의 경쟁력은 현재 판매하고 있는 제품의 가격, 성능, 특성 등에서부터 나온다. 그러나 장기적인 경쟁력은 경쟁자보다 낮은 비용으로 더 빨리 새로운 제품을 개발할 수 있는 핵심역량에서 비롯된다. 즉, 경쟁우위의 진정한 원천은 개별사업 분야에서 시장의 빠른 변화에 신속히 적응할 수 있는 기업의 핵심역량과 전사적인 기술을 통합할 수 있는 경영자의 능력이다.

도표 6-2 다각화된 기업에서의 핵심역량과 제품

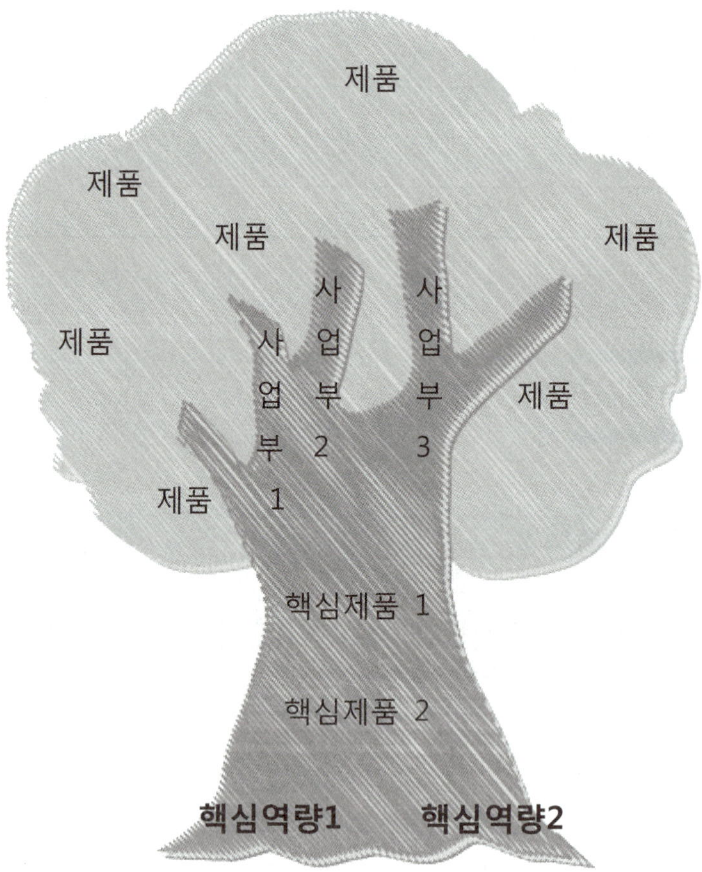

다각화된 기업을 마치 〈도표 6-2〉의 큰 나무와 같이 볼 수 있다. 큰 나무의 큰 줄기와 가지들은 기업이 만드는 핵심제품이고 더 작은 가지들은 개별사업부들이다. 그리고 나무의 잎과 꽃, 열매들은 사업부에서 생산하는 최종제품이라고 볼 수 있다. 그러나 그 나무에게 영양분을 제공하고 안정성을 보장하여 주는 뿌리는 핵심역량이라고 이해할 수 있다. 여기서 나무의 끝인 잎과 열매와 같은 최종제품에 집중하는 기업은 경쟁력의 근원인 핵심역량을 등한시하기 쉽다.

이같이 기업성장의 핵심요인이 되는 핵심역량은 다음과 같은 특징을 갖고 있다.

우선, 핵심역량은 매우 다양한 시장으로 진출할 수 있는 가능성을 제공하여 준다. 예컨대, 디스플레이 시스템에서 핵심역량을 갖고 있는 회사는 전자계산기, 초소형 TV, 휴대용컴퓨터용 모니터, 자동차계기판과 같은 여러 가지 사업에 진출할 수 있다. Casio가 소형 TV시장에 진출을 한 것은 디스플레이 시스템에 핵심역량이 있었기 때문이다.

아울러, 핵심역량은 경쟁자들이 모방하기가 어려워야 한다. 특히, 핵심역량이 기업 내에 존재하는 여러 가지 개별기술과 생산능력을 복합적으로 재구성하는 조직상의 능력이라면 훨씬 경쟁사가 모방하기 어렵다. 즉, 경쟁기업들은 핵심역량을 구성하는 몇몇 개별기술은 획득할 수 있지만 이러한 개별기술을 조합하여 새로운 제품을 개발하는 조직상의 능력을 모방하기는 훨씬 더 힘들다.

이와 같이 기업의 핵심역량에 대한 접근방법은 기업전체의 전략, 즉 기업의 다각화, 수직적 통합, 해외진출 등에 큰 도움을 준다. 그렇다면 핵심역량 접근법이 기업전략의 수립에 어떠한 도움을 주는지를 살펴보자.

첫째, 핵심역량 접근법은 다각화에 대한 지침 역활을 한다. 다각화를 할 때 흔히 기업들은 자기의 사업 분야와 무관한 비관련부문으로 진출하려는 충동을 많이 느낀다. 기존사업 분야로부터 핵심역량을 발휘할 수 없는 분야로 진출할 때의 성공가능성은 자신의 핵심역량을 활용할 수 있는 분야로 진출할 때에 비해 훨씬 낮다. 또한 기업이 현재 사양 산업이라고 판단되는 사업 분야에서 잘못 철수함으로써 핵심역량을 잃을 수 있는 가능성을 줄일 수 있다. 기업은 외견상으로 성숙된 산업, 즉 사양화된 산업에서 철수하기도 한다. 그러나 외견상으로 성숙된 산업에서 탈퇴함으로써 기업의 핵심역량을 잊어버리게 되는 경우가 되어서는 안 된다. 예를 들어 과거 미국의 많은 TV생산기업들은 일본 업체와의 심한 경쟁에 시달리다 이 성숙산업에서 철수하였으나 그 결과 다음 세대에 등장한 VCR산업에서의 기회를 놓친 사례가 있다. Prahalad와 Hamel은 “당신이 어떤 산업이나 제품을 포기하게 되면 그 잠재적인 기술을 이용할 수 있는 시장을 포기하는 것과 마찬가지이다.”라고 지적하였다.

둘째, 기업의 핵심역량을 파악하는 것은 기업은 수직적 활동분야, 즉 수직적 통합 또는 아웃소싱의 주요 판단근거가 된다. 예를 들어 자동차생산기업이 자동차의 엔진이나 트랜스미션 같은 주요한 핵심부품을 자체적으로 생산하지 않고 외주에 의존함으로써 핵심부품에 관한 핵심역량을 잃어버릴 수도 있다. 왜냐하면 자동차엔진과 트랜스미션은 자동차의 성능을 결정하는 가장 중요한 핵심부품이기 때문이다.

셋째, 핵심역량 접근법은 기업의 글로벌화를 촉진시켜 주는 역할을 한다. 기업이 글로벌화되려면 자신의 핵심역량을 여러 가지 다른 분야로 분산시키기보다는 글로벌산업에서 경쟁력이 강한 소수의 사업부를 키워야 할 필요성이 있다. 이렇게 핵심 역량적 사고방식은 단순히 내수시장에서 경쟁우위가 있는 사업분야를 발견하여 투자를 하기보다는, 글로벌산업에서 경생하기 위해서 어느 사업부문에서 핵심역량이 필요하고 이를 위해서는 어떻게 핵심역량을 개발할 것인가 하는 것에 대해 구체적인 분석을 가능하게 하여 준다.

넷째, 핵심역량 접근방법은 전략적 제휴를 효과적으로 운용할 수 있게 한다. Canon은 새로운 핵심역량을 개발하는 데 있어서 모든 것을 자신의 기술에 의존하지는 않았다. Canon은 그 부분에 뛰어난 기술을 가진 기업으로부터 라이센스나 전략적 제휴를 통하여 기술을 이전받고 그것을 자기 것으로 한 다음에 더욱 발전시켰다.

이와 같이 핵심역량에 입각한 사고방식은 기업수준의 전략, 즉 다각화, 수직적 통합, 해외진출, 인수합병을 분석할 수 있는 좋은 기반을 마련하여준다. 즉 기업이 가진 경영자원과 핵심역량이 무엇인가를 잘 이해함으로써 어떤 방향으로 다각화와 수직적 통합을 추진해서 사업포트폴리오를 구성해야 하는가와 기업의 성장을 위해서 어떻게 전략적 제휴와 기업 인수합병 등을 활용하여야 하는지에 대하여 보다 구체적인 전략을 수립할 수 있게 도와준다. 이러한 전략들은 사업부수준에서의 전략이라기보다는 기업수준에서의 전략이다. 즉 개별사업부에서 어떻게 경쟁할 것인가하는 문제이기보다는 기업이 어떠한 시장에 참여할 것인가와 그러한 시장에 참여하기 위해서는 구체적으로 어떠한 전략을 선택할 것인가를 분석할 수 있게 해 준다.

또한 핵심역량은 남이 개발해 놓은 제품을 뒤쫓아가는 시장 추종적 차원이 아닌 신수요 창조, 시장포지션의 주도적 개선 등 시장 창조의 차원으로 기업활동을 격상시켜주는 역할을 한다. 이러한 점에서 핵심역량은 적극적으로 환경을 개척해 나가는 초일류 선진기업으로 발전하기 위해 갖추어야 할 필수 요건이라 하겠다.

2 핵심역량의 확보방안

핵심역량을 구축하기 위해서는 첫째, 자사의 내부역량에 대한 치밀한 분석과 투자가 이루어져야 한다. 기업전략 수행의 주 대상은 제품이나 시장이 아니라 비즈니스 시스템이다. 따라서 내부역량을 강화하기 위해서는 반드시 자사의 핵심적인 비즈니스 시스템을 파악하여 장기적인 관점에서 집중적으로 투자해야 한다. 이때 특히 주의해야 할 점은 R&D, 생산, 마케팅, 관리 시스템과 같은 포괄적이고 일반적인 개념이 아닌 구체적인 기능을 도출해야 한다는 것이다. 월마트(Wal−Mart)는 비즈니스 시스템 중 적하장 교차연결(cross docking)이란 재고 보충 시스템에 집중 투자함으로써 최소의 재고를 유지하면서 가장 효율적으로 제품을 공급할 수 있는 역량을 갖출 수 있었다.

둘째, 자사에 맞는 핵심역량을 육성하기 위해서는 전략적 비전과의 정합성을 고려해야 한다. 전략적 비전이 먼저 명확해져야 이에 따른 핵심역량의 구축방향이 도출되기 때문이다. 즉 전략적 비전은 자사가 선택한 사업 영역 내에서 경쟁우위 확보를 위해 어떤 핵심역량을 어떻게 육성, 발전시켜 나가야 하는가를 제시할 수 있어야 하며, 기업 경영자는 이러한 전략적 비전과의 차별화된 핵심역량을 연계. 조화시키는 데 각별한 노력을 기울여야 한다.

셋째, 핵심역량은 기업의 전부문과 관련이 있기 때문에 핵심역량을 강화하기 위해서는 최고경영자를 포함한 관리자의 역할이 절대적으로 중요하다. 왜냐하면 이들만이 고객에게 최선의 제품과 서비스를 제공케 하는 핵심역량의 창출을 위한 전 조직원의 관심을 결집시킬 수 있으며, 동시에 핵심역량 창출을 위한 하부 지원시스템에 대한 체계적 투자를 가능케 할 수 있기 때문이다.

넷째, 핵심역량은 단기간에 확보하기 어려우므로 인내심이 필요하다. 단기적이고 근시안적인 계획은 유망한 기술개발 등 핵심역량 확보노력을 저해할 우려가 높다. 기업의 미래 경쟁우위 원천인 핵심역량을 확보하는 데는 그만큼 많은 시간과 노력이 소요된다는 점을 간과해서는 안된다.

특히, 경쟁에서의 성공여부는 고객에게 가치를 제공해 주는 비즈니스시스템의 전략적 역량을 제고시킬 수 있느냐에 달려 있다. 여기서 중요한 것은 고객 관점에서 고객의 욕구를 살 충족시킬 수 있도록 역량을 제고시켜야 한다는 것이다. 즉 내부역량에 기조하여 경쟁하는 기업이 되기 위해서는 조직을 고객의 욕구를 발견하는 것에서부터 시작하여 고객의 욕구를 충족시키는 것으로 끝나는 피드백 시스템으로 이해하는 것이 필요하다. 그리고 이러한 비즈니스 시스템이 복잡하고 길수록 이들의 역량을 제고시키는데 투입되는 자원과 시간은 더욱 많아진다. 그러나 일단 역량이 어느 정도 수준 이상으로 향상되고 나면 경쟁자가 모방하기가 어렵기 때문에 고객에게 차별적 가치를 제공해 줄 수 있게 된다.

제3절 조직구조

1 전략과 조직의 관계

전략과 조직의 관계에 대한 연구의 대부분은 챈들러(A. D. Chandler, Jr)가 미국 기업의 발전사를 70개 기업에 대한 연구를 통해 제시한 '조직의 구조는 전략을 따른다(The structure follows strategy)'라는 가설에 영향을 받아 이루어진 것이다.

챈들러는 이러한 연구를 기반으로 하여 조직구조는 기업의 성장전략을 따르는 경향이 있으며, 미국 기업에 있어서 전략과 구조는 일련의 발전 과정을 거쳐 왔다고 주장하였다. 이러한 관점에서 보면, 조직이란 시장을 최대한으로 공략하기 위해 채택되는 전략을 효과적으로 수행하기 위한 도구인 것이다. 시장의 구조와 상황이 변함에 따라 기업은 그에 상응하는 성장전략을 추구하게 되고, 조직 역시 수정된 전략에 맞춰져야 하는 것이다. 이렇게 볼 때 가장 효과적인 조직구조는 기업의 전략 수행을 위한 전반적인 골격을 제공해 주어야 하는 특성을 지녀야 한다. 이러한 논의의 결과로서, 종래의 조직이론 학자들 간에는 전략이라는 신체가 성장함에 따라 조직이라는 옷을 더욱 큰 것으로 바꿔 입어야 하는 것처럼, 조직구조란 전략 변화에 대해 수동적으로 따라가는 것이라는 주장이 주류를 이루어 왔다.

그러나 기존의 조직 체제가 어떠냐에 따라 앞으로 채택될 전략의 한계가 규정된다는 견해도 있다. 이러한 견해는 기본적으로 기존 조직의 틀 하에서 경영자가 자신의 재량권으로 조직을 전략에 맞추어 변경시키는 데는 어려움이 수반되며, 현실적으로는 오히려 기존 조직체제의 성격에 의해 특정 전략의 채택 여부가 결정되게 될 수도 있다는 사실을 염두에 둔 것이다. 따라서 오늘의 조직은 내일의 전략을 형성하는데 중요한 영향을 미치고, 내일의 전략은 다시 내일의 조직을 규정한다고 볼 수 있겠다.

이와 같이 전략이 조직에 영향을 미치는가, 아니면 조직이 전략에 영향을 미치는가 하는 의문은 명확한 결론을 내리기가 어렵다. 다만 조직이 전략이라는 독립변수에 의해 수동적으로 결정된다기보다는 조직과 전략이 서로 꼬리를 물고 변화한다고 말할 수 있다. 그러므로 중요한 것은 조직과 전략이 서로 일관성 내지는 적합관계를 이루어야 기업이 지속적인 성장을 할 수 있다는 것이다.

2 전략과 조직의 변화모형

기업은 시장구조와 상황의 변화에 따른 성장을 추구하게 되고, 이를 위해 전략을 변경하게 된다. 이때 변경된 전략과 조직 사이에 적합 관계가 유지되어야만 전략의 원활한 실행이 가능할 것이다. 예컨대 특정 지역에 집중하여 판매하는 전략을 채택한 소규모 특수강회사에 적합한 조직구조는 그 회사가 광범위한 지역에서 판매활동을 벌이는 대규모 철강회사로 성장하였을 때 채택할 전략과 조직구조와는 다를 것이다.

이와 같이 전략과 조직은 서로 밀접한 관계를 갖고 변화해야 함에도 불구하고, 현실 세계에서는 전략의 변화가 기업의 조직구조 변화로 즉시 이어지지 않는 경우가 많다. 이러한 현상이 조직의 타성이나 역학관계에 의한 것이든, 구조 변화에 따른 상대적 비용에 대한 평가 결과에 따른 것이든, 전략 수행시 나타나는 수익성 증가분과 매출액 증가분 사이의 괴리가 심화되지 않는 한 기존의 조직은 급격한 재설계없이 그대로 유지될 것이다. 다만, 시간이 경과함에 따라 성장의 결과 나타나는 경영상의 문제 해결이 절실해지게 되면 기업은 전략과 조직을 부합시키기 위해 조직의 변화를 시도하지 않을 수 없게 된다. 따라서 기업이 성장하면서 등장하게 되는 전략과 조직을 각 성장 단계별로 파악하기 위한 조직의 수명주기 모형을 살펴보도록 하자.

조직의 수명주기 모형

인간이 태어나서 유년기, 소년기를 거쳐 성숙해지고 어른이 되고 늙고 죽어가는 생(生)의 사이클을 그려간다. 제품도 마찬가지로 도입기, 성장기, 성숙기, 쇠퇴기의 제품 수명주기를 형성하며, 나아가서 조직도 창조되고 성장하여 퇴화하는 조직 수명주기(Organization Life Cycle)를 이룬다. 여기서 중요한 것은 인간은 자손을 통하여, 제품은 후속되는 신제품을 통하여 그 맥을 유지하듯 조직 또한 새로운 형태로의 변화를 통해 계속 그 맥이 유지되어야 한다는 점이다.

조직의 붕괴, 즉 기업의 몰락은 인간 또는 제품의 죽음과는 달리 내부적으로는 감원, 신용감퇴, 재고 누적 등과 같은 문제를 야기하는 한편, 외부적으로는 소비자, 거래선, 공급자 등에 큰 영향을 미치기 때문에 조직은 그야말로 지속적(going concern)으로 유지되어야 하는 것이다. 이렇게 볼 때 조직 변화의 동태적 측면을 보여주는 조직의 수명주기를 파악하는 것은 기업 성장시 나타나는 경영상의 문제점을 이해하는데 도움을 줄 뿐 아니라 기업의 생존과 직결되는 중요성을 지니고 있다고 할 수 있다.

이러한 과점에서 조직의 수명주기를 기업이 성장을 하면서 등장하게 되는 전략과 조직의 유형 단계별로 제시하면 〈도표 6-3〉과 같이 나타낼 수 있다. 이 도표의 특징은 기업의 성장이 제1기 또는 제2기와 같이 실선(—)으로 표시된 성장기(evolution stage)와, 제1기와 제2기 사이 또는 제2기와 제3기 사이에 지그재그선(VVVV)으로 표시된 변혁기(revolution stage)의 반복으로 이루어진다는 것이다. 여기에서 각 성장기는 기업이 성장 과정을 성공적으로 이끌어 나가는 과정에서 사용되는 대표적 기능(창의력, 업무 지시, 권한 위임 등)으로서 특징지어 지고 있다. 반면에 각 변혁기는 성장의 결과 나타나는 경영 문제 중에서도 다음 성장기로 접어들기 위해서 해결해야 될 특정한 문제점(리더십 부족, 하부조직의 자율성 결여, 하부조직에 대한 통제 곤란 등)으로 특정지어지고 있다. 물론 기업이 변혁기를 성공적으로 극복하지 못한다면 점선(·········)으로 표시된 몰락의 과정을 걷게 될 것이다.

도표 6-3 전략 실행 기반으로서의 조직 변화

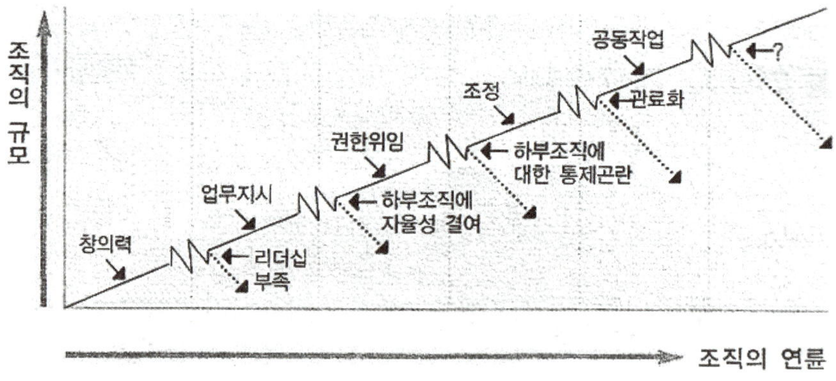

여기에서 각각의 단계는 전 단계의 결과이며 동시에 다음 단계의 원인이다. 예를 들어 제3성장기의 특징은 권한 위임에 의한 성장이다. 이것은 제2변혁기의 특징인 하부조직 자유성의 위기를 극복하기 위한 방안이다. 그러나 제3성장기에서 채택한 권한 위임이 지나치게 되면 하부조직의 통제가 어려워지고, 이에 따라 제3변혁기의 특징적 현상, 즉 하부조직에 대한 통제 곤란이 원인이 될 수 있다.

〈도표 6-3〉에 표시한 바와 같이 각각의 성장기를 대변하는 경영적 특징은 바로 전 단계에서 발생한 문제점을 해결하기 위한 처방이므로 그 단계에서만 적용될 수 있다. 즉, 제3성장기에서 채택한 권한 이양에 한계가 생겼을 때 다시 중앙집권적 체제에 의한 업무 지시 또는 창의력에 의한 성장전략으로 되돌아 갈 수는 없으므로 기업이 성장 추세를 회복하기 위해서는 새로운 경영체제를 도입해야 할 것이다.

(1) 제1성장기 : 창조력에 의한 창업과 초기성장

기업의 초창기에는 생산과 판매가 주된 목표이다. 따라서 물적 · 인적 노력은 제품의 제조 및 판매에 주로 집중되며, 경영활동의 효율성과 같은 문제는 후 순위이기 마련이다. 종업원 사이의 의사 전달은 비공식적이며 필요에 따라 수시로 이루어진다. 또한 종업원의 보수는 기업주가 주로 정하는 방식에 따라 적당히 결정되며, 이익에 따라서도 수시로 변할 수 있다. 마지막으로 모든 경영활동 현상에 대한 조정 및 통제는 판매활동, 즉 고객의 반응에 따라 변화한다.

제1변혁기 : 리더십 부족에서 비롯되는 위기

전술한 개인적이고 창조적인 경영활동은 초창기의 기업에 있어서 필수적이다. 그러나 기업이 성장함에 따라서 제품 생산량이 증가되면 생산성 및 관리 효율성을 높이기 위한 지식이 요구된다. 종업원의 수가 증가함에 따라서 비공식적 의사전달만으로는 업무처리가 곤란해지며, 종업원은 기업의 목표에 의욕적으로 부응하지 않을 수 있다. 자본금이 더 필요해지고 재무활동을 위한 새로운 회계 절차가 필요해진다. 한편, 경영자의 관리책임은 증가하지만 과거에 해왔던 방식대로 경영을 하려고 한다. 여기서 마찰이 생기게 되고, 종업원은 경영자의 리더십에 대한 불만을 갖게 될 수 있다. 따라서 경영관리에 대한 많은 지식과, 이러한 지식을 행동화할 수 있는 강력한 지도자가 필요하게 된다. 그러나 기업주는 그들이 지도자로서 부적격함에도 불구하고 물러나기를 주저한다.

여기서 기업은 첫 번째 위기를 맞게 된다. 이 때 기업주가 능력 있는 경영자를 과감히 고용한다면, 그 기업은 제1변혁기로부터 벗어나 다음 성장 단계로 들어가게 된다. 이와 같은 탈바꿈을 못하는 기업은 내부조직의 균열과 갈등에 의하여 천천히 몰락하게 될 것이다.

(2) 제2성장기 : 업무 지시에 의한 성장

유능한 경영자를 고용함으로써 첫 단계의 위기에서 벗어난 기업은 그의 지도력 아래 지속적이고 순탄한 성장기에 들어가게 된다. 이 성장 단계에서의 특징은 다음과 같다.

- 최고경영조직, 관리조직, 업무조직 등으로 각 경영기능을 분담할 수직적 계층이 형성되고, 판매활동과 제조활동이 분리되는 수평적 분화가 이루어진다.(중앙집권적 기능별 조직)
- 재고 및 구매를 위한 회계제도가 도입된다.
- 경영활동에 필요한 인적, 물적 자원을 최대로 활용하기 위한 작업 표준이 설정된다.
- 경영목표 및 경영정책의 구체화, 종업원 경영활동의 통제, 고용안정 및 물적 시설의 효과적인 사용을 위한 예산제도가 도입된다.
- 인사 고과를 통한 장려 임금제가 도입된다.
- 경영방침의 결정, 조직의 직무와 권한이 명확히 됨으로써, 의사전달과정이 공식화된다.
- 최고경영자는 대부분의 시간을 능동적인 업무 지시에 사용하는 반면에, 중간 관리자는 자치화된 의사결정 관리자로서보다는 기능적 전문가로서 취급된다.

제2변혁기 : 하부조직의 자율성 결여에서 비롯되는 위기

비록 업무 지시라는 경영방식이 종업원의 노력을 훨씬 효과적으로 기업 성장에 공헌하도록 한다 할지라도, 그와 같은 수직적인 방식은 기업활동이 방대해짐에 따라 다양해지고 복잡해지는 조직을 조정 · 통제하는데 적합하지 못하게 된다. 동시에 각 기능이 전문화됨에 따라 하부조직의 관리자들은 최고경영층보다 시장에 대한 직접적인 지식을 더 많이 소유하게 된다. 여기서 하부관리자는 더 많은 자치권을 요구하게 되고, 두 번째 성장기는 또 다시 한계에 이르게 된다. 이를 해결하기 위한 방안은 권한의 위임이다. 그러나 하부관리자들은 권한의 위임을 요구하면서도, 의사결정을 수행하는 데 익숙하지 못하며, 최고경영층 또한 권한의 위임을 주저하기 때문에 많은 기업체들이 혼란 상태를 겪게 된다.

(3) 제3성장기 : 권한 위임에 의한 성장

제3성장기는 집권적 관리로부터 분권적 관리로 전환함으로써 이루어진다. 여기에서는 최고경영층의 의사결정 권한이 사업부의 책임자에게 대폭 위임되고, 사업부는 마치 독립회사와 같이 자주적이고 독립 채산적인 경영을 실시한다. 최고경영자는 이상적인 업무에 대한 결정권은 하부조직에 이양하고, 주로 신규 사업 또는 돌발 사고의 수습과 같이 기업의 방향을 변경시키는 중대한 사항에 대한 결정만을 책임진다. 제3성장기에서 나타나는 권한의 위임은 하부계층에 경영의욕을 불러일으키고, 이것은 시장 확대를 가져온다. 왜냐하면 결정권을 대폭 위임받은 각 관리자들은 고객의 반응에 신속하게 대응하고 신제품을 개발해서 시장 확대를 쉽게 할 수 있기 때문이다.

제3변혁기 : 하부조직에 대한 통제의 곤란에서 비롯되는 위기

권한 위임에 따른 조직이 고도로 분화되면, 최고경영자가 하부조직을 조정, 통제하는 것이 곤란해지므로 일련의 문제들이 발생하게 된다. 즉 권한을 위임 받은 각 사업부의 관리자들이 대개 사업 계획이나 재정, 기술, 인력 등 여러 사항에 대해서 다른 부서와 상호 조정, 협동함이 없이 독자적으로 그들 자신의 능력을 과시하므로 지나친 자유가 오만한 태도를 낳게 되는 결과를 초래하게 되는 것이다. 따라서 최고경영층은 전사적인 조정, 통제를 하려고 하며, 심지어는 중앙집권적인 관리 체제로 되돌아가려고 한다. 그러나 조직은 이미 방대해져 있고 계획, 조직, 지휘, 통제, 조정에 대한 관리 직능은 최고경영자 한 사람의 힘으로는 수행될 수 없게 된다. 여기서 제3변혁기에 들어가게 된다. 이 위기를 탈피해서 새로이 성장하려고 하는 기업은 각 부서를 효과적으로 조정할 수 있는 경영능력을 개발해야 한다.

(4) 제4성장기 : 조정에 의한 성장

이 단계의 성장은 제3성장기에서 이룩된 사업부 조직을 파괴함 없이 부서간의 조정, 통제를 좀 더 원활하게 수행할 수 있는, 기획을 중심으로 한 스태프 제도를 본사 조직에 도입함으로써 가능하다. 이 단계의 경영기능 면에 있어서의 특징은 다음과 같다.

- 잡다하게 분산된 조직은 각 제품을 중심으로 통합된다.
- 공식적인 계획제도가 도입되어 집중적으로 활용된다.
- 최고경영자의 관리 직능 수행을 돕기 위하여 많은 스태프들이 고용된다.
- 자본의 지출은 그 효과를 상호 비교하여 결정되며 예산 통제가 전반적으로 실시된다.
- 각 제품그룹에 대한 투자는 투자수익률을 기준으로 결정된다.
- 정보 처리와 이에 의한 의사결정과 같은 특수한 기능은 최고경영층에 집중 되지만 반복업무는 하부조직의 관리자들이 계속 담당한다.
- 종업원지주제도 및 이익 분배제도 등이 종업원의 사기를 높이기 위해서 채택된다.

위에 열거된 조정 및 통제 제도는 제한된 자원의 효율적 분배를 통한 기업 성장을 달성하는 데 있어서 상당히 유용하다. 이러한 제도를 통해서 각 부서의 관리자는 자기 부서의 기회 또는 문제점만을 지엽적으로 보는 것을 지양하고 전반적인 안목에서 자신의 주장을 정당화할 수 있는 능력을 배양한다.

➔ 제4변혁기 : 조직 및 의사결정의 관료화에서 비롯되는 위기

제4성장기에서 스태프 부문이 강화되어 각 라인 부서의 업무를 조정, 통제하게 됨에 따라 라인과 스태프 부문 사이에, 그리고 상부와 하부 담당자들 사이에 신뢰가 상실되기 시작한다. 또 제도와 계획이 그 효용성에 비해서 지나치게 많아지고 경직화된다. 즉 조직과 의사결정이 관료화됨에 따라 불필요한 업무가 발생하게 된다. 예를 들이 라인 부문에서는 실제 상황을 잘 모르는 스태프의 지나친 간섭에 반발을 느끼게 되는 반면 스태프 부문은 비협조적이고 일률적인 업무만을 수행하려고 하는 라인 부문을 비난하게 된다. 이와 같은 마찰을 피하기 위해서 관청식으로 문서를 첨부해야 하는 번거로운 제도가 등장한다. 따라서 규칙의 준수를 고집하게 된다. 이와 같이 형식적이고 의례적인 프로그램으로는 이미 방대해지고 복잡해진 조직을 더 이상 효율적으로 관리할 수 없게 된다.

(5) 제5성장기 : 공동작업 및 협동에 의한 성장

마지막 단계는 조직의 지나친 관료화를 극복하기 위해서 조직의 구성원 사이에 강력한 협동관계를 형성하는 제5성장기이다. 제4성장기는 고정화된 조직과 절차를 유지하면서 성장이 이룩된 반면, 제5성장기에서는 여기에서 탈피함으로써 성장이 이룩된다. 즉, 이 단계에서는 개인 능력의 다양성을 활용할 수 있는 경영체제를 강조하게 되며, 팀을 통한 경영활동을 전개하게 된다. 형식적인 통제가 사라지고 개별적 수준의 통제와 개발이 이루어진다. 이와 같은 변화에 구제도에 익숙한 구성원들이나 라인 부문 관리자에게는 쉽게 적응하기 어렵다.

과거 제1성장기에서 제4성장기까지 이르는 동안의 조직은 그 내용은 다를지라도 모두 조직의 정점에 최고경영자가 있고 그 밑에 그의 명령 및 통제를 받는 하부구조가 마치 피라미드와 같이 체계적으로 존재하였다. 그러나 이러한 조직은 환경의 급격한 변화에 대처할 수 있는 유연성을 갖고 있지 못하다는 단점이 있다.

따라서 제5성장기에서는 이를 극복하기 위하여 구성원의 조직 내 위치보다는 개인의 능력을 활용할 수 있는 프로젝트 팀 또는 태스크포스(task force)와 같이, 그 목적이 달성될 때까지만 일정 기간 존속하는 조직 형태가 필요하게 된다. 이러한 조직을 매트릭스 조직(matrix organization) 또는 그리드 체제(grid structure)라고 한다. 제5성장기의 특징은 다음과 같다.

- 경영활동의 초점은 팀을 통해서 신속히 문제를 해결하는 데 있다.
- 팀은 여러 기능을 망라하여 종합적으로 구성된다.
- 본사의 스태프는 축소되고 라인에 대한 업무 지시가 아니라 자문 역할만을 담당한다.
- 새로운 문제점을 해결하기 위하여 중요 간부 간에 자주 모임을 갖는다.
- 팀 구성원간의 협동을 도모하기 위하여 인간관계에 대한 교육을 실시한다.
- 개인 능력보다 팀의 목적 달성 여부를 급여제도의 기준으로 삼는다.
- 창의적이고 혁신적인 아이디어를 장려한다.

제5변혁기 : ?

현재 미국의 많은 기업들이 제5성장기에 있다고 한다. 따라서 제5변혁기에는 구체적으로 어떤 문제점이 등장하게 될지는 아직 미지수이다. 다만 혁신적인 아이디어와 집중적인 팀워크에 대한 부담이 조직 구성원에게 극심한 정신적, 육체적이 피로를 가져다 줄 것으로 예측되고 있다. 이러한 위기를 극복하기 위해서는 구성원이 업무 수행에서 오는 긴장과 피로를 완화시킬 수 있도록 종업원에 대한 복지가 중요하다. 다른 방법으로는 기업을 일상적인 업무를 수행하는 부문과 창의적, 혁신적인 사고에 의한 목적 달성을 담당하는 부문으로 분리하는 것이다. 이 경우, 종업원의 정신 또는 육체적인 여건에 따라 이동이 가능해 질 것이다. 또한 기업은 종업원의 장기근무 후에는 피로 회복을 위한 휴가를 부여할 수 있다.

위에서 살펴본 5단계의 성장기와 변혁기는 〈도표 6-4〉로 정리될 수 있으며, 이와 같은 기업 성장의 유형화에서 경영자가 배울 점은 다음과 같다.

첫째, 당신의 기업이 현재 어느 단계에 있는가를 확인하라. 대부분의 기업은 그 조직과 경영활동에 있어서 위 다섯 단계에 나타나는 여러 특징 중에서 설명될 수 있다. 경영자의 임무는 자신의 기업이 어떤 단계에 와 있으며 앞으로 어떠한 문제점이 닥쳐올 것인가를 파악하는 것이다. 다만 이때 조심할 것은 성급한 나머지 한 단계를 건너뛰는 행동이다. 각 단계에서 기업은 그 단계에서 제공하는 기회에 따라 내부적 능력을 길러야 하며 이러한 능력의 배양은 다음 단계를 성공적으로 이끌어 가기 위하여 필수적인 조건이 된다. 경영자가 다음에 닥쳐올 위기가 무엇인지를 알고 있다고 해서 그것을 회피할 수는 없다. 이러한 위기는 회피할 것이 아니라 오히려 다음 차례의 성장 단계에 필요한 아이디어를 제공하거나 또는 새로운 성장이 필요하다는 인식을 조직 구성원에게 주지시키는 계기로서 긍정적으로 받아들여야 할 것이다.

도표 6-4 기업 성장에 따른 경영 조직의 변화

경영기능단계	제1단계	제2단계	제3단계	제4단계	제5단계
경영의 초점	제품의 생산 및 판매	경영활동의 능률 향상	시장 확대	조직의 통합	문제 해결 및 혁신적 사고
조직구조	조직의 未分化	중앙집권적 기능별 조직	분권적 조직, 사업부 제도	스태프의 강화, 전략본부 제도	task-force와 같은 팀의 구성
최고경영자의 역할	창의력 발휘 (개인주의적)	업무 지시 (능동적)	권한의 위임 (소극적)	조 정 (객관적)	참 가 (적극적)
경영활동의 평가 기준	고객의 반응	비용 감소, 매출 증가	이익의 극대화 개인별, 능력별	투자효과의 극대화, 기획과 결과 비교 분석	설정된 목적의 달성
보수제도	개인의 자의	인사 고과 제도의 활용	보너스 지급	종업원 지주제, 이익 분배제	팀에 대한 단체적 보너스 지급

둘째, 경영자는 변혁기가 너무 고질적이 되기 전에 현재의 조직체제를 개혁할 수 있는 준비를 갖추어야 한다. 만일 경영자가 자기 자신의 능력이 기업을 성장시키는 데 더 이상 적합지 못하다는 것을 깨닫는다면, 그는 과감히 자기 자신을 기업조직에서 내몰아야 한다. 예컨대 제2성장기에서 능력을 나타낸 경영자라면 제3성장기로 진행하고 있는 기업에 그대로 남아있기에 연연하는 것보다 제2성장기에 있는 다른 기업으로 옮겨가는 것이 자신의 능력 발휘를 위해서 더욱 현명한 처사일 수도 있다.

셋째, 당신이 선택한 문제 해결 방법이 새로운 문제를 가져오리라는 것을 인식하라. 권한위임이 종국에는 통제 곤란이라는 문제점을 야기하듯이 경영자는 자신이 선택한 경영 방법이 머지않아 한계에 부딪칠 것이라는 것을 이해하고 사전에 이러한 변혁기에 대처할 수 있는 준비를 해야 한다. 또한 이러한 인식의 기초 위에서만이 경영자는 경영 위기에 대한 책임소재를 당시의 경영자에게만 부담케 된다.

물론, 기업 성장이 경영의 위기를 가져온다는 필연성을 의식한 나머지 성장을 포기하는 기업도 있을 수 있다. 예를 들어 소규모 램프 제조회사인 텐서주식회사(Tensor Corporation)의 먼로우(J.B. Munroe) 사장은 기업규모가 4천만 달러 정도의 매출규모를 넘어서게 되는 경우, 전문경영자에 의하여 자신의 위치가 도전받을 것을 우려한 나머지 의도적으로 기업의 성장을 제한하였다. 그러면서 체계적인 경영교육을 받지 못한 간부사원들과 함께 가족적인 분위기에서 비록 소극적이나마 견실하고 안정적이 기업활동을 영위하고 있다.

3 조직구조와 조직설계

조직구조는 기업내부의 관계유형으로, 의사전달, 지휘체계, 작업순서 등의 관점에서 정의할 수 있다. 즉, 기업구성원들의 활동이 기업의 사명과 목표를 충족시킬 수 있도록 그들의 역할과 상호관계를 공식적으로 배치해 놓은 것을 조직구조라 부르며, 통상조직도로 표시되곤 한다.

Chandler는 "조직구조는 전략을 따른다(Structure follws strategy)"라는 명제를 제안한 바 있다. 하지만, 후속 연구들은 전략 또한 조직구조를 따른다는 사실을 밝혀내었으며, 근자에 와서는 조직구조와 전략이 상호 영향을 미치는 것으로 이해되고 있다. 따라서 전략이 기업의 조직구조에 적합하면 그 전략은 순조롭게 수행되겠지만, 그렇지 못할 경우에는 전략의 원활한 수행이 저해될 것이다. 즉, 기업의 현 조직구조가 제시된 전략을 뒷받침하지 못하는 경우 기업은 전략 그 자체를 수정하든지 아니면 조직구조를 전략에 맞추어 재설계 하여야 한다. 따라서 경영자는 전략을 수립하기에 앞서 자사의 조직구조를 확실히 파악하고 설계할 필요가 있다.

한 기업이 지속적으로 성장하기 위해서는 조직이 변화하는 환경과 전략뿐만 아니라 조직의 수명주기에 부합되도록 설계되어야 한다. 특히 오늘날 환경의 급변화에 따른 조직의 변화가 신속히 이루어지도록 하기 위해서는 전략적 관점에 입각한 조직 설계가 중요하다.

기업마다 제각기 독특한 형태의 조직구조를 가지고 있겠지만, 그 기본적 유형은 크게 네 가지로 나뉜다. 단순구조, 기능구조, 사업부제구조, 매트릭스구조가 바로 그들이며, 그 외에도 근래에 나타난 혁신적인 조직구조로 네트워크 구조를 들 수 있다. 이들 각각의 조직구조는 서로 다른 기업전략을 지원하는 경향이 있다.

(1) 단순구조

기업의 초창기에는 생산과 판매에 모든 노력을 기울여 효율적인 경영활동을 위한 공식적인 조직구조가 마련되어 있지 않은 경우가 보통이다. 그러므로 〈도표 6-5〉에서 보듯이 소유주이자 최고 경영자인 사장이 여러 종업원들을 직접 거느리는 형태인 단순구조(simple structure)를 취하고 있다. 이러한 구조는 기능별 혹은 제품별 영역이 없고 한 두개의 생산라인만을 가지고 있는 소규모의 소유주 지배형 기업에 적합하며, 그 종업원들은 다양한 기능을 보유하고 있는 경우가 대부분이다. 이러한 조직은 기업 활동의 통제를 용이하게 하는 동시에, 신속한 의사결정과 시장 환경의 변화에 대한 융통성이 크다는 장점이 있다. 반면에 기업주에 지나치게 의존함으로써 나타나는 업무상의 비효율로 인해 기업 규모 확대에 부적합하다는 단점을 지닌다. 그러므로 단순구조에 의한 조직은 기업의 초창기에 알맞은 형태라고 할 수 있다.

도표 6-5 단순구조

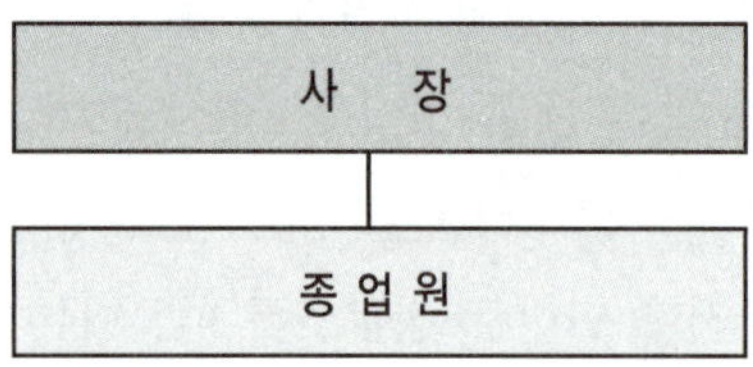

(2) 기능구조

미국 기업의 발달사에서 조직은 단순구조에서 출발하여 공장과 노무자를 감독하는 지배인과, 재무, 구매 또는 판매 대리인과의 관계를 담당하는 사장으로 분화한 조직체제(〈도표 6-6〉의 제1형)를 보여주고 있다. 그러나 19세기 후반, 이후 대량생산 체제의 성립에 의해 새로운 유통구조를 만들 필요가 생기자, 재무를 담당하는 사장 밑에 생산과 판매를 각각 담당하는 2인의 책임자가 위치하는 조직(〈도표 6-6〉의 제2형)으로 바뀌었음을 알 수 있다. 이처럼 기업활동의 확대에 따라 분화되어 가던 기업조직은 점진적으로 구매, 수송, 원자재 조달 생산, 판매, 인사 등의 수직적 기능으로 분화되었다(〈도표 6-6〉의 제3형).

최고 경영자가 각 기능의 장을 직접 통제하는 형태를 취하고 있는 이러한 기능구조(functional structure)는 한 산업 내에서 여러 개의 생산라인을 가지고 있는 중간규모의 기업에 적합하며 그 종업원들은 생산, 판매, 인사, 재무 등 주요기능의 전문가인 경우가 많다.

도표 6-6 기능구조

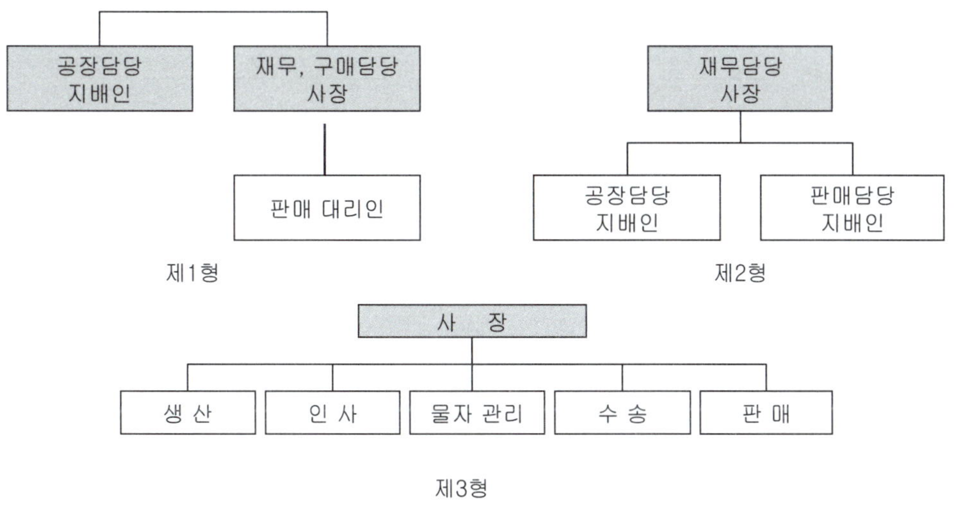

(3) 사업부제 구조

1차 대전 중 군수품과 같은 새로운 제품 생산이나 기존제품의 시장 확보에 있어서 미국 기업들은 기존의 중앙집권적인 기능별 조직구조에 한계에 직면한다. 이들은 제품의 다각화에 효과적이며 광대한 지역을 관리하고 새로운 유통경로와 고객을 확보하는데 유용한 〈도표 6-7〉의 제1형과 같은 새로운 조직 형태를 창출해 내었다. 이는 하나의 제품계열을 담당하는 부문 하에 생산, 판매, 관리 및 기술 개발을 포함시켜, 최고경영층이 의사결정 권한을 대폭 이양하여 각 사업부가 독립 채산적인 경영을 하도록 하였는데, 이러한 사업부제 구조(divisional structure)를 띤 조직을 사업부 조직(divisional organization)이라 한다. 즉, 사업부 조직이란 전통적인 기능적 · 집권적 조직 형태와는 달리, 사업부 단위가 독자적인 생산, 마케팅 및 관리 권한을 가지고 이익 중심적(profit center)이 되어 독립 채산제를 실시할 수 있도록 해준다.

사업부 단위는 독립적으로 운영하는 경쟁회사와 비교해 볼 때, 경영 다각화에 의한 원가면의 혜택이 없으며 거대한 스태프 조직 등으로 인해 관리비용이 커지는 문제를 가지고 있다. 그래서 미국 기업에서는 이러한 문제를 해결하기 위해 기술개발, 생산 또는 회계같이 부서 간에 공통성이 갖고 있는 하부 구조를 통합하는 경향이 있다(〈도표 6-7〉의 제2형).

도표 6-7 사업부제 구조

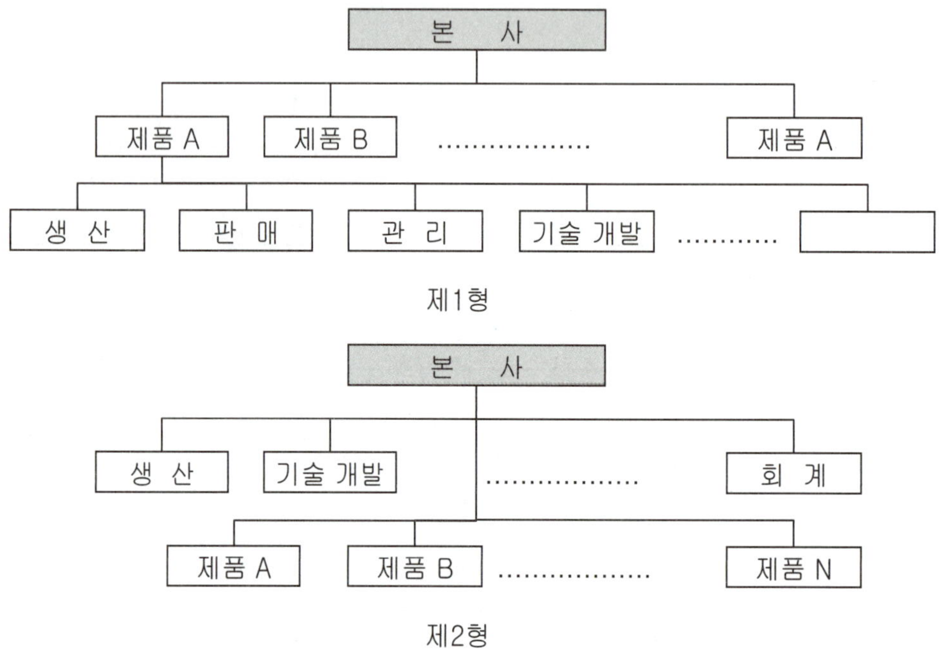

이러한 사업부제 구조는 여러 산업에 많은 생산라인을 가지고 있는 대기업에 적합하며 그 종업원은 제품과 시장에 따라 구분된 각 사업부내에서 기능별 전문가인 경우가 많다. 최고경영자는 사업부 간 위원회를 설치하는 등 횡적 연계를 통해서 독립된 사업부들 간에 시너지 효과를 창출하는 데 주력하게 된다.

(4) 매트릭스 구조

2차 대전 이전의 기업조직이 제품을 중심으로 해서 구성되고 제품관리 담당자가 담당 제품의 판매를 책임진 데 비해, 전후의 미국에서는 소비자층을 중심으로 조직을 구성하고 기업의 활동도 제품을 판매하기 위한 것이 아니라 소비자 욕구를 충족시키기 위한 제품을 개발하여 판매하여야 한다는 개념이 확립 되었다.

더욱이 60년대 이후 70년대에 들어오면서 점차 기업을 둘러싼 환경의 변화가 심해지게 되자, 기존의 기능별 조직, 제품별 사업부 조직은 신속한 상황 변화에 대처할 수 있는 유연성을 갖고 있지 못한 단점을 드러내었다. 그러므로 소비자 중심의 시장 상황과 급변하는 환경 변화에 적응하기 위해서는 과거의 조직 유형과는 근본적으로 다른 조직의 설계가 필요하게 되었다. 그래서 제품별 조직과 기능별 조직을 결합하여 이중의 명령체계화 책임, 평가 및 보상체계를 갖춘 매트릭스 조직(matrix organization)이 등장하였던 것이다.

매트릭스 구조(matrix structure)의 가장 두드러진 특징은 프로그램 위주의 조직 라인과 기능 위주의 조직 라인이 겹쳐져서 매트릭스를 형성하기 때문에, 기능 중심의 경영자와 프로그램 위주의 경영자는 조직에 소속한 개인 또는 소수의 그룹에 대한 명령 및 통제 권한을 공유하게 된다는 점이다. 따라서 조직의 구성원은 프로그램 위주의 업무와 함께 기능 위주의 업무를 동시에 담당하게 되는데 여러 기능을 망라하여 종합적으로 구성된 팀이 조직되어 경영활동이 수행된다.

매트릭스 구조는 〈도표6-8〉에서 보다시피 기능 구조와 사업부제 구조가 동시에 결합되어 있다. 그러다 보니, 종업원들은 사업부의 장과 기능별 장이라는 두 명의 상관을 모시게 된다.

도표 6-8 매트릭스 구조

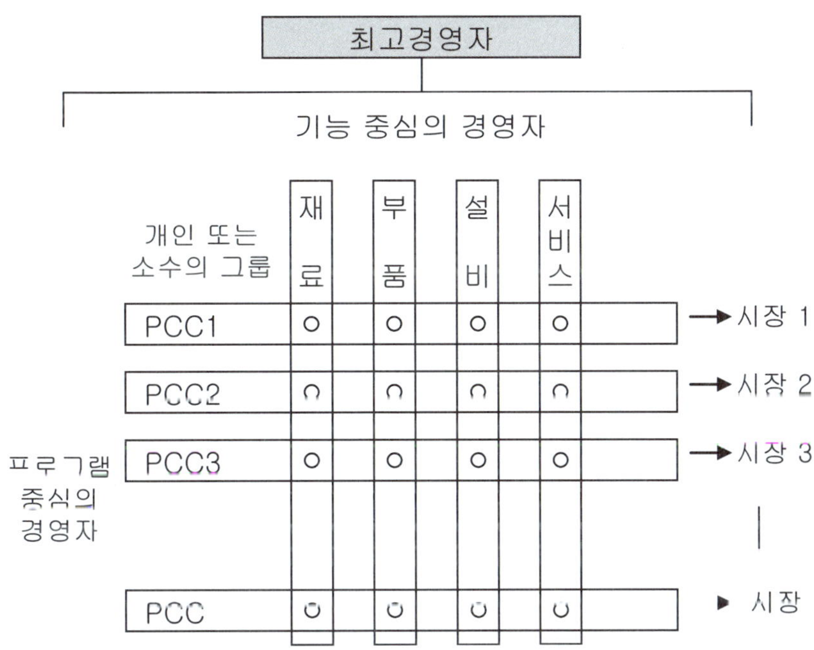

원래 매트릭스 구조는 항공우주산업에서 제창된 것으로, 기능 구조의 안정성과 사업부제 구조의 융통성이라는 양 장점을 결합하기 위해서 개발되었다. 이러한 구조는 기업이 처해

있는 환경, 특히 기술 및 시장여건이 매우 복잡하고 변화무쌍한 경우에 아주 유용하다. 하지만, 기업의 목표가 불명확하거나 기술에 대한 이해가 부족한 경우에는 사업부의 장과 기능별 장이라는 두 명의 상관 사이에 책무, 위계, 자원할당을 둘러싸고 끊임없는 갈등과 암투의 소지가 있다.

일반적으로, 매트릭스 구조는 제각기 다른 사업부들 간에 아이디어 교류가 필요한 경우, 또는 자원이 부족한 경우에 채택되는 경향이 있다. 그 밖에도, 정보처리능력과 의사결정능력을 개선할 필요가 있는 경우에 활용되기도 한다.

이상 기능 구조와 사업부제 구조가 결합한 매트릭스 구조 외에도 지역사업부제와 제품사업부제를 결합한 형태도 있다. 이러한 형태의 매트릭스 구조는 다양한 제품을 생산하고 여러 지역에서 활동하는 기업에 적합한 것이다.

(5) 네트워크 구조

이상 기본적인 네 가지 조직유형 외에도 〈도표 6-9〉와 같은 네트워크 구조(network structure)를 가진 기업들도 있다. 이 구조를 가진 기업은 내부의 여러 기능들을 아예 없애버리고 공급업체들과의 장기계약 등 전략적 제휴를 활용하여 기업에 필요한 자원과 서비스를 조달한다. 이렇게 구매(buy)가 자체생산(make)보다 더 효율적인 방안이 되기도 하는 것은 근래 전자상거래의 확산과 정보기술의 발전으로 시장에서의 거래비용이 점차 낮아지고 있는 데 기인한다. 결국, 네트워크 구조를 가진 기업은 자사 기능의 많은 부분을 외주(outsourcing)함으로써 본사는 단지 브로커(broker)로서의 역할만 하게 된다.

네트워크 구조를 가진 대표적인 기업으로는 스포츠신발 업체인 나이키를 꼽을 수 있다. 나이키는 1964년 창업한 이래 줄곧 네트워크 형태의 구조를 취해 왔다. 즉, 자사는 연구개발 및 판매만 담당하고, 자사의 모든 제품을 전 세계에 널리 퍼져 있는 생산자들과의 계약을 통해 조달하고 있다.

네트워크 구조는 기업으로 하여금 급변하는 기술환경과 국제무역 및 경쟁의 변화추이에 적절히 대처할 수 있도록 융통성과 적응력을 높여준다. 뿐만 아니라, 자사의 경쟁우위에 필수적이 활동에만 전념할 수 있도록 해준다. 이렇게 볼 때, 기업이 네트워크 구조를 채택하는 주된 이유는 바로 효율성 및 효과성의 제고에 있다 하겠다.

도표 6-9 네트워크 구조

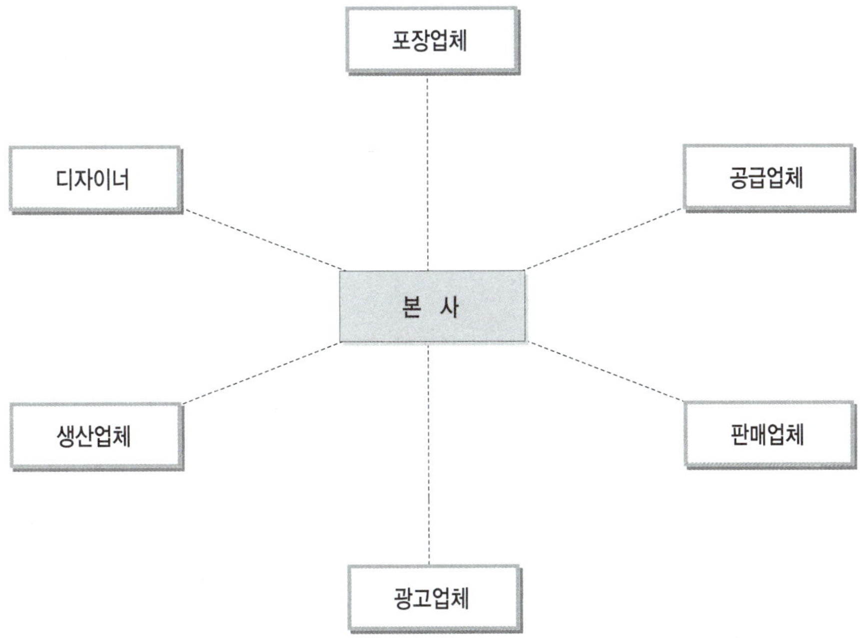

CHAPTER

07

종합목표 설정

제1절 목표설정의 의미와 종류

제2절 목표설정 요령과 목표체계도

제1절 목표설정의 의미와 종류

1 목표설정의 의미

목표가 설정될 때 일하는 사람은 도전적이 되며, 목표가 달성되었다는 것을 확인할 때 자아실현의 욕구가 충족되고 성취감을 얻을 수 있다.

목표가 계속 달성될 때 개인도 조직도 발전할 수 있으며, 목표가 없으면 실행이 계속 지연되고, 조직은 상대적 퇴보를 하게 된다.

또한, 목표의 측정방법이 미리 정해지지 않고 따라서 현재 수준이 파악되지 않은 상태에서 일을 하면 일이 끝난 후 일을 한 사람은 잘했다고 주장하고, 상사나 제3자는 부족하다고 주장하여 상호 분쟁이 발생할 수 있다. 즉, 공정한 업적평가를 위해서 목표는 매우 중요한 기준이 된다.

목표설정의 목적과 효용은 다음과 같다.

첫째, 목표란 목적을 언제까지, 어느 수준까지로 정량화 · 구체화한 것으로써, 이러한 목표를 설정하면 목적달성의 성공가능성이 제고된다.

둘째, 목표를 설정하고 추구함으로써 구성원들을 동기 부여시킬 수 있다. 구성원들이 가치 있는 목적에 대해 도전함으로써 자아실현의 욕구를 충족시킬 수 있다는 것이다.

셋째, 극한 · 완벽 추구를 위한 목표, 또는 도전적 목표를 설정하면 성과를 극대화할 수 있으며, 이로 인해 지속적인 경쟁력 강화를 이룰 수 있다.

넷째, 자원배분의 의사결정 기준이 확립된다. 즉 기업의 자원을 배분할 때 목표달성에 부합되는지의 여부로 판정한다.

다섯째, 목표를 설정하면 평가기준이 사전 설정되므로 업적 평가의 객관성을 확보할 수 있으며, 평가결과에 대해 사후 구성원의 공감 · 납득도를 제고할 수 있다.

이상과 같이 살펴볼 때, 바람직한 목표의 모습은 개인과 조직을 고무시켜 성과를 향상시키는 목표라 할 수 있다.

즉, 목표 수준이 달성되었을 때 개인과 조직이 모두 지금보다 크게 나아 진다는 확신이 서는 수준의 목표가 좋은 목표이다. 따라서 목표는 일단 높게 잡아야 한다. 예컨대, GE는 손을 짝 뻗었을 때 닿을까 말까 하는 목표인 Stretched Goal이라는 목표를 수립하여 추진한다.

아울러, 이념 · 극한 · 궁극 목표를 추구하기를 추천한다. 세계일류기업에서는 모든 일의 이론적 극한치를 먼저 파악하고 그것을 잊지 않은 상태에서 일하라고 한다. 그래야만 무한경쟁시대에 지속적으로 살아남을 수 있기 때문이다. 여기에서 '추구'라고 하는 것은 현실적으로 그 수준의 달성이 어렵다는 것을 인정하지만, 인간으로 할 수 있는 최대한 높은 수준의 목표가 어느 수준인지 설정하고 이를 잊지 않은 상태에서 지속적으로 노력하는 것으로, 평가의 기준은 아니다. 업적평가의 기준은 현실목표이다. 대표적 극한목표는 불량율 Zero, 가동률 100%, 고객만족도 5.0만점에 5.0과 같은 것이다.

극한 · 궁극 목표의 반대말은 현실목표가 되는데, 이러한 현실목표를 설정할 때는 SMART하게 설정한다. 여기서 SMART 목표란 Specific(구체적인), Measurable(측정 가능한), Achievable(도달 가능한), Result Oriented(가능한한 최종결과에 대하여), Time-bounded(언제까지의 시간의 제약하에)의 합성어이다.

한편, 기업목표를 설정하는 것은 전사 비전을 측정 가능한 구체적 목표로 환산하는 작업이라고 할 수 있다. 기업의 미래상인 비전이 수립되었으면, 기업목표는 전략적 의사결정이 이루어지는 환경을 설정하고 이를 통해 전략적 의사결정에 대한 방침을 제공하는 역할을 한다. 즉, 비전 달성을 추구하는 과정에서 달성해야 할 결과를 구체화한 것이 목표이다. 또한 목표의 설정은 비전의 달성 정도를 Monitoring하고 추구과정의 행위 즉, 전략의 보완 및 수정을 판단하는 기본지표가 된다. 따라서 목표의 설정이야말로 향후 추진과제까지 연결되는 전체 경영전략의 성패를 가늠하는 기초로서 매우 중요하다 하겠다.

기업 목표설정의 필수조건으로서 첫째, 자사의 비전과 현상태가 연결되어야 한다. 둘째, 달성 여부가 측정 가능하도록 구체적이고 일관적이어야 한다. 셋째, 장기적이고 의욕적인 목표여야 한다.

2 목표의 종류

목표는 분류기준에 따라서 다양하게 구분할 수 있는데, 일반적인 업무에 관해서는 다음과 같이 3대 업무목표가 있다.

첫 번째가 업적목표(Output 목표)이다. 조직의 최종 목적이나 Output에 대한 목표로, 정량목표인 계수목표와 고객만족도나 지식자본과 등과 같은 비가시적 목표가 있다.

두 번째는 활동목표(Process 목표)이다. 최종 업적목표 달성을 위한 중간 과정목표이며 관리대상 목표이다.

세 번째, 전략목표로, 이에는 경영방침과 환경대응과제 및 본질적 과제가 있다. 경영방침은 상위방침 달성을 위한 자기조직의 중점목표이며, 환경대응과제는 외부환경변화에 대응하기 위한 과제이고, 본질적 과제는 조직공통 또는 고유의 미션(mission) · 비전(vision)달성을 위한 거의 영구적인 과제이다.

아울러, 초점에 따라 목표를 분류하면, 크게 전략목표와 재무목표로 나뉘는데 전략목표는 장기적이며 기업의 전략적 Position을 향상시키는 데 초점이 맞추어지는 반면, 재무목표는 비교적 재무적 성과에 초점이 맞추어지는 목표이다.

전략목표는 시장점유율, 매출성장률, 신제품 출시율, 고객만족도 등의 시장/고객 관점의 지표와, 가동률, 제조원가, 재고회전율, 품질 등의 생산성 지표, 그리고 종업원만족도, 이직률, 전문인력 확보율 등의 인석자원 지표, 환경기준준수율, 지속가능경영지표, 사회공헌활동, 브랜드인지도 등의 기타지표로 세분화 할 수 있다. 아울러 재무목표는 관리수준에 따라 전통적인 매출, 손익 및 EVA, ROA, 주가, 시가총액 등으로 나눌 수 있다.

전략목표와 재무목표는 상충되는 경우가 있다. 예를 들어, 사업역량 강화를 위한 설비 투자는 재무적 지표를 약화시킬 수 있기 때문이다. 따라서 재무적 안정성이 훼손되지 않는 선에서 장기적인 '전략적 우위'를 꾀한다면 전략적 목표에 중점을 두는 것이 바람직하다.

이외에도 목표는 여러 기준에 따라서 다음과 같이 다양하게 분류할 수 있다.

첫째, 상황(TPO)에 따라서는

- ○ T (Time, 시간) : 장기/중기/단기 목표, 최종/중간 목표
  연도/반기/분기/월/주간/일일 목표
- ○ P (Place, 장소) : 수출목표, 내수목표, 각 지역목표
- ○ O (Occasion, 입장) : 전사/부문/부서/개인 목표로

둘째, 결과와 과정에 따라서

- ○ 결과 목표 : 궁극목표, 최종목표
- ○ 과정 목표 : 중간목표

셋째, 목표의 크기에 따라서

- ○ 종합 목표 : 전사목표
- ○ 개별 목표 : 각 사업별 목표, 판매/생산 목표 등

넷째, 측정의 난이도에 따라서

○ 정량 목표 : 계수목표 예 예산목표

○ 정성 목표 : 수치화가 어려워 Index 활용이 불가피한 목표
예 고객만족도 향상목표

다섯째, 가변성 여부에 따라서

○ 확정(Fixed)목표와 연동(Rolling) 목표

○ 최초목표와 수정목표

여섯째, 목표 수준에 따라서는

○ 상위목표와 하위목표

○ 궁극목표(영구목표, 극한목표, 이상목표, 이념목표)와 현실목표

○ 전략/방침/방책/액션플랜 목표로 분류할 수 있다.

제2절 목표설정 요령과 목표체계도

1 목표설정 요령

일반적으로 목표는 목적에 대하여 설정한다.

목표를 설정할 때는 가능한 최종결과에 목표를 설정하는 Result Oriented의 원칙에 의거하여 최소한 산출물(Output, 1차 목적)의 품질(Quality; Q) · 量(Quantity; Q) · 가격(Price; P) · 원기(Cost; C) · 시간(Time; T, 납기 · 적기 · 싸이클타임 · 유연성)이나 상위목적 및 후방고객의 만족도에 대하여 설정해야 한다. 이것이 종합목표가 된다. 앞 부분(원인 부분)에 목표를 설정한다면 그것은 개별목표, 과정목표가 된다.

목표는 장중단기로 나누어 설정하는데 그 기간은 상황(TPO)에 따라 다르다.

측정방법(Measuring Method)은 계산식이나 설문평점의 방법만이 아니라, 누가, 언제 평가하며 어디서 그런 정보를 입수할 수 있는가하는 Know-Where까지 기록하는 것이 좋다.

극한목표는 거의 100% 또는 zero가 되지만 써놓고 늘 이 수준에 도달해야 함을 잊지 않는 것에 큰 의미가 있다.

벤치마크(탁월한 남의 이름과 수준)을 파악하여 그 수준의 능가에 도전해야 한다. 그래야 경쟁우위를 확보할 수 있기 때문이다.

도표 7-1 목표설정 양식

필수항목					참고사항		
목적을	언제까지		어느수준까지	측정방법	극한목표	벤치마크	현수준
	장기						
	중기						
	단기						

〈도표 7-1〉 목표설정 양식은 지금까지 살펴 본 목표설정 요령을 바탕으로 양식화 한 것이다.

한편, 비전(Vision)을 변형하여 목표를 설정하기 위한 접근방법으로는 먼저, 비전을 항목별로 나눈 다음, 이를 가치조정자(Value Driver)로 분해하고, 각 Value Driver들의 최적 측정지표(KPI-Key Performance Indicator)를 선정한 후, KPI별로 달성 목표치를 설정하는 것이다.

도표 7-2 비전 KPI Value Tree의 예

비 전		Value Driver	KPI
Korea No.1	사업의 외형, 성장성, 수익성 등 모든 측면에서 우리나라 업계 최고의 회사	사업의 외형 및 성장성	상대적 시장 점유율
			업무수익 증가율
		사업 수익성	EVA
			ROE
Real Estate	부동산종합 서비스업을 주 사업영역으로 하는 회사	부동산종합서비스 사업영역별 진출 정도	부동산종합서비스 진출도
Service Group	전문서비스를 제공하는 인력 및 조직	종합서비스 사업영역별 전문역량 평가	종합서비스 사업영역별 전문성

〈도표 7-2〉는 비전을 KPI Value Tree로 변환한 예이다. 대개는 이러한 Value Tree를 거치지 않고 바로 목표 설정을 하는 경우가 많은데, 이러한 방법을 사용하면 보다 논리적임과 동시에 빠짐없이 추출할 수 있다.

비전 KPI는 간단명료한 몇 개의 지표로 구성되지만, 각 지표를 객관화하기 위한 정의서는 세심한 주의와 노력이 필요한 바 자료의 정의부터 측정주기 및 방법 그리고 측정 후 Feedback 원칙을 상세히 기술하여 논란의 여지를 차단하는 것이 목표 도출 목적에 충실할 수 있다. 이러한 정의서를 통하여 회사의 비전 달성 여부를 과정이 아닌 결과물로서 평가하겠다는 측면에서 유용하며 또한 실질적인 관리대상에 포함시킴으로써 비전의 달성을 위한 조직의 관심과 노력을 유도할 수 있다.

2 목표체계도의 의미

세상의 모든 일은 목적과 수단의 관계로 되어 있고, 수단도 보다 구체적인 수단에 대해서는 목적이 된다. 즉, 목적과 수단의 관계는 상대적이다. 지금까지 우리는 주로 상위목적만을 목표로 바꾸었는데 이것은 사실 상위목표이자 종합목표가 된다. 목적은 계속 구체화, 세분화, 수단화 될 수 있는데, 그들에 대해서도 언제까지, 어느 수준까지로 목표를 설정할 수 있게 된다. 그러한 것을 체계도 형식으로 작성하면 목적전개도가 〈도표 7-3〉과 같이 목표체계도로 바뀌게 된다.

도표 7-3 목표체계도

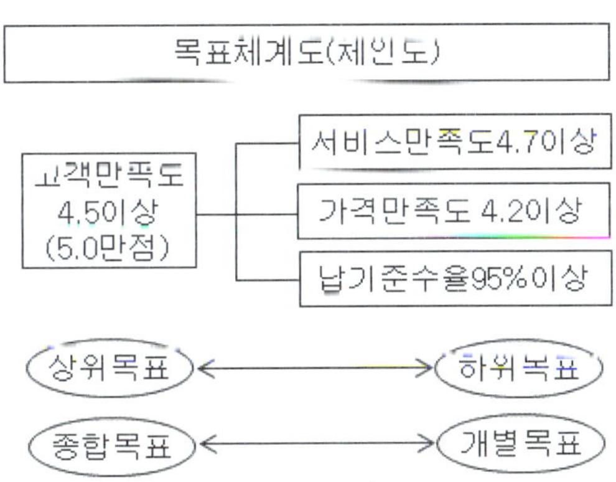

지금까지 살펴 본 것을 바탕으로 자기 소속 부서-또는 가상부서-의 Output과 상위목적에 대한 종합목표를 설정하여 〈도표 7-4〉에 기재해 보자.

도표 7-4 부서의 종합목표 설정 실습양식

구분	목적명칭	언제까지		어느수준까지	측정방법	극한목표	벤치마크	현수준
3차 목적		장	3년후					
		중	2년후					
		단	1년후					
2차 목적		장	3년후					
		중	2년후					
		단	1년후					
1차 목적		장	3년후					
		중	2년후					
		단	1년후					
Out put		장	3년후					
		중	2년후					
		단	1년후					

※ 부서의 경우, 부서장의 평균 임기기간이 장기가 되는데 여기서는 일단 3년으로 가정.

CHAPTER

08

경영전략 대안 I : 사업부 수준의 전략

사업부 수준의 전략은 기업 내의 특정사업부문의 효율성을 극대화시키기 위하여 수립되는 전략으로, 시장에서 어떻게 경쟁하여야 할 것인가, 어떠한 제품을 판매할 것인가, 어떠한 고객 집단으로 할 것인가?, 혹은 기업의 각 기능들은 어떻게 관리되어야 할 것인가 등에 관련된 문제를 다루고 있다.

제1절 경쟁우위와 경쟁전략

1 경쟁우위

경영전략의 핵심은 경쟁자에 대해 어떻게 하면 경쟁우위를 가질 수 있는가 하는 문제이다. 즉, 기업이 소기의 목적을 달성하기 위해서는 경쟁기업과 싸워 이길 수 있는 경쟁우위를 확보하고 있어야 한다. 따라서 기업의 목적을 달성하는데 있어 그 원천이 되는 경쟁우위에 대해 살펴보기로 한다.

(1) 경쟁우위의 창출

경쟁우위란 특정 기업이 제공하는 제품이나 서비스가 시장에서 우선적으로 선택될 수 있도록 하는 능력, 다시 말해 경쟁에서 승리할 수 있는 힘을 의미한다. 이러한 경쟁우위가 창출되려면 그 기업이 보유하고 있는 경영자원이나 핵심기술이 다른 경쟁기업에 비해서 독특한 것이어야 하고 또한 그런 경쟁우위는 현재 산업이 요구하는 주요 성공요인과 부합되는 것이어야 한다.

그러면 이와 같은 경쟁우위는 도대체 어디에서 발생하는가? 학자들의 연구에 따르면 경쟁우위는 크게 두 가지 방향에서 발생된다고 한다. 첫째, 경쟁우위는 기업외부로부터 발생한다. 정부규제의 완화, 환율의 변동과 같이 기업외부환경의 변화는 경쟁우위를 발생시키는 주요 요인이다. 둘째, 기업내부에서 새로운 혁신을 통해서 경쟁우위가 창출된다.

외부환경의 변화

일반적으로 산업 내 외부환경의 변화가 심하면 심할수록 기업이 갖고 있던 상대적인 경쟁우위와 산업 내의 수익률분포는 크게 변하게 된다. 예를 들어 비교적 기업환경의 변화가 작은 일상 소비재산업에서의 경쟁우위는 비교적 안정적인 편이나, 환경의 변화와 소비자수요의 변화가 상당히 큰 반도체, 자동차, 패션과 같은 산업에서는 기업들의 부침이 매우 잦게 일어나고 있다.

자동차산업에 있어서 외부환경의 변화는 기업들의 경쟁우위를 크게 변화시킬 수 있다. 전 세계적인 원유가격의 인상은 미국자동차에 비하여 자동차의 연료효율이 높은 일본이나 한국 자동차의 경쟁우위를 상대적으로 상승시킨다. 환율의 변화 역시 기업의 경쟁우위를 크게 변화시킬 수 있다. 즉, 실제생산비용이나 생산과정, 제품 등에는 전혀 변화가 없다고 하더라도 자국 화폐가치의 상승은 그만큼 최종소비자가 지불해야 할 가격을 인상시킴으로써 수출기업의 미국기업에 대한 가격면에서의 경쟁우위를 잠식시키는 것이다. 외환위기 이후 현대자동차의 높은 수익률은 원화의 평가절하에서도 크게 도움을 받았다. 원유가격이나 환율과 같은 외생적인 변화로 인해 경쟁우위가 달라지는 것은 근본적으로 기업들이 가진 경영자원이 서로 다르기 때문이다. 일본기업과 한국기업은 원래 연료효율이 높은 소형차에 우위를 갖고 있고, 미국기업은 중대형차에 보다 많은 경영자원과 노하우를 갖고 있다. 이와 같이 보유하고 있는 경영자원이 서로 다르기 때문에 환율이나 유가변동에 따른 충격이 각 기업마다 다른 방향으로 전해오는 것이다.

한편, 경쟁우위는 단순히 외부환경의 변화에서만 나오는 것이 아니라 변화하는 환경에 기업들이 대응하는 방식에 따라서도 달라진다. 왜냐하면 외부환경의 변화는 기업들에게 이윤창출의 기회도 제공해 주기 때문이다. 특히 이런 외부환경의 변화와 이윤창출의 기회를 빨리 포착하고 이에 대응하는 능력은 기업마다 상이하다. 예컨대 갑자기 일기예보에 없던 소나기가 올 때, 다른 사람에 비해 비가 올 것을 먼저 예측하거나, 창고에 쌓여 있는 우산을 빨리 꺼내어 팔 수 있는 상점은 순발력이 떨어지는 상점보다 훨씬 많은 우산을 판매할 수 있다. 이런 환경의 변화에 빨리 적응하지 못하는 기업은 창고 안에 있는 우산을 꺼내다 보니 소나기가 그쳐 버린 경우와 마찬가지이다. 일반적으로 시장이 훨씬 불규칙하게 변화할 때 이러한 외부환경에 더 민첩하게 대응할 수 있는 능력은 기업이 경쟁우위를 창출하는 데 아주 중요한 핵심역량이 되기도 한다.

의류산업의 Benetton은 첨단정보시스템을 통해서 개별점포에서의 매일의 매출정보를 분석하여 소비자들의 수요의 변화를 인식하고, 이러한 정보를 생산공장으로 보내어 소비자가 원하는 옷의 생산을 늘리거나 소비자가 원하지 않는 옷의 생산은 중단하게 한다.

이렇게 변화하는 환경에 민첩하게 대응할 수 있는 요인은 크게 두 가지 요소에 근거하고 있다. 첫째 요소는 정보의 획득이다. 정보수집능력은 외부환경의 변화를 인식하고 이를 예측할 수 있는 능력을 기업에게 가져다 준다. Wal-Mart의 MIS시스템은 소비자들의 수요에 대한 유용한 정보를 제공해 준다. 둘째로 외부환경의 변화에 맞추어 기업들이 갖고 있는 경영자원을 신속히 재배치하는 것은 조직차원의 유연성이 확보되어 있기 때문이다. 그러나 유연성이란 어떤 기술적인 능력, 공장이나 기계와 같은 하드웨어가 아니라 주로 조직에서 나오는 소프트웨어적인 성격을 갖는다. 즉, 유연성은 기업의 조직구조, 의사결정시스템, 각 개인의 태도, 업무체계에 따라서 상당히 차이가 난다. 관료주의적인 기업조직은 이러한 유연성을 확보하기가 힘들다. 의사결정이 분권화되어 있고 조직 내에 협조체계가 잘 되어 있을수록 유연성은 훨씬 높아진다.

기술혁신

경쟁우위는 기업내부로부터 발생할 수도 있다. 기업이 기술혁신을 통해서 신제품을 만들어 내거나, 혁신적으로 원가를 줄일 수 있는 방법을 개발하고, 새로운 유통망의 개척이나 새로운 판매지역의 개척과 같은 혁신을 할 때, 그러한 혁신적인 기업에게는 상당한 경쟁우위가 발생한다. Schumpeter는 이러한 혁신과정을 '창조적인 파괴의 과정(creative destruction)'이라고 보았다. 혁신은 새로운 아이디어, 새로운 유통망, 새로운 기술, 새로운 판매지역의 개척을 통해서 기존기업들이 갖고 있던 생산기술, 판매망, 판매지역을 무용지물로 만든다. 최근 한국의 할인 유통업체의 급성장도 유통경로상의 혁신의 결과이다. 즉, 기존유통경로가 지나치게 복잡하던 것을 대량구매를 통해 짧고 단순하게 바꾸어 비용에서의 우위를 가지는 것이다.

기업이 이렇게 혁신을 통해서 경쟁우위를 창출하려면 풍부한 상상력과 직관이 필요하게 된다. 그러나 많은 경우, 이런 혁신을 하는 사람들은 하늘에서 떨어진 천재같은 사람들은 아니다. 기존 경쟁기업이 갖고 있는 경쟁우위를 분석함으로써, 그 기업이 어느 측면에서 경쟁우위를 갖고 있으며 이 경쟁기업의 경쟁우위를 낡은 것으로 만들기 위해 우리에게 어떤 능력이 필요한지를 거꾸로 발견해 낼 수 있다. 즉 분석을 통해서 그 기업이 경쟁우위를 얻을 잠재력을 갖는 분야를 알아내고, 자신의 능력을 총동원하여 그러한 경쟁우위를 창출할 수 있는 전략을 생각할 수 있는 것이다. 일례로 Nike와 같은 회사는 전통적으로 사양산업으로 여겨졌던 운동화산업에서 자신은 광고와 디자인 등의 활동에만 집중하고 실제 운동화를 만드는 공정은 임금이 낮은 저개발국각의 하청기업에게 맡김으로써 상당히 높은 수익을 누리고 있다. 많은 성숙된 산업에서조차도 전략적 혁신은 그런 혁신을 하는 기업에게 상당한 경쟁우위를 가져다 주며 또한 이런 혁신은 산업구조 자체를 변화시킨다.

(2) 경쟁우위의 유지

기업이 경쟁으로부터 높은 수익률을 얻을 수 있는 가능성은 단순히 경쟁우위를 창출할 수 있는 능력에만 좌우되는 것이 아니라, 얼마 동안 경쟁우위를 유지할 수 있는가에 달려있다. 만일 어느 기업이 가진 경쟁우위를 경쟁자가 쉽게 모방할 수 있다면 그러한 경쟁우위는 금방 사라지기 때문이다. 그렇다면, 경쟁우위가 유지될 것인가의 여부는 지속성, 획득가능성, 모방가능성 등의 다음 세 가지 기준을 통하여 판단 할 수 있을 것이다.

첫째, 경쟁우위가 얼마나 오랫동안 유지될 수 있는가의 지속성(durability)은 경쟁우위를 창출하는 개별 경영자원의 성격에 따라 달라질 수 있다. 예를 들어, 기업들이 가진 특허권(patent)은 일정기간이 지나면 소멸된다. 그러나 기업이 가진 좋은 평판 또는 신뢰도는 상당히 오랫동안 지속된다. 우리가 주위에서 쉽게 볼 수 있는 브랜드 제품들은 상당히 오랫동안 소비자들에게서 신뢰를 쌓았기 때문에 신규기업들이 이러한 이미지를 깨뜨리고 시장에 진입하기 힘들다. 삼성, 현대, LG 등의 대기업들의 제품은 단지 그들이 대기업제품이란 사실만으로도 어느 정도 신뢰할 수 있는 제품이란 이미지를 소비자들에게 주고 있다.

둘째, 경쟁우위를 창출하는 경영자원을 시장에서 쉽게 구매할 수 있으면(resource mobility), 그러한 경쟁우위는 쉽게 없어진다. 예를 들어, 어느 아파트단지의 제과점이 이웃의 제과점보다 훨씬 규모가 크고 깨끗한 실내장식 때문에 손님을 끌고 있다고 가정해 보자. 그 제과점의 빵이 맛있기 때문이 아니라 단순히 넓은 매장과 산뜻한 실내장식 때문에 소비자들이 그 제과점을 이용한다면 경쟁관계의 길 건너편 제과점이 그와 같은 경쟁우위를 모방하는 것은 손쉬울 것이다. 즉 옆가게를 인수하여, 자신의 매장도 넓히고 훨씬 더 새롭게 실내장식을 하면 상대방 제과점의 경쟁우위를 무력화시킬 수 있고 또한 일시적일 수도 있지만 보다 뛰어난 경쟁우위도 가질 수 있을 것이다. 이같이 상대방 기업이 갖고 있는 경쟁우위를 창출하는 요인을 쉽게 얻을 수 있다면 이러한 경쟁우위는 쉽게 사라진다.

그러나 실제로는 이러한 경쟁우위를 가져다 주는 경영자원을 쉽게 구할 수 없는 경우가 많다. 예를 들어 HITE맥주가 지하 250m의 암반수를 사용한다고 광고하고 있을 때, 빠른 시일 내에 손쉽게 암반수를 찾을 수 없는 경쟁기업들은 경쟁우위를 창출하는 요인(이 경우 지하 250m의 암반수)을 확보하여 상대방의 전략은 무력화시키기 힘들었을 것이다. 또한 불완전한 정보 때문에 경쟁기업이 가진 경영자원을 객관적으로 평가하기는 상당히 힘들며 그러한 경쟁기업의 경쟁우위가 정확히 어디에서부터 비롯되었는지를 밝히기 위해서는 상당히 많은 양의 정보와 시간이 필요하게 된다. 이러한 불완전한 정보 때문에 기업의 경쟁우위는 상당히 오랫동안 지속될 수 있다.

셋째, 경쟁우위의 유지는 경쟁기업의 모방능력(resource replicability)에 달려있다. 만일 어느 기업이 다른 경쟁기업이 가지고 있는 경쟁우위의 근원이 되는 경영자원을 쉽게 구할 수 없다면 이를 자체적으로 만들어 낼 수 밖에 없다. 예를 들어 금융산업에서 새로운 금융상품은 경쟁기업이 쉽게 모방하여 유사한 금융상품을 선보일 수 있다.

특히 최근 인터넷붐을 맞아 많은 벤처기업들이 부침을 한 과정을 되새겨보면, 이들 인터넷 벤처기업들의 사업모형(business model)이 쉽게 모방가능하다는 사실에 주목할 필요가 있다. 인터넷기술을 대기업보다 먼저 받아들여 포털이나 전자상거래 분야에 미리 진입한 벤처기업들은 잘 디자인된 웹사이트 하나만으로도 큰 돈을 벌 수 있다는 환상에 사로잡혀 있다. 그러나 그들의 가장 큰 문제점은 이들 인터넷 벤처의 사업모형이 쉽게 모방가능하다는 사실이다. 예를 들어, 회원을 끌어들여 인터넷 배너광고로 수입을 얻을 가능성은 수많은 무료회원 사이트의 남발로 순식간에 사라져 버렸다.

그러나 브랜드 이미지 같은 경영자원은 쉽게 모방할 수 없는 경영자원이다. 예컨대 Starbucks는 오랫동안 소비자들 사이에서 명성을 쌓았기 때문에 신규기업들이 쉽게 모방할 수도 없고 또한 쉽게 얻지도 못 한다. 따라서 이러한 기업 특유의 경영자원은 그 해당 기업을 통째로 인수하지 않으면 완벽하게 모방할 수 없는 특징을 갖고 있다. 인터넷 쇼핑몰 중에서도 일찍 진입한 인터넷 벤처보다는 후발주자인 재벌계 인터넷 쇼핑몰이 더 많은 고객을 끌어들이고 있다. 이는 온라인 세계에서도 오프라인 기업의 명성이 중요한 경영자원이 되고 있다는 점을 시사하고 있다.

또한 기업의 조직에 기초한 핵심능력, 예컨대 기업 특유의 문화에서 비롯된 경영자원이나 핵심능력은 다른 기업에게 전수되거나 다른 기업이 쉽게 모방할 수 없는 특징을 갖고 있다. 만일 삼성전자의 반도체사업에서의 성공요인이 삼성 특유의 꼼꼼한 경영관리능력과 미세한 반도체의 생산공정의 품질관리능력에서 비롯된 것이라면 삼성과 다른 기업문화를 갖고 있는 기업들은 이를 모방하기가 힘들 것이다. 또한 Toyota 갖고 있는 Just-In-Time 시스템과 일본기업들이 갖고 있는 품질분임조처럼 지속적인 개선정신과 같은 관리기법은 미국기업들이 쉽게 자기 것으로 만들기가 힘든 것이다. 왜냐하면 이는 조직과 기업뿐만이 아니라 국가 전체의 문화적 특성에 기인한 것이기 때문이다.

위에서 언급한 바 있는 지속성, 획득가능성, 모방가능성의 세 가지 기준을 통해서 볼 때 경쟁기업의 입장에서 선두기업이 가진 경쟁우위를 효과적으로 모방하거나 선두기업이 자신의 경쟁우위를 방어하기 위하여는 다음과 같은 네 가지 조건을 살펴보아야 한다.

첫째, 선도 기업은 자신의 높은 수익률을 숨김으로써 경쟁자가 자신의 경쟁우위를 파악하지 못하게 할 수 있다. 만일 어느 기업이 자신이 현재의 사업에서 굉장히 높은 수준의 수익을 얻고 있다는 사실을 숨길 수만 있다면, 경쟁기업들이 높은 수익을 찾아서 신규 진입하는 것을 막을 수도 있을 것이다. 개인 기업이 상장기업에 비해 갖고 있는 유리한 점은 자신의 수익률을 외부에 밝힐 필요가 없다는 것이다. 이런 측면에서 볼 때, 지신의 사업에서 돈을 많이 벌고 있다고 떠들고 다니는 기업은 마치 경쟁자로 하여금 신규진입을 하도록 유도하는 것과 같다.

둘째, 경쟁자가 선도기업의 경쟁우위를 모방하는데 소요되는 비용이 크지 않아야 한다. 기존기업은 신규기업들의 진입비용을 높이기 위하여 진입장벽(entry barrier)을 쌓거나 진입저지를 할 수도 있다. 진입장벽이란 만일 신규기업이 진입할 경우, 서로가 큰 손해를 볼 것이란 점을 암시함으로써 진입기업들에게 위협을 가하는 방법이다. 경쟁기업이 진입을 못하도록 생산시설을 확충해 놓거나 아니면 충분한 재고를 비축해 둠으로써 경쟁기업에게 진입시 가격전쟁이 벌어질 수 있다는 것을 암시할 수 있다. 이와 같이 진입저지전략은 진입시 필요한 높은 비용 때문에 경쟁자의 진입을 포기하게 만들 수 있다. 예를 들어 1959년 일본의 Honda는 매달 3만 대의 모터사이클을 생산할 수 있는 시설을 확충하였다. 그러나 그 당시 Honda의 가장 잘 팔리는 모델도 한달에 불과 3천 대 정도밖에 팔리지 않고 있을 때였다. 이런 Honda의 과감한 투자와 확충은 신규진입시 Honda와 치열하게 가격경쟁을 하여야 한다는 암시를 주어 다른 기업들이 감히 모터사이클시장으로 진입하는 것을 사전에 막는 역할을 하였다.

셋째, 경쟁기업이 기존기업의 경쟁우위를 모방하려면 그 기업이 경쟁우위를 창출하는 성공요인을 이해하여야 한다. 그러나 많은 경우에 있어서 그 기업이 무엇 때문에 성공하였고 그 성공요인이 과연 얼마나 중요한지를 확인하는 것은 상당히 어렵다. 예를 들어 할인판매점에서 성공한 Wal-Mart의 중역은 다음과 같이 말한다. "유통산업은 열린산업입니다. 절대 기업의 비밀이란 있을 수 없습니다. 우리경쟁자들은 언제든지 우리 가게에 와서 무엇을 얼마에 어떻게 팔고 어떻게 진열하고 있는지를 알 수가 있습니다." 그러나 무슨 이유인지 경쟁사에게 Wal-Mart의 매점의 위치선정 때문인지 또는 구매, 창고, 유통 등에서 나오는 우위인지, 경영관리시스템 때문인지, 경영정보시스템(MIS) 때문인지, Wal-Mart란 회사특유의 기업문화 때문인지를 파악하기 힘들었다. 이렇게 경쟁기업이 상대방 기업의 경쟁우위를 쉽게 파악할 수 없는 것을 Rumelt는 '인과관계에서의 모호함(causal ambiguity)이라고 말한다.

넷째, 기업의 경쟁우위를 경쟁자가 모방하려면, 모방에 필요한 경영자원을 확보하여야 한다. 이는 앞서 살펴본 경영자원의 획득가능성과 모방가능성에 달려 있다. 획득가능성이 없다는 것은 그러한 경영자원을 쉽게 외부에서 구입할 수 없다는 것을 뜻한다. 자원의 모방가능성이 적다는 것은 어떤 기업이 독자적으로 비슷한 경영자원을 만들 기 힘들다는 것을 뜻한다.

이와 같이 경쟁기업이 성공적인 기업의 전략을 모방하기가 어렵다는 것은 '최초 진입자가 누리는 지위(first mover's advantage)'를 이해하는 데 큰 도움이 된다. 최초로 산업에 진입한 기업들이 어떠한 전략적인 우위를 갖고 있을 때 후발경쟁자들이 쉽게 이를 모방하여 따라할 수 없는 것을 최초진입자의 우위라고 한다. 가장 대표적인 예가 특허권이나 지적소유권이다. 특허권이나 지적소유권을 만들어둠으로써 제품의 기술과 디자인 등에서의 우위를 경쟁자가 모방하는 것을 막을 수 있다. 또한 초기에 시장에 진입한 기업은 소비자와 유통업자, 부품공급업자들로부터 후발업체가 쉽게 얻을 수 없는 명성을 미리 쌓을 수 있다. 그리고 최초의 진입자가 제품디자인이나 기술에서 산업표준을 만들었을 때 후발기업들은 이런 산업표준에 대항하여 경쟁우위를 얻기가 힘들다. 한편 최초진입자가 경험곡선(experience curve)을 따라서 비용상의 우위를 누리고 있을 경우 역시 후발진입자가 따라잡기 힘든 경쟁우위이기도 하다. 또한 기존기업들이 이미 자신이 갖고 있는 경영자원을 기반으로 해서 추가적인 경영자원과 경쟁우위를 창출하는 데 걸리는 시간은 산업에 새로 들어와 모든 것을 처음부터 시작해야 하는 기업에 비하여 훨씬 빠를 수가 있다. 즉, "성공은 또 다른 성공을 부른다"는 말이 그대로 적용되고 있는 것을 볼 수 있다.

고객이 어떤 기업의 제품이나 서비스를 경쟁기업의 그것에 비해 더 가치있다고 평가하고 원가이상의 가격으로 그 제품이나 서비스를 구매하려할 때, 비로소 그 기업은 경쟁우위를 확보하고 있다고 말할 수 있다. 경쟁우위를 창출할 수 있는 방안에는 원가우위(cost advantage)와 차별화우위(differentiation advantage)가 있다. 이에 대한 구체적 내용은 본원적 전략에서 언급하기로 한다.

(3) 가치사슬과 경쟁우위의 원천

가치사슬

핵심역량을 파악하고 이를 발전시키는 것이 기업의 경쟁우위를 확보하는데 필수적인데, 그렇다면 기업의 핵심역량을 어떻게 파악할 수 있을 것인가? 가치사슬 분석이 경쟁우위의 잠재적 원천인 핵심역량을 파악하기 위한 방법론이다. 가치사슬 분석은 기업의 자원 배분을 최적화하기 위해서 기업의 내부 핵심역량이 외부 경쟁환경과 어떻게 통합할 수 있는지를 제시한다.

기업의 차별적 성과는 그 기업이 속한 산업의 구조적 매력도와 산업 내에서의 상대적 지위에 의해서 결정된다. 즉 기업의 성과는 산업효과와 기업효과의 두 가지에 의해 결정되는 것이다. 그런데 산업의 구조적 매력도에 의한 산업효과는 그 산업에 속한 모든 기업에 공통적으로 적용되므로, 동일 산업내의 기업의 성과 차이는 기업효과, 즉 기업의 상대적 지위에 의해 달라지게 된다.

이러한 기업의 우월한 상대적 지위는 경쟁우위에 의해서 뒷받침되고, 또한 경쟁우위 원천은 기업의 활동(activity)이나 가치시스템(value system)에서 비롯된다고 말할 수 있다. 즉 기업의 경쟁우위는 경쟁자보다 낮은 비용으로, 혹은 더 좋은 가격을 받을 수 있는 차별화된 방법으로 여러 활동을 구성하고 수행할 수 있는 능력에서 창출되는 것이다. 이런 점에서 볼 때 경쟁우위의 기본단위는 기업의 분리된 가치 활동이다.

가치사슬은 하버드 경영대학원의 마이클 포터(Michael E. Porter) 교수가 1985년 그의 저서, 『경쟁우위(Competitive Advantage)』에서 기업 가치 분석의 틀로 사용한 것이다. 가치사슬 분석의 2가지 주요목적은 비용우위를 확보하기 위한 기회파악과 상품의 차별화 속성을 창조할 수 있는 기회를 파악하는 것이다. 기업은 저비용으로 이러한 활동의 일부나 전부를 수행하거나 경쟁사보다 고객가치 차별화의 수준을 높임으로써 경쟁우위를 확보하게 된다.

이와 같은 기업의 경쟁우위를 살피기 위해서는 기업의 모든 구성요소를 몇 개의 범주로 세분하여 분석하여야 한다. 따라서 이러한 분석을 위한 세분화는 상호 비교를 위해 기본적 틀이 필요하며, 이러한 필요에 따라 기업의 거의 모든 활동을 전략적 활동으로 구분해 놓은 그림이 바로 가치사슬인 것으로 <도표 8-1>는 일반적인 가치사슬을 보여준다.

도표 8-1 가치사슬

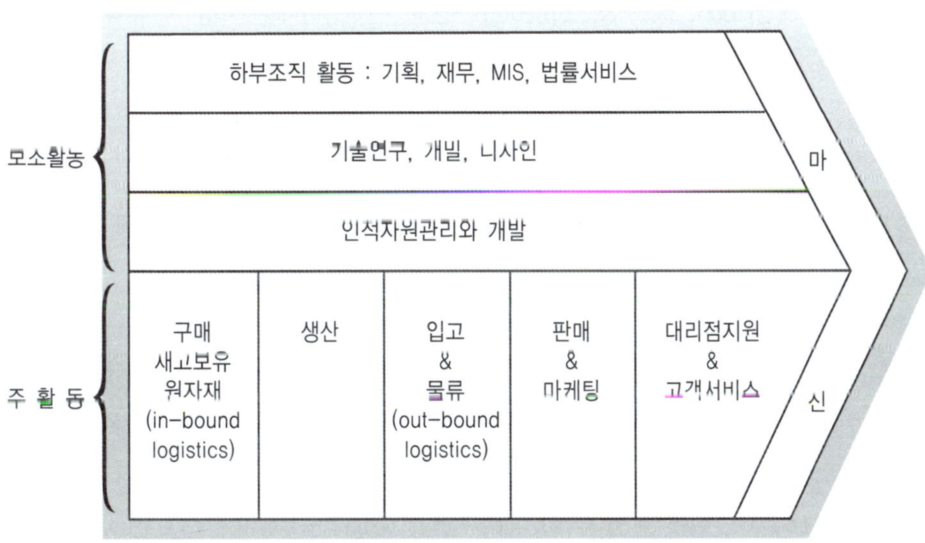

가치사슬을 통해서 그 기업이 원가 또는 차별화에서 우위를 형성할 수 있는 요소들을 체계적으로 파악하여 경쟁우위의 원천을 찾을 수 있다.

가치(value)란 기업이 공급하는 상품에 대해 구매자가 기꺼이 지불하려고 하는 금액을 말한다. 가치사슬은 총 가치로 구성되며, 다시 총 가치는 가치활동(value activity)과 이윤(margin)으로 구분된다. 가치활동은 소비자에게 가치있는 제품을 제공하기 위해 기업이 수행하는 활동이며, 이윤은 총 가치에서 가치활동 수행시 필요한 원가를 뺀 차액이다. 일반적으로 기업의 목적은 총 가치가 원가를 초과하게 하는 것이다. 따라서 분석의 대상은 가치를 창조하는 가치활동이며, 이 부분이 기업의 경쟁우위를 성립시키는 요소이다. 그리고 가치활동은 본원적 활동(주 활동, primary activities)과 지원활동(보조 활동, support activities)으로 구분된다.

본원적인 활동은 제품의 생산과 판매, 소비자에게 전달, 사후 관리 등을 말하며, 일반적으로 다음 5단계로 구성된다.

① 구매(IL, Inbound Logistics): 투입요소의 구입, 저장, 유통, 장비 사용 계획, 재주문, 자재 관리 등이 포함된다.

② 생산 · 운영(작업활동, OP, Operations): 투입요소의 최종 제품화로 조립, 기계작업, 포장, 설비 유지, 검사 등이 포함된다.

③ 입고와 물류(OL, Outbound Logistics): 물류산출활동으로 제품을 구매자에게 유통시키기 위한 수집, 저장, 물적 유통과 관련된 활동을 말하며, 완성품 보관, 주문처리, 유통계획 등이 있다.

④ 판매 및 마케팅(S&M, Sales & Marketing): 광고, 판촉, 판매원 고용, 판매량 할당, 유통경로 선택, 유통사와 관계 증진, 가격 설정 등이 포함된다.

⑤ 대리점지원 및 고객서비스(Service): 보수, 훈련, 부품 공급, 제품 조정 등 제품 가치를 유지 및 증진시키기 위한 활동을 말한다.

이러한 본원적 활동은 제품 및 서비스의 물리적 가치창출과 관련된 활동들로써 직접적으로 고객들에게 전달되는 부가가치 창출에 기여하는 활동들을 의미한다.

지원활동(보조활동, support activities)에는 기업의 하부구조(Firm Infrastructure), 기술개발(Technology Development), 인적자원관리(HRM)가 포함되며, 본원적 활동이 발생하도록 지원하는 투입물 및 인프라를 제공한다. 지원활동들은 직접적으로 부가가치를 창출하지는 않지만, 이를 창출할 수 있도록 지원하는 활동들을 의미한다.

① 기업의 하부구조 : 일반 관리, 기획, 재무, 회계, MIS, 법률서비스 등으로 구성되며, 이것은 개별적 활동을 지원하지 못하고 전체 가치사슬만 지원한다. 전화, 통신회사에서는

하부구조가 경쟁우위의 요소가 된다.

② 기술개발 : 제품과 공정을 향상시키는 노력을 말하며, 개별적 활동과 전반적 가치사슬 모두를 지원할 수 있다. 기술개발이 중요한 산업으로는 철강산업이 있다.

③ 인적자원관리 : 모집, 고용, 개발, 보상 등의 활동을 말하며, 개별적 및 전반적 활동을 모두 지원한다. 고도의 진문지식을 요하는 산업에 인적자원관리가 중요하다.

이상과 같은 가치사슬은 해당 기업뿐만 아니라, 공급자, 유통업자, 구매자에 대해서도 작성할 수 있으며, 이 네 가지 사슬의 흐름을 가치체계라고 한다(도표 8-2).

도표 8-2 가치사슬의 가치체계

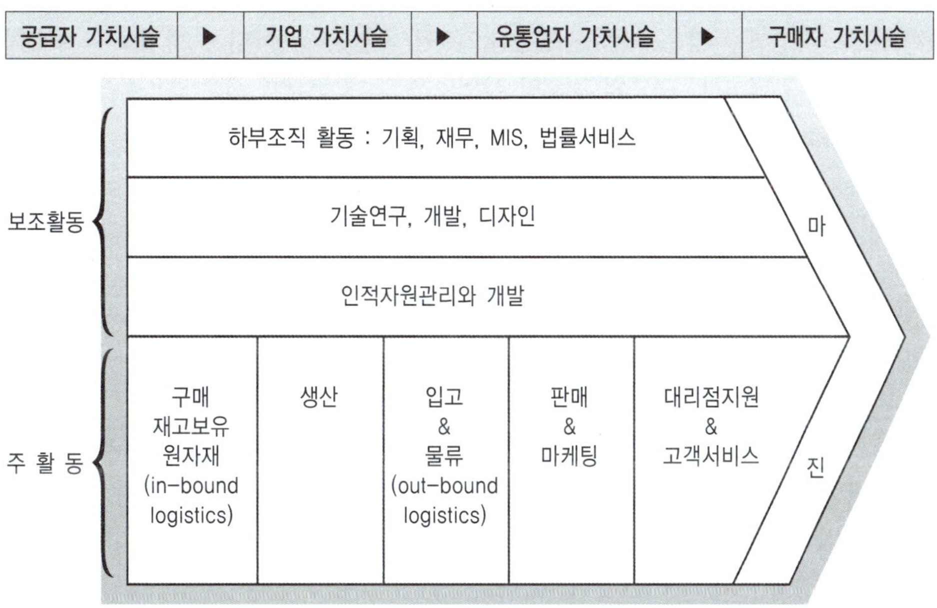

가치활동에 있어서 경쟁우위를 결정짓는 중요한 변수로 원가우위 원천과 차별화 원천이라는 두 가지 측면에서 살펴보기로 하자.

원가우위의 원천

첫째, 기업활동간의 관련성 측면에서 보면, 특정 기업 활동의 원가는 그 기업 내의 다른 활동이 어떻게 수행되는가에 따라 영향을 받는다. 즉 어떤 한 활동의 원가를 의도적으로 올리면 다른 하나 뿐만이 아니라 총 원가도 절감 할 수 있는 경우가 많다. 예를 들면 품질검사

활동과 애프터 서비스의 활동의 상관관계를 보면, 품질검사의 원가를 높여 엄격하게 품질검사하면 애프터 서비스의 활동에 드는 원가가 절감되고 소비자에게도 좋은 제품 이미지를 심어주게 되어 더욱 많은 제품을 팔 수 있을 것이다.

둘째, 어떤 활동이 기업내 다른 사업단위와 공동으로 수행되는 사업단위가 있다면 공동사용으로 상당한 원가 절감을 노릴 수 있다. 예컨대 한 사업부가 다른 사업부와 함께 공동의 브랜드나 유통경로, 부품 등을 사용하면 원가절감 효과를 거둘 수 있다.

셋째, 자체적으로 역량이 있는 경우 외주를 주는 것을 막고 수직적 통합을 하여 원가를 절감할 수 있다. 예로 철강에서 생산과 단조공정이 함께 있다면 철을 나중 단조때 재가열할 필요가 없으므로 원가절감이 가능하다. 그러나 수직적 통합은 유연성을 해치거나 철수장벽을 높임으로써 오히려 원가를 높일 수도 있다.

넷째, 규모의 경제는 많은 제품을 생산함으로써 기업 활동을 다른 방법보다 효과적으로 수행할 수 있는 능력이다. 규모의 경제란 투입량을 증가시킬 때 산출량이 투입량 증가비율 이상으로 증가하는 것을 말한다. 달리 말하면, 산출량이 증가할수록 단위당 투입비용이 비례 이상 감소하는 것을 의미한다. 생산량이 증가함에 따라 간접비가 적게 증가하여 광고나 연구개발 등에 소요된 원가를 보다 많은 생산량에 분산시킬 수 있는 능력에서 비롯된다. 한편, 규모의 비경제는 환경변화에 빨리 반응해야 하는 패션산업이나 큰 조직에서 능률이 저하되는 특성을 보여준다.

다섯째, 기업의 활동은 시간의 경과에 따라 학습효과에 의해 효율이 증대되므로 각 활동의 원가는 감소한다. 즉, 학습효과에 따라 원가가 낮아질 수 있다는 이론이다. 일정 계획 개선, 노동 생산성 향상 등 인데 학습의 원리가 다양하고 상이한 방식을 요구하기 때문에 학습효과의 수준은 다르다. 종업원의 능률을 통해 학습되는 것과 새로운 장비를 도입하여 학습되는 경우 누적생산량에 대해 차이를 보일 것이다.

여섯째, 학습곡선은 직접비 중에서도 임금에만 적용되어 그 적용에는 한계가 있는 반면, 경험곡선은 직접비와 간접비를 망라한 총 생산원가가 감소하는 패턴을 설명하므로 그 적용범위가 훨씬 크다. 경험곡선 효과는 누적 생산량이 증가할수록 생산 원가가 줄어든다는 이론이다.

일곱째, 고정비가 클 경우 조업도가 낮으면 원가는 급상승한다. 때문에 총원가에 대한 고정비의 비율은 기업의 조업도에 대한 민감도를 나타낸다.

여덟째, 입지는 지역이나 나라에 따라 인건비, 원자재, 에너지, 세율 등에 영향을 주며, 기후, 문화적 규범, 취향 등은 제품에 대한 소비자의 요구에도 직접 영향을 준다.

차별화의 원천

차별화는 기업들이 전략적으로 경쟁기업과 자신을 차별화하는 독특한 제품이나 서비스의 특성을 말한다. 성공적인 차별화전략이란 궁극적으로는 소비자들이 갖고 있는 차별화에 대한 욕구를 기업들이 충족시켜 주는 방법을 의미한다.

제품차별화의 원천은 첫째, 근본적으로 그 제품이 갖고 있는 물리적 특성에 의해 좌우된다. 일상재(commodity)인 시멘트, 벽돌, 철강, 메모리형 반도체는 차별화가 어렵다. 왜냐하면 이러한 일상재는 물리적으로 제품을 차별화할 수 있는 여지가 별로 없기 때문이다. 그러나 자동차나 항공기와 같이 아주 복잡한 제품 또는 여행서비스와 같이 복잡한 개인의 선호를 맞추어야 하는 서비스는 제품차별화의 가능성이 훨씬 많다. 이와 같이 제품이나 서비스를 차별화할 수 있는 가능성은 그 제품이나 서비스의 물리적인 특성에 의존한다.

그러나 주위에서 쉽게 발견할 수 있는 샴퓨나 비누 등과 같은 단순한 제품에서도 여러 종류의 브랜드가 존재한다는 사실은 차별화가 단순히 제품이나 서비스의 물리적인 특성뿐만이 아니라 광고와 같은 인위적인 노력에 의해서도 가능하다는 사실을 보여준다. 이는 제품차별화가 물리적인 특성을 넘어서 어떻게 소비자에게 만족을 주는가를 파악함으로써, 즉 고객과 회사간의 접촉하는 방법에 따라서도 가능하다는 것을 보여준다. 예를 들어 맥도널드햄버거의 차별화된 우위는 단순히 햄버거라는 제품의 특성뿐만이 아니라, 맥도널드햄버거가 소비자에게 제공되는 방법면에서도 차별화를 이루고 있다. 즉 빠른 서비스, 표준화된 품질, 깨끗한 실내공간의 유지 등으로 소비자들에게 깊은 인상을 주고 있다. 따라서 앞으로 차별화전략을 논할 때 단순한 제품측면에서의 차별화뿐만이 아니라 기업과 고객간의 관계에서 기업이 고객의 수요를 어떻게 충족시킬 것인가 하는 방법에서 더 근본적인 차별화전략이 나올 수 있다는 것을 명심해야 한다. 따라서 성공적인 차별화전략의 근본은 소비자의 수요의 특성을 이해하는 데 있다.

둘째, 차별화가 사회적 · 심리적인 요인에서도 기인한다.

우리가 눈으로 보고 느낄수 있는 제품의 특성에만 의존하여 제품차별화를 하는 것은 소비자가 상품을 구매하는 근본적인 동기를 이해한 전략이라고 볼 수 없다. 왜냐하면 어떤 제품이나 서비스를 구매하는 것은 단순히 생존하기 위해서라기보다는 자신의 심리적 · 사회적 동기에 의한 경우가 많기 때문이다. 예를 들어, 소비자들은 자신을 과시하고 싶은 욕망의 발현으로 대형차를 선호하기도 하며 자신의 개성을 뚜렷이 나타내기 위해서 어떤 특별한 색상을 선호하기도 한다. 따라서 우리가 소비자의 수요를 보다 더 잘 이해하고 차별화할 수 있는 방법을 찾기 위해서는 그 제품의 특성만 분석하는 것이 아니라 소비자의 특성도 분석해 보아야 한다.

만일 소비자들의 구매결정이 사회·심리적인 요인에서 기인한 것이라면, 우리는 소비자의 거주지역, 연령, 소득수준, 교육수준, 개성, 라이프스타일과 같은 여러 사회·심리적 특성들을 분석해 보아야 한다. 이렇게 함으로써 우리는 효과적인 차별화의 방향을 발견할 수가 있다.

셋째, 인터넷을 활용한 차별화가 가능하다.

과거 차별화의 가능성은 소비자 개개인에 대한 정보의 부족으로 크게 제한되어 왔었다. 소비자 개개인의 수요에 대한 정보가 부족하였기 때문에, 기업들은 일부 소비자에 대한 시장조사결과를 바탕으로 표준적인 제품을 만들어 공급하는 단계를 벗어나지 못하였다. 이와 같은 문제점을 정보의 윤택성(richness)과 도달성(reach)의 관점에서 살펴볼 수 있다. 윤택성이란 정보의 깊이와 질에 대한 개념이고, 도달성이란 얼마나 많은 사람에게 정보가 전달되는가의 문제로, 이 둘 사이에는 상쇄관계(trade-off)가 존재하였었다. 왜냐하면, 소비자와 많은 정보를 주고받기 위해서는 많은 판매사원을 동원하여, 소비자에게 접근하여야 하나, 이러한 전용채널에 투입할 수 있는 자원은 제한되므로 많은 소비자에게 이러한 접근을 할 수 없었다. 따라서 이러한 방식은 일부 고급제품을 중심으로 이루어졌었다. 한편, 많은 소비자와 동시에 정보를 주고받기 위해서는 광고나 우편발송, 텔레마케팅과 같은 방법을 쓸 수밖에 없으나, 고객 특성을 반영하여 차별화하기는 불가능하였다. Evans와 Wurster (1999)는 인터넷이 이러한 정보의 윤택성과 도달성간의 상쇄관계를 극복하는 기술을 제공하는 혁신적인 기술진보라는 점을 지적하였다. 예를 들어, Amazon에서 서적을 구매한 소비자의 구매정보는 데이터베이스화하여 다음 번에 Amazon 웹사이트를 방문한 고객에게 과거 구매기록에 의거할 때, 그 소비자가 관심이 있을 만한 신간서적을 추천해 주고 있다. 또한, Amazon에서 어느 친구의 생일에 선물을 보낸 경험이 있을 때, 그 다음 해에 Amazon은 그 고객에게 친구의 생일을 상기시키면서, 그 친구가 좋아할 만한 책을 추천하기도 한다. 이와 같이, Amazon은 개개인 고객의 수요에 대해 많은 정보를 갖고 있으면서도, 도달성의 제약을 받지 않는다. 수천만의 고객이 Amazon의 웹사이트에 24시간, 지역의 제한에 구애받지 않고, 접속할 수 있기 때문이다. 이와 같은 인터넷과 같은 정보통신기술의 발달은 기업으로 하여금 윤택성과 도달성의 상쇄관계를 극복하여 차별화를 가능하게 하고 있다.

2 본원적 경쟁전략

포터(Michael E. Porter)는 그의 저서 「경쟁전략」에서 경쟁전략은 기본적으로 경쟁우위와 경쟁범위에 관한 다음의 질문들에 답하는 과정에서 나온다고 보았다.

- 경쟁우위 : 낮은 비용에 바탕을 둔 경쟁을 할 것인가, 아니면 제품과 서비스를 다양화하여, 비용이 아닌 서비스나 제품의 질을 바탕으로 차별화하여 경쟁을 할 것인가?
- 경쟁범위 : 주요 경쟁자들과 광범위한 모든 시장에서 전면적인 경쟁을 할 것인가, 아니면 시장의 규모는 작지만 안전하고 높은 수익을 올려 줄 수 있는 좁은 시장에 집중하여 경쟁할 것인가?

이와 같이, 경쟁전략을 결정짓는 요소로서 두 가지의 경쟁우위(competitive advantage)가 있다. 저원가(lower cost)우위는 기업이나 사업부가 경쟁자들 보다 제품을 더 효율적으로 설계 · 생산하여 시장에 내놓을 수 있는 능력을 말한다. 차별화(differentiation)우위는 구매자에게 제품의 질이나, 제품의 특성, 애프터서비스 측면에서 독특하고 뛰어난 가치를 제공해 줄 수 있는 능력을 말한다.

도표 8-3 현실적인 시장점유율과 수익률과의 관계

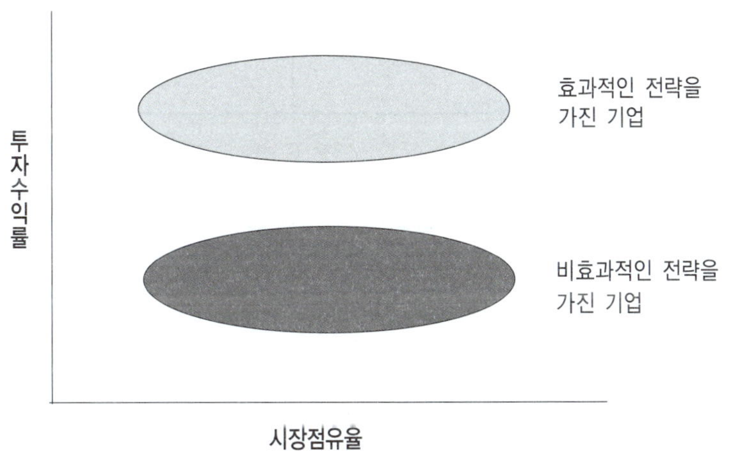

다음 절에서 설명할 PPM기법은 시장점유율이 높을수록 누적생산량이 많아지고, 그에 따라 생산원가가 낮아지며, 그 결과 기업의 경쟁력이 높아진다는 경험곡선을 기본 전제로 하고 있다. 즉 시장점유율이 높아질수록 기업의 투자수익률이 높아진다는 것을 전제로 하고 있다. 그런데 이와 같이 투자수익률과 시장점유율이 비례한다는 이론과는 달리 현실은 효과적으로 전략을 수행할 수만 있다면 적은 시장점유율을 갖고도 얼마든지 투자수익률을 높일 수 있다는 것이다. 따라서 최근에는 〈도표 8-3〉에서 보는 바와 같이 투자수익률과 시장점유율간에 획일적인 비례관계가 존재하는 것이 아니라, 각 기업이 수립하고 실시하는 전략이 얼마나 효과적인가에 따라 투자수익률이 결정된다고 가정하고 있다.

이러한 시각에서 포터는 투자수익률을 높이는 한편, 장기적으로 산업 내에서 자신의 위치를 지키며 경쟁우위를 누리기 위한 본원적 전략을 제시하였는데, 〈도표 8-4〉와 같이 원가우위(비용우위, cost leadership)전략, 차별화 우위(differentiation)전략, 집중화(focus)전략이 바로 그것이다. 여기에서 포터는 기업이 경쟁에서 이기기 위해서는 경쟁기업보다 낮은 비용으로 생산해서 싸게 제품을 판매하거나, 기능 · 서비스 등 다양한 차별화 요소로 통해 경쟁기업과는 다른 제품을 생산 · 판매하여야 한다고 주장한다.

도표 8-4 포터의 본원적 전략의 유형

		경쟁우위의 유형: 낮은 비용	경쟁우위의 유형: 차 별 화
경쟁의 범위	산업 전반	비용우위	차별화우위
	단일 영역	집 중 화	

또한 경쟁의 범위를 전체시장의 고객을 상대로 하는 것 보다는 특정 고객 집단에 집중하여 싸게 팔거나 차별적 서비스를 제공해야 만이 경쟁에서 이길 수 있다고 주장한다. 이러한 포터의 이론에 따르면 기업은 이 중 하나만을 선택해야지 양쪽을 다 취함으로써 '중간에 걸치는 것(stuck in the middle)'은 결국 차별화도 비용우위도 얻지 못하는 잘 못된 전략이라는 것이다.

이러한 본원적 전략을 결정하기 전에 기업은 생산할 제품의 다양성 정도, 유통채널 설정, 서비스를 제공해야 할 소비자 선정, 제품을 팔아야 할 지역의 선정, 그리고 경쟁을 해야 할 회사와 산업의 선정 등이 먼저 고려되어야 한다. 즉, 회사나 사업부는 광범위한 시장(broad target)을 선정할 수도 있고 좁은 시장(narrow target)을 설정할 수도 있는데, 이것은 각 기업이 나름대로 가진 자원의 특성을 이해하여야 결정이 가능한 것이다.

(1) 원가우위 전략

원가우위 전략은 원가우위에 영향을 미치는 여러 가지 수단을 이용하여 특정 산업에서의 원가우위를 통해 경쟁우위를 획득하려는 전략을 말한다. 그러므로 원가주도 전략을 추구하는 기업의 목표는 경쟁사보다 더 낮은 가격으로 제품이나 서비스를 생산할 수 있는 모든 방법을 동원하여 경쟁사에 대해 우위를 확보하는 것이다.

원가우위 전략은 다음과 같은 두 가지 측면에서 우위를 확보할 수 있다. 첫째, 경쟁사보다 낮은 가격으로 제품을 공급함으로써 시장점유율을 제고할 수 있으며, 둘째 만약 경쟁사와 유사한 가격으로 제품을 공급하는 경우에는 원가가 낮기 때문에 경쟁사보다 더 높은 이윤을 창출할 수 있다.

원가우위를 획득하기 위한 구체적 노력은 적정규모 설비의 건설, 경험에 의한 월가절감, 연구개발, 서비스, 한계고객과의 거래 회피 등인데 이는 지속적인 관심이 필요하고 다른 영역의 우위를 의미하는 것이 아니라 다만 경쟁사보다 낮은 원가를 달성하는 것을 말한다.

원가우위를 확보한 기업은 경쟁이 심한 경우에도 유리한 위치에 설수 있으며 강력한 구매자의 보호도 받을 수 있다. 이를 가능케 하는 것으로는 규모의 경제, 원가상의 이점의 형태이며 진입 장벽을 제공하여 잠재적 경쟁자의 진입을 막기도 한다.

원가우위는 그의 필요성을 인식 못하는 분야에서 혁신을 불러올 수 있다. 한 예로는 하니쉬쉐거(Harnischefeger)라는 회사는 1979년 원가우위 전략을 수행함으로써 부품의 규격화, 외형의 변화, 원자재의 감소 등을 통하여 원가의 우위를 차지함으로써 혁신을 불러 일으켰다.

(2) 차별화 전략

차별화 전략의 목적은 제품이나 서비스를 차별화 하는 것, 즉 고객에게 자사의 제품이 독특한 것으로 인식되도록 함으로써 경쟁우위를 획득하는 것이다. 따라서 차별화전략을 사용하는 기업들은 고객의 욕구나 행동을 주의 깊게 파악하고, 그들이 무엇에 가치를 두는지 면밀히 분석한다. 차별화의 방법은 다양하지만 제품의 품질이나 기술 등과 같은 기술적 요인에 의한 기술 차별화(technological differentiation)와 상표, 광고, 고객서비스 등과 같은 마케팅활동에 의한 마케팅 차별화(marketing differentiation)의 두 측면으로 대별될 수 있다. 성공적인 차별화는 다음과 같은 이점이 있다.

㉠ 높은 제품가격의 설정

㉡ 경쟁사보다 더 많은 제품판매를 통한 시장점유율 증대

㉢ 자사 제품에 대한 고객충성도의 제고

또한, 차별화로 고객의 신뢰를 획득한 기업은 다음과 같이 대체품과의 경쟁에서도 다른 기업들보다 유리한 입장에 놓일 수 있다.

㉠ 제품이나 서비스를 차별화 하는 방법은 다양하며, 많은 구매자들이 이러한 차별화를 갖고 있는 것으로 인식할 때

㉡ 고객의 욕구가 다양하고, 사용목적이 서로 다른 경우

㉢ 경쟁기업들이 유사한 차별화를 추구하지 않으며, 자사의 차별화를 모방하기 힘든 경우.

차별화는 결국 고객에게 경쟁사와 다른 '독특한 무엇'을 제공하는 것을 의미한다. 그러므로 기업활동의 모든 측면이 차별화의 잠재적 원천으로 작용할 수 있다. 기업이 통제 가능한 차별화의 잠재적 원천으로는 ㉠ 제품의 외관이나 성능, ㉡ 고객서비스, ㉢ 특정 마케팅활동의 집중도, ㉣ 원재료의 품질, ㉤ 입지조건, ㉥ 종업원의 경험과 숙련도, ㉦ 특정 활동을 수행하는 방법 등이 있다.

차별화가 제품의 디자인이나 물리적 특성에 기초하고 있는 경우에는 비교적 경쟁사가 모방하기 쉽기 때문에 커다란 위험이 수반된다. 반면, 차별화가 기업이미지나 신뢰성, 상표의 명성 등과 같은 무형적인 요인들로부터 창출되는 경우에는 경쟁사의 모방이 어렵기 때문에 차별화 우위가 비교적 오랫동안 지속 될 수 있다.

차별화전략에 따르는 위험은 다음과 같다.

㉠ 과도한 차별화로 인해 원가우위를 이룩한 경쟁기업의 제품보다 지나치게 가격이 높은 경우 고객은 차별화된 제품의 효용보다는 훨씬 저렴한 제품을 택하게 된다.

㉡ 구매자의 차별화요인에 대한 욕구가 감소하는 경우이다. 이러한 현상은 구매자가 제품에 대해 많은 정보를 알고 있어서 합리적인 판단을 할수록 현저하게 나타난다.

㉢ 경쟁사들이 손쉽게 모방할 수 있는 경우이다.

이상과 같은 차별화는 고객의 충성도를 높여주고 경쟁사로 하여금 차별화된 기업의 특징을 극복해야하는 진입장벽을 만들어준다. 하지만 차별화를 수행하는 기업은 시장점유율에 대한 것을 동시에 얻기는 힘들다. 차별화를 하기위해서는 비용이 높아지기 때문이다. 하지만 일부 산업에서는 차별화를 하면서도 경쟁기업보다 큰 비용의 차이를 내지 않을 수 있는데 이 경우 두 가지의 토끼를 모두 잡을 수 있다.

(3) 집중화 전략

집중화전략(focus strategy)은 특정한 구매자집단이나, 특정 제품 또는 지역적으로 제한된 시장만을 집중적인 목표로 삼는 것이다. 따라서 산업 전체가 아니라 특정 시장영역을 대상으로 한다는 점에서 원가주도전략이나 차별화전략과는 다르다. 그러므로 집중화전략의 요체는 고객들이 독특한 욕구를 가지고 있는 시장에서의 특정욕구, 고객유형 등에 의해 정의될 수 있다. 집중화 전략을 사용하는 기업들은 대체로 규모가 작고, 한정된 제품 · 시장영역 내에서 차별화 또는 원가우위를 통해 경쟁우위를 획득할 수 있다.

도표 8-5 본원적 전략, 투자수익률과 시장점유율 간의 관계

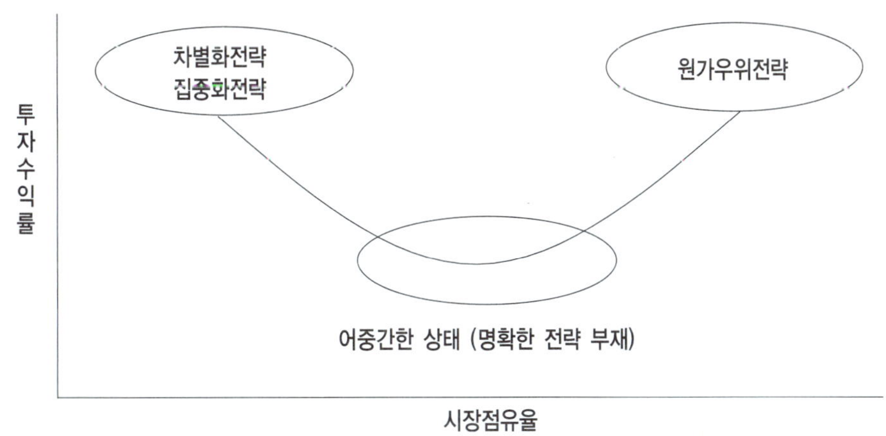

(4) 어중간한 상태

이 상태에 있는 기업은 시장 점유율, 자본 투자, 원가우위, 차별화 등이 결여되어있는 상태로 빠른 근본적인 전략적 의사결정을 하여야 한다. 집중화나 차별화를 선택하든지 원가의 절감을 시도해야 한다는 말이다. 기업의 전략은 자신의 환경에 맞는 것을 택하여야 하는데 두가지 이상의 전략을 모두 구사하기위한 환경을 지닌 회사는 드물기 때문이다. 모든 경우에 U자형 이론이 적용되는 것은 아니다. 원자재의 경우가 그렇고 경쟁자 수의 팽창과 경쟁의 과열로 차별화를 택할 수 밖에 없는 경우도 있다. 그리고 택한 전략에는 쉽게 모방할 수 없는 요인도 필요하다.

3 글로벌 경쟁에의 적용

Porter는 어떤 산업이 글로벌 산업으로 성장하고 있을 때, 기업이 그 산업 내에서 선도적인 위치를 차지하기 위해서는 가치 활동의 적절한 배열과 조정을 통해 경쟁우위를 확보해야 한다고 주장하면서 〈도표 8-6〉과 같은 네 가지 전략 대안을 제시하고 있다. 전 세계를 대상으로 경영활동을 수행할 것인지 아니면 특정지역의 특정국가에서 수행할 것인지에 따라 구분한 것이 '지리적 범위'이고, 해당산업에 존재하는 모든 세분시장에 제품을 제공할 것인지 아니면 특정세분 시장에만 제품을 제공할 것인지에 따라 구분한 것이 '시장의 범위'이다.

도표 8-6 범세계적 산업의 전략대안

		지리적 범위	
		범세계적	개별국가중심
시장의 범위	좁음	범세계적 원가우위 또는 차별화전략 (global cost leadership or differentiation)	보호된 시장침투전략 (protected markets)
	넓음	범세계적 세분화전략 (global segmentation)	현지시장 적응전략 (national responsiveness)

(1) 범세계적 원가우위 또는 차별화전략(Global Cost Leadership or Differentiation)

범세계적 원가우위 또는 차별화전략(global cost leadership or differentiation)이란 광범위한 제품라인에 걸쳐 경쟁하기 위해 기업가치 활동을 범세계적으로 집중하며 또한 가치활동을 강력하게 통제하는 형태의 전략이다. 즉, 각 개별시장을 독립된 개개의 시장으로 보지 않고 하나의 범세계적 시장으로 보고 전략을 수립한다. 이는 범세계적 관점에서 경쟁 및 시장기회를 파악하며 표준화를 통한 규모의 경제, 범위의 경제를 추구하고 글로벌소싱(global sourcing)도 추구한다. 예를 들면 광범위한 제품을 출하하면서 Toyota처럼 원가우위 전략에 의존하는 기업도 있고, IBM과 같이 차별화전략에 의존하는 기업도 있다.

(2) 범세계적 세분화전략(Global Segmentation)

범세계적 세분화전략(global segmentation)이란 자동차산업에서 Mercedes-benz와 같이 특정세분시장을 대상으로 하여 범세계적 경쟁전략을 추구하는 것이다. 즉, 기업의 자원이 한정되어 있을 경우, 범세계적 시장의 특정시장을 목표시장으로 하는 전략이다. 이 전략은 글로벌화 초기단계에 수행된다. 그러므로 이 전략은 비교적 자원능력이 제약된 소규모의 다국적 기업에 적합한 전략일 뿐만 아니라 대개 순수국내기업이 향후 범세계적 원가우위 또는 차별화 전략을 추구하는 세계기업으로 도약하기 위한 과정 중 첫번째 단계에서 채택하는 전략에 해당된다.

(3) 보호된 시장침투전략(Protected Markets)

보호된 시장침투전략(protected markets)이란 관세, 쿼터, 수출자율규제, 보조금 등을 통하여 정책적으로 보호를 받는 산업 내에서 넓은 세분시장을 대상으로 하는 전략이다. 각 나라 안에서의 경쟁이 서로 독립적인 산업, 즉 한 국가 안에서의 경쟁이 여타국가에서의 경쟁에 무관한 식품산업과 같은 산업에서 수행되는 전략이다. 경쟁우위를 유지하기 위해서 정부로부터 지속적인 보호가 필요하다. 즉, 범세계적 경쟁이 현지정부의 정책적 간섭으로 인해 개별 국가의 경쟁으로 변화되었기 때문에 일종의 지역적 적소전략이라고도 할 수 있다.

(4) 현지시장 적응전략(National Responsiveness)

현지시장 적응전략(national responsiveness)은 현지국의 독특한 시장상황으로 인하여 생겨나는 세분시장에 선별적으로 진출하는 전략이다. 즉, 각국의 현지시장의 불규칙한 수요에 부응하여 한정된 자원을 특정시장에 집중하는 전략이다. 특정국가 내의 수요가 어느 정도 클 때 그리고 제품, 유통경로, 마케팅 등의 측면에서 국가별 차이가 상당히 존재할 때 추구되는 제품별 적소 전략이다.

제2절 제품 포트폴리오 관리(Product Portfolio Management, PPM)

제품의 시장규모는 〈도표 8-7〉과 같이 초기의 도입기에서 성장기에 이르기까지 계속 커지다가 성숙기에서 쇠퇴기로 접어들면서 줄어든다. 도입기에서 중요한 전략 변수는 연구개발이고 성장기에서 가장 필요한 경영능력은 마케팅이며 이때 그간 투입된 연구개발비, 시설비 등의 회수를 위해 다소 가격이 높다. 성숙기에서는 경쟁이 포화상태에 이르며 마케팅의 가치가 떨어지고 원가절감이 이슈가 된다. 마지막 쇠퇴기에서는 소비가 급격히 떨어지게 되어 포기를 결정해야 할 지도 모른다. 하지만 여기에서는 시장규모의 성장이라는 외부여건 하나만으로 전략의 방향이 결정된다는 것을 유의해야 한다.

도표 8-7 제품수명주기

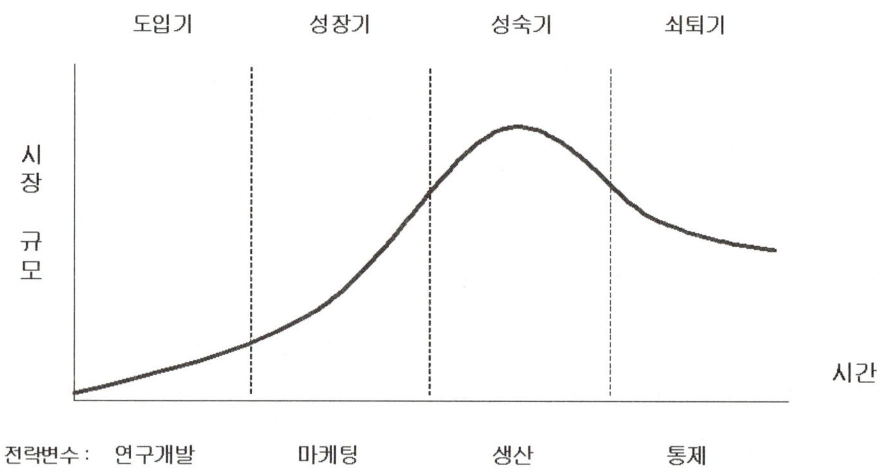

다음에는 이러한 외적 여건에 내적 여건을 연결시켜서 생각해 보자. 여기에서 시장성장률이라는 외적 변수와 시장점유율이라는 내적 변수를 각각 Y축과 X축에 놓으면, 〈도표 8-8〉과 같은 그림이 된다. 이 그림을 제품 포트폴리오 도표(Product Portfolio Matrix)라고 하며, 제품 포트 포트폴리오 관리(Product Portfolio Management: PPM)의 핵심 기법을 이룬다.

보스톤컨설팅그룹(BCG)의 PPM은 다품종 생산물, 복합시장, 다국적 기업의 경영자로 하여금 기업전략을 진단할 수 있도록 지원하기 위해서 고안되었다. PPM은 최적의 상품이나 비즈니스 포트폴리오를 결정할 수 있는 분석 프레임워크를 제공하고, 자원배분을 관리하는 일련의 포괄적인 전략들을 규정하며, 또한 경쟁사의 비즈니스 포트폴리오를 분석할 수 있는 프레임워크를 제공한다.

BCG 매트릭스라고도 하는 PPM은 다중사업 기업으로 하여금 각각의 사업단위를 위한 적절한 시장전략을 결정하기 위해서, 개별 사업단위들의 장점을 서로 비교할 수 있게 한다. 각 사업단위들은 자신들이 경쟁하고 있는 산업의 매력도와 상대적 경쟁 포지션에 근거하여 평가된다. 그리고 나서 개별 사업단위가 포트폴리오 매트릭스에서 차지하는 포지션에 따라서 포괄적인 전략이 제시된다.

이러한 제품 포트폴리오 관리는 최초 주식투자 기법으로 개발된 이후, 기업의 사업(구조)전략 수립 기법으로 응용·활용되고 있다. PPM 전략이란 회사내 사업구조를 아래의 4개 영역별로 고루 분포하게 만듦으로써 지속적으로 안정과 성장을 이루기 위한 사업구조전략이다.

도표 8-8 제품 포트프리오 도표 (Product Portfolio Matrix)

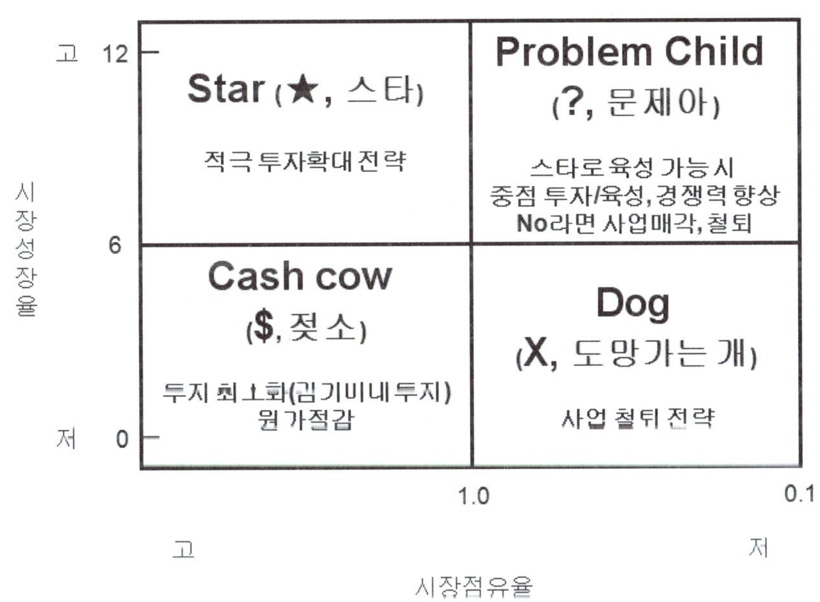

기업은 자신이 취급하는 제품을 성장성과 시장 내의 위치에 따라 〈도표 8-8〉과 같이 사각형 안에 그려 넣을 수 있다. 이 때, 제품은 매출액에 비례한 크기를 가진 원으로 표시되어 있어 특히, 시각적으로 좋은 방법으로 알려져 있다. 여기서 문제아란 초고속 성장을 하는 첨단

사업으로 초기투자가 필요하며 이 때문에 적자로 매출규모도 적고, 시장 점유율도 낮은 신규 사업인데, 스타로 성공할지, 도망가는 개로 전락할지 아직은 모르는 상태이다. 스타란 문제아가 성공된 상태의 사업이나 시장이 계속 성장하기 때문에 지속적인 투자가 필요하고 이 때문에 큰 흑자는 나지 않는다. 젖소가 되면 감가상각이 끝나고 비로소 대규모 이익을 창출하는 시기이다. 도망가는 개는 젖소가 쇠퇴할 경우로 곧 시장에서 철수, 퇴각해야 할 사업이다. 바람직한 사업의 성장 경로는 문제아 → 스타 → 젖소 → 도망가는 개의 순서이다.

그러므로 PPM에 의한 전략 개발은

(1) Problem Child 제품은 가능한 한 빨리 Star 제품으로 육성한다.

(2) Star 제품에 대해서는 시장점유율을 계속 늘리기 위해서 집중적인 투자를 해야한다.

(3) Cash cow 제품에 대해서는 자금 공급을 극대화하기 위하여 시설 유지와 생산원가 절감에 도움이 되는 투자만을 행하고, 나머지 투자는 가능한 한 줄인다.

(4) Dog 제품은 가능한 한 빨리 처분한다.

도표 8-9 GE의 해외시장분석표

시장잠재력 \ 정치/사회/경제적 위험성	저	중	고
고	적극적참가	적극적참가	신중한접근
중	적극적참가	신중한접근	포기
저	신중한접근	포기	포기

PPM을 분석시 다음과 같은 사항을 검토하고 응용할 수 있다.

(1) 내부균형: 4분면 각각에 제품이 적절히 배치되었는지 검토한다

(2) 추세: 3년 내지 5년 전 포트폴리오 도표를 작성하고 이것을 현재의 것과 비교, 각 제품이 움직이는 방향과 속도를 파악한다.
(3) 경쟁도 분석: 한 번에 한 제품씩 주요 경쟁사의 제품 포트폴리오 도표를 도출하여 비교한다.
(4) 산업에서의 위치: Y축에는 시장성장율을, X축에는 시장점유율 대신에 그 기업에 한정된 제품성장율 등을 활용한다.
(5) 재무적 균형: 검토한 전략들을 자세한 자금 수급의 계산에 의거하여 확정한다.

PPM을 〈도표 8-9〉의 'GE의 해외시장분석표'처럼 여러 가지로 응용할 수 있다.

CHAPTER

09

경영전략 대안 Ⅱ : 기업 수준의 전략

기업 수준의 전략은 주로 최고경영층에 의해서 수립되는데, 그것은 두 개 이상의 사업부를 가지고 있는 기업의 경우에 개별 사업부의 활동을 기업경영의 전반저긴 관점에서 파악하여 조정하고 통제할 필요성이 있기 때문이다. 기업수준의 전략은 기업이 앞으로 나아가야 할 방향을 제시하고, 각 사업부가 수행해야 할 역할을 정의해 준다.

제8장에서는 사업부 수준에서의 전략을 살펴보았다. 이번 장에서는 기업경영의 전반적인 관점에서 전략을 수립할 때 어떠한 방향으로 정책결정을 할 것인지, 즉 기업의 목적을 어떠한 전략적 방법을 통하여 달성할 것인지의 문제에 대해 살펴보기로 하자.

기업전략(corporate strategy)은 성장을 위한 기업의 전반적 방침 또는 균형된 포트폴리오를 위한 사업 및 제품관리를 결정짓는다. 이것은 또한 기업이 참가할 사업 또는 산업, 사업부 간 재무자원의 흐름, 외부 핵심집단과의 관계, 임무와 목표의 달성방안 등에 관한 결정이라고도 할 수 있다. 구체적으로 기업전략은 사업을 확장, 철수 또는 현상 유지할 것인지, 만일 확장한다면 내부적 성장 아니면 외부적 성장을 꾀할 것인지, 그리고 현재 종사하고 있는 사업에 주력할 것인지 아니면 타 사업으로 다각화해 나갈 것인지에 대한 답변을 제시해 준다.

기업은 자사의 사업경쟁력에 따라 성장(growth) 혹은 축소(retrenchment)의 전략적 방향을 모색할 수 있다. 이러한 기업의 전략적 방향이 정해지고 나서야 다각화를 할지 여부 등의 보다 구체적인 세부전략을 수립하게 된다. 기업의 전략적 방향과 세부전략은 산업매력도와 기업의 사업경쟁력에 따라 〈도표 9-1〉에서 보는 바와 같이 크게 두 가지 전략적 방향과 네 가지 세부전략으로 구분할 수 있다.

도표 9-1 기업전략의 유형

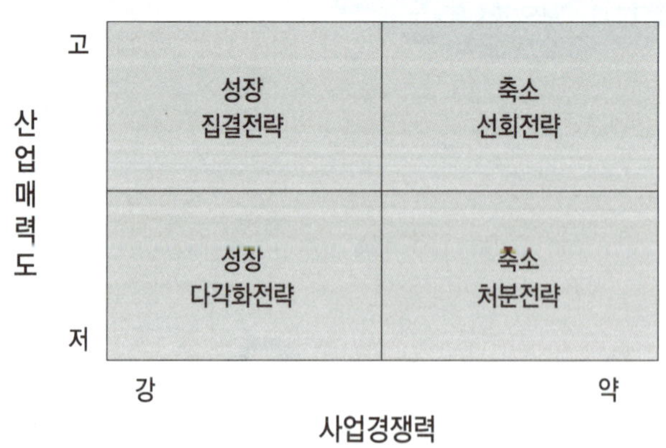

먼저, 기업의 사업경쟁력이 강한 경우 추진하는 성장전략은 기존에 몸담고 있는 사업의 강화를 꾀하는 집결전략과 자신이 종사하고 있지 않는 사업으로 확장해 나가는 다각화전략으로 나누어 볼 수 있다. 축소전략은 기업의 사업경쟁력이 약한 경우 취하게 되는 전략으로, 새로운 전략적 방안을 모색하는 선회전략과 기업역량의 범위와 규모를 줄이는 처분전략이 있다. 그 밖에도 기업은 성장도 축소도 아닌 안정(stability)전략을 취할 수도 있는데, 이것은 기업의 사업경쟁력이 어중간한 경우에 택하는 전략으로 기업은 전략적 방향의 획기적인 변화 없이 자신의 기존 임무와 목표를 계속 추진하게 된다.

제1절 성장전략

가장 흔하게 거론되는 기업전략으로는 판매, 자산, 이윤 등의 성장을 꾀하는 성장전략(growth strategy)을 들 수 있는데, 그 이유는 치열하고 변화무쌍한 작금의 글로벌 경쟁환경하에서 기업은 살아남기 위해 끊임없이 성장을 해야 하기 때문이다. 기업의 지속적인 성장은 원가절감을 통한 가격인하뿐만 아니라, 신제품 및 서비스의 개발이나 신시장의 개척을 통하여서도 달성할 수 있다.

성장전략을 추구함으로써 기업은 여러 가지 혜택을 누릴 수 있다. 우선, 성장하는 기업은 정체된 기업보다 더 쉽게 오류나 비능률 따위를 극복할 수 있다. 즉, 성장에 따른 수입의 증가는 많은 양의 잉여자원(slack resource)을 창출하게 되고, 이것을 활용하여 기업은 부서간의 문제점이나 갈등을 빨리 해결할 수 있을 뿐만 아니라, 전략적 과오를 범한 경우 이에 대한 완충역활도 기대할 수 있다. 게다가, 성장하는 기업은 성장투자자로부터 승리자로 간주되므로, 이들에게는 더 많은 발전과 성공의 기회가 주어진다. 마지막으로, 성장기업은 주변의 지원을 받는 등 일반적으로 막대한 영향력을 가지고 있어 좀처럼 합병이나 파산의 제물이 되지 않는다.

기본적으로 성장전략은 기존산업에의 집결전략과 타 산업으로의 다각화 전략이라는 두 가지 유형으로 구분될 수 있다. 기업이 현재 종사하고 있는 산업이 매력적이면 이에 기업의 자원을 집결하는 것이 바람직하지만, 그렇지 못한 경우에는 아예 타 산업으로 다각화하여야 기업의 성장을 도모할 수 있다. Hoskisson & Hitt의 연구도 성과가 좋은 기업들은 다각화를 회피하지만 성과가 나쁜 기업들은 다각화를 추구하는 경향이 있다는 사실을 발견하였다.

한편, 이러한 성장전략을 실제 추진함에 있어서 기업은 내부적 성장 혹은 외부적 성장의 두 가지 방안을 동원할 수 있다. 내부적 성장은 기업내부의 자원을 활용하여 규모확대 또는 신제품 및 서비스를 개발하는 것이고, 반면에 외부적 성장은 외부기업과의 전략적 제휴 또는 인수합병을 통하여 성장을 달성하는 것이다

1 집결전략

집결전략(concentration strategy)은 매력적인 산업에 종사하고 있으며 사업경쟁력이 강한 기업이 취할 수 있는 성장전략으로서, 대개 수직적 또는 수평적 통합의 경로를 거친다.

(1) 수직적 통합에 의한 집결

수직적 통합(vertical integration)에 의한 집결은 매력적인 산업에 종사하고 있으며 아주 강한 사업경쟁력을 가진 기업에 적합한 성장전략이다. 매력적인 산업은 새로운 경쟁기업을 끌어들이는 유인으로 작용하고 기존의 기업들은 산업자체의 매력도로 인하여 그 산업에 계속 머물러 있으려 하므로 산업 내 경쟁은 더욱 치열해지는 결과를 낳는다. 따라서, 기업의 경쟁적 지위를 개선하거나 유지하기 위해서는 자원구입 비용을 최소화하고 비효율적인 조업을 제거할 뿐만 아니라 제품유통에 더 많은 통제를 가할 필요가 있다. 이러한 목적을 달성하기 위해서 기업은 수직적 통합이라는 방법을 동원하게 된다. 수직적 통합은 기업으로 하여금 원가절감과 조정 및 통제를 강화함으로써 매력적인 산업에서의 경쟁우위를 증대할 수 있도록 해주기 때문이다.

① 유 형

수직적 통합에는 공급자의 기능을 떠맡는 후방통합(backward integration)과 유통업자와 같은 수요자의 기능을 인수하는 전방통합(forward integration)이 있다. 일반적으로 후방통합이 전방통합보다 기업에 유리하지만, 기업의 전략적 유연성을 해칠 우려가 있다는 문제점을 안고 있다. 즉, 후방통합에 필요한 자산들은 일반적으로 고가인 탓에, 유사시 이를 처분하고 그 산업으로부터 철수하기가 곤란해진다.

또한, 수직적 통합은 완전통합과 부분통합으로 구분할 수 있다. 기업이 자신의 공정상 필요한 특정 투입요소를 모두 생산하거나 자신이 생산한 물건을 모두 자체적으로 소화할 때 그 기업은 완전통합을 이루었다고 한다. 반면에, 자신이 소유한 공급업체 이외에 별도 공급업체

로부터도 물품을 구입하거나 자신이 생산한 물건을 자신의 판로 이외에 별도 판로를 통해서도 처분할 때 이를 부분통합이라 일컫는다.

② 효 과

일반적으로, 수직적 통합을 추구하는 기업은 자신의 본래 또는 핵심사업의 경쟁적 지위를 강화시키고자 하는 욕망을 가지고 있다. 즉, 기업은 수직적 통합을 통해서 생산비의 절감, 시장비용의 회피, 품질관리의 개선, 독점기술의 보호 등을 누릴 수 있을 것으로 기대한다.

하지만, 수직적 통합은 몇 가지 심각한 폐해를 안고 있다. 우선, 통합된 내부 공급업자들은 외부 공급업자들과는 달리 주문을 따기 위한 경쟁을 할 필요가 없으므로 효율성이 떨어져 원가상 불이익을 초래하기 쉽다. 다음으로, 기술이 급격히 변화하는 경우 수직적 통합을 한 기업은 한물간 기술에 얽매여 기술경쟁에서 낙오될 위험이 있다. 마지막으로, 수요가 불안정하거나 예측불허인 경우 수직적으로 통합된 제 활동들 간의 조정이 어려워 관리 비용이 오히려 증폭될 염려가 있다.

(2) 수평적 통합에 의한 집결

수평적 통합(horizontal integration)에 의한 집결은 사업을 다른 지역으로 확장하거나 기존의 시장에서 제품이나 서비스의 종류를 늘리는 전략을 말한다. 이 전략은 기업이 상당히 매력적인 산업에 종사하고는 있으나 자사의 경쟁력이 아주 뛰어나지는 못한 경우에 적합한 성장전략이다. 이러한 기업들은 자사의 약점을 보완함으로써 현재 종사하는 사업에서의 입지강화에 주력할 것이다. 이들은 시장점유나 생산시설 또는 전문기술을 확보하기 위해 기업 내부에서의 개발노력뿐만 아니라 외부기업과의 합병이나 합작에 나서기도 한다.

2 다각화전략

다각화전략(diversification strategy)은 새로운 제품이나 시장으로 진출하는 기업차원의 전략으로, 강한 경쟁력을 지니고는 있으나 별로 매력적이지 못한 산업에 종사하는 기업에 적합한 성장전략이다. 기업은 다각화를 통해서 새로운 수입원을 확보하고 사업편중에 따른 위험을 감소시킬 수 있다.

(1) 목적

기업이 다각화전략을 추진함으로써 얻을 수 있는 이익으로는 통상 다음 다섯 가지를 들 수 있다.

① 핵심경쟁역량의 활용

핵심경쟁역량은 새로운 가치를 창출할 수 있는 기업의 가장 주요한 능력으로, 원래 개발된 용도 이외에도 타 제품이나 시장에 확대 사용될 수 있어 결과적으로 기업에게 다각화의 기회를 제공한다. 따라서, 핵심경쟁역량에 기반을 둔 기업은 가치사슬을 강화하고 더 큰 경쟁우위를 구축하기 위해 여러 가지 사업에 참여하게 마련이며, 이때 사업단위 간 광범위한 시너지가 조성된다.

② 하부조직의 공유

하부조직(infrastructures)은 생산설비, 마케팅 프로그램, 구매절차, 배달경로와 같은 유형자원들을 일컫는다. 이러한 자원은 모든 사업에 필요한 기본적인 조건으로, 이들의 공유는 다각화의 주요 이점이라 할 수 있다.

③ 재정자원의 균형

한 기업 내에서도 서로 상이한 사업은 제각기 다른 규모의 자금을 산출해 낸다. 어떤 사업은 조업에 필요한 자금 이상을 산출하는 경우도 있지만, 어떤 사업은 자신이 산출해 낼 수 있는 자금 이상을 필요로 하기도 한다. 이러한 자금과잉사업과 자금부족사업을 결합함으로써 기업 내 적절한 자금 배분이 가능해진다. 역사적으로도 다각화된 기업의 관리는 사업단위들 간 효율적인 자금배분에 초점을 두어왔다. 이것이 바로 1970년대부터 유행하기 시작한 포트폴리오 관리이다.

④ 성장유지

다각화의 또 다른 이점은 기업의 지속적인 성장을 가능케 한다는 것이다. 특히, 대기업들 사이에서는 다각화야말로 기업성장을 위한 가장 일반적인 방안으로 인식되고 있는 것이 현실이다.

⑤ 위험감소

경영자들은 종종 다각화를 통해 기업의 위험감소를 시도하기도 한다. 이것이 가능한 까닭은 경제주기에 따른 개별 사업들의 반응이 제각기 다르기 때문이다. 예를 들면, 불황기에는 고급 승용차에 대한 수요가 줄어드는 반면 대중교통수단에 대한 수요는 늘어나는 경향이 있다. 다각화된 기업은 이렇게 서로 주기가 다른 사업들을 여럿 보유함으로써 기업 전체의 위험을 줄일 수 있다.

(2) 관련다각화와 비관련다각화

Rumelt(1974)는 제2차 세계대전 이후 미국기업의 다각화추세를 조사해 본 결과, 그들의 제품다각화 수준이 서로 다를 뿐만 아니라 다각화된 사업들 간의 관계유형에 있어서도 다양한 모습을 띠고 있다는 사실을 발견하였다. 나아가서, 기업의 수익성이 다각화전략의 유형에 따라 달라진다는 흥미로운 사실도 밝혀냈다. 즉, 주로 핵심기술이나 자원을 공유할 수 있는 관련분야로 다각화하는 기업들의 수익성이 가장 높은 반면에, 수직적으로 통합된 기업이나 비관련사업으로 다각화하는 기업들의 수익성은 낮았다. 몇 년 뒤 Rumelt는 보다 광범위한 표본과 한층 치밀한 자료에 근거해서 다각화전략과 수익성의 관계를 재검토하였던 바, 이전 연구와 유사한 결과를 얻을 수 있었다.

Rumelt의 연구 이후, 다각화는 기업이 진출하고자 하는 사업의 특질에 따라 관련다각화(related diversification)와 비관련다각화(unrelated diversification)로 구분하는 것이 일반적으로 받아들여지고 있다. 혹자는 관련다각화를 집결다각화(concentric diversification), 비관련다각화를 복합다각화(conglomerate diversification)라 부르기도 한다.

① 관련다각화

관련다각화는 기존에 종사하는 사업과 관련이 많은 사업으로 다각화하여 성장하는 전략으로, 기업의 경쟁력은 충분하나 현재 종사하는 사업의 매력도가 낮은 경우에 적합하다. 기업은 자신이 가지고 있는 경쟁적 강점을 십분 발휘하여 다각화를 꾀하게 된다. 즉, 기존의 사업에서 가지고 있던 제품지식, 생산능력, 마케팅 능력을 잘 활용할 수 있는 사업으로 사업영역을 확대해 나가는 것이다.

기업은 관련사업으로의 다각화를 통해서 시너지 효과를 얻을 수 있다. 왜냐하면, 관련 다각화된 사업들끼리는 기술, 고객, 유통채널, 경영기법, 제품 등을 공유할 수 있기 때문이다. 이러한 관련다각화는 기업내부의 자원을 이용하여 추구할 수도 있고, 타 기업과의 합병 등 외부의 자원을 획득함으로써 달성할 수도 있다.

② 비관련다각화

한편, 비관련다각화는 기존에 종사하는 사업과 관련이 적은 사업으로 다각화하여 성장하는 전략으로, 기업의 경쟁력이 아주 뛰어나지는 못하고 종사하는 사업의 매력도가 낮은 경우에 적합하다. 즉, 경영진이 보기에 현재 종사하는 사업이 매력적이지 못하며 그렇다고 해서 자신의 능력이나 기량이 관련사업으로 진출하기에는 역부족인 경우, 기업으로서는 비관련사업으로 다각화하는 수밖에 없다.

비관련사업으로의 다각화를 꾀하는 기업들은 사업 간 시너지 효과보다는 기업의 전반적 수익성에 더 관심을 기울이는 경향이 있으며, 복합기업(conglomerates)의 형태를 취하는 것이 일반적이다. 비관련다각화는 기업내부의 자원을 이용해 달성할 수도 있지만, 인수합병과 같은 외부적 방법에 의존하는 경우가 더 많다. 그 이유는 자사가 현재 종사하고 있는 사업이 더 이상 매력적이 아니라는 사실을 깨달았을 때에는 이미 내부적 방법을 동원하기에 시기적으로 늦은 경우가 태반이기 때문이다.

제2절 축소전략

축소전략(retrenchment strategy)은 산업의 매력도에 상관없이 기업의 경쟁력이 약한 경우에 취하게 되는 전략으로, 철수전략(exit strategy)이라 불리기도 한다. 약한 경쟁력은 판매감소와 이윤저하 등 열악한 성과를 초래하므로, 경영자는 사업을 축소함으로써 기업의 성과를 개선하려 들 것이다. 즉, 기업을 궁지에 몰아넣고 있는 내부적 문제점들은 제거하기 위해서 경영층은 선회전략 또는 처분전략과 같은 극단적인 축소전략을 따르게 된다.

1 선회전략

선회전략(turnaround strategy)은 아주 매력적인 산업에 몸담고 있는 기업으로서, 기업 전반에 걸친 문제점으로 경쟁력이 약화된 경우에 가장 적절한 전략이다. 이 전략을 취할 수밖에 없는 심각한 상황은 수 년 간에 걸친 점진적인 성과부진에 기인할 수도 있고, 몇 달만의 급작스러운 성과하락에 따라 나타날 수도 있다. 어떤 경우이든지 기업을 안정적으로 다지고 난 연후에 새로운 활로를 모색하여야 기업으로서도 성공적인 선회를 달성할 수 있는 것이 현실이다.

성공적인 선회전략은 축소와 회복의 두 단계를 거치는 것이 일반적이다. 우선, 축소는 자산을 줄이고 비용을 삭감하는 등 기업에 대한 응급조치를 취하는 단계로, 그 주된 목적은 기업의 재무 상태를 빨리 안정시키는 데 있다. 기업을 간소화하여 안정시키기 위해서는 불필요한 제 경비를 줄이고 효율적으로 기능을 수행할 수 있는 여건을 조성해 줄 수 있는 계획이 마련되어야 한다. 기업에게는 이때가 아주 중요한 시점이라 하겠다. 다음으로, 회복은 축소를 통해 간소하고 안정화된 기업을 재가동할 수 있는 프로그램을 실행하는 단계를 가리킨다. 예를 들면, 기업의 성과부진이 기업 외부적 요인에 따른 경우에는 기업가의 창의적인 전략재정립이 필요할 것이고, 만일 이것이 기업 내부적 요인에 기인하는 경우에는 조업효율성의 개선을 강조하는 전략이 요구될 것이다.

이러한 축소와 회복의 두 단계가 제대로 관리되지 않으면 능력 있는 사람들이 대거 기업을 등지고 떠날 우려가 있는 것은 사실이다. 하지만, 모든 종업원들이 기업의 방침에 동조하고 생산력 향상에 적극적으로 참여한다면, 선회기간을 거치면서 이전보다 더욱 강력하고 조직화된 기업으로 다시 탄생할 수도 있을 것이다.

2 처분전략

낮은 매력도를 가진 산업에서는 생산, 구매, 마케팅 및 유통상 규모의 경제가 비용을 낮추고 이윤을 높이는 데 결정적인 역할을 한다. 이러한 산업에 종사하고 있으면서 약한 경쟁력을 가진 기업은 선회전략을 전적으로 수용하기 힘들다. 왜냐하면, 약한 경쟁력으로 말미암아 규모의 경제를 추구할만한 여력이 없으며, 산업 자체가 선회전략을 수행할 정도로 매력적이지 않아 경영진이나 투자자들의 후원을 기대할 수도 없기 때문이다. 그럼에도 불구하고, 이러한 상황에 처한 기업은 판매감소와 손실증대 때문에 모종의 조치를 취하지 않을 수 없다.

때로는, 기업이 그나마 생존을 위하여 핵심고객에게 예속됨으로써 마케팅 활동과 그에 수반하는 비용을 줄이는 등 기능적 활동의 범위를 줄이는 방법을 강구하기도 한다. 이렇게 예속된 기업(captive company)은 자사의 약한 경쟁력을 보완하기 위해 보다 강한기업에 전적으로 의존하는 대신, 확실한 판매와 생산을 보장받게 된다.

기업이 자력으로 궁지를 벗어나지 못하거나 예속될 만한 상대를 발견하지도 못한 경우에는 처분전략(divestment strategy)을 택하게 된다. 여러 사업을 거느리고 있는 기업의 경우 전략사업단위나 제품라인의 성과가 열악하여 문제가 되거나 나머지 사업단위들과 조화가 이루어지지 않을 때에도 처분전략이 요긴하게 쓰일 수 있다. 어떤 기업들은 전략상 선회하기 위해 애쓰느니 아예 사업단위를 처분하여 판매대금을 취하는 방향을 택하기도 한다.

결국, 기업이 자신의 강점을 살린다든지 또는 약점을 보완할 수 있는 방법을 찾을 수 없거나 산업이 활기를 찾을 전망이 보이지 않을 경우에는 기업을 팔아 치우고 그 산업에서 완전히 떠나버리는 수밖에는 별 다른 도리가 없다. 경영진으로서도 가능한 한 많은 자산을 현금화하여 빚도 갚고 그 나머지는 주주들에게 분배하는 것이 전체 주주의 손실을 최소화할 수 있는 방편이라 하겠다. 하지만, 이러한 치분전략을 채택하는 것은 기업의 소유권자나 경영지가 실패를 인정하는 꼴이 되며, 자기 자신이나 종업원들에게 막대한 시련을 주는 결과를 낳는다는 점을 명심하여야 한다.

제3절 안정전략

안정전략(stability strategy)은 보통의 매력도를 지닌 산업에서 그럭저럭 성공적으로 조업하고 있는 기업에 적합한 전략이다. 여기서 보통의 매력도를 지닌 산업이란 뚜렷한 성장이 없거나 환경요인들이 변화하는 와중에 있는 산업을 이른다. 소위 안정전략은 단기적으로는 매우 유용하게 쓰일 수 있으나, 지나치게 오랫동안 이를 고수하게 되면 경쟁력의 저하를 가져올 우려가 있다. 흔히 쓰이는 안정전략으로는 중단전략, 불변전략, 그리고 수익전략을 들 수 있다.

우선, 중단전략(pause strategy)이란 전략상 큰 변화를 추구하지 않고 저성장을 유지하는 등 매우 조심스러운 전략을 가리킨다. 이러한 전략을 채택하게 되는 배후에는 경쟁환경이란 매우 유동적이고 예측 불가능하므로 급격한 조치를 취하거나 불확실한 위험을 무릅쓰지 않는 것이 안전하다는 생각이 깔려 있다. 한편, 오랜 기간 동안 급성장한 기업의 경우 자원을 재정리하기 위한 일시적 방편으로 중단전략을 구사하기도 한다.

다음으로, 불변전략(no change strategy)은 환경상 특별한 기회나 위협요소가 없고 기업으로서도 뚜렷한 강점이나 약점이 없는 경우에 채택되는 전형적인 전략이다. 이러한 상황에 처한 기업들은 비교적 안정적으로 운영되고 있으므로 약간의 변화는 있을 수 있지만 대체로 기존의 전략적 방침을 그대로 유지하려는 경향이 있다. 즉, 산업 내 선도기업들은 그 산업이 더 매력적이 되기 전까지는 대규모 투자를 하지 않으며, 열세의 경쟁기업들도 수익성을 높이기 위해 오로지 긴축정책에 매달리게 된다.

끝으로, 산업이 성숙기에 도달하여 그 매력도가 하락하고 있으며 판매와 이익 또한 감소하는 추세에 있는 경우 기업은 수익전략(profit straegy)을 따르는 경향이 있다. 즉, 산업매력도의 하향추세가 일시적인 현상이라는 기대하에 안정적인 수익을 확보하기 위해 연구개발비, 광고비 등의 임의비용을 줄이려 들 것이다. 하지만, 이러한 전략은 산업의 매력도가 떨어지고 있을 때 임시변통으로 당장의 어려움을 극복하는 데 유용할 뿐이지, 이 전략을 오래 고수하게 되면 기업의 사업상 강점이나 경쟁력이 저하 되는 결과를 초래한다. 수익전략은 매우 수동적이고 근시안적인 전략에 불과하므로, 상황에 보다 적극적으로 대처하기 위해서는 취약한 기업을 인수 하는 등 수평적 통합에 의한 성장전략을 고려할 필요가 있다.

CHAPTER

10

범용적 경영전략 대안 도출기법

제1절 파레토법칙과 전략수립

제2절 SWOT분석기법

제3절 시스템구성도

제4절 범용적 전략선정기준

이번 장에서는 회사업무에 있어서 사업부 수준이나 기업 수준뿐만 아니라, 일상생활에서도 활용할 수 있고, 내외부의 환경 분석도 가능한 범용적인 전략대안 도출기법을 살펴본 후, 전략 선정의 기준에 관해 알아보기로 하자.

하나의 목적달성에는 무수한 수단과 방법이 있는데 그 많은 수단, 방법을 모두 다 시도한다면 엄청난 시간과 돈의 낭비가 따른다. 또한 현실적으로 우리에게는 그만한 자원과 시간이 없다. 전략적으로 사고하지 않는 사람은 모든 것이 다 중요하다면서 마구잡이식으로 일을 하여 엄청난 시행착오를 겪으면서도 목적은 달성 못하는 어리석음을 범하기 쉬운데 이러한 불상사를 예방하기 위해 전략적 사고와 기법이 필요한 것이다.

제1절 파레토 법칙과 전략수립

1 파레토 법칙 – 가장 중요한 것 20%부터 하라!

파레토(Pareto)는 이탈리아의 경제학자이자 경영컨설턴트였다. 어느 날 파레토에게 어느 대그룹의 회장이 자기 그룹의 사업 아이템이 3000가지나 되어 너무 바쁘다고 고통을 호소했다고 한다. 이에 파레토는 다음과 같이 회장에게 제안한다. 전체 3000개 중 약20%인 600개 사업의 매출액 합계가 전체 매출액의 80%를 점하고 있으므로 20%의 사업 아이템만 집중관리하고 나머지는 권한위임하라고 조언했다고 한다.

다시 말해서, 모든 일 중 가장 중요한 20%만 잘 관리하면 전체 목적, 목표의 80%를 달성할 수 있다는 것을 깨닫게 해 주었다고 한다. 이것을 파레토(Pareto)법칙, 20:80법칙 또는 2 · 8법칙이라 한다.

파레토 법칙은 자연현상에서든 사회나 업무에서이든 기가 막힐 정도로 잘 맞는 다. 공기 속에는 산소가 약20%, 지구 표면에는 육지가 약 30%, 맥주가 최상의 맛을 낼 때가 맥주거품이 20%일 때부터 10명의 친구 중 내가 자주 만나는 친구가 2~3명, 회의 중 무엇인가 의견을 내는 사람도 10명중 2~3명이며, 10개의 원인 중 가장 중요한 원인은 2~3개뿐 등등 대부분의 많은 상황에서 이 법칙이 적용된다.

전략적으로 업무를 처리하는 사람은 결코 허둥대지 않는다. 전체 해야 할 일 10가지 중 가장 중요한 일 2~3개부터 정하여 그것부터 하고, 나머지는 시간이 날 때 한다. 수십 명의 부하들을 관리해야 할 경우에도 부하들 중 핵심멤버(Key Man)가 누구인지 20~30% 정도를 정하여 그들부터 중점관리 하며, 고객들을 많이 만나야 하는 경우도 마구잡이식으로 만나는 것이 아니라 10명 중 핵심고객을 2~3명 정하여 그 고객부터 만난다면 전략적으로 업무를 처리하는 것이다.

2 지피지기, 지천지지와 전략수립

손자병법에 지피지기 백전불태(知彼知己 百戰不殆, 나를 알고 상대를 알면 백번 싸워도 위태롭지 않다)와 지천지지 승내가전(知天知地 勝乃可全, 하늘과 땅을 알면 승리하거나 또는 몸을 온전히 보전할 수 있다)이라는 격언이 있다. 전략을 알면 승리할 수 있다는 것과 전략을 수립하는 방법론을 말한 것이다. 상대의 강약점을 파악하여 자신의 강점을 십분 활용하고, 상대의 약점을 물고 늘어지는 방법이나 어디서 싸워야 유리한가를 때와 장소를 잘 살펴서 찾는 것의 사례는 이순신 장군에게서 쉽게 찾을 수 있다.

1592년 임진왜란 초기에는 조선수준이 일본수준에 비해 강자였다. 배도 크고, 숫자도 많았고, 더구나 거북선도 있었다. 전략도메인은 넓은 한산도 앞바다, 실행전략은 학익진으로 결정했다. 그러나 TPO(상황)가 바뀐 정유재란 때에는 단 12척의 전함으로 왜선을 맞아 전략도메인을 명량해협으로, 실행전략은 여울목에 덫을 설치하는 것으로 바꾸게 된다.

제2절 SWOT분석기법

손자병법을 현대적 경영기법으로 응용한 것이 이른바 SWOT분석이다. SWOT분석은 강약점 분석(내부여건분석, 知彼知己)과 기회/위협 분석(외부환경 분석, 知天知地)으로 되어 있는데, Strengths(강점)과 Weaknesses(약점) 및 Opportunities(기회)와 Threats(위협)의 영문 첫 글자 네 자를 따내 만든 합성어이다. 도표로는 〈도표 10-1〉과 같이 그릴 수 있는데, 이러한 도표를 만드는 이유는 보다 쉽게 전략대안의 후보 안들을 찾아낸 후 그 후보 안들 중에서 가장 효과적이며, 효율적인 방안을 전략으로 선정해 내기 위함이다.

S와 W는 경쟁자(사)대비 강약점이고, O와 T는 외부환경변화가 목적달성에 유리하면 기회요인으로, 불리하면 위협요인으로 기재하면 된다. 일단 SWOT의 네 칸을 모두 채운 후에는

①~⑧번처럼 전략Domain 또는 실행전략 후보 안들을 가능한 한 많이 찾아낸 후 다시 평가하여 가장 적절한 전략을 몇 개만 선정하게 되는 것이다.

도표 10-1 SWOT분석도표

외부 내부	기회 (O)	위협 (T)
강점 (S)	① _______ ② _______ ③ _______	④ _______ ⑤ _______
약점 (W)	⑥ _______ ⑦ _______	⑧ _______

SWOT분석 기법을 활용한 어느 작은 소년의 닭싸움 승리전략 분석사례를 살펴보도록 하자.

어느 왜소한 소년이 또래의 거구 친구와 닭싸움을 하게 되었다고 가정해 보자. 마구잡이식으로 싸우면 틀림없이 질 것 같지만, SWOT분석을 통하여 전략을 수립하면 이야기가 달라진다.

도표 10-2 SWOT분석 도표를 활용한 닭싸움 전략수립 사례

외부 내부	기회 (O) 이기면 거구의 괴롭힘에서 벗어날 수 있다	위협 (T) 거구인 친구는 일당들이 많다
욕을 잘한다. 몸이 날쌔다 형들이 있다 강점 (S)	①욕으로 거구를 흥분시킨다 ②큰형에게 기습공격의 수를 배운다 SO전략안	③우리동네를 싸움터로 정한다 ST전략안
약점 (W)	WO전략안 ④큰형, 작은형을 입회인으로 한다 ⑤체구가 커지는 1년후로 연기를 제안한다	WT전략안

일단 〈도표 10-2〉에 SWOT칸을 각각 채운 후 강점을 살려 기회를 취하는 전략안을 SO전략안 칸에, 약점을 보완하여 기회를 취하는 전략안을 WO전략안 칸에, 강점을 살려 위협을 막는 방안은 ST전략안 칸에, 약점 보완으로 위협을 막는 방안은 WT칸에 기재한다.

그리고 ①~⑤중에서 승리할 가능성과 실행가능한 것들을 몇 개만 골라서 전략으로 확정한다. 왜소한 소년의 전략 도메인은 ③우리집 근처의 동네 공터로 정하고 실행전략은 ①흥분시킨 후 ②날쌔게 거구의 급소를 기습한다로 결정할 수 있다.

〈도표 10-3〉은 어느 자동차 회사의 SWOT분석 사례이며, 〈도표 10-4〉는 2002 월드컵하면 떠오르는 히딩크 감독의 SWOT분석 사례이다. 이와 같이 SWOT분석 기법은 회사 수준의 전략수립이든 개인생활에서의 전략수립이든 어디에서나 활용이 가능하다.

도표 10-3 어느 자동차 회사의 SWOT분석을 활용한 전략수립 사례

(세계 Big 5 대비)

외부 환경분석 / 내부 환경분석	기회(O)	위협(T)
	·국내 타자동차사 전멸 ·→HMC+KIA 유아독존 ·미국의 지속적 호황 세계 경제발전→중국,아시아 발전→저가차 중심의 개도국 수요증가 ·세계적 e-Business고속확대 성장 추세	·선진 메이커의 국내생산기지 확보 ·수입차의 국내시장 급속잠식 ·대형선진메이커 중심의 세계시장 과점화 ·생산능력의 확충과 공급과잉 지속 ·선진 메이커들의 전지역, 전모델 추구 ·대형 M&A에 의한 규모의 경제,물류,제품교체주기 연장, 생산/판매 혁신 선진 메이커의 가격 경쟁력 향상 ·국제경제 블록화 심화 ·세계 안전/환경규제 강화
강점(S) ·한국을 대표하는 자동차사의 이미지 ·미국 자동차 시장에 대한 이해도, 경험축적 ·재무구조 및 이익율 ·인당 생산대수/대당 노동 COST	SO전략 ①지속적 국내브랜드 이미지 강화 ②지속적,미국시장 M/S확대 ③개도국 시장 확대용 Cost Down	ST전략 ④한국 지형,도로상황 및 한국인 문화/의식에 부합되는 신차 개발 ⑤Big 3와의 전략적 제휴 ⑥국내 고객관계 강화(CRM)
약점(W) ·생산규모 ·매출액 ·대당매출 ·고객만족도 ·R&D투자비/기술 ·글로벌 생산/판매망 ·세계 최고의 브랜드 이미지 아님 ·신차 개발 C/T ·전략경영 시스템	WO전략 ⑦R&D 투자강화,신차 C/T단축 ⑧선진국 기준 품질수준 확보 ⑨e-Marketing 강화 ⑩고객만족도 (IQS,CSI)향상	WT전략 ⑪전략경영시스템 구축 및 운용 ⑫교육훈련 강화 ⑬지속적 경영혁신 추진

도표 10-4 2002 월드컵에서의 히딩크 SWOT분석 사례

외부환경 분석 / 내부 환경분석	기회(O)	위협(T)
	·축구협회 및 정몽준 회장의 전폭적 지원 ·K리그 각 팀들의 협조 ·전국민의 월드컵 1승,16강에 대한 관심 ·한국의 홈그라운드 이점 ·전세계 축구팬,구단 관계자가 주목 ·붉은 악마들의 열광적 후원	·1년 반이라는 짧은 조련기간 ·Anti한 일부 국내 유명 감독들의 딴지 ·친선경기 성적이 나쁘면 비판하는 언론, 국민들 ·아내와 별거,연인 엘리자베스와의 관계에 대한 한국민의 문화적 차이 반발 ·파벌에 의해 출신학교별로 대표선수를 안배해야 하는 축구협회 내 파벌문화
강점(S) ·국가대표 선수 발탁에 대한 영광심,애국심 ·국가대표팀 선수들의 순수성,열정성 ·과거 월드컵 4강,한국팀을 5:0으로 대파한 네덜란드 대표팀 감독이라는 명성,권위 ·선수 대다수가 K리그 소속으로 소집이 용이 ·4개국 언어구사,카리스마,유머 ·유럽 강팀에 대한 상세정보 D/B화 보유	SO전략(안) 1. Vision 공유와 팀웍 제고	ST전략(안) ◆ 대표팀 선수 선발에 대한 전권 확보 4. 합리적 관리
약점(W) ·세계적 강팀만 만나면 주눅,제 실력 발휘 못함 ·스타 선수들의 자만심,개인주의 ·비스타 선수들의 소외감,열등감 ·찬스가 와도 선배에게 양보해야 하는 권위적 선후배 관계 ·혼자서 돌파에 의해 득점할 수 있는 스타 부재 ·세계적 개인기 보유 선수 부족 ·유럽 선수 대비 체력 열세 ·자기 포지션에 대한 시야밖에 없음 ·배운 전술 대로만 플레이함.	WO전략(안) ◆ 세계적 강팀과 친선경기 2.신 인재발굴 및 육성	WT전략(안) 3.기본 충실 5.창조적 Play

[◆:계약 전 전략, 1~5는 계약 후 전략]

제3절 시스템구성도

세상의 모든 일은 시스템으로 이루어져 있고, 따라서 보이지 않는 일을 시스템으로 그려보면 가시적으로 나타낼 수 있다. 아울러, 경영전략기획의 목적에서부터 상황분석 그리고 전략 도출까지 일사천리로 진행할 수 있는 매우 유용한 도구인 시스템 구성도(도표 10-5)를 살펴보고자 한다.

시스템의 각 구성요소를 진단하면 Output이 나쁜 원인이나 문제점 및 해결방안을 (4)~(9) 중에서 쉽게 찾아낼 수 있다. 따라서 (1)~(3)을 '목적 · 결과 · 성과부'라고 하며, (4)~(9)를 '수단 · 원인 · 과정부'라고 한다. 각각의 의미를 설명하면 다음과 같다.

(1) Output은 하려는 일의 제목이며, 상품(제품과 서비스)이고, 제 1차적 (진짜)목적 · 결과이다.

(2) 상위 목적은 제2차, 3차, 4차의 장래 목적이며, 흔히 사용하는 목적이다.

(3) 후방고객은 우리의 Output을 받는 고객, 기관, 부서 등이다.

(4) QCT란 품질(Quality)과 비용(Cost) 및 시간(Time)으로 애매한 Output을 구체화 한 것이다. 물론, 전술한 바와 같이 시간은 납기, 적기, 싸이클타임으로 세분화할 수 있다.

도표 10-5 시스템 구성도

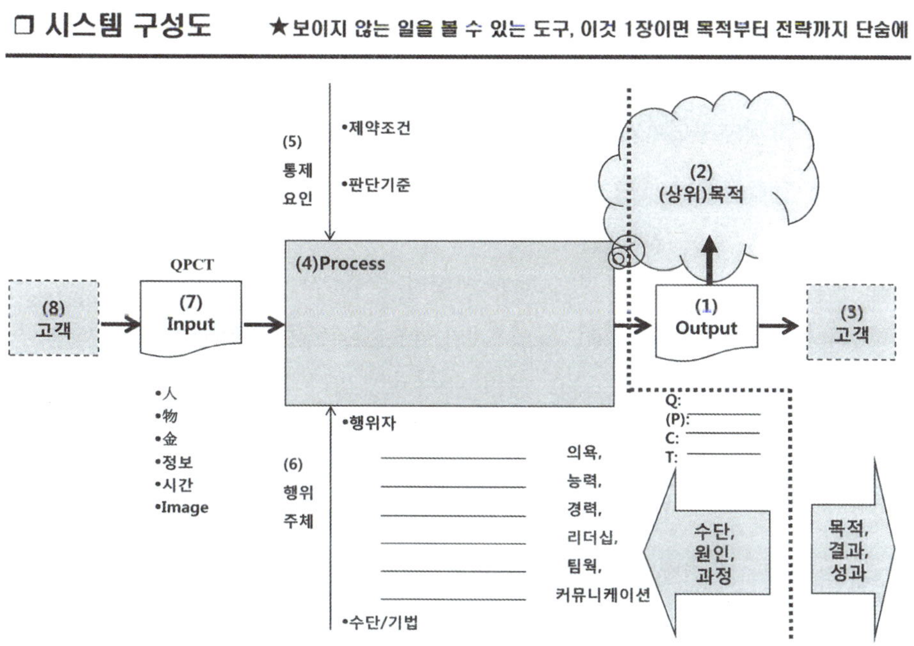

(5) Process란 업무처리 수순과 Flow이다. 간단란 프로세스는 '계획–실행–평가'이다

(6) 통제요인은 Process에 영향을 미치는 외부환경인 제약조건과 Output의 성공여부를 평가하는 가치관과 그 평가항목인 판단기준이다.

(7) 행위주체란 Process에 영향을 미치는 의욕, 능력 등 행위자의 비가시적 요소와 그 행위자가 일을 할 때 선택한 수단 · 방법이나 기법이다.

(8) Input은 인적 · 물적 · 금전적 자원 등의 투입 자원이다.

(9) 전방고객은 Input을 우리에게 제공해 주는 고객, 기관, 부서 등이다.

이처럼 시스템 구성도는 어떤 일의 전체 모습을 목적 · 결과와 수단 · 방법 및 영향요소(원인) 로 빠짐없이 파악하는 도구이다.

추가적으로 이러한 시스템 구성도를 활용하면, 문제해결을 위한 중요한 원인을 쉽게 파악할 수 있고, 기획작업 시 KFS(Key Factor for Success)나 전략을 쉽게 파악할 수 있다. 다시말해서 문제해결과 전략수립에 모두 활용이 가능하다.

아울러 시스템적 사고를 하기 위해서는 어떤 일이 발생했을 때 항상 다음과 같은 순서로 질문을 하면 짧은 시간 내에 전체를 빠짐없이 파악할 수 있다.

첫째, Output은 무엇인가?

둘째, Output의 목적은 무엇인가? 그것은 가치 있는 것인가?

셋째, Output의 Q,C,T는 무엇인가? 좋은가? 나쁜가?

넷째, 후방고객은 누구인가? 그들도 목적이다.

다섯째, Process는? Plan-Do-See를 TPO에 맞게 구체화 하면?

여섯째, 통제요인 즉 제약조건과 판단기준은?

일곱째, 행위주체 즉 행위자와 행위자가 선택한 수단은?

여덟째, Input은? 즉 人, 物, 金, 정보, 시간, Image는?

아홉째, Input을 우리에게 제공하는 전방고객은?

<도표 10-6>은 기업경영을 시스템 구성도로 표현한 것으로 어떤 일이든 보이게 할 수 있는 탁월한 기법이다.

도표 10-6 기업경영의 시스템구성도

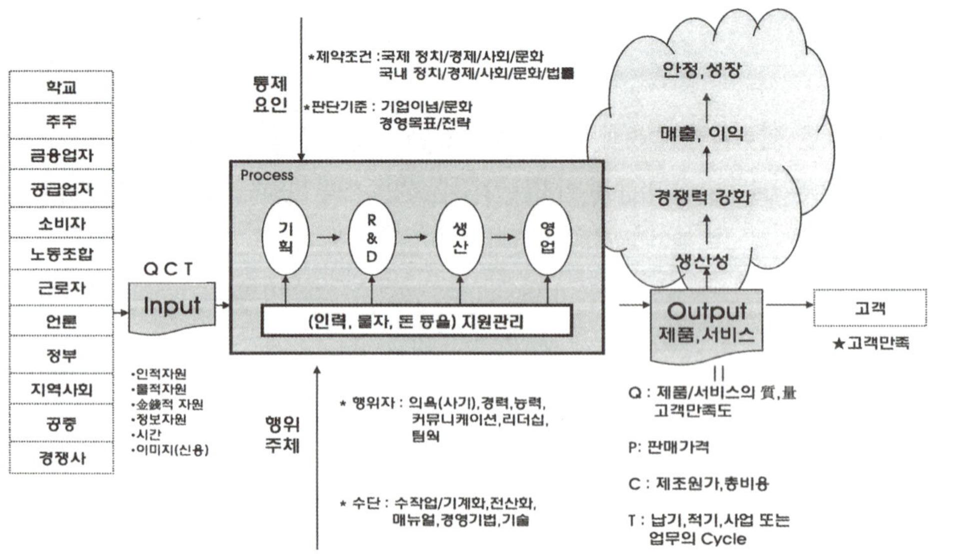

〈도표 10-7〉은 중장기 전략을 수립하기 위한 H사 기능시험팀의 시스템구성도 작성사례이며, 〈도표 10-8〉은 가장 중요한 우리 인생에 관해서 성공적으로 살기 위해 작성한 시스템구성도 사례이다.

이처럼 시스템 구성도도 회사 업무에서의 전략수립이든 개인 인생에서의 전략수립이든 어디에서나 활용이 가능한 매우 유용한 기법이다.

도표 10-7 H사 기능시험팀의 시스템구성도

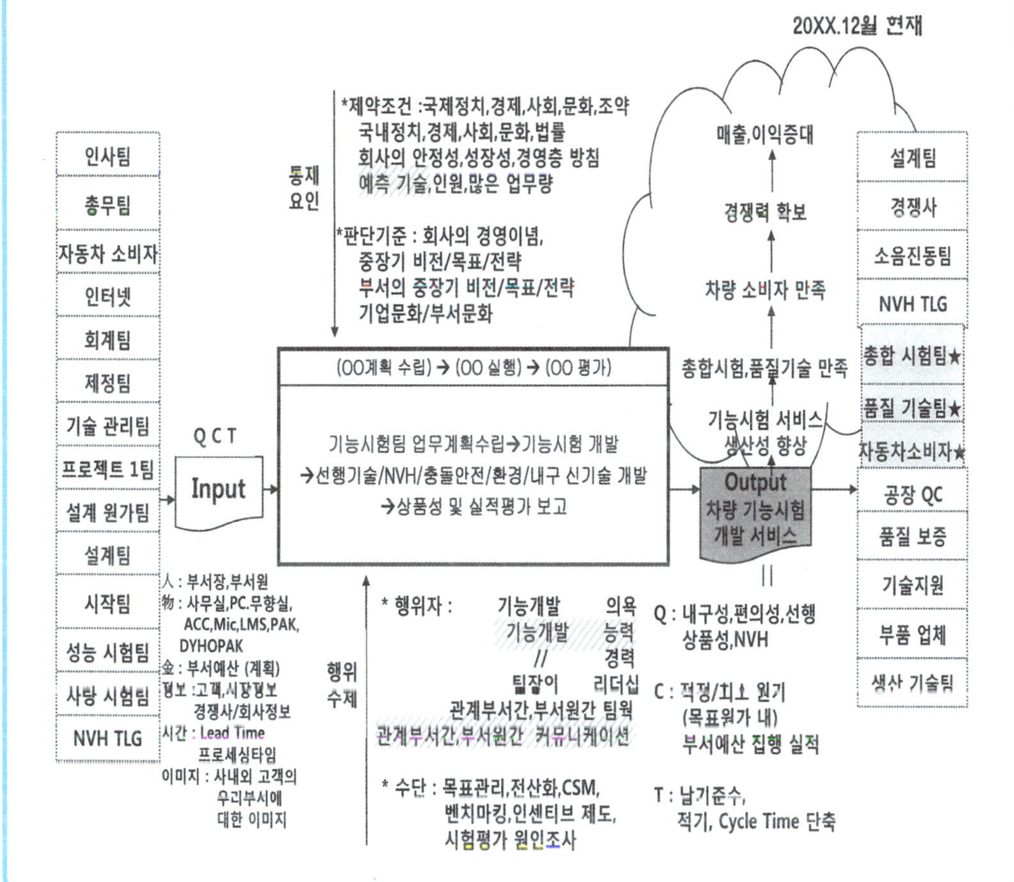

도표 10-8 성공적 인생기획을 위한 시스템구성도

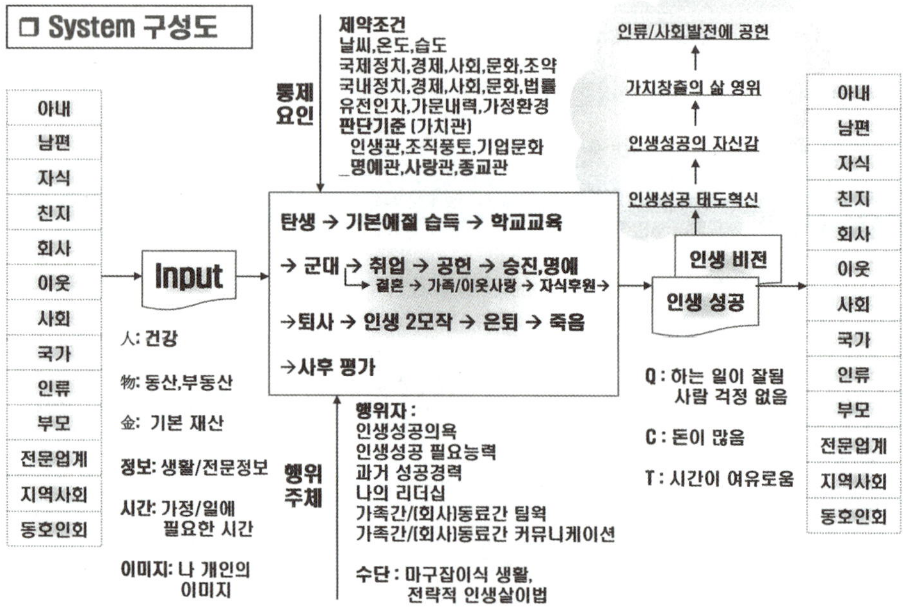

제4절 범용적 전략선정 기준

경영자나 리더의 요건 중 첫 번째는 조직의 목적 즉, 미션과 비전의 제시라 할 수 있다. 두 번째는 의사결정 능력이라 할 수 있는데, 경영자나 리더가 의사결정을 잘 못할 경우 기업이나 조직이 망할 수도 있는 치명타를 입게 되기 때문이다.

경영자나 리더는 무엇에 대하여 의사 결정을 할까? 첫째는 조직의 목적 즉, 미션과 비전의 선정이다. 장래 조직의 성공모습이나 방향은 무수히 많을 수 있다. 그대로 현재의 사업을 고수할 것인가, 미래에는 현재 사업이 천덕꾸러기가 될 것이므로 전혀 새로운 사업으로 변신해야 할 것인가가 의사결정의 핵심이 될 것이다.

그 다음 의사결정의 대상은 전략의 선정이다. 전략은 목적달성을 위해 존재하는 수단 · 방법들을 가능한 한 많이 찾아낸 후(그래야만 그 중에 가장 좋은 방법이 있을 확률이 높기 때문), 그들 전략대안(안)들 중에서 첫째, 목적달성의 중요도와 둘째, 실행가능성으로 평가하여 선정한다. 세 번째로 하나 더 추가 한다면 차별성을 들 수 있다.

특히, 대안의 숫자가 많아지는 경우 어느 것이 보다 좋은 전략안 인지를 판정하기 어려울 때가 있다 이러할 때, 범용적인 의사결정의 Matrix를 활용하면 간편할 때가 많다.

〈도표 10-9〉처럼 전략 대안이 ①안부터 ⑮안까지 있다고 가정하면 아래의 4개 분면 중 적절한 란에 분배한 후 의사결정을 하는 것이다. I사분면이 가장 좋고, 그 다음은 목적달성이라는 측면에서 II사분면이, 그 다음은 III사 분면의 전략 후보 안들이 좋은 것이 될 것이다.

이 중 몇 개를 선정할 것인가는 TPO(상황)에 따라 달라진다. 목적이 달성된다는 가정 하에서는 전략의 수가 적으면 적을수록 좋다. 경우에 따라 III사 분면은 즉시 실행 가능하므로 단기 전략으로, II사 분면은 장기 전략으로 동시 채택도 가능하다.

도표 10-9 의사결정 메트릭스

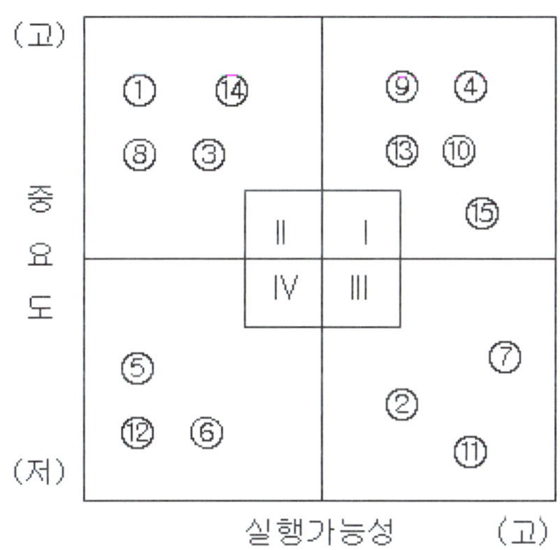

CHAPTER

11

세부 실행계획수립

잠깐 쉬었다 갈까요?

Q1. 개와 닭이 모두 10마리가 있다. 발의 총수는 26개이다. 개와 닭은 각각 몇 마리 씩인가? 풀이 과정과 함께 답을 기재하라.

답 개 ( ) 마리, 닭 ( ) 마리

Q2. 아래 10개의 질문항목에 대하여 자신이 그렇게 알고 있거나, 행동하고 있는 것에 V 표시 해 봅시다.

NO	질 문	예	아니오
1	사람은 반드시 죽는다.		
2	1 + 1 = 2		
3	나는 실제로 네 쌍둥이를 만나 본 적이 없다.		
4	벼락을 정면으로 맞으면 죽는다.		
5	예수님을 제외하고 죽은 사람이 다시 살아난 적이 없다.		
6	1인의 세계 최다 제안건수는 1년간 1,000건 이다.		
7	돈 들이지 않고 돈 버는 방법은 거의 없다.		
8	쌈을 싸먹을 때 채소의 안쪽 면 위에 밥을 넣는다.		
9	커피,프림, 설탕을 잔에 넣은 후 뜨거운 물을 붓는다.		
10	소변을 본 후에 손을 씻는다.		
	합계 건수		

제1절 액션플랜(Action Plan) 수립

경영전략에 관한 기획이 기획다워지기 위해서, 즉 멋진 기획 안으로 모든 사람의 감탄을 불러 일으키기 위한 경영전략기획의 핵심은 창조적 아이디어(idea)이다. 경영전략기획의 프로세스를 알고 있고, 목적과 전략을 잘 파악해도 전략의 구체적 실행방안(Action Plan)이 과거와, 다른 사람과 똑같은 것 밖에 제시하지 못한다면 새로운 기획도 없고, 발전도 없기 때문이다.

경영전략이 설정되면 그것을 보다 구체화한 실행방안(Action Plan)을 찾아야 하는데, 이때는 다음에 설명하는 창조적 사고의 질문법을 Checklist로 하여 하나하나씩 짚어가면서 많은 Idea를 도출한 후, 그 중에서 목적 · 전략을 달성할 수 있고 실행이 가능한 아이디어를 액션플랜 안으로 선정하면 된다.

다시 말해서 아이디어 도출은 가능한 한 많이, 일단은 실보다 양을 추구해야 한다. 그래야 그 안에 좋은 세부방안이 있을 가능성이 높기 때문이다. 그 다음은 ①중요도와 ②실행가능성으로 평가하여, 최종적으로 액션플랜 안을 선정한다.

차별화된 Action Plan을 수립하기 위해, 가능한 한 많은 아이디어를 도출하기 위한 TRIZ 및 창조적 사고의 질문법 등 창의성 도구에 대해 살펴보기로 하자!

1 TRIZ

TRIZ란 러시아어로 '발명적 문제해결을 위한 이론'의 키워드인 Т е о р и я(쩨오리아=이론), Р е ш е н и я(레셰니아=해결), И з о б р е т а т е л ь с к и х(이조브레따쨀스키흐=발명), З а д а ч(자다취=문제)의 머리글자를 조합한 말이며 영어로 읽으면 TRIZ가 된다. 1946년, 알트슐러(G. S. Altshuller) 박사에 의해 창시된 TRIZ 이론은 소련붕괴 후 세계로 알려지면서 서방세계의 문제해결이론과 접목하여 더욱 발전하고 있다 (출처: TRIZ Institute, www.triz-journal.com).

(1) TRIZ의 특징

트리즈(TRIZ)에서의 아이디어 창출방식은 독특하다. 즉, 모든 과거의 발명과 혁신사례를 종합, 체계화하여 데이터베이스를 구축한 다음 어떤 분야에서 새로운 아이디어가 필요하다고 할 때 이 데이터베이스를 이용하여 가장 유사한 아이디어를 찾도록 하는 것이다. 이 세상에 전혀 새로운 아이디어란 없다는 것이 트리즈의 철학이다. 예를 들면, 기계공학분야의 볼베아링 개선 과제를 해결할 때 농장의 호두까기 기술이 응용될 수 있다.

TRIZ의 특징은 이러한 응용과정에서 문제의 정형화 및 분류 방법을 더욱 구조화하여 비공학적 문제까지 응용 폭을 넓힌 소프트웨어를 사용한다는 점이다. 한국아이템개발에서는 트리즈를 이용하여 기존의 변기에 비해 물 사용량이 1/4에 불과한 초절수형 양변기를 개발했다. TRIZ의 기본전제는 다음과 같다.

전제1: 이 세상 어디선가 누군가가 이미 그 유사한 문제를 해결한 적이 있다.
(그러니까 당신은 혼자 머리를 쥐어짤 필요가 없다.)

전제2: 창의성이란 누군가에 의해 이미 세상에 존재하고 있는 해답을 검색하여 찾아낸 다음 자기 문제에 맞도록 적용하는 것을 뜻한다.

전제3: 기술적 진보와 창의적 혁신의 패턴은 전공이나 업종의 경계선을 넘어 반복 재현된다. 따라서 개인이나 그룹의 '직관적 창의성'에만 의존하지 말고 '문제와 해답의 패턴'을 찾는 논리와 데이터로 접근해야 한다.

알트슐러는 패턴 연구를 위해 특허 40만 건의 특징을 조사했다고 한다. TRIZ의 문제해결과정은 모순(contradiction), 이상(ideality), 기능, 자원, 즉 4요소의 반복으로 구성된다. 문제해결자는 해결과정에서 흔히 기술적 물리적 모순에 부딪치지만 이상적인 최종결과(ideal final result, IFR)을 위해 노력하는 한편, 기능에 초점을 두는 구체적 사고와 자원(특히 데이터베이스)의 활용으로 결국 해결에 이를 수 있다.

기술적으로 한 가지가 좋아질 때 다른 것이 더 나빠진다든지, 물리적으로 어떤 속성을 향상시키면 다른 속성이 더 많은 제한을 받게 되는 것이 모순의 일반적 특징이다. 예를 들면, 제품의 강도를 높이기 위해 철판을 사용하면 중량이 무거워질 것이고, 서비스를 고객맞춤식으로 바꾸면 서비스 시간이 길어질 것이고, 커피가 덜 뜨거우면 맛이 없지만 너무 뜨거우면 입술을 데기 쉽고, 자동차에 장착한 에어백이 충격 시 너무 늦게 펴지면 효과가 없고 너무 빨리 펴져도 승객에게 해로울 수가 있다. 에어백은 신속히 그리고 천천히 펴져야 한다. 이런 모순은 우리 주변에 헤아릴 수 없이 많다.

따라서 TRIZ 기법에서는 '발명의 보편적 원칙(principle) 40가지'를 만들어 모순의 종류에 따라 선택하도록 권하고 있다. 본서는 공학서적이 아니기 때문에 40원칙을 기술혁신에 응용한 사례는 생략하고 경영과 생활에 응용한 예를 몇 가지만 골라서 설명하기로 한다.

(2) TRIZ의 40 원칙

원칙1: 세분화 (Segmentation)

전체를 다루기보다 세분하여 다룬다. 고객층 세분화, 컨테이너에 담아서 화물선적, 프랜차이즈 점포, 셀(cell) 제조, 프로젝트 구성활동의 세분화(work breakdown structure) 등 세분화 사례는 많다. 심지어는 글쓰기도 세분화 원칙에 따르는 것이 유익할 수 있다. 긴 내용의 글을 인터넷 게시판에 올리고 싶다면 여러 토막으로 나누어 여러 번 올리는 것이 현명하다. 화면 2폭 길이를 넘지 않는 것이 좋다. 긴 글을 인터넷에 올리면 아무도 읽어주지 않을 것이다.

원칙2: 생략하기 (Taking out).

체중, 낭비, 재고 등 줄일 수 있는 것은 줄이고 생략하자는 원칙이다. "위원이 1명도 없는 위원회가 최선의 위원회(The optimum committee has no members)"라는 말이 있다. 실제 공헌이 없는 장식품같은 위원회는 없애야 한다. "문제와 사람을 분리하라(Separate the people from the problem)"는 격언도 있다. 바둑의 반상무인(盤上無人)이란 격언도 같은 뜻이다. 운동선수는 공만 보고 뛰어야 한다.

원칙3: 부분적으로 다르게 (Local quality)

각 부분을 가장 적절한 수준으로 조정해야 한다. 국제적 패스트푸드점인데 접시는 그 지역에서 생산된 접시라든지, 업무상대지역의 표준시간에 맞춰 근무시간을 조정한다든지, 남자아이를 동반한 엄마를 배려하기 위해 여자 화장실에 남자 소변기를 설치하는 것도 '부분적으로 다르게'의 좋은 예이다.

원칙4: 비대칭 (Asymmetry)

획일적인 모습의 '대칭'을 비 획일적인 모습의 '비대칭'으로 바꾸고, 이미 비대칭이라면 그 비대칭 수준을 바꾸라는 것이다. 예산을 편성할 때 모든 부서의 예산을 일정한 비율(%)로 증가시키는 것은 '대칭'이다. 모든 고객에게 똑같은 혜택을 부여하는 마케팅은 바람직하지 않다. 상급자와 하급자 간의 커뮤니케이션은 어느 정도 비대칭인지 살펴볼 필요가 있다. 혼다자동차의 제품설계 원칙에 4M (man maximum, machine minimum)이란 것이 있다. 서울 시청 앞 광장과 남산공원은 자동차 위주의 교통체계였는데 최근에 보행자를 배려하는 쪽으로 조정되었다. 비대칭의 정도를 수정하는 것도 큰 혁신이다.

원칙5: 합쳐라 (Merging)

합쳤을 때 발휘되는 효과와 시너지를 생각할 필요가 있다. 인터넷 카페는 카페 이상의 다양한 기능을 갖는다. 품질경영에는 조이너의 삼각형(Joiner's Triangle)이란 것이 알려져 있는데 "열정과 과학과 팀워크, 3요소를 합치라"는 뜻이다. 일본에는 "젊은 엔지니어의 아이디어와 고참 엔지니어의 경험을 합치라"는 격언이 있다.

원칙6: 다용도 (Universality)

원스톱 쇼핑 또는 소매점에서 은행서비스, 부동산중개, 보험업무를 취급하는 등 하나의 시설에서 여러 가지 서비스를 하는 것을 볼 수 있다. 1인 1기능의 근로자가 1인 다기능 숙련공으로 변신하는 것도 비슷한 예이다. 업무가 복잡하지 않다면 작은 위원회의 의장은 총무나 서기를 겸임할 수 있다.

원칙7: 끼워넣기 (Nested Doll)

라스베가스 스타일의 카지노 호텔에서는 넓은 게임장을 1층 중앙에 끼워넣어 식당, 프론트, 매점, 룸, 화장실 이용자들이 반드시 게임장을 통과하게 한다. 도서관, 상점 등의 입구에 카운터 도어를 끼워넣어 출입자 수를 자동으로 파악하는 것, 엔지니어 등 내부 근무자들을 외부 이벤트행사나 고객들 앞에 세우는 것도 끼워넣기의 일종이다.

원칙8: 중력상쇄 (Anti-Weight)

부력을 갖는 것을 집어넣어 아래로 쳐지는 성향을 완화시키는 원칙이다. 판매가 저조한 품목을 인기상품과 연계 판매하는 상점, 정당의 정책노선과는 아무 관계도 없는 대중적 이슈에 편승하여 인기를 만회하려는 정치인, 합병 상대방의 부력(마케팅, 자본, 전문인력 등)을 이용하기 위해 합병을 추진하는 기업 등 유사한 사례가 많다. 여성문화, 노인 인구, 환경보호 등 메가트렌드를 제품 마케팅에 연계하는 것은 고차적인 중력상쇄 전략이다.

원칙9: 항체 준비 (Preliminary Anti-Action)

강한 스트레스를 막기 위해 다른 스트레스를 도입하는 것, 해로운 효과를 통제하기 위한 대항행동 등을 말한다. 예를 들면, 해고결정 전에 회사측이 보상대책, 재배치 방안, 해고 해당자들과의 대화 프로그램 등을 준비하는 것이다. 영화회사가 필름의 마지막 장면을 A, B, C안으로 제작하여 각각을 시사회에서 평가한 다음 최종안을 선택하는 것도 유사한 사례이다.

원칙10: 사전조치 (Preliminary Action)

회의 준비를 위해 안건과 자료를 미리 통보하는 것, 프로젝트의 까다로운 부분을 택하여 조기착수 또는 리허설, 관계자들과 사전대화, 엔지니어가 직접 출장하여 복잡한 전자제품의 배달과 설치를 책임지는 등이 사전조치의 예들이다.

기타 원칙(11~40번, 발췌)

반대로 해보라 (The Other Way Round)

냉각 대신에 가열, 불황기에 투자, 유행 따라 하지 않는 등 반대로 해보라는 것이다. 쇼핑은 본래 고객이 업소에 찾아가는 것인데 홈쇼핑, 홈뱅킹은 반대로 업소가 고객의 안방으로 찾아가는 것이다. 고객 불평이 도착하면 초기 출동은 보통 미숙련 직원이 담당하고 문제가 해결되지 않으면 유능한 기술진이 출동한다. 이런 일반적 관행을 바꿔 초기접촉에서 유능한 기술진을 내보내는 회사도 있다.

뛰어넘기(Skipping)

어려운 일일수록 고속 돌파하라. 고통스러운 과정은 신속하게 통과하라. 실패가 불가피하다면 빨리 실패하고 빨리 배우는 편이 낫다.

레모네이드로 바꿔라(Turn Lemons into Lemonade)

- 유해요소에 대한 정보를 수집하여 제거방안을 도출한다.
- 긍정적 효과를 얻기 위해 해로운 요소를 이용한다. 이이제이(以夷制夷): 약한 유해요소를 이용하여 큰 유해요소를 제거한다.
- 해로운 요소를 증폭시켜 유해작용을 축소시킨다.
- 문제에 대한 공격의 한 방법으로 자신에 대한 공격부터 바꿔보라.
- 불평하는 고객을 loyal customer로 바꾸기
- 경쟁상황을 강조함으로써 변화 거부감 없애기
- 문제의 인물을 다른 곳에 배치하기
- 매출액을 증가시키기 위해 로스리더(loss-leader) 품목을 이용한다.
- 오염배출이 우려되는 공장은 하류에 위치시킨다.

셀프 서비스 (Self-service)

- 재활용 용기를 회수함으로써 '그린 이미지' 효과까지 얻는다.
- 공장 폐기물이 전력 생산에 쓰이게 한다.
- 브랜드 선순환
  : 우수 졸업생→학교평판 상승→우수생 입학→우수 졸업생→…
- 인터넷 쿠키는 이용자 서비스가 되는 동시에 이용자 데이터를 끌어오는 역할도 한다.
- Ford UK사는 각 도시에 대형주차장을 매입하여 포드차는 무료주차할 수 있도록 함으로써 고객들은 자동차를 구입하는 동시에 각 도시의 주차장까지 구입하는 효과를 얻었다.

2 창조적인 아이디어를 도출하는 질문법

무수한 아이디어를 도출하여 그 중에서 차별화된 액션플랜을 선정 · 수립하기 위한 창조적인 아이디어 도출법을 퀴즈(quiz)를 활용하여 살펴보기로 한다.

(1) 현상타파의 사고(Breakthrough Thinking) : 이것 안하고 목적달성 할 수 있는 다른 더 좋은 방법은?

흙 속에 탁구공이 빠졌다. 어떻게 하면 꺼낼 수 있을까? 그 답은 수없이 많다. 5개 이상 답해 보자.

창조적 사고이든 무엇이든 무슨 일을 할 때는 목적부터 생각하는 것이 필요하다. 목적지향적 사고에서 이미 배웠지만, 질문법은 "① 무엇을 위하여 ② 그 목적만 달성하면 되죠? 이거 안 해도 되지요? ③ 이것 안하고도 목적 달성하는 더 좋은 다른 방법은? 여기에 전략적 의사결정을 추가하면 ④ 그 중에서 중요도와 실행가능성이 높은 방법은?"이 된다.

탁구공 꺼내기 퀴즈를 여기에 적용해 보자. ① 무엇을 위하여 탁구공을 꺼내려 하는가? 탁구치기 위해서다 ② 그러면 탁구만 치면 되지요? 안 꺼내도 되지요? ③ 탁구공 안 꺼내고도 탁구 치는 다른 방법은? 이라고 질문하면, 첫째 탁구공을 빌린다. 둘째 탁구공을 새로 산다가 있을 수 있다.

도표 11-1 탁구공 꺼내기

탁구공을 꺼내는 방법은?

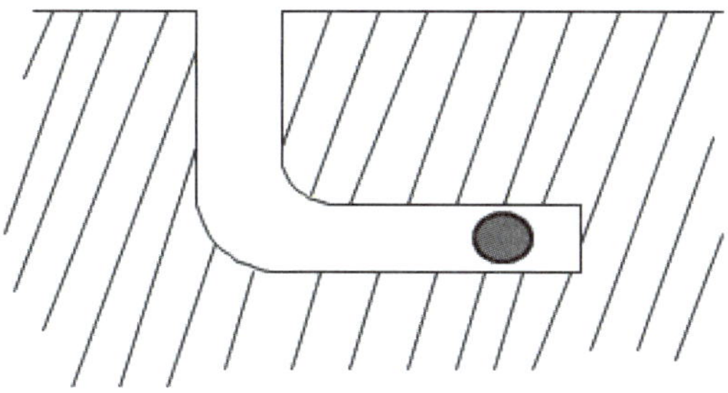

이처럼 현재 하려는 일은 수단이나 방법으로 설정한 후 그것의 목적을 찾아서 현재의 것을 부정(타파)하는 사고를 현상타파의 사고(Breakthrough Thinking)라 한다.

이는 Breakthrough Thinking의 영문 첫 자를 따서 BT법이라고도 하는데, 이것은 목적지향적 사고의 응용이지만 결국 같은 것이다.

질문법은 간단하다.

'이것 안하고도 목적을 달성할 수 있는 다른 더 좋은 수단 · 방법은?' 이다.

잊지 말자. 간단하면서도 무서운 질문이며, 창조적 사고의 기법(질문법) 중 첫 번째다.

응용한다면, '투자 안하고도 매출을 획기적으로 올리는 방법은?', '사람을 안 자르고도 강력한 기업경쟁력을 확보하는 방법은?', '미국이나 일본 등에 출장가지 않고도 출장목적을 달성하는 방법은?' 등등 지금 하려고 하는 모든 일에 이 질문부터 먼저 던져 보자.

(2) **동전 뒤집기법** : 이유 대지 말고 그냥(반대로)하면 되지!

현대그룹의 고 정주영회장은 서해안 간척공사에서 공사한 구조물이 자꾸 떠내려가자 폐유조선으로 막아 버렸다. 다른 회사라면 수 십억원 들여서 선진 최신공법을 배운 후 공사를 했을지도 모른다.

그러나 왜 떠내려가는가? 물살이 세니까. "그러면 물살보다 더 튼튼한 것으로 꽉 막으면 되지!" 라는 단순한 생각에서 이 문제의 해결책을 찾았다. 이처럼 이것저것 이유나 핑계를 대지 않고, 현재의 문제를 가로막고 있는 원인을 그 반대로 해결해 버리면 되는 것을 동전뒤집기법이라 한다.

“동전아래에 무슨 그림이 그려져 있을까?”라고 물었을 때, 이것저것 생각하는 것이 아니라 그냥 뒤집어 보고 “거북선이 그려져 있네”라고 대답해 버리는 것과 같은 이치이기 때문이다.

그렇다면, 다음의 질문에 답해 보시오.

Q1. 나는 본가(또는 처가)에 자주 못 가는 불효자이다. 그 해결책은?'

Q2. 앞서의 탁구공 꺼내기의 퀴즈문제를 동전 뒤집기 법으로 풀면?

Q3. 나는 비만인데 늘 과식을 하여 고민이다. 그 해결책은?'

(3) TPO/M법 : 때, 장소, 입장과 방법을 바꾸면 되지!

어떤 문제가 있어 해결책이 떠오르지 않거나 나름대로의 해결책을 일단 내어 보보기는 보았는데 그 해결책이 뾰족하지 못한 경우는 T(Time;시간), P(Place; 장소), O(Occasion;입장)와 M(Method:방법)을 바꾸어 보면 답을 얻을 수 있다.

탁구공 꺼내기에서 물이 없을 경우를 가정해 보자.

첫째, 시간(때)을 바꾸면? 비올 때까지 기다린다

둘째, 장소를 바꾸면? 지금 딱딱한 흙인데 진흙이나 모래상태라면 꺼낼 수 있는데, 그렇다면 곡괭이 같은 것으로 쪼아서 흙을 모래처럼 만든다는 해답을 얻을 수 있다.

셋째, 입장을 바꾸면? 입장은 사람입니다. 다른 사람의 도움을 받는다. 즉, 머리 좋은 사람, 과거에 탁구공을 빠뜨렸다 꺼낸 사람에게 자문을 구한다가 된다.

넷째, 방법을 바꾸면? 진공청소기로 빨아들인다. 긴 철사 끝에 본드를 붙여 꺼낸다 등이 떠오른다.

직장에서 많은 회의를 하는데, 그 중에 대부분의 주제가 문제를 해결하기 위해서 머리를 싸매고 회의를 한다. 문제를 해결하기 위해서는 그 원인부터 알아야 한는데, 세상의 문제들이 해결 안되는 대부분의 원인은 나(자기)혼자서 해결하려 하기 때문이고, 안되는 장소인 여기서 하려고 하기 때문이며, 안되는 지금하려고 하기 때문이다. 그리고 안되는 방법인 이 방법으로만 하려고 하기 때문이다. 따라서 많은 문제의 해결책은 다음과 같이 생각하면 해결이 가능해 진다.

첫째, 나 혼자서가 아니라, 다른 사람과 함께한다.

둘째, 안되는 여기서가 아니라, 되는 다른 장소에서 한다

셋째, 안되는 지금이 아니라, 될 때까지 기다린다

넷째, 안되는 이 방법이 아니라, 되는 다른 방법으로 한다

이상과 같은 창조적 아이디어 도출법을 나, 여기, 지금, 이 방법으로 법(TPO/M법)이라고 하며, 빠른 시간내에 체계적으로 문제의 원인과 해결책을 찾을 때 매우 유용한 기법이다.

자, 그럼 아래 상황(TPO)하에서 장사가 안되어 고민하는 사장님의 해결책을 찾아 보자.

'상황은 IMF때이다. 영업사원들만 열심히 영업을 뛰고 있는데 매출은 항상 제 자리다. 이 회사는 내수영업만을 하고 있다. 영업사원의 봉급은 매월 같은 금액이다.'

(4) 발상의 Jump법 : 얼마든지 해라. 단 망할 걸!

우리는 대개 스스로 원하는 것을 미리 결정해두고 상대가 그 반대의 발상을 해 보도록 하면 아주 재미있는 결과가 나온다. 예를 들어 대도시의 단독주택에서 남의 주차를 막으려고 삿갓을 세우거나 드럼통을 갖다 두는 것이 일반적이지만, 그 반대로 주차를 환영한다고 써 붙이는 것이다. 단, 뒤에 몇 줄 더 적어서 상황(TPO)에 맞게 주차하면 망한다는 것도 알려 준다. 예컨대 '주자료는 시간당 1만원입니다.' 의심병 환자를 위해 '영수증 발행합니다.'라고 써 붙이는 것이다. 이처럼 남이 원하면 '원하는 대로 하시오. 단, 망할 걸!'이라는 원칙 하에서 TPO(상황)에 맞는 논리를 부연하는 기법을 발상의 Jump법이라 하는데, 남을 창조적으로 설득할 때 매우 강력한 기법이다. 부정적인「망할걸!」의 반대도 있다. 즉, 긍정법으로「반대로 해 보시오! 또는 하지 말아 보시오! 엄청 좋은 일이 있을 것입니다」도 발상의 Jump법이다.

다음 문제를 발상의 Jump법으로 해결해 보시오.

Q1. 가게 앞에 동네 사람들이 자전거를 너무 많이 주차하여 영업이 안된다. 주변에 고아원이 있다.

Q2. 우리 아들은 초등학교 3학년인데 공부를 너무 안하고 성적도 바닥권이다. 특별한 장기도 없다.

Q3. 우리 딸은 고1로 머리도 좋고 성격도 좋고 다 좋아 좀 더 노력하면 명문대에 갈 수 있을 것 같은데, 현재의 중상위권 성적에 만족해 한다.

(5) 오스본의 Checklist법

미국의 광고업자이자 Copywriter였던 알렉스 오스본은 두뇌가 폭풍우 치듯이 자유롭게 발상하여 아이디어를 얻는 기법인 브레인스토밍(Brain Storming)법을 개발하고, 세계적으로 전파시켰다. 그런데 문제가 발생했는데, 천재 끼가 부족한 대다수 보통 사람들의 경우는 아무리 아이디어를 내려고 해도 발상이 잘 안 되는 것이었다.

이에 오스본은 더 이상 아이디어가 떠오르지 않고 발상이 안되면, 무조건 '결합하면, 분리하면, 크게하면, 작게하면, 거꾸로하면, 대용하면, 대체하면' 등의 Checklist를 활용하여 하나하나씩 짚어가면서 생각해 보면, 강제적이라도 좋은 Idea를 얻을 수 있다는 것을 발견하였다.

도표 11-2 오스본의 Checklist법

+	−	×	÷		대용하면 ⇌
결합하면	분리하면	크게하면	작게하면	거꾸로 하면	대체하면
긴 철사 줄에 본드를 붙여서	*	구멍을 더 넓게 파면	작은벌레, 동물을 훈련시켜 시 구멍에 넣으면	삽으로 흙을 크게 떠낸 후 거꾸로 뒤흔들면	다른 탁 구공으로 대체하면

이를 오스본의 Checklist법이라 하는데, 원래는 이처럼 말로된 것을 암기하기 쉽도록 연산부호로 바꾸었다. '더하기, 빼기, 곱하기, 나누기, 오뚜기 거꾸로, 화살표 이리 한번, 저리 한번'이

라 외우면 쉽게 잊어먹지 않는다. 마지막 것은 재료를 바꾸면 이라고 외워 두셔야 앞의 것과 혼돈이 안 될 것이다.

탁구공 꺼내기 Quiz를 오스본의 Checklist법으로 풀어보면, 〈도표 11-2〉와 같아진다.

Q. 고전적인 유머 퀴즈인 코끼리를 냉장고에 넣는 방법을 오스본의 Checklist를 활용하여 가능한한 많이 기재하시오.

(6) 벤치마킹법 : 잘 아는 사람에게 물어보면 만사 OK!

지금까지 학습한 창조적 기법의 5가지 각 질문법을 모두 잊어 버려도 좋다. 이것 하나만 매사에 적용해도 세상의 어떤 문제도 쉽게 풀 수 있다. 질문법은 간단하다. '이것(이 문제) 누가 잘 알지? 그에게 물어보면 되지!'라고 질문하면 된다.

탁구공 꺼내기 문제라면 최근에 여기에 공을 빠뜨렸다 꺼낸 사람이 누구지? 그 사람에게 물어본다. 또는 뚫어 아저씨에게 의뢰한다와 같은 답이 나온다.

어떤 문제에 대하여 생으로 처음부터 책 보고, 공부하고 시행착오를 겪는 것은 낭비이자 어리석은 짓일 수도 있다. 남에게 물어보면 그가 과거에 공부한 시간이나 실패한 경험을 아낄 수 있는 이점이 있는 것이다.

아래 문제를 벤치마킹 법으로 풀어 보자.

Q1. 나는 발 냄새가 천지를 진동한다.

Q2. 우리 아들은 성적이 바닥권이다.

Q3. 나는 대인관계가 안 좋다.

(7) 정반합여무(正反合餘無)

대부분의 사람들은 창의력은 고정관념을 깬 상태에서 다양한 아이디어를 내는 능력으로만 생각하여 의사결정은 창의력과 상관이 없는 것으로 알고 있다. 그러나 창의력은 발산과 수렴의 반복 과정을 거쳐 탄생되는 것이다. 발산이란 아이디어를 많이 도출해 내는 과정이며, 수렴은 그 도출한 것들 중에서 가장 가치 있는 것을 평가해서 선정해내는 과정을 말한다. 아이디어 수렴의 본질이 바로 의사결정이다.

아래 Quiz를 풀어 보자.

Q. 나는 고민거리를 점을 쳐보기로 했다. 두 명의 점쟁이는 각각 다음과 같이 말했다.

A : 내가 말한 것의 60%는 맞습니다. 그래서 복채가 B보다 2배 비쌉니다.

B : 내가 말한 것은 30%밖에 맞지 않습니다. 대신 복채가 쌉니다.

누구에게 점을 쳐보아야 할까?

보통사람들은 직감이나 자신의 가치관에 따라서 또는 둘 중에 하나를 선택해야 한다는 고정관념 속에서 의사결정을 한다. 그러나 의사결정 기법을 학습한 사람은 양자택일형 의사결정 문제의 경우 정반합여무(正反合餘無)의 5가지 선택 대안을 놓고 출발한다.

앞서의 점쟁이 퀴즈라면, A에게 점 본다, B에게 점 본다, A · B모두에게 본다, 다른 족집게 점쟁이나 가격이 싼 점쟁이에게 본다, 점은 미신이므로 안 보고 대신 과학적으로 미래예측을 한다 등의 다양한 대안을 놓고 그 중에서 현재 상황에 따라 가장 올바른 대안을 선택하는 것이다. 이처럼 기법을 아는 사람과 모르는 사람의 차이는 매우 크다.

어느 것이 올바른 최종 의사결정인지에 대해서는 보다 구체적인 상황 파악이 필요하다.

예를 들면 A와 B점쟁이 밖에 없는 유원지에서 사랑하는 사람이 간절히 원하고 또한 가격이 비교적 차이가 적다면, 기왕이면 정확도가 높은 A를 선택하는 것이 바람직할 것이다.

여전히 A와 B점쟁이 밖에 없는 유원지에서 사랑하는 사람이 간절히 원해서 점을 보기는 보아야 하는데, A의 복채가 터무니없이 비싸거나 나의 지갑 수준을 위협하는 가격이면, 싼B에게 점을 보아야 할 것이다.

복채가 각각 1000원, 500원 정도라면 둘 다 보아서, 재미도 더하고 정확도도 높일 수도 있을 것이다.

또한, 시간적 여유가 있고 재미가 아니라 보다 정확한 미래예측이 필요한 중대사라면 100% 가까운 족집게 도사를 찾아가야 할 것이다.

그리고 점을 도저히 받아들일 수 없는 신자나 과학자는 신에세 기도 드리거나 보나 과학적인 미래예측을 시도하게 될 것이다.

이처럼 정반합여무는 초기에 5가지의 다양한 의사결정 대안(후보 안)을 대상으로 검토를 위해 출발 할 뿐이지, 아무런 상황 정보가 없는 상태에서 어느 것이 올바르다고 속단해서는 안 된다.

기업에서도 A와 B의 문제는 흔히 발생한다. 'A사와 B사 중 어디서 구매할까?' 가 대표적이다. 이에 대해 답해 보자.

제2절 조직화 · 일정화 · 예산화

바람직한 모습부터 실행방안(Action Plan)까지는 목적을 정하고 전체상황을 살핀 후(거시적 파악 및 현상의 문제점 파악) 목표를 설정하고, 그 모든 것들 중 먼저 가장 중요한 급소를 찾아 해당 전략을 구체적으로 어떻게 하면 할 수 있는가를 구상해본 것이다. 이를 통하여 목적달성의 성공가능성을 확인할 수 있다.

그 다음 단계는 이러한 성공가능성에 대한 확신을 가지고 실행방안(Action Plan)을 하나하나 진행시켜야 한다.

이때 이 일과 관련되어 협조해야 할 조직이나 개인은 누구인가를 파악해야 하는데 이를 조직화라 하며, 전체 일을 세부적인 추진 단계로 나누어 이정표를 설정하여 중간목표를 설정할 필요가 있는데 이를 일정화라 하며, 이상의 것들을 실행할 때 필요한 예상경비를 산출해 볼 필요가 있는데 이를 예산화라 한다. 조직/일정/예산화는 한마디로 5W2H에 의거한 실행계획서이 완성이 된다.

1 조직화의 의미와 요령

회사에서 일을 할 때 스스로 어떤 좋은 Idea가 있다고 하자. 즉시 시행할 수 있을까? 없다. 상사의 승인을 받아야 한다. 이 일의 실행자는 내가 될 수 있지만 책임자는 상사이기 때문이다.

책임자인 상사의 승인을 받았다고 일이 성공할 수 있을까? 그렇지만은 않을 것이다. 관계된 사내 타부서의 협조를 받아야 한다. 사람은 인사팀에서, 돈은 재경팀에서, 전산관련 사항은 정보시스템팀에서처럼 무수한 사내 타부서의 협조를 필요로 한다.

또 있다. 일 자체가 외부고객과 관련된 것이라면 소비자, 구매거래선, 언론, 정부 등과 협조해야만 목적달성이 가능해진다.

이처럼 하나의 일을 성공시키기 위해서는 상위책임자와 사내외 고객의 협조가 절대적으로 필요한데 이 일과 관련된 모든 조직과 개인을 열거한 후 그들과 어떤 부분에서 협력할 것인가 하는 역할을 정리해 두는 것을 조직화라 한다.

주의할 것은 이러한 일은 단순한 조직도의 열거가 아니라 이 일과 관련된 조직 또는 개인들과 그들의 역할을 정리하는 것이다.

2 일정화의 의미와 요령

예를 들어 보자. 허약한 사람이 건강한 사람이 되자고 결심한 후 목표는 1년 이내에 2두박근이 선명하게 드러나는 수준이라고 정했다고 하자. 그런데 기존의 허약한 상태를 1년이 다 되가는 시점까지 방치해 두었다가 마지막 달에 벼락운동을 아무리 열심히 해도 이미 목표달성은 늦어지게 된다.

왜 이런 문제가 발생할까? 최종목표를 중간 목표들로 분할하지 않았기 때문이다. 1년을 분기로, 분기를 다시 월과 주간, 일일로 중간 중간마다 상세목표를 다시 세워두고 그때마다 실행과 평가를 했다면 1년 후에는 저절로 목표가 달성되었을 것이다.

일정화 할 때의 기준은 일단은 Time(시간)이겠지만 그보다 앞서 전체 일을 프로세스로 분해하여, 각 프로세스마다 적절한 중간 목표기한을 설정하는 것이 보다 올바른 수순이 된다.

일반적으로 대개 일정표를 작성하라고 하면 구분 또는 항목 칸 뒤에 바로 일정기간을 실선으로 표시하고 끝마치는데, 항목마다 항목목표와 책임자 및 협조자를 기재해 둠으로써 전체 목표달성의 가능성 및 실행의 용이도를 높이는 것이 바람직하다.

주의할 점이 있는데, 전 단계에서 실행방안(Action Plan)을 수립했으니까 Action Plan만 일정화 한다고 생각하면 안된다. Action Plan은 전략 즉 가장 중요한 것만을 우선 찾아본 것이지 일의 전체가 아니다. 전체 일정 중 일부분에 불과하다. 따라서 일정화는 전체 일의 프로세스를 대상으로 하며 그 속에 Action Plan이 포함되어야 한다.

Action Plan뿐만 아니라 조직화에서 관계된 조직이나 사람들과의 미팅, 회의 또는 행사가 있다면 그것도 포함되어야 한다.

일정화의 표준 Process는 관리의 Cycle인 Plan-Do-See이고, 상황(TPO)에 따라 다양하게 응용하여 설정하면 된다.

3 예산화의 의미와 요령

회사에서 일을 하다 보면, 다 좋은데 결국은 돈 문제 때문에 안 되는 경우가 다반사다. 가끔 보면 예산이 어떤 일의 마지막 단계가 아니라 먼저 나오는 경우가 있는데, 경직된 회사나 정부기관이 대표적이다. 이것은 목적과 수단이 전도된 잘못된 업무 관행이다.

예산의 중요한 의미는 목적달성의 효과와 투입되는 비용을 비교하여 경제성을 분석하는 것이다.

조직/일정/예산화 에서도 수순이 중요하다. 타부서나 고객의 사정을 알아야 올바른 일정이 정해진다. 또한 일정이 짧으냐 여유가 있느냐에 따라 비용이 달라지기 때문에 반드시 조직화 → 일정화 → 예산화의 순서로 실행계획을 수립해야 한다.

미리 예산이 정해졌다면 먼저 창조적 Action Plan으로 그 범위내에서 목적을 달성하는 좋은 방안을 찾고, 그 다음 아무리 해도 그것이 어렵다면 상위부서나 상사에게 이 예산으로는 목적달성이 불가능하며, 억지로 실행하면 예산만 낭비한다는 사실을 설명한 후 추가예산을 배정받는 것이 올바른 업무처리 방법이 된다.

4 조직화 · 일정화 · 예산화의 실습

A, B, C는 각기 부모님으로부터 월20만원씩 용돈을 받고 있는 대학 4년생이다. 대학 1학년 때부터 3년간 월10만원씩 저축을 하여 각기 400만원씩의 자금을 확보하여 이번 여름에 유럽여행을 가기로 하였다. 목적은 ① 문화유적지 답사 ② 각국의 생활상 파악이었고, 목표는 20박21

일간 10개국의 대표적 유적지를 모두 보고, 방문국의 생활상과 우리나라 국민의 생활상의 비교 레포트를 A4용지로 200매 이상 귀국후 1개월 이내 쓰기였다.

전략은 ① 배낭여행 ② 유럽 각국의 펜팔친구 활용 강화 ③벤치마킹 철저였고 ②번 전략의 실행방안으로는 부자집 펜팔친구 선정 및 먼저 국내초청으로 신세를 지게하기 ③번 전략의 실행방안으로는 유럽문화유적지 및 배낭여행 전문도서 및 인터넷사이트 검색과 여행전문가 방문 인터뷰였다. 현재까지 모은 돈으로 예산은 충분하다고 판단되고 있다.

이러한 전략적 기획의 단계에서 이제 구체적인 실행계획 즉, 조직화, 일정화, 예산화를 해 보자!

제3절 컨틴전시 플랜(Contingency Plan)

경영전략을 세부 실행방안까지 수립하였으면 이러한 계획을 세운 일정대로 실천에 옮기면 되는데, 실행을 하다 보면 처음 계획 수립시 미처 생각도 못했던 돌발 상황을 맞이하여 돌발과제가 발생하기도 한다. 미리 생각했다 하더라도 상황(TPO)이 바뀌어 돌발과제가 발생하기도 한다.

이때는 상황에 따라서 목표수준을 상향 또는 하향 조정할 필요가 있을지도 모른다. 대표적 사례로는 뜻하지 않은 IMF불경기나 미국의 서브프라임 모기지 사태로 인한 신용경색이다. 또는 경쟁국가나 기업에 천재지변이 발생하여 특수호황을 맞는 경우다.

경영전략을 기획하는 수준을 판단할 때 이것 하나만 보면 그의 기획수준을 파악할 수 있는 것이 있다. 바로, 컨틴전시 플랜(Contingency Plan)을 세워두었는지의 여부다.

Contingency Plan이란 위기대응 계획이다. 뜻하지 않은 미래의 Risk가 발생했을 때 어떻게 대처할 것인가를 미리 계획으로 수립해 두는 것이다. 국가로 치면 전쟁이 발생했을 때, 기업으로 치면 제1공장에 불이 났을 때가 되며, 개인으로 치면 가장이 사망했을 때 등의 사례가 대표적이 될 것이다.

주의할 점은 그러한 Risk상황이 발생할까? 아닐까? 또는 발생할 확률을 계산해 내는 것이 아니라, 절대로 발생해서는 안되겠지만 일단 그런 위기상황이 발생했다는 가정 하에서 대응계획을 세워둔다는 점이다.

Contingency Plan은 ① 발령자(發令者) ② Trigger Point(개시 시점) ③ 비상대책으로 구성되어 있다. 발령자란 누가 비상대책 실시여부를 결정하는가 이다. Trigger Point란 글자 그대로 방아쇠를 당기는 시점이다.

예컨대, 체육대회를 개최할 때 만약 당일 비가 오면 ① 총무담당이사(發令者)가 ② 새벽 5시 현재 이전 6시간 동안 누계 강수량이 30mm이상인 시점에서 ③ 비상연락망을 통해 체육대회 개최를 연기하고, 정상출근 하라는 통보를 해 주거나 직원들 본인이 회사 당직실로 문의하라고 사전 안내해 두는 것이다.

그리고 앞서의 A, B, C 세 사람의 유럽여행의 경우라면, ① 팀장인 A(발령자)가 ② 현지 의사가 1주일 이상 입원이 필요하다고 판정하는 시점(Trigger Point)에서 ③ 아픈 사람은 귀국 조치하고 나머지 2명은 계속 여행함과 같은 것이 된다. 물론 이것은 셋 중 누가 아픈 경우의 컨틴전시 플랜이며, 여행 중 사망과 같은 사고에 대한 컨틴전시 플랜은 별도로 세워야 할 것이다.

PART 3

경영전략 실행 및 평가

CHAPTER

12

기업문화 – 경영전략 실행시 고려사항

오늘날처럼 기업을 둘러싼 환경의 변화가 극심한 상황에서 기업 경영자는 그러한 환경 변화를 기회로 삼을 수 있도록 적절한 전략을 추구해야 된다. 그러나 이에 앞서 전략의 실행 주체인 조직의 구성원의 중요성을 인식해야 한다. 아무리 훌륭한 전략에 입각하여 조직의 변화를 시도한다 할지라도 그것이 반드시 목표한 것만큼 성과로 연결되는 것은 아니다. 조직 구성원들이 전략실행을 위하여 적절한 가치체계와 행동양식을 공유하고 있을 때 전략실행의 효과와 효율이 더욱 높아질 수 있다.

기업문화는 기업의 전략에 고유한 특징적 요소를 부여할 수 있는 요소이다. 전략에 대해 일반적인 내용은 제시되어 있다. 이렇게 일반적으로 제시되어 있는 전략 대안들을 보다 기업 특유의 전략으로 승화 시킬 수 있는 요소 중 하나가 기업문화이다. 예를 들어 오늘날 급속한 변화의 시대에 조직의 구성원들이 지속적인 변화의 필요성을 인식하고 각자가 항상 혁신적인 업무 개선을 추구하는 기업문화를 만들어 낸다면 그 기업은 향후 시장에서 다양한 전략을 수립하고 시행하는데 있어 조직 구성원들의 적극적인 참여와 지원을 얻을 수 있을 것이며, 이는 효율적인 전략실행으로 연결될 가능성이 한층 높아질 것으로 예상할 수 있다. 본 장에서는 전략 실행에 있어 기업문화가 차지하는 위치와 구성요소 및 기존문화의 변화의 필요성을 다루고자 한다.

제1절 기업문화의 개념

1 기업문화의 정의

Tichy는 기업문화(corporate culture)를 조직구성원의 활동을 가이드하는 공유된 가치와 신념의 체계로 보고 있다. 공유된 가치나 신념(shared values and beliefs)이라는 말 속에는 조직구성원들이 같은 것에 가치를 두고 이러한 가치를 전체 조직에 이익이 되도록 적용한다는 의미가 내포되어 있다. 그리고 가치나 신념은 신화 · 의례 · 일화 · 전설 그리고 특수언어와 같은 상징적 도구들에 의해 표명되게 한다.

일반적으로 기업문화란 조직의 구성원들이 공통적으로 갖고 있는 가치관과 업무를 수행하는 방법에 대한 가정들을 말한다. 신유근의 연구에 따르면 한국의 기업문화는 다음 세 가지로 요약될 수 있다고 한다. 한국기업문화의 공통적인 특징 중의 하나는 인간중심의 가부장적인 기업문화이며, 둘째로는 명분주의와 집단주의에 의한 행동방식, 그리고 셋째로 상하간의 위계질서를 중시하는 문화라고 한다. 즉 인간위주의 경영이념을 갖고 있고 사람의 자질을 중시하는 인사평가의 제도가 널리 사용되었다. 또한 업무수행에서도 만장일치를 선호하며 모든 조직원의 동의를 선호하는 집단주의적인 행동방식과 기업조직에서 명분과 위계질서를 중시하는 경향이 있다는 것이다.

이와 같은 기업문화는 기업이 종업원, 노동조합, 주주, 납품업자, 지역사회와 어떠한 관계를 맺을 것인가를 결정한다. 기업문화의 주요 요소인 관행과 가치체계는 대체로 기업의 창시자 또는 최고경영자에 의해 만들어지고 유지 · 보수된다. 즉 조직에 있는 구성원들은 공통적으로 가지고 있는 가치체계와 관행들을 유지하며, 신규로 이 조직에 참여하는 사람들에게 이러한 기업문화를 주입시켜서, 일부 구성원들이 조직을 떠나게 되더라도 기업문화가 존속되게 하는 특징이 있다. 이와 같은 기업문화는 기업의 성과를 결정짓는 데 큰 역할을 한다.

기업이 전략을 성공적으로 수행하기 위하여는 그 기업이 선택한 전략과 그 기업의 문화가 서로 일치하여야 한다. Barney는 명시적으로 기업문화가 경쟁우위의 근본이 될 수 있다고 주장하였다. 예를 들어 한국의 이랜드가 가진 기독교정신에 입각한 기업문화는 비용우위를 확보하는데 상당히 큰 역할을 하였다. 즉 박성수 사장을 비롯한 전 임직원이 기독교정신으로 무장하여 되도록 낭비를 줄이고, 타경쟁사에 비해 비용면에서 경쟁우위를 창출할 수 있는 것은 이랜드가 경쟁우위를 유지할수 있는 근본적인 원천이 된다.

2 강한 기업문화의 중요성

Deal과 Kennedy는 이러한 기업문화의 개념을 바탕으로 '강한' 문화의 구축이 기업성공의 첩경이 된다는 주장을 펴고 있다. 강한 문화(Strong culture)란 응집력이 있는 문화로서 모든 종업원들이 기업의 목표와 무슨 일을 어떻게 하는지에 대해서 알고 있고, 그러한 목표달성을 위해서 일하는 문화를 말한다. 이러한 강한 문화의 구축에 성공한 IBM의 Thomas Watson, Johnson and Johnson의 General Johnson과 같은 경영자들은 종업원의 생산성과 삶이 그들이 일하는 곳에 의해서 결정된다고 믿고, 종업원들이 안정감을 갖고 기업의 성공을 위해 일할 수 있는 문화의 창설을 그들의 주임무로 파악하였다.

그들은 그 일을 수행함에 있어 어떤 마술을 지녔던 것은 아니다. 그들은 시행착오를 거듭하면서 나름대로의 문화를 조성하였던 것이다. 그리고 이렇게 형성된 기업문화는 대대로 전수되면서 조직을 유지시켜 왔다. 따라서 이러한 기업들은 지금까지도 강한 문화를 지니고 있고, 시장에서도 리더의 역할을 점하고 있는 것이다.

오늘날 일본이 성공한 배경에는 전국에 걸쳐 매우 강하고 응집력 있는 문화를 유지할 수 있는 능력이 있었다. 일본의 경우는 각 기업이 강한 문화를 지니고 있을 뿐만 아니라 국가 전체적으로 기업과 은행 그리고 정부와의 연계 그 자체가 또 하나의 강한 문화를 형성하고 있었다. 일본주식회사(Japan, Inc.)라는 것이 바로 기업문화의 국가차원에서의 확대판이라고 볼 수 있는 것이다.

기업이 강한 문화를 지닐 때 그것은 어떠한 효용을 지니고 있을까? 우선 강한 기업문화는 항상 구성원들이 어떻게 행동해야 할 것인가에 대한 지침을 주는 비공식적인 규칙체계의 역할을 한다. 기대되는 바를 알게 될 때 종업원들은 스스로 어떻게 행동해야 할 것인가를 결정할 필요가 없게 된다. 반면 약한 문화에서는 종업원들이 무엇을 해야 할 것인가를 결정하는 데 많은 시간을 허비한다. 둘째로, 강한 문화는 종업원들로 하여금 업무수행에 대해 만족감을 얻고 더욱 열심히 일하게 만들어 준다. 종업원들은 강한 문화로부터 자기가 속한 기업에 대해 일체감을 느끼고 더 큰 근로의욕을 갖게 되는 것이다.

그러면 특정기업이 Deal과 Kennedy의 말처럼 강한 문화를 지니려면 경영자들은 어떤 역할을 수행해야 할 것인가? 우선 현재 경영자가 맡고 있는 기업의 문화를 그것이 설혹 약한 것이더라도 정확하게 파악하는 것이 선결과제이다. 그 다음은 시장의 변화하는 요구에 부응하도록 이를 개선하고 재구성해 나가야 한다. 경영자의 궁극적인 성공은 이 두 가지 능력에 달려 있다고 볼 수 있다. 흔히들 기업이 복잡해서 또는 내적 · 외적 제약 때문에 경영자의 재량권이 제한된다고는 하나, 대부분의 성공적인 경영자들은 주도적 비전을 갖고 기업문화, 즉 공유된 가치를 생성케 할 수 있는 리더십을 발휘하고 있다.

제2절 기업문화의 구성요소

기업문화를 보다 구체적으로 이해하고 이를 바람직하게 관리하기 위해서는 기업문화를 구성하는 요소들이 무엇인지를 알아야 한다. 따라서 다음에서 딜(Deal)과 케네디(Kennedy)의 기업문화의 네 가지 구성요소와, 피터즈와 워터만의 기업문화의 일곱 가지 요소를 살펴보기로 한다.

1 딜과 케네디의 기업문화의 네 가지 구성요소

(1) 가치

기업이 추구하는 가치(values)는 기업문화의 핵심요소이다. 가치란 한 기업이 가지는 철학의 에센스이며 모든 종업원들에게 유대감을 심어주고 매일 매일의 행동에 가이드라인을 설정해 준다. 이러한 가치들은 '혁신은 우리의 가장 중요한 상품'처럼 폭넓은 것이 있는가 하면 '기재탁월'(記載卓越)처럼 어느 한 곳에 초점을 맞춘 것도 있다. 또는 '매 분기 15% 매상 및 이익 신장'처럼 충동적인 것들도 있다. 기업의 가치가 어떤 것이든 그것이 구성원들에 의해 공유된다면 이는 기업의 기본적인 성격과 특징적인 태도를 규정해 준다

(2) 영웅

가치가 기업문화의 정신이라면 영웅은 이들 가치들을 구현하는 사람들이다. 영웅은 강한 문화에서 축의 역할을 담당하고 종업원들이 따라야 할 역할모델을 제시한다. 미국기업의 전설적인 인문들, 예컨데 IBM의 Thomas watson, GM의 Will Durant, Standard Oil의 J. D. Rockfeller, Ford의 Henry Ford, Hewlett−Packard의 Dave Packard, 현대의 정주영과 같은 사람들은 모두 '타고난 영웅'들의 대표적 예이다. 영웅들 중에는 이렇게 타고난 사람들 외에 기업 자체가 만들어 내는 '만들어진 영웅'들도 있다.

(3) 의례와 의식

기업문화와 그것이 구현하려는 가치가 번창하기 위해서는 그것이 의식화되어야 한다. 강한 문화를 지닌 기업들은 의례(rituals)와 의식(ceremony)을 창출한다. 예컨데, IBM사에서는 사원이 아침 커피를 고객과 가짐으로써 축구 이야기나 하면서 일을 시작하지 않고 회사와 사업에 초점을 두며 업무 시작을 한다는 의례를 지니고 있다. 또 어떤 회사에서는 금요일 점심에 전체 스텝이 동등한 자격으로 대화를 나누기도 한다. 의례의 종류에는 사회적 의례, 작업의례, 관리의례, 인정의례 등이 있다.

(4) 비공식적 의사소통

강한 문화에 속한 사람은 누구나 자기의 공식적 직무 외에 비공식적인 역할을 지니고 있다.

스파이 · 얘기꾼 · 사제(司祭) · 비밀결사 등으로 불리는 이들 역할들은 보이지 않는 위계체제를 형성한다. 이들은 문화의 네트워크라고도 부른다.

이러한 네트워크는 사실상 조직 내에서 주요한 의사소통의 수단이 된다. 즉, 직위에 관계없이 기업의 모든 부분을 결속시켜 준다. 또 이는 정보전달뿐만 아니라 공유된 가치를 강화시켜 주고, 영웅의 행위와 일화를 유포하여 그들의 상징적 가치를 높여주며 변화의 분위기를 마련해 주는 역할도 한다.

따라서 경영자는 조직목적의 달성을 위해 이 네트워크를 잘 파악하고 개발해야할 필요가 있다.

2 피터즈와 워터만의 기업문화의 일곱 가지 요소

피터즈와 워터만은 〈도표 12-1〉에서 보는 바와 같이 기업문화의 구성요소로서 공유가치, 전략, 구도, 제도 및 절차, 구성원, 관리기술, 그리고 행동 및 관리스타일 등 일곱 가지 요소(7S)를 제시하였다.

도표 12-1 피터즈와 워터만의 기업문화의 구성요소(7S)

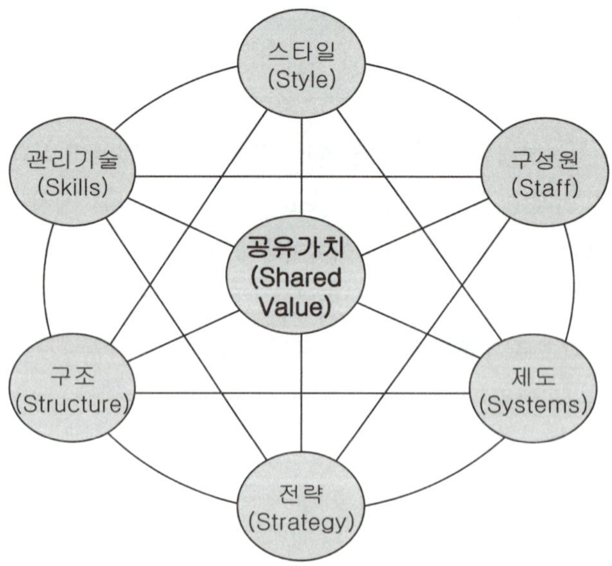

이들은 우선 이 중에서 공유가치(shared value)가 가장 중요한 역할을 수행한다고 보고 있는데, 일곱 가지 요소 중 공유가치는 다른 요소들을 연결시켜주는 핵심적인 요소로서, 문자 그대로 기업의 구성원들이 공동으로 소유하는 기본 가치관과 이념을 의미한다. 예컨대 미국 기업의 경우, IBM은 고객 서비스, 5만여 개의 제품을 생산하는 3M은 창의성, 그리고 스낵 음식의 선도자 맥도날드 햄버거는 품질과 서비스 및 청결을 그들의 공유가치로 하고 이를 중심으로 독자적인 기업문화를 구축하고 있다.

일본의 경우에도 제각기 공유가치를 지닌 여러 기업들이 있으며, 그 중에서도 혼다와 마쯔시다는 서로 대조적인 성격의 공유가치를 바탕으로 하여 그들 나름대로의 기업문화를 구축하고 발전시켜 온 것으로 유명하다. 즉 혼다는 인간의 개성과 자유, 그리고 창의성을 최대의 가치로 강조한다는 혼다이즘(Hondaism)을 공유가치로 삼고, 이를 중심으로 자율적, 참여적 경영을 표방해 온 반면, 마쯔시다는 사회봉사와 화친협력에 입각한 오사까 상인정신을 중심으로 철저한 관리제도를 통해 세계 제일의 전자기기회사를 만들었던 것이다. 이에 따라 혼다의 경우는 사원들이 청바지에 티셔츠 차림으로 출근하는 등 자유스럽고 형식을 떠난 기업분위기를 형성시킨 데 반하여, 마쯔시다는 '마쯔시다 교도'로까지 불리우는 구성원들의 신도적 태도와 질서정연한 조직분위기를 형성시켰다.

우리나라의 경우도 혼다와 마쯔시다 기업문화에 비견될 만한 예를 현대그룹과 삼성그룹에서 찾을 수 있다. 즉 작업복과 단발에 검소하고 뚝심있는 인상으로 '하면 된다(Can Do spirit)'는 현대그룹의 '행동주의'와 정장에 단정한 머리, 말쑥한 인상으로 완벽에 도전하는 삼성그룹의 '제일주의'가 바로 그것이다.

기업문화의 두 번째 구성요소인 전략(strategy)이란 기업의 장기방향과 기본성격을 지배하는 중요한 요소로서 기업의 공유가치에 근간을 둔 상위목적의 달성을 위한 기업운영의 틀을 제공해 주는 것이다.

세 번째로 구조(structure)는 전략을 수행하는 데 필요한 조직의 형태와 상호연관관계를 뜻하며, 이는 기업성과의 중요한 원천이 된다.

네 번째로 제도 및 절차(system)란 기업의 일상적 운영과 경영과정에 관련된 모든 제도와 절차 그리고 시스템을 말하며 조직구조와 함께 구성원 행동과 경영성과에 영향을 미치는 요인이 된다.

다섯 번째 요소는 기업을 구성하고 있는 구성원(staff)으로서 이들 개개인의 특성은 공유가치와 기업문화 자체에 직접적인 영향을 미치게 된다.

여섯 번째 스타일(style)이란 기업구성원과 집단의 행동 스타일 및 리더십과 관리 스타일을 말하며 이에 의해 기업분위기가 많은 변화를 보이게 된다.

기업문화의 구성요소 중 마지막 요소는 관리기술(skill)이다. 이는 기업구성원들이 지니고 있으면서 기업운영에 실제로 적용되고 있는 경영관리상의 능력요소로서, 구성원의 행동·관리 스타일과 더불어 기업의 경영행동에 직접적인 영향을 미친다.

제3절 기업문화의 적응과 경영자의 역할

1 기업환경 변화에 따른 기업문화의 적응

최고경영자의 가장 중요한 임무 중의 하나는 기업이 추구하는 경영전략을 그 기업만의 독특한 기업문화에 맞추어 추진하는 것이다. 만일 어떤 전략이 기존의 기업문화와 배치되는 전략이라면 이러한 전략을 효과적으로 수행하기 위하여 기업문화의 일부 요소를 바꾸어야 할 필요성도 있다.

외환위기를 전후하여 한국에서는 팀제, 연봉제, 성과급제 등이 도입되어 왔다. 이와 같은 변화는 외부환경이 경쟁적으로 바뀜에 따라서 기업문화 역시 이러한 외부적 변화에 맞추어 변화할 필요에 의해 대두된 것이다. 종래의 한국 기업들이 직면하고 있던 외부경영환경은 경쟁이 배제된 독과점적인 상태였다. 즉, 무역장벽으로 인하여 외국기업들이 한국에 진출할 수 없는 상황에서 일부 대기업들은 높은 독점이윤을 누릴 수 있었다. 이러한 독과점적인 외부환경에 있는 기업들이 가진 가장 중요한 경영자원은 자본과 인적자원, 인적자원 중에서도 특히 낮은 임금과 장시간의 노동이었다. 한편 독과점적인 대기업에는 위계질서적인 조직구조가 주종을 이루었다. 이러한 기업의 외부 및 내부환경하에서 기업문화 역시 관료주의적 또는 보수주의적인 문화가 지배적이었고 최경영자 및 주요 관리자의 임무는 이같은 조직의 하부관리자와 종업원들을 효과적으로 통제하는 것이었다.

그러나 이러한 과거의 한국기업의 외부 및 내부 환경, 그리고 기업문화들은 이제는 바뀌지 않으면 안 되는 상황에 닥치게 되었다. 한국기업들의 변화의 기폭점이 되었던 것은 무엇보다 외부환경의 변화이다. 특히 외환위기 이후 한국기업은 시장개방의 압력에 계속적으로 놓여 있으며 조만간 종래의 독과점시장에서 안주하였던 기업들은 거의 모든 시장에서 외국기업들과 경쟁을 하여야한다. 즉 모든 산업분야에서 경쟁이 심화되는 것이다. 이렇게 경쟁이 심화된 산업에서 성공하기 위해서는 기업의 내부환경 역시 외부환경의 변화에 발맞추어 바뀌지 않으면 안된다. 따라서 기업의 중요한 경영자원은 과거처럼 자본이나 임금 또는 노동시간이 아니라 핵심역량이다. 특히, 인적자원 중에서도 임금과 노동시간과 같은 양적인 인적자원보다도 개인의 창의력, 기술과 같은 질적인 면이 보다 중요한 경영자원이 된다. 또한 위계질서적인 조직구조 역시 창의력과 기술력을 지닌 인적자원을 배양하기에는 부적합한 조직구조이기 때문에, 이제는 팀조직과 같은 수평적인 조직구조로 바뀌지 않으면 안된다. 또한 기업문화도 상당히 경쟁적이며 혁신적인 문화로 바뀌어야 한다. 최고경영자의 역할 역시 과거의 통제위주의 관리자의 역할에서부터 이제는 비전을 제시하여 줄 수 있는 리더십을 발휘하는 것으로 바뀌어야 할 것이다. 이상과 같이 최근에 한국에서 일어나고 있는 변화를 외부환경의 변화로 인해 기업의 내부조직구조와 경영자원, 그리고 기업문화와 최고경영자의 역할 자체가 조정되는 것으로 이해할 수 있다.

2 강한 기업문화의 구축을 위한 관리자의 역할

강한 기업문화에서는 관리자들이 문화를 후원하고 형성시키는 역할을 주도적으로 담당한다. 이를 '상징의 관리자'라 한다. 왜냐하면 이들은 가치 · 영웅 · 의례 · 의식에 관해 많은 시간을 들여 생각하고 일상에서 발생하는 가치갈등을 관리하는 것을 일차적인 과업으로 생각하기 때문이다.

(1) 상징의 관리자와 합리적 관리자의 차이

상징적 관리자는 다음과 같은 측면들에서 기존의 경영조직에서의 합리적인 관리자와 차이가 있다.

첫째, 인사관리에 있어서 합리적 관리자는 인사관리의 공식적 시스템을 강조하나 상징의 관리자는 문화에 적합하면 인사규칙을 위반할 수도 있다.

둘째, 고용과 해고에 있어서도 차이가 있다. 합리적 관리자와는 달리 상징의 관리자인 사장은 모집을 위해 직접 경영대학(Business School)에 쫓아가기도 한다. 고용의 경우 상징적 관리자는 종신고용제를 확립하려 한다.

셋째, 전략적 결정에 있어서 상징적 관리자는 다른 사람들에게 결정을 위양하기도 한다. 결정에 도달하는 과정에서 스스로 독단적인 결정을 했다는 인상을 주지 않기 위해서이다.

넷째, 원가통제에 있어서 합리적 관리자는 새로운 기법을 강조하겠으나 상징의 관리자는 원가의식을 심어 주는 역할만 한다. 실제적인 절감은 일선부서의 작업자들이 맡아서 할 일이다.

(2) 각 문화권별 상징관리자의 역할

Deal과 Kennedy는 '기업활동과 관련된 위험의 정도'와 '의사결정 전략의 성공여부에 대한 피드백의 속도'의 두 가지요소에 의해 〈도표 12-2〉에서 보는 바와 같이 기업문화를 네 가지 유형으로 구분하고 있다. 강한 문화란 네 가지 요소를 잘 배합하고 또 환경이 변함에 따라 탄력적으로 대처해 나갈 수 있는 문화를 말한다.

도표 12-2 기업문화의 유형

		피드백 속도	
		빠름	늦음
위험	많음	거친 남성문화	사운을 거는 문화
	적음	열심히 놀고 열심히 일하는 문화	절차문화

문화를 강화시키고자 하는 상징의 관리자는 각 문화권에 따라 상이한 문제해결 접근법을 채택해야 한다.

(1) 거친 남성문화

이 기업문화는 높은 위험을 부담하고 행동의 성공·실패에 대한 피드백을 곧바로 얻는 개인주의자들의 세계이다. 건설, 화장품, 모험산업, 스포츠, 오락 산업 등이 이러한 문화를 지닌다.

이러한 거친 남성문화의 경우에는 승리를 이룩하는 스타를 후원해 주어야 한다. 결과를 내는 것은 스타이기 때문이다.

(2) 열심히 놀고 열심히 일하는 문화

이는 백화점, 컴퓨터회사, 방문판매처럼 사원 개개인의 위험이 작고 꾸준한 판매노력이 곧 바로 결과로 나타나는 기업문화이다. 여기서는 팀워크가 중요시되므로, 미국의 Tandem사의 맥주잔치처럼 의례와 의식을 통하여 노는 기회를 많이 가지게 된다.

열심히 놀고 열심히 일하는 문화에서는 집단의 열정적인 페이스를 이용해야 하기 때문에 전체를 움직이게 만드는 것은 '우리'의 노력이라는 것과 합심이라는 메시지를 전달해야 한다.

(3) 사운(社運)을 거는 문화

이 문화는 투기적 결정을 하고 그 결과는 수년이나 걸려야 아는 기업의 문화이다. 즉, 고도의 위험과 늦은 피드백의 특징을 지니고 있다. 석유탐사회사, 비행기 제조회사 등이 이러한 문화를 지닌다. 이 문화에서는 올바른 결정이 중요하므로 기업 전체의 신중성이 강조된다. 의사결정은 상의하달식으로 엄격한 회의를 통해서 행해진다.

이러한 사운을 거는 문화에서는 신중성을 강화하고 이 문화의 주체세력인 태스크 포스(Task Force) 조직에 적임자가 여러 부문에서 골고루 뽑혔는가를 확인해야한다. 여기서의 메시지는 "실수란 있을 수 없기 때문에 처음부터 바르게 가야 한다"는 것이다.

(4) 절차문화

이 문화는 은행, 보험회사, 정부, 공공사업에서 흔히 볼 수 있는 문화로서 종업원들이 자기가 하는 일의 결과를 알기가 곤란하기 때문에 현재 하고 있는 과정이나 절차에 집중하는 문화이다. 흔히 말하는 관료제의 문화인 것이다. 이 문화에서의 가치는 기술적 완벽성이 있다.

이러한 절차문화에서는 업무의 잘잘못을 알 수 없기 때문에 관리자는 과정적 평가를 해야 한다. 그리고 과정 그 자체가 문제일 때에는 새 과정을 도입해야 한다.

CHAPTER

13

경영혁신기법

제1절 경영혁신의 필요성과 의미

1 경영혁신의 필요성

21세기에 살고 있는 우리는 과거에 경험했던 모든 변화를 뛰어넘는 글로벌화된 대규모의 고도화된 변화 속에서 살고 있다. 경쟁자보다 시대의 변화, 시장의 변화, 소비자의 변화 그 자체가 더 큰 경쟁자인 시점에 살고 있는 상황인 셈이다.

톰 피터스는 그의 저서 '경영혁명'에서 "10%의 인원 감축과 20%의 품질향상으로 문제를 해결하던 시대는 지나갔다"고 했듯이, 과거와 같이 기업 체질의 강화만으로는 안되며, 최우량 기업으로 성장을 바란다면 근본적으로 기업의 체질을 개혁하여야 하며, 이전과 전혀 다른 새로운 상품, 새로운 서비스를 만들고 판매 할 수 있어야 한다.

기존의 전통적인 경영 수법이나 제도가 더 이상 통용될 수 없으며, 시대에 맞는 기업의 변신, 즉 모든 관리자의 변신과 의식 개혁이 없이는 기업은 생존할 수 없다.

이러한 전제위에서 어떻게 하면 기업이 변화의 급류를 새로운 성공의 기회로 활용할 것인가에 대한 당연한 귀결로 기업 경영혁신이 필요하다.

지금은 극심한 환경 변화의 시대이다. 그러나 그 이전에 혁신의 시대이며, 기업에게 필요한 것은 변화를 초월한 혁명이라고도 한다.

혁신 활동은 해보자는 개념이 아닌 하지 않으면 안된다는 개념이다.

피터 드러커는 기업 경영의 본질은 끊임없는 기업 혁신을 통한 고객 창조에 있으며, 이는 제품 또는 서비스에 관한 혁신과 기업 내 각종 기능 및 활동의 혁신으로 달성될 수 있다고 하였다.

2 경영혁신의 정의

'경영혁신'이라는 단어는 경영과 혁신이라는 두 단어의 합성어이다.

일반적으로 경영의 전개방식은 크게 P-D-S, 즉 사전적 활동인 계획(Plan)-현장활동인 실천(Do)-사후적 활동인 평가(See)의 과정으로 정리할 수 있다.

혁신(innovation)이란 쉽게 말해서 '새로운 것들'을 의미한다. 슘페터는 '이용 가능한 여러 가지 사물이나 힘의 결합방식을 변경하여 새로운 상품의 발명, 새로운 생산방법의 도입, 시장개척, 새로운 자원개발 및 조직개혁 등을 가져오게 하는 것'으로서 흔히 신결합(new combination)이라고 한다.

경영혁신이란 조직의 목적을 달성하기 위하여 새로운 생각(idea)이나 방법(method)으로 기존 업무를 다시 계획(plan)하고 실천(do)하고 평가(see)하는 것이다.

새로운 제품이나 서비스, 새로운 생산공정기술, 새로운 구조나 관리시스템, 조직 구성원을 변화시키는 새로운 계획이나 프로그램을 의도적으로 실행함으로써 기업의 중요한 부분을 본질적으로 변화시키는 것을 의미한다.

다양하고도 많은 경영혁신 기법이 있으나, 많은 기업들이 활용하고 있는 대표적 경영혁신기법인 리스트럭처링, 아웃소싱, 전략적 제휴, 리엔지니어링, 벤치마킹, 고객만족기법, 다운사이징 및 스피드 경영을 살펴보기로 한다.

제2절 리스트럭처링

1 리스트럭처링의 정의와 방법

리스트럭처링(restructuring)이란 글로벌(Global) 경쟁이 심화되면서 기업이 조직, 전략, 경영관리 시스템 등을 새로운 환경에 적응하도록 하는 경영혁신기법을 의미한다.

리스트럭처링의 가장 근본적인 목적은 수익성을 높이는 것이다. 수익성을 높이기 위해서 비용을 절감하는 방법이 대표적인데 다음과 같다.

첫째, 경쟁력이 없는 공장의 폐쇄와 유휴생산시설을 줄인다.

둘째, 일부 제품과 서비스의 자체 조달을 중단하고 외주에 의존하는 경영 관리를 실시, 비용절감과 불필요한 인원감축으로 경영상의 효율을 높인다. 그러나 이 과정에서 노사분규가 발생하기도 한다

셋째, 경쟁우위를 갖지 못하는 사업부문을 매각처리, 또는 부문을 정리하고 본업에 주력하거나, 비관련사업으로 다각화한다

넷째, 조직구조개편을 실시하고 조직을 단순화하여 임원진을 대폭 감소시킨다.

2 리스트럭처링의 전략

다각화 전략의 유형으로써 리스트럭처링 전략은 가치창출을 의미한다.

리스트럭처링 전략은 첫째, 무능한 경영자에 의하여 방만하게 경영되어왔던 기업을 인수하여 그 경영자를 교체한다.

둘째, 기업의 핵심역량과 관련이 없는 사업분야를 정리 · 매각하며, 기업의 사업영역을 재조정한다. 가치창출이 안 되는 업종, 사업, 재산 등은 가차없이 처리하거나 정리한다.

도표 13-1 리스트럭처링 수행방법

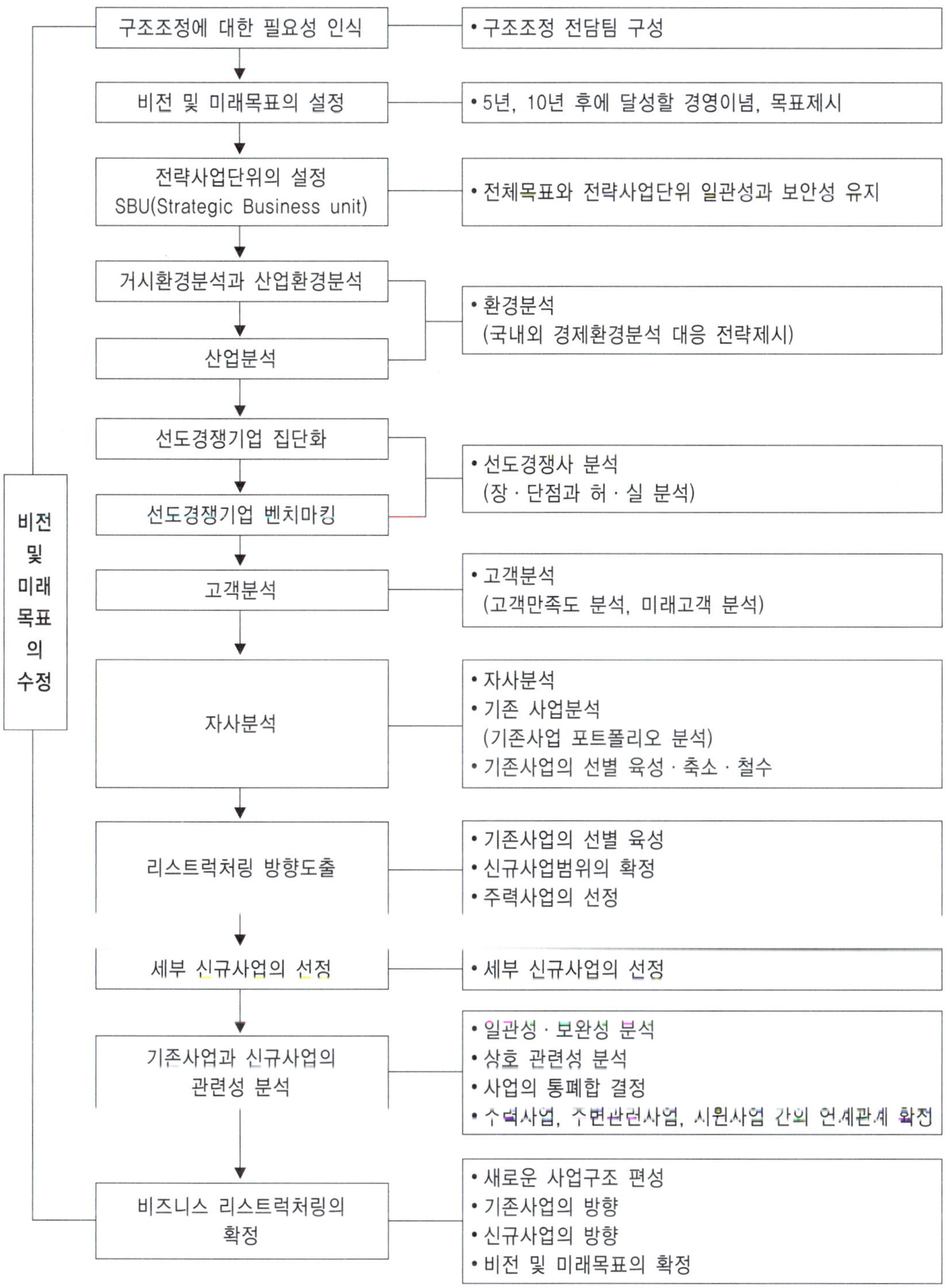

리스트럭처링 전략이 새로운 가치를 창조할 수 있는 것은 그 기업이 갖고 있는 잠재력을 파악하여 새롭게 실현할 수 있는 성장기업으로 성공 시키는데 있다. 더욱이 가치창출로 재무구조개선을 반드시 이룩해야 한다.

3 리스트럭처링의 유형과 수행방법

리스럭처링의 유형에는 〈도표 13-2〉와 같이 크게 3가지 유형이 있으며, 수행방법은 〈도표 13-1〉과 같다.

도표 13-2 리스트럭처링 유형

	포커스	난이도	핵심 성공요인	기간
조직, 비용 리스트럭처링	· 비용절감 · 가시적효과	저	· 추진력 · 속도	3~6개월
시장, 제품, 사업 리스트럭처링	· 자금활용 원활화 · 효율성	중	· 시장점유율 확대 · 핵심역량 강화	6~12개월
조직, 경영혁신 리스트럭처링	· 기업가치창출 · 신비즈니스 모델	고	· 협력유도 · 사업비전 · 사업정책 및 제도개선 · 효율적 경제 가치사슬	12~24개월

제3절 아웃소싱

1 아웃소싱의 개념

아웃소싱(Outsourcing)이란 기업의 경영에 필요한 업무 중 일부를 외부의 전문업체에 장기적으로 위탁하는 경영전략을 말한다. 글로벌시대 기업경영을 수행함에 있어 모든 경영분야를 단독적으로 자급자족할 수 없기 때문이다.

광의의 아웃소싱 측면에서 살펴볼 때 원료를 구입하여 제품을 만드는 과정과 이를 판매하기 위하여 도·소매점을 이용하여 판매를 하는 일련의 프로세스 모두에서 발생할 수 있다.

즉, 원료를 만드는 외부업체가 원료전문회사이며, 공장에서 가동 중에 있는 기계설비 또한 외부 전문회사에 의뢰하여 제작할 수 있다. 이러한 설비의 고장시 수리를 의뢰하는 일도 광의의 아웃소싱이라 할 수 있다. 판매를 위한 도·소매점 역시 외부업체이며 이들을 통하여 판매업무가 이루어지는 형태 역시도 광의의 아웃소싱이라 할 수 있다.

1980년대 말 미국 내 기업들이 장기불황을 겪으면서 몸집이 큰 것에 대해 부담을 느끼게 되었다. 이때 미국 내에 진출해 있던 일본 자동차기업들은 아웃소싱을 도입하여 성공을 하고 있었음을 발견하고 나서 본격적인 아웃소싱을 도입하였다. 이후 1990년대에 들어서면서 경쟁력 회복을 하는데 아웃소싱이 지대한 공헌을 한 것으로 평가하여 아웃소싱 바람은 군사훈련에서도 도입되었으며, 그 열기는 이제 미국과 일본, 중국 등 전 세계적으로 거세게 번지고 있다.

1997년 이후 IMF를 경험하면서 기업들은 몸집을 줄여 체질을 개선하지 않고서는 살아남을 수 없다는 냉혹한 현실을 실제로 경험하였다. 이러한 경제환경은 각자의 사업이 가지고 있는 역량을 핵심부문에 집중하여 나름대로의 강점을 경쟁력으로 키우며 우량기업으로 거듭 태어나야 한다는 강한 메시지를 담고 있었다. 따라서 아웃소싱은 핵심부문 이외의 나머지 부수적인 업무는 전문업체에 맡김으로써 기업의 경쟁력을 재고시키고 기업의 성장시키는 경영기법이라고 정의할 수 있다.

2 아웃소싱의 유사 용어

아웃소싱과 유사하게 혼용되어 쓰이고 있는 용어들은 흔히 외주, 하청, 도급, 업무대행, 컨설팅, 인력파견 등이 있다. 아웃소싱이 외부조달 또는 외부위탁 등의 광범위한 내용을 포괄하고 있기 때문에 넓은 의미로 보면 유사용어들 모두 아웃소싱의 한 형태라고 볼 수 있다. 유사용어들이 어떤 개념인지를 살펴보기로 한다.

(1) 하 청

하청이란 도급으로 일을 맡기는 것을 말하는데, 기능이나 부문 등 업무의 일부를 외부기업에 위탁하는 것이다.

(2) 업무대행

업무수탁자가 위탁자의 이름으로 업무의 운영만을 맡는 개념이다. 업무 대행기간 동안 이익금에 대한 배분이 이루어 진다.

(3) 외주

외부발주 또는 외부주문의 뜻으로 물건을 주문하는 것을 말하며, 주로 부품, 반제품, 원자재 등을 외주하는 것이 보통이다.

(4) 컨설팅

컨설팅이란 업무기획, 진단, 설계, 지도, 상담 등을 하여 경영을 개선시켜 주는 것으로 실제 운영에는 관여하지 않는다는 특징이 있다.

(5) 근로자파견

근로자파견법에 의하여 행하여지며 파견사업주가 근로자를 고용한 후 사용사업주와의 계약에 의하여 근로자를 파견근무케 하는 형태를 말한다. 파견 근로자는 사용사업주의 지휘명령을 받으며 근무한다.

이상에서 살펴본 바와 같이 아웃소싱과 유사한 용어들의 차이점을 보면 조금씩 개념을 달리하고 있는 것은 사실이다. 그러나 그 목적과 효과면에서 본다면 차이점보다는 공통점이 훨씬 많기 때문에 아웃소싱 개념을 광의로 본다면 모두가 아웃소싱의 한 방법들이라고 할 수 있다.

따라서 앞으로는 별도의 설명이 없는 경우에는 아웃소싱의 넓은 의미로 보아 유사용어 모두를 아웃소싱으로 해석하고자 한다.

3 아웃소싱의 필요성과 기대효과

(1) 필요성

경쟁력이 어느 때보다 강조되는 시대를 맞이하고 있다. 세계는 이미 새로운 경쟁논리로 무장을 하고 있는 바, 이에 가속도를 더해주는 것이 바로 인터넷 통신과 같은 사이버 산업들이 시간과 공간을 초월하여 지역적 거리감을 모두 없애고 각 기업과 심지어 각 가정에 이르기까지 세계를 하나로 묶어 주는 계기가 되어 우리들만의 경쟁 시장이 아닌 글로벌화된 경쟁시대임을 실감케 해주고 있다.

기업 활동의 세계는 바야흐로 글로벌화가 되어 무한경쟁시대를 맞이하였음에도 국내에서는 경쟁력에 대한 준비가 덜된 상태에서 IMF를 맞이하게 되었고, IMF는 우리에게 많은 교훈을 남겨주었다. 즉, 기업의 군살을 빼고 몸집을 줄여 체질을 개선하고 주력부문 이외의 업무는 전문기관에 아웃소싱을 하여 경쟁력을 높여나가야 한다는 것이다.

(2) 기대효과

① 경쟁력 향상

기업 내 자원을 핵심역량에 집중하고 비효율적인 부문의 업무나 고비용 부문의 업무는 외부화 한다. 이렇게 함으로써 주력부문 업무는 더욱 전문화되고 전문화는 품질의 향상으로 연결되어 경쟁회사에 비해 우수한 품질과 가격으로 우위에 서게 되어 경쟁력을 높여준다.

② 위기대처능력 발휘

아웃소싱은 기업의 몸집을 날씬하게 유지해 준다. 날씬한 조직은 유연성이 있기 때문에 매출이 둔화되고 저성장기를 맞이하더라도 갑작스런 구조조정 등의 혼란을 경험할 필요가 적다.

③ 가치창출

아웃소싱은 전문화된 외부기업에 업무의 일부를 위탁하게 됨으로 전문화된 업무의 질을 제공받을 수 있다. 이는 업무가치의 창출로 나타난다.

④ 비용절감

기업이 자체적으로 모든 업무를 해결하려 할 때는 모든 노력과 비용이 낭비된다. 외부 전문 업체에 아웃소싱함으로써 경비를 절감할 수 있다.

4 아웃소싱의 추진

아웃소싱의 필요성과 기대효과 등을 살펴본 결과 아웃소싱을 도입하여야 겠다는 확신이 생겼다고 하여 무조건 도입을 하였다가는 자칫 실패하기 쉽다. 단순하게 생각하기에는 아웃소싱에는 많은 위험과 문제점들이 산재해 있다.

아웃소싱을 도입하기 전에 우리 회사의 핵심역량이 무엇인가에 대한 정확한 판단이 선행되었을 때 아웃소싱 전략은 절반쯤 성공한 것이나 다름없다고 하여도 지나치지 않는다. 여기에서의 핵심역량이란 과거로부터 우리 회사를 이끌어온 원동력이나 혹은 앞으로 축적하거나 전환하여 우리 회사를 성장시키는데 견인차 역할을 할 수 있는 힘 등을 말한다.

(1) 아웃소싱 추진시 유의사항

아웃소싱을 성공적으로 추진하기 위해서는 다음과 같은 사항에 유의해야 한다.

① 아웃소싱의 도입목적을 분명히 해야 한다.

② 아웃소싱의 필요성을 구체적으로 느껴야 한다.

③ 아웃소싱의 대상분야를 사전에 결정해야 한다.

④ 아웃소싱 공급업체 선정에 신중해야 한다.

⑤ 업무감시 평가 시스템을 만들어야 한다.

⑥ 비용절감도 중요하지만 가치창출에 더 큰 비중을 두어야 한다.

⑦ 우리 회사의 핵심역량을 끝까지 사수하여야 한다.

(2) 아웃소싱과 시대적 사명

우리나라는 1998년 7월 1일부터 근로자파견법이 본격적으로 발효되면서 공기업은 물론 일반 기업체에서는 그동안 불법 또는 비합법적인 방법으로 외부 용역회사에 의뢰하여 관리해 오던 부분들이 적법하게 운영되는 계기가 되었다. 이러한 상황에서 IMF라는 새로운 환경을 맞이하면서 우리 주변에서 대량 실업자를 쉽게 찾아볼 수 있게 되었으며, 기업은 정규직원의 정예화 전략을 수립하고 임시적 또는 용역직의 수요가 늘게 되었다.

수요는 공급을 낳는다는 말이 있듯이 아웃소싱은 수요를 충족키 위하여 급속도로 확대되었는데, 전문성이나 축적된 노하우도 없는 건실치 못한 공급 업체들도 많이 생성되었음은 말할 나위도 없다. 21세기의 경영전략은 아웃소싱 시장을 정비하여 우리나라의 기업경쟁력을 높이는 데에 한 몫을 해야 한다고 생각된다.

(3) 아웃소싱의 사례

미국의 아웃소싱회사인 EDS사는 고객의 정보시스템을 구축, 관리해 주는 회사인데 GM사를 포함해서 전세계 8천개 이상의 회사와 정부기관을 대상으로 일하고 있다. 미국기업 90% 이상이 아웃소싱을 도입하고 있다고 보도되고 있다.

일본의 경우 이미 1996년 초에 아웃소싱 관련 업체 수가 26만개에 이르고 종사자도 3백87만명이나 된다고 보도된 바 있었으니, 아웃소싱 분야도 정보 시스템이 주류였으나 최근에는 총무, 인사, 경리, 교육, 복리후생, 영업, 경영, 제조, 재고관리, 물류, 신제품개발, 법무 등 여러 분야로 확대되고 잇다.

우리나라 기업들은 1990년대에 들어와 조금씩 인식되기 시작하였으며 주로 외주가공을 많이 하는 기업들이 효과면에서 일찍 중요성을 느끼는 경향이 있다. 외부 기업은 아웃소싱의 개념도 모른채 외주관리를 하여 왔다. 그러나 경쟁전략차원에서 아웃소싱에 집근하고 관리하지 않으면 안 되게 되었다.

식품업체인 제일제당이 1996년 화장품사업에 참여하였는데, 제품생산은 모두 외부 전문공급업체에게 맡기고 제일제당은 관리와 영업만을 담당하면서 상표관리와 광고 선전을 한 것 밖에는 없다. 이러한 사례는 의류업체들도 상당히 많다. 21세기 초인 지금에 와서 아웃소싱을 경영전략의 한 부문으로 자리매김하고 있다.

제4절 전략적 제휴

1 전략적 제휴의 개념

전략적 제휴(strategic alliance)는 경쟁관계에 있는 기업이 일부 사업 또는 기능별 활동부문에서 경쟁기업과 일시적인 협조관계를 갖는 것을 의미한다.

전략적 제휴의 근본적 원리는 상호성(reciprocity)에 있다. 즉, 파트너 끼리 상호이익을 위하여 경영자원을 공유, 교환, 통합하는 조직적 접근을 의미한다.

따라서 기업구조상으로 보면 전략적 제휴는 항상 제휴회사와의 어느 정도 수평적 또는 수직적 통합을 가져온다. 이러한 전략적 제휴 중에서 긴밀한 기업간 제휴는 합작투자, 상호주식보유를 통한 제휴관계이며, 보통 제휴는 라이센스 협정, 상호마케팅 협정 등이 있다.

2 전략적 제휴의 목적

기업간의 전략적 제휴는 1980년대와 1990년대를 통하여 두드러지게 증가하였다. 전략적 제휴가 가장 활발히 이루어지는 산업은 ① 컴퓨터와 통신 등 정보통신산업, ② 생명공학산업(biotechnology), ③ 신소재산업, ④ 자동차, ⑤ 항공, ⑥ 화학, ⑦ 중전기산업 등이다.

이러한 전략적 제휴산업의 목적은 ① 시장진입, ② 상호보완적 기술의 활용, ③ 신규개발에 필요한 시간과 자본을 줄이려는 제휴 등이다. 지금 세계적 기업들은 단독으로 사업을 하기보다는 전략적 제휴를 선호하는데, 그 동기를 살펴보면 첫째, 자원과 위험의 공유, 둘째, 신제품 개발과 시장진입의 속도 단축, 셋째, 산업표준의 선택, 넷째, 유연성 확보 등으로 나타나고 있다.

3 전략적 제휴의 유형

전략적 제휴는 상당히 다양하다. 전략적 제휴에서 가장 단순하고 단기적 성격이 높은 제휴의 형태는 연구개발 컨소시엄 또는 기술제휴이다. 그에 반해 합작투자는 기업들의 지분참여도가 높고 제휴당사자간의 관여(commitment)하는 정도가 높은 제휴의 형태이다. 특히 기능별 또는 업무별 제휴는 R&D consortium(연구개발 컨소시엄), Technology licensing(기술제휴 라이센스), Production license(생산 라이센스), Product swap(제품스왑) 등이다.

전략적 제휴 사례 :::: 전략적 제휴 : 경쟁업체끼리 제휴

삼성-LG 손잡고 日-대만 LCD 깬다

각국과 치열한 경제 전쟁을 벌이고 있는 한국의 대표기업들이 선진국의 견제와 후발 주자의 추격을 뿌리치기 위해 '연합 전선'을 펴기 시작했다. 국내외에서 한 치의 양보도 없이 싸워 '제살 깎아 먹기'라는 비판을 받기도 했던 국내 기업들이 특허를 공유하고 공동 연구개발(R&D)에 나서거나, 해외 사업을 따내기 위해 '적과의 동침'도 마다하지 않은 사례가 늘고 있다.

액정표시장치(LCD) 세계 1, 2위 업체인 삼성전자와 LG필립스LCD, 플라스마 디스플레이패널(PDP) 세계 1, 3위인 LG전자와 삼성SDI 등 4개 회사 대표 및 디스플레이 업계관계자들은 2007년 5월 14일 서울 서초구 반포동 메리어트호텔에서 '디스플레이산업협회' 창립총회를 열었다. 이들은 각 사의 특허 등 지식재산권 공유, 디스플레이 패널 등의 표준화를 위하여 협의제 운영, 공동 R&D 추진 등 8대 협력과제에 합의했다.

또 TV 생산업체인 삼성전자와 LG전자는 2007년 하반기(7~12월)부터 필요할 때 상대 기업의 LCD, PDP 패널을 사기로 했다. 한쪽은 재고가 남고 다른 쪽은 부족한 상황이 와도 고집했던 '상대의 패널은 사지 않는다'는 기존 관행을 깨기로 한 것이다.

이로써 2006년 기준 세계 LCD 시장의 36.3%, PDP 시장의 52.7%를 아우르는 세계 최대 규모의 '디스플레이 연합군'이 탄생하게 됐다.

초대 디스플레이산업협회장으로 선출된 삼성전자 LCD총괄사장은 "일본의 시장 선점과 중국의 추격에서 한국 디스플레이 산업계를 지키기 위해 업계의 협력이 필수적"이라고 말했다.

과거 한국 기업들은 해외 업체와는 활발하게 제휴하면서도 국내 업체끼리는 종종 갈등을 빚었다. LG전자와 삼성전자 간의 미국 디지털 TV 특허료 분쟁이 대표적 사례다.

특히 한국의 디스플레이 업체들은 각각 소속 그룹 안에서 패널부터 TV완제품까지 생산하는 비효율적인 시스템을 고수해 왔다.

이런 상황을 바꾼 것은 외국 기업들의 치열한 공세와 수익성 약화였다.

경제 회복에 힘입어 일본의 샤프는 LCD, 마쯔시타는 PDP부문에 막대한 투자를 하고 있고, 대만 기업들도 일본 업체와 특허를 공유하는 방법으로 한국을 압박하고 있다.

이 사이에 끼인 한국 기업들이 '국내 합종연횡'으로 난국을 타개하기 위해 나선 것이다.

〈동아일보, 2007. 5.15〉

제5절 리엔지니어링

1 리엔지니어링의 정의와 목표

리엔지니어링(reengineering)이란 한마디로 요약하면 기존의 업무방식을 근본적으로 재고려하여 시스템 전체를 새롭게 구축하는 것으로 프로세스(process)를 근본단위로 하여 업무·조직·기업문화까지의 전부문에 대하여 성취도를 대폭적으로 증가시키는 경영혁신방법을 말한다.

즉, 기존의 인원삭감, 한 부서 또는 한 부문의 개편·개선으로 합리화하는 리스트럭처링(restructuring)과는 달리 '무의 개념'에서 출발하여 전사적 입장에서 프로세스를 근본적으로 재설계하여 혁신을 단행함으로써 불필요한 요소를 제거하는 것을 말한다.

리엔지니어링의 목표는 시간단축, 비용감소, 하청업체관리, 간접비 감축, 문제점의 해결, 조정업무 및 고객서비스 등에 있다.

(1) 시간단축기법

시테크의 일종으로써 시간단축은 사이클타임 단축으로 프로세스의 시작부터 끝날 때까지의 비용시간을 단축하는 기법이다. 최종적으로 고객에게 프로세스 산출물이 전달될 때까지의 시간을 단축하는 것이다. 이것은 시간은 돈이라는 개념 속에 종업원에게 드는 비용을 초당 환산하여 시간낭비에 대한 경각심을 높이는데도 그 효과가 있어, 시테크(time tech), 시각경영론으로까지 확대되는 새로운 경영혁신기법이다.

(2) 하청업체 관리기법

하청업체의 효율적 관리를 중요시하는 기법이다. 하청업체를 적극 육성함으로써 하청업체의 품질·속도·JIT(Just In Time)를 통한 공기조달의 적정화를 유도하고 있다. 하청업체의 경영합리화를 위한 자금, 인력, 기술 등까지 관심을 갖고 관리하는 방법이며 심지어 경영컨설팅까지 하면서, 가격 및 품질 등에서 경쟁력을 갖도록 하는 경영혁신기법이다.

(3) 간접비의 감축기법

기업경영환경이 어려워짐에 따라 간접비의 감축이 경영혁신의 주요목표가 되고 있다. 원가구성항목을 관찰하여 재료비, 인건비, 기타장비 가운데 간접비 명목을 감축 내지 축소하고, 직접인원, 직접경비로 대체하는 기법이다. 일종의 원가절감기법으로 생산성을 무단히 늘린다는 경영혁신기법이다. 그러나 여기에서 주의할 것은 간접비는 원가에만 관련되지 않고 제조공정에도 관련이 되며 기계적으로 원가를 삭감한다고 경쟁력이 향상되는 것은 아니다

(4) 조정업무 및 고객서비스 기법

부서간의 연계 또는 지리적으로 떨어진 부서들의 조정업무도 리엔지니어링의 중요한 목표가 되며 고객서비스 역시 경영혁신의 목표이다. 고객과 직접 업무를 수행하는 부서만이 아니고 고객과 관련되는 모든 부서들이 고객을 위하여 업무를 수행하도록 하는 것은 프로세스 혁신에 있어서 가장 근간이 되어야 할 목표인 것이다.

혁신이란 근본적인 변화를 이루기 위해 현재의 경영방식을 고려하지 않고 완전히 무의 개념에서 출발하여 새로이 업무방식을 구축하는 것이다.

2 리엔지니어링의 원칙

(1) 업무방식의 혁신과 정보처리기술의 이용

리엔지니어링 기법에서 혁신을 가져오기 위해서는 먼저 정보처리기술을 고려하여 경영의 모든 업무에 혁신을 이룩하여야 한다. 기존의 업무방식은 많은 부문의 직렬형태로 이루어져 있다. 이러한 직렬형태에서는 한 부서의 작업이 끝나야 다음 부서에서 작업을 수행할 수 있다. 그러나 정보처리기술을 이용하여 경영업무를 이룩한다면 '데이타 베이스'에 정보를 보관하고 병렬로 작업을 할 수 있어 업무처리시간의 대폭적인 단축을 기할 수가 있다. 리엔지니어링에서는 정보처리기술을 이용하여 업무방식의 혁신이 이루어져야 한다.

(2) 최고경영자의 의지

리엔지니어링 기법의 중요한 원칙은 최고경영자의 확고하고 결단력있는 의지이다. 경영혁신은 개선과는 다르다. 경영혁신은 회사조직에 커다란 변혁을 가져올 수 있다. 여러 부서의

통 · 폐합은 관련부서의 종업원에게 커다란 영향을 미칠 것이며, 경영혁신의 결과로 업무방식이 바뀌면 재교육 및 새로운 업무수행기술이 필요하게 된다. 따라서 이들의 저항을 축소시키거나 과거와는 근본적으로 다른 일을 하기 위해서는 경영자의 확고한 의지가 중요하다.

즉, 경영자는 반드시 자신의 의지를 확실하게 전체 종업원에게 인식시켜야하며, 경영혁신의 적극적인 참여자가 되어야 하는 것이다.

3 리엔지니어링의 성공적 조건

리엔지니어링을 추진하기 위해서는 기본의 충실(fundamental), 급진적 사고(radical), 극적 변화(dramatic), 프로세스의 착안(process) 등을 염두해 두고 계획을 수립하고 실천해야 한다.

따라서 리엔지니어링의 성공적 조건은, 첫째, 합리적이고 성공할 수 있는 경영전략을 수립하고 시행해야 한다.

둘째, 리엔지니어링 기법을 부정적이거나 과거와 같은 경영혁신기법으로 생각하지 말고 긍정적으로 받아들일 수 있는 분위기 조성과 인간관계 형성이 이룩되어야 한다.

셋째, 처음 시작에서부터 끝까지 고객만족을 전제로 실시되어야 하며, 고객의 관점에서 경영활동이 이루어져야 한다. 대부분 기업은 고객만족이라는 기본적인 요소를 배제하고 내부관리의 합리화 · 효율화만을 중심축으로 구성하고 있으나 이 경영혁신기법에서는 최종의 의사결정자는 고객이라는 사실에 명심해야 한다.

넷째, 최적의 정보시스템을 활용하여 업무절차를 혁신적으로 효율화해야 한다.

특히 경영정보시스템(MIS)을 중요부분에 선별적으로 도입하여 정보를 생산적으로 활용하고 사장화해서는 안된다. 오늘날 많은 기업은 정보를 축적만 하고 활용하지 않는데 문제가 있다. 쌓이는 정보를 생산적으로 활용하고 이익을 창출하도록 해야 한다. 아무리 많은 정보를 가지고 있어도 활용되지 않으면 업무절차를 혁신적으로 효율화 할 수 없다.

다섯째, 조직구성원은 직무용 설계에 의한 직무내용의 변화가 분업화에 따른 전문화보다는 다양한 업무를 다루는 직무확대로 나타나야 한다. 물론 조직구성원의 전문화도 중요하지만 프로세스 과정에서 전문화 요소를 가지고 분업화를 함으로써 다양한 업무를 다룰 수 있도록 하여 그 직무가 확대되도록 해야 한다. 조직혁신은 통 · 폐합이라는 목적을 가지고 새로운 경쟁환경에 대응 하는 신조직의 창출을 기대하는 것이다. 국제화 · 세계화 · 개방화에 따라 달라지는 경영조직을 새로이 형성하고 종업원의 재교육, 재배치, 새 직무에 적응하는 기법을 만드는 것이다.

여섯째, 리엔지니어링에서의 경영평가는 총체적 · 전사적 경영혁신을 지향하며 고객만족이라는 질적 · 정서적 평가를 가장 중요시한다. 고객만족의 평가는 리엔지니어링 기법의 종국적 목적이 되며 고객의 입장에서 고객의 편에서 최종의 의사결정이 이룩되도록 하는 것이다.

이상과 같이 리엔지니어링 기법이 혁신이 되기 위해서는 ① 무에서 시작하여, ② 한 번의 변화 횟수로써, ③ 짧은 시간에, ④ 위에서 밑으로 참여시기는 방법으로, ⑤ 기능과 기능의 큰 범위 속에서, ⑥ 높은 위험도를 감내하면서, ⑦ 정보처리기술을 근본도구로 활용하라는 것이다.

제6절 벤치마킹

1 벤치마킹의 의의

벤치마킹(benchmarking)이란 기업들의 지속적인 개선을 지원하고 경쟁상 이점을 확보하는데 필요한 정보를 수집하기 위한 수단으로 기업이 기업의 내부 활동 및 기능, 혹은 관리능력을 외부적인 비교 시각을 통해 평가하고 판단하는 것이다.

기업은 일반적으로 그들이 수행하는 제반 프로세스, 즉 업무수행 과정과 유사한 프로세스를 보다 훌륭히 수행하고 있는 우량기업을 비교기준으로 삼는다. 따라서 탁월한 성과를 실현한 성공적인 기업의 경영기법과 경영실무를 모방하고자 하는 기업에 도입될 수 있는 것이다.

벤치마킹은 현대기업의 생존전략이며 프로세스 혁신을 통한 리엔지니어링의 실천수단이다. 여기에서는 미국 생산성본부가 제시한 벤치마킹의 정의를 보도록 하자.

벤치마킹(benchmarking)은 체계적 그리고 지속적인 측정 프로세스이다. 자기회사의 성과개선에 유용한 정보를 얻기 위해 자기회사의 업무수행방식을 측정하고 동 방식을 전 세계의 어느 조직이든지 선도자적 위치에 있는 조직의 프로세스와 비교하는 과정을 말한다.

이처럼 벤치마킹은 하나의 측정 프로세스를 의미하며, 결과적으로 상대적 성과측정치를 산출하게 된다. 더 나아가 탁월한 성과가 실현되도록 한다.

벤치마킹에는 ① 사내벤치마킹(회사내), ② 경쟁벤치마킹(경쟁사), ③ 기능벤치마킹(이업종 기능), ④ 일반벤치마킹 등이 있다.

2 벤치마킹의 원칙

① 성공적인 벤치마킹의 핵심은 상호성(reciprocity)의 원칙을 가지고 있어야 한다. 기업 상호간 정보교환 및 정보공유의 결과 모든 참여회사들은 쌍방 승리자가 된다. 그러나 상호성은 그냥 이루어지지 않는다. 조사를 통해 얻고자 하는 사항들과 정보의 범위 및 자료의 교환에 대해 명시적인 협상이 이루어져야 한다.

벤치마킹의 목적이 분명히 정의되지 못한 경우에는 상대방을 침해하거나 정보의 악용이 생길 수 있는데, 이렇게 되면 일방적 승리 또는 양자패배의 상황이 일어나게 된다. 기업은 벤치마킹 조사대상 파트너에게 합의를 통해 제공하기로 한 약속을 반드시 실천해야 한다.

② 벤치마킹 파트너 간에 고도의 지식전수가 이루어지기 위해서는 반드시 경영활동의 프로세스가 경쟁적이거나 유사해야 한다는 원칙이다. 조사를 수행하는 팀이 다른 조직의 문화적 · 구조적 기업경영의 상황을 자신의 입장으로 해석할 수가 있는 한 어떤 조직에서 이루어지는 프로세스라도 평가할 수 있다. 이러한 유추 및 벤치마킹 파트너 선정을 위한 명백한 기준에 대한 이해정도가 궁극적으로 프로세스 개선기회의 성공적 발견여부를 결정짓는다.

③ 벤치마킹은 측정치(measurement)를 토대로 두 회사간의 성과를 비교하는 원칙이 있어야 한다. 측정의 목적은 두 회사간의 상이한 성과가 얼마만큼 실현되었으며 어떻게 하여 높은 성과가 달성될 수 있는가를 파악하기 위한 것이다.

자기회사의 모든 경영지표를 상대방 우수회사와의 경영지표의 프로세스와 비교하여 측정함으로써 상대방 초우량기업의 프로세스의 원동력을 도입하여 적용시키는 방법이다. 상대방의 최고의 경영기법들을 도입하여 자기회사에 적용시킴으로써 경쟁사보다 비교우위의 경영지표를 발견하게 하는 경영방법이다.

④ 프로세스를 관찰하고 이를 성과지표 또는 성과측정치와 관련짓기 위해서는 진실된 사실과 자료를 수집하여 그 타당성(validity)을 원칙으로 한다. 직관이나 의견 또는 가정에 의존하게 되면 타당성이나 신뢰도가 확실치 않은 유추(analogy)만을 만들어낼 뿐이다. 벤치마킹 프로세스는 비즈니스 프로세스 분석에 있어 직관에 의존한 관리방식보다는 자료중심의 접근방식(management-by-fact)이 원칙으로 되어 있다.

3 벤치마킹의 방법

벤치마킹의 출발은 자사의 파악에서부터 시작되어야 한다. 왜냐하면 벤치마킹이란, 외부에서 사용되는 방법과 기업에서 채택하고 있는 업무방식간의 비교이기 때문이다. 비교라는 말은 동일한 기준선의 존재를 전제로 했을 때, 비로서 의미를 지닌다. 즉, 자기 자신에 대한 정확한 이해를 바탕으로 평가 기준을 설정해야 한다. 그런 다음에야 비로소 개선기회에 대한 명확한 비교 및 확인이 가능하다.

(1) 벤치마킹이 수행되어야 할 주요 활동

① 전략적 의지, 핵심역량, 실행능력, 핵심 프로세스 및 주요 성공요인 등을 파악한다. 단, 고객 중심에서 이를 행한다.

② 벤치마킹 대상 프로세스의 잠재능력을 파악하기 위해 동 프로세스를 문서화하고, 이의 특징을 기술한다.

③ 벤치마킹 대상으로 적합한 파트너를 선정하거나, 파트너로서 적합성 평가기준을 확정한다.

(2) 벤치마킹의 주제선정

벤치마킹의 주제로는 조직의 경쟁력을 획기적으로 높이는 데에 큰 영향을 미치는 주요 성공요인을 선정한다. 주요 성공요인이란, 특정사업이 성공하기 위해서 그 성과가 만족스럽게 이루어져야 하는 몇 개의 활동들로서 효과성, 경제성, 효율성을 위한 정량적인 수단이다.

(3) 벤치마킹팀의 구성

① 내부 벤치마킹 전문가

내부 벤치마킹 전문가란, 본연의 업무가 벤치마킹과 밀접하게 연계되어 있는 내부인력을 의미한다.

② 외부 벤치마킹 전문가

외부 벤치마킹 전문가는 컨설턴트의 역할을 하며, 전문화된 분야의 지원 및 서비스를 지원한다.

③ 구성원

벤치마킹 팀원으로 선발되어 주어진 업무를 수행한 후에 과제가 완료되면 원래의 근무위치로 복귀하며, 벤치마킹팀은 보통 한 팀에 3사람으로 구성된다. 한 사람은 질문을 하고 다른 사람은 기록을 담당하고, 나머지 한 사람은 다음 질문을 생각하는 일을 맡는다.

벤치마킹은 약 2~4개월이 소요되는 프로젝트임을 감안하여, 팀내부적으로 팀원간의 책임명확화 및 외부와의 커뮤니케이션 수단으로 일정계획 및 실행계획을 수립하여 진행하는 것이 바람직하다. 벤치마킹 프로젝트의 평균 소요기간은 현수준 파악 및 방문조사가 4~6주, 정보분석이 4~6주 정도 소요된다.

(4) 벤치마킹 대상기업 선정

다양한 조직을 대상으로 최선의 실무를 보이거나 가장 독특한 프로세스를 수행하는 회사를 선정한다.

(5) 필요한 자료의 수집 및 분석

① 자사의 현재 성과를 외부 벤치마킹 대상기업으로부터 구할 자료에 적용될 공통된 척도로 파악한다.

② 서비스 정보원을 활용하여 특정 주제에 관한 정보를 간접적인 정보원에서 구한다.

③ 벤치마킹 파트너의 협조와 참여를 구한다.

④ 최선의 실무를 실행하고 있는 벤치마킹 대상기업의 프로세스 성과를 파악한다.

도표 13-3 IBM사 벤치마킹의 사례

계 획 단 계

1단계 : 무엇을 벤치마킹할 것인가에 대한 결정
2단계 : 벤치마킹을 수행할 조직의 구성
3단계 : 최상의 질적 수준을 유지하는 선진 대상기업의 선정

⬇

분 석 단 계

4단계 : 향후 개선될 잠재력까지 고려한 우리의 질적 수준의 측정
5단계 : 선진수준에 대한 측정(정량적, 정성적)
6단계 : 선진수준과의 격차에 대한 종합적 분석

⬇

실 행 단 계

7단계 : 분석결과의 전과 · 공유
8단계 : 갭극복 전략 · 실행계획 수립 및 실행
9단계 : 주기적인 재조사

도표 13-4 IBM사가 선정한 비즈니스 프로세스별 최선의 실무수행 기업

비즈니스 프로세스	최선의 실무 기업
• 항공사 예약 시스템	아메리칸 에어라인
• 고객내금 청구 시스템	아메리칸 익스프레스
• 컴퓨터화된 창고관리 시스템	L. L. Bean
• 재고품(화물) 추적	패더럴 익스프레스
• JIT 생산	휴렛팩커드
• 생산계획수립 프로세스	도요타
• 벤치마킹관리 프로세스	제록스
• 고객만족도 측정	제록스

제7절 CS(Customer Satisfaction)

1 CS의 정의

CS(Customer Satisfaction)란 고객만족으로서 "제품이나 서비스에 대한 고객의 사전기대(expectation)보다 사용실감(perception)이 크거나 높은 것"을 말한다. 소문보다 잘한다(좋다)거나 내가 생각했던 것보다 잘한다(좋다)고 느끼면 고객이 만족하고, 그 반대면 불만스럽게 생각하거나 그저 그렇다고 느끼게 된다. 따라서 고객만족은 고객의 '사전기대'가 기준이기 때문에 고객마다 그 기준이 다르며 같은 고객이라도 때와 장소에 따라 그 기준이 변할 수 있다.

또 같은 회사에 대한 '사용실감'도 그 고객을 만나고 있는 종업원에 따라 다르며 같은 종업원이라도 때에 따라 경우에 따라 상이한 '사용실감'을 고객에게 줄 수 있기 때문에 고객만족은 고정된 개념이 아니고 언제나 변화하는 변형의 개념(transformational concept)이다.

특히 "서비스에 있어서 유일한 정수는 변화이다"라고 알부레히트(Karl Albrecht)는 말하고 있는데, 사전기대와 사용실감이 계속 변하기 때문에 고객만족은 계속 변화한다는 사실에 유의해야 할 것이다.

고객만족과 그 결과는 〈도표 13-5〉와 같다.

도표 13-5 고객만족과 그 결과

사전기대	<	사용실감	-->	만족	→	재이용
사전기대	>	사용실감	-->	불만	→	거래중지
사전기대	=	사용실감	-->	만족여부 불확실	→	경쟁사가 없으면 계속 거래

고객을 만족시키려면 먼저 고객의 필요와 기대를 파악하여 이를 경영시스템을 통해 만족시켜야 한다. 고객만족 경영이 실천되려면 고객지향적인 시스템을 구축하고 경영의 질(quality)을 높여야 한다. 경영의 질이 혁신되면 고객과 만나는 접점에서 고객이 변화를 느낄 수 있도록 접점을 재정비해야 한다. 고객과의 접점이 살아서 움직이려면 현장을 중요시하는 역피라미드 개념의 조직이 운영되어야 한다. 현장중심의 조직구조가 완성되려면 사원들의 서로 간에 고객이라는 생각을 가지고 협조하는 고객지향적인 기업문화가 바탕이 되어야 한다.

2 CS경영의 배경

성숙된 시장환경에서는 누가 고객을 발굴해내고, 고객의 욕구를 잘 파악하고, 고객에게 더 밀착하느냐가 기업의 성패를 좌우한다.

지금까지 대부분의 기업들은 나름대로 '고객제일주의', '고객우선주의' 또는 '고객은 왕이다'라는 등의 경영이념을 목표로 고객을 염두에 두고 경영을 해왔기 때문에 고객만족경영은 이미 우리 기업 깊숙히 자리잡고 있다.

그러나 종래의 고객제일주의는 고객을 경영의 한 수단으로 보았지만 고객 만족경영은 고객만족 그 자체가 경영의 목표라는 데 근본적인 차이가 있다.

고객만족경영의 요체는 고객의 입장에서 고객을 생각하고, 고객만족을 지향하여 이를 영속적으로 추진하는 데 있다. 단지 제품을 만들고 서비스를 제공하는 것만이 기업의 목적이 아니라 자기가 생산하는 제품과 서비스를 수단으로 고객을 만족시키는 것이다. 그 결과는 곧 기업의 발전으로 이어진다.

따라서 "고객만족(CS)경영이란, 고객의 기대에 부응하는 제품과 서비스를 제공함으로써 고객을 만족시키는 경영시스템을 말한다." 만족한 고객은 다시 찾아오는 단골고객이 되고 주변의 기대고객을 모아주는 제2의 영업요원이 된다.

'고객만족'이라는 단어가 등장한 것은, 1977년 미국의 시장조사기관에서 자동차에 대한 고객만족도를 조사하여 발표하면서부터이다. 이는 시장조사의 한 분야로 다루어졌고, 기업에서는 소비자보호라는 차원으로 1981년 제너럴일레트릭(General Electric)에서 소비자 응대전화 시스템을 가동하면서 경영의 일부분으로 접합되었다. 같은 해에 유럽 항공회사인 SAS가 고객만족경영을 실천한 후 적자가 흑자로 선회함으로써 새로운 경영기법으로 관심이 집중되었다.

그 후 미국의 많은 서비스회사가 고객만족경영을 실행하여 성과를 보았고, 대학에서도 활발한 연구가 진행되어 학문적인 체계를 갖추게 되었다. 서비스업종 중에서 금융기관 및 제조업종의 영업부문에 빠르게 확산되어 미국 내에서 큰 성과를 거두자 일본에서도 1980년도 중반부터 CS경영을 도입하였다. 일본은 미국과 달리 제조업체의 품질관리(QC)기법과 결합하여 공장에서도 중심전략으로 실천되고 있다.

우리나라는 1990년대 들어서면서 경영여건이 악화되고 국제경쟁이 더욱 치열해지자 새로운 경영기법으로 전 업종에 걸쳐 CS경영을 시도하고 있다. 우리나라 CS경영의 특징은, 경영혁신 프로그램과 접합하여 강한 의지로 빠른 확산을 위해 노력하지만 바탕이 약해서 실제 성과는 그리 크지 못한 아쉬움이 있다.

3 CS의 경영지표화와 CS경영전략

CS경영이란 CS(고객만족)를 조직적 · 계속적으로 창출해나가는 경영이라 정의한다고 하였다.

자사 제품과 서비스 양쪽에 대해 고객의 완전한 만족을 얻기 위해 그 만족도를 정량적 · 정기적으로 측정하여 그 결과에 따라 제품, 서비스 및 사내풍토를 계속적 · 조직적으로 개선해 가는 것을 최종적 과제로 하는 경영이며 경영의 중심을 매출이나 이익, 시장점유율 등의 경영지표에서 고객만족지수(CSI : Customer Satisfaction Index)로 바꾸는 데서 CS경영은 출발한다.

통상적인 경영과 CS경영을 비교해 보면 〈도표 13-6〉과 같다.

도표 13-6 통상경영과 CS경영비교

	상 품	지 표	평 가 자
통상경영	제품+서비스	매출액, 이익, 점유율 재무비율, 생산성, 불량품	기업자신의 눈으로 기업활동을 주관적으로 평가
CS경영	고 객 만 족	고객만족도	고객의 눈으로 객관적으로 평가

고객의 사전기대를 파악해야 전략을 세울 수 있다. 고객의 사전기대는 ① 직원의 업무지식, ② 접객태도, ③ 설비(점포, 자동화기기 등)로 나누어 파악할 수 있는데, 각각에 대해서 사전기대보다 제공된 서비스 수준이 커야 고객만족이 되며, 고객만족도를 높이기 위해서는 3가지 요소 전부에 대해서 체계적이고 계속적인 개선이 필요하다.

문제는 사전기대가 향상변화하며 낮아지는 일이 없다는 점이다. 왜냐하면 고객욕구는 다양화 · 고도화되며 경쟁의 격화로 새로운 서비스가 제공되기 때문이다. 따라서 끊임없이 고객의 사전기대를 조사하여 만족요소를 확대하고 불만족요소를 해소해 나가야 할 것이다.

그러나 기업의 자원은 한정되어 있고 고객이 원한다고 해서 모두 들어 줄 수도 없고, 기업도 적정이익을 확보하지 않고서는 존립조차 할 수 없기 때문에 무엇부터 해결 · 개선해야 할지 우선순위를 정해야 한다.

즉, 종합만족도에 영향력이 높은 반면 현재만족도가 낮은 항목인 문제항목을 최우선 개선해서 만족도를 높이는 전략이 가장 유효하다.

일본 은행들의 고객 대기시간 단축경쟁을 예로 들어보면, ATM(automated teller machine)의 경우 1990년도까지 5만엔 인출시 은행 평균 30초 걸리던 상황에서 삼화은행이 24초 걸리는 수퍼 ATM을 개발한 데 이어, 1992년 7월에는 16초 걸리면서 고장률도 현저히 낮은 익스프레스 ATM을 개발하자 이에 자극된 다이이치강교 은행이 1993년 4월에 20만엔 인출시 14초 걸리는 ATM을 설치하였고, 아사히 은행은 1993년 6월에 11초 걸리는 ATM을 설치하기 시작하였다. 고객 설문조사에서 대기시간이 문제항목으로 지적되었기 때문에 대기시간 단축경쟁이 유발된 것이다.

고객의 사전대기를 계속적으로 조사하여 만족요소를 높이는 전략을 수립한다고 해서 그것을 바로 실천하기는 매우 어렵다. 우선 돈도 많이 들지만 근본적으로 구성원이 성취감을 느끼고 의욕적으로 일할 수 있는 조직풍토가 조성되기 전에는 고객에게 좋은 서비스가 전달되지 않는다는 현실 때문이다. 조직 자체를 고객지향적으로 혁신하기 전에는 조직구성원이 고객위주로 일을 할 수 없기 때문에 고객만족경영이니 고객제1주의를 내세우기 전에 조직혁신이 우선되어야 한다. 그리고 고객만족을 위한 서비스품질을 향상시켜야 한다

4 고객이탈방지전략

고객만족경영의 일환으로써 고객이탈에 관리개념을 도입하는 것이 종요함은 새삼 언급할 필요가 없다. 서비스기업들이 고객이탈률을 전혀 없게 할 수는 없지만 이를 감소시키는 것은 충분이 가능하며 실행할 가치가 있다.

이탈률 제로화를 목표로 세우고 이를 추진하기 위해서는 먼저 기업과의 거래를 단절했거나 단절하려는 고객을 확인하는 장치가 필요하다. 이러한 장치에는 새로운 정보와 절차가 필요하지만 많은 투자나 시간이 필요한 것은 아니다.

기업은 이탈고객에 대한 정보를 정기적으로 수집해야 한다. 은행을 예로 든다면 매분기 또는 반기마다 한 번씩 이탈고객의 사회인구학적 특성(성, 연령, 거주지 등) 은 물론 거래특성(거래기간, 거래상품, 이용빈도, 거래당 금액 등)을 가능하다면 시계열적으로 확인해야 한다. 나아가 이들 중 일부를 표본으로 추출하여 그들이 설명하는 이탈의 주관적 이유를 수집해야 한다. 이렇게 수집된 정보는 고객 중 어떤 사람들이 어떤 이유에서 거래를 단절했는지를 알수 있게 해줄 것이며, 무엇을 어떻게 개선해야 하는가에 대한 판단자료를 제공한다. 이러한 자료는 이들이 경쟁상품 때문에 이동하는 것인지, 서비스에 불만이 있어서 이탈하는 것인지를 확인할 수 있게 해준다. 또한, 이런 정보는 어떤 고객에게 어떤 시기에, 어떤 조치를 취할 필요가 있는가를 알려줌으로써 고객을 붙들 수 있는 전략적 정보를 확보하게 된다.

제8절 다운사이징

1 다운사이징 정의

다운사이징(Downsizing)은 보통 "의도적인 인력의 감축"(intended reductions of personnel)으로 정의되고 있다. 넓은 의미에서 다운사이징은 조직의 효율성, 생산성, 그리고 경쟁력을 개선하기 위하여 조직인력의 규모, 비용구조, 업무흐름(work process) 등에 변화를 가져오는 일련의 조치들을 말한다.

따라서 다운사이징이란 조직축소나 인력의 감축을 뜻하는 경영기법이라고 할 수 있다.

2 다운사이징의 특성

다운사이징은 조직이 의도적으로 시작하는 것이다. 따라서, 다운사이징은 단순히 조직이 쇠퇴하면서 규모가 축소되는 경우와는 구별되는 것이다. 다운사이징은 보통 인력의 감축을 수반하지만 그것에만 한정된 것이 아니다. 다운사이징과 동시에 조직의 특정부분에서는 새로운 제품이 추가되거나 새로운 수익의 근원이 창출되거나 하면서 인원을 증가시킬 수도 있다. 다운사이징은 조직의 위기상황에서 방어적인 수단으로 쓰일 수 있지만, 아무 문제가 없는 조직이 성과를 더욱 높이기 위한 전향적이고 공격적인 수단으로 쓰일 수도 있다.

다운사이징은 의도를 했든, 하지 않았든 결국은 업무흐름(work process)에 영향을 미치게 된다. 다운사이징이 단순한 인력의 감축으로 나타나게 되면 예전보다 적은 수의 사람들이 예전과 동일한 양의 업무를 수행해야 하므로 어떤 일이 수행되고 또 어떻게 수행되는지에 변화가 오게 된다. 그 외에 다운사이징은 조직구조개편, 기능부서의 제거, 조직계층의 축소, 조직부서의 통합, 업무재편성 등을 수반할 수도 있는데 그 결과는 역시 업무의 재편성이 되는 것이다. 다운사이징은 조직구성원의 해고나 비용절감을 의미하는 것이 아니다. 기업의 강점을 최대한 살리고, 핵심주력사업에 집중하며 신규사업의 창출을 통해 경쟁력을 강화시키는 것이다. 즉, 기업이 어떤 사업을 어떻게 영위할 것인가에 대한 자세로 획기적인 비용절감, 자원과 노력의 집중, 핵심사업에 대한 역량구축과 강화이다.

3 다운사이징의 유형

(1) 인원감축을 통한 다운사이징

가장 널리 사용되고 있는 방법이며 보통 다운사이징이라고 할 때 떠올리게 되는

유형으로 인원감축을 들 수 있으며, 주로 조기퇴직, 정리해고, 재취직 알선, 감원 등을 통해서 이루어진다. 단기적이고 가시적인 효과 때문에 가장 많이 사용되고 있지만, 부작용도 가장 큰 유형이다. 이 유형의 부작용은 즉각적인 인원의 감축으로 인하여 조직이 심각한 상태에 처할 수 있다는 것이다. 근본적인 문제점은 정확하게 누가 제거되고 누가 남게될지 예측할 수 없다는 것으로, 조직구성원들이 조직을 떠남으로 인하여 어떤 중요한 지식이나 기술의 손실이 발생할 수도 있다는 것이다.

도표 13-7 다운사이징이 유형

	유형 Ⅰ (인원감축)	유형 Ⅱ (업무재편성)
초 점	인원수 감축	직무, 계층, 조직단위 감축
제거의 대상	직원, 구성원	업무, 조직직제
실행시간	단기	중기
효 과	단기	중기
방 법	해고, 감원, 명예퇴직, 조기퇴직	기능부서통합, 조직단위합병 직무 재디자인, 조직계층 제거

(2) 업무재편성을 통한 다운사이징

업무재편성(work process)을 통한 다운사이징은 인원을 줄이는 것이 아니라 업무의 수를 줄이는 것으로 인원감축을 대신하거나 병행해서 이루어질 수 있다.

기능의 제거, 계층의 제거, 부서의 제거, 혹은 제품의 제거 등을 통해 이루어질 수 있고, 또한 작업의 재디자인, 조직단위의 통합, 작업시간의 감축 등을 통해서도 이루어질 수 있다. 단순한 인원감축과는 달리 단순화된 구조로 인하여 잔여 조직구성원에게 과중한 업무를 부과하는 부작용을 피할 수 있다.

4 다운사이징의 경영전략적 관점

우리나라에서는 21세기 초에 들어 빈번히 진행되고 있는 사업구조재편성시 거의 반드시 병행하는 현상으로 나타나고 있다. 다운사이징을 전략이라고 한다면 고질적이고 구조적인 비효율성으로 어려움을 겪고 있는 기업이 살아남기 위해 시간을 벌기 위한 생존모드의 전략으로 인원감축을 가장 먼저 실시한다. 그러나 무조건적 인원감축이나 해고 등을 목적으로 하는 것이 아니다. 기업의 경쟁력을 재고하기 위해 기업 내의 불필요하고 비효율적인 부분을 제거함으로써 더욱 가볍고 날쌘 조직으로 만드는 것이 다운사이징의 목표라고 할 때, 그 의도 자체가 긍정적인 것은 확실하다. 그러나 무분별한 다운사이징은 가볍고 날쌘 조직 대신 가볍고 기운없는 조직으로 만드는 부정적인 효과를 가져올 수도 있다.

리엔지니어링, 리스트럭처링 등의 경영합리화가 결국은 대량감원을 통한 다운사이징으로 귀결되는 것이 사실이다.

미국에서 이제 기업의 다운사이징 소식은 더 이상 뉴스거리도 되지 못하는 것이 현실로서 이미 수많은 기업들이 다운사이징을 이용한 경영합리화를 추구해 왔다.

1980년대에 걸쳐서는 불경기시에 이백만명 이상의 제조업부문 조직구성원들의 감원이 많았는데, 최근에는 중간관리자급을 대상으로 한 다운사이징이 진행되고 있으며, 1990년대 들어 미국의 Fortune 1,000대 기업 중 85% 이상이 화이트 컬러 스탭들에 대한 다운사이징을 실시했다. 다운사이징을 실시한 기업들은 AT&T(American Telephone & Telegraph), 이스트만 코닥(Eastman Kodak), 씨티은행, 굳이어 타이어(Goodyear), 디지털 이큅먼트(DEC), 에모코(Amoco), 쉐브론(Chevron), 엑슨(Exxon), 블랙 앤드 데커(Black & Decker), CBS, ABC 등 헤아릴 수 없이 많이 한다. 한국의 IMF시절 가장 먼저 실시한 기법이기도 하다.

제9절 스피드 경영

1 스피드 경영의 정의

스피드 경영은 급변하는 경영환경에 대한 대응력을 신속히 극대화함으로써 고객이 만족하는 제품·서비스를 남보다 빠르게 제공하는 시스템이다. 스피드 경영은 제품개발부터 시장장악까지의 기간을 최소화하는 신경영기법이다.

즉, 스피드 경영이란 시간과 시점을 중시하는 21세기 고객의 특성을 고려하여, 현재와 미래 고객이 원하는 제품과 서비스를 가장 빠르게 그리고 고객이 원하는 시점에 맞게 제공할 수 있도록 하는 제반 경영활동이다.

따라서 스피드를 통해서 경비를 줄이고 수익성을 극대화하면서 전사적 만족을 얻는 경영을 말한다.

2 스피드 경영의 특징

스피드 경영의 특징은 다음과 같다.

① 기회선점 : 경쟁사에 비해 신상품을 먼저 출시한다.

② 시간단축 : 상품개발시간을 최대한 줄인다.

③ 타이밍 경영 : 필요한 시점에 적절한 상품을 공급한다.

④ 유연경영 : 소품종 다량생산으로 고객의 요구를 최대한 만족시킨다.

도표 13-8 스피드 경영의 특징

4 대 속 성	대 응 방 향	
먼저(기회선점)	• 미래 유망사업의 조기 발굴	• 경쟁사대비 신상품 조기 출시
빨리(시간단축)	• 상품개발, 주문·출하시간 단축	• 신속한 의사결정
제때(타이밍)	• 고객과의 납기 준수	• 필요할 때 필요한 만큼 공급
자주(유연성)	• 사람, 돈 등 실시간 관리	• 소량 다품종 경영

3 스피드 경영의 효과

스피드 경영의 효과는 경영성과 제고, 고객만족, 내부 조직구성원의 만족 등을 들 수 있다. 21세기 스피드 경영의 효과를 다음과 같이 설명할 수 있다.

(1) 경영성과

스피드 경영을 통하여, 한계 사업을 조기에 정리하고 신규시장에 보다 빨리 진출할 수 있으며, 업무처리의 시간을 단축하여 생산성을 높일 수 있고, 신제품의 개발 사이클을 단축함으로써 신제품을 조기에 출시할 수 있다. 또한 신속한 고객대응 등을 통하여 시장점유율을 제고시킴으로써 경영성과를 높일 수 있다.

(2) 고객만족

고객은 기다리기를 싫어한다. 싫어하는 것이 아니라 아예 기다리지 않는다. 기다리게 하는 회사 말고도 공급자는 얼마든지 많기 때문이다.

그래서 미국의 회사들 가운데는 업무를 통합하고 정보기술(IT)을 이용, 업무처리시간을 획기적으로 단축한 회사들이 많다. 이미 기업경쟁에서 최대의 관심사가 스피드 업(Speed Up) 경쟁으로 바뀌었기 때문이다. 고객의 시간을 단 1초라도 되돌려 주겠다는 자세가 고객만족으로 이어지고 있는 것이다. 고객이 주문을 하는데도 자기들끼리 잡담을 하거나 고객에게 무관심한 종업원이 근무하는 회사와 고객의 시간을 단 1초라도 소중히 여기겠다는 회사 사이에 어느 쪽이 고객들로부터 사랑을 받을지는 자명한 일이다.

(3) 내부 조직구성원의 만족

절약된 시간을 자기개발 등에 활용함으로써 삶의 질을 향상시킬 수 있으며, 불합리한 업무를 제거시킴으로써 보다 가치있는 업무수행의 기회를 가질 수 있고, 신속한 정보의 공유로 정보단절에 의한 소외감을 제거시키고, 경영 지원업무의 신속한 지원 및 처리 등을 통하여 내부 조직구성원들의 만족을 극대화할 수 있다.

4 스피드 경영의 실행방법

(1) 적시생산체제(Just In Time)

일본 자동차업체가 부품과 자재를 필요한 시기에 조달하여 낭비를 줄이기 위해 생산현장에서 도입한 적시생산 시스템은 스피드 경영의 한 방법이다. 즉, 일본 자동차업체의 공장생산라인은 주문내용에 따라 언제든지 차종과 색상을 전환할 수 있는 유연한 조직이 되었고, 부품은 도착즉시 생산공정에 투입되어 재고가 전혀 없게 하고 있다.

(2) 유동시간 단축

회사에서 시간에 기반한 모든 사항을 조사한다. 고객의 구매결정과 그러한 요구에 대한 기업의 실행 사이에 걸리는 유동시간을 줄이는데 미래가 달려있다는 사실을 깨닫도록 노력한다. 고객이 경험하는 요구와 실행 사이의 주요 사이클을 모두 기록하고 가장 시간소모가 긴 부분을 찾아내어 즉각 시간을 단축한다.

(3) 고객만족 고려

고객조사를 통해 어느 부분의 어떤 프로세스가 지체되고 있고 이것이 고객만족에 어떤 영향을 미치는지를 결정한 후, 그들의 만족을 높여주고, 궁극적으로는 그들의 구매행동을 더 높일 수 있는 방법을 모색하여야 한다. 즉, 종업원, 경영진, 고객이 같이 참가하는 브레인 스토밍을 통하여 비즈니스 프로세스, 서비스 처리 등을 가속화할 수 있는 방법을 찾아야 한다.

(4) 보다 값싼 스피드 가격 책정

대부분의 고객들은 신속하게 개발되어 제공된 제품에 대해 기꺼이 더 많은 가격을 지불한다는 사실을 상기해야 한다. 요구와 실행 사이클에서 지체되는 부분을 줄이거나 없앤 비용, 즉 값싼 가격을 고객들에게 전가할 수 있는지를 결정한다.

(5) 스피드에 대한 보상

시간을 중시하는 기업문화를 개발하는데 도움을 준 조직구성원들에게 그에 맞는 보상을 한다. 또한 조직구성원들이 스피드가 단순한 부가가치 이상이라는 것을 깨달아야 한다. 결국, 스피드가 그 기업이 제공하는 모든 제품과 서비스의 필수적인 요소로 인식되어야만 한다.

도표 13-9 삼성 스피드 경영의 4대 속성

4대속성	스피드경영의 의미	대응방향
먼저 (기회선점 경영)	• Early Start • Market Leader	• 미래유망사업의 조기발굴, 사전준비, 선행투자 (예) : 신상품 매출비율 • 경쟁사비 신상품 조기출시
빨리 (시간단축 경영)	• Time Compression • Fast Decision	• 프로세스 리드타임 단축 (예) : 상품개발시간 단축 주문-출하시간 단축 • 신속한 의사결정
제때 (타이밍 경영)	• On Time • Just in Time	• 외부고객 및 회사내부 고객과의 납기 준수 (예) : 고객납기 준수율 • 필요한 시점에 필요한 만큼 공급
자주 (유연 경영)	• Real Time Management • Flexible Management	• 사람, 돈, 물류 등 실시간 관리 (예) : 일일 결산체제 • 소량다품종, 고회전율 경영 (예) : 자산회전율

CHAPTER

14

균형성과표

제1절 균형성과표의 개념

제2절 BSC를 활용한 관리프로세스

제3절 균형성과표 예시

제1절 균형성과표의 개념

하버드대학 로버트 카플란(Kaplan)과 노란노턴사의 데이비드 노턴(Norton)은 1992년, 하버드 비즈니스 리뷰지 논문에서 Balanced Scorecard(BSC)라는 방법을 처음 소개하였다.

Balanced Scorecard는 '균형 잡힌 성과지표판'이라고 번역할 수도 있겠으나 일반적으로는 '균형성과표' 또는 편의상 BSC로 약칭하기도 한다. 이것은 〈도표 14-1〉과 같이 필수적 성과영역을 재무적 관점, 고객 관점, 내부 프로세스 관점, 학습 및 성장 관점의 네 가지로 구분하여 각 성과를 기록하고, 목표(전략)에 따라 진행되고 있는가를 알아보는 모니터 도구이다. 사실 기업의 성과관리는 쉽지 않은 문제이다.

도표 14-1 균형성과표의 네 가지 관점

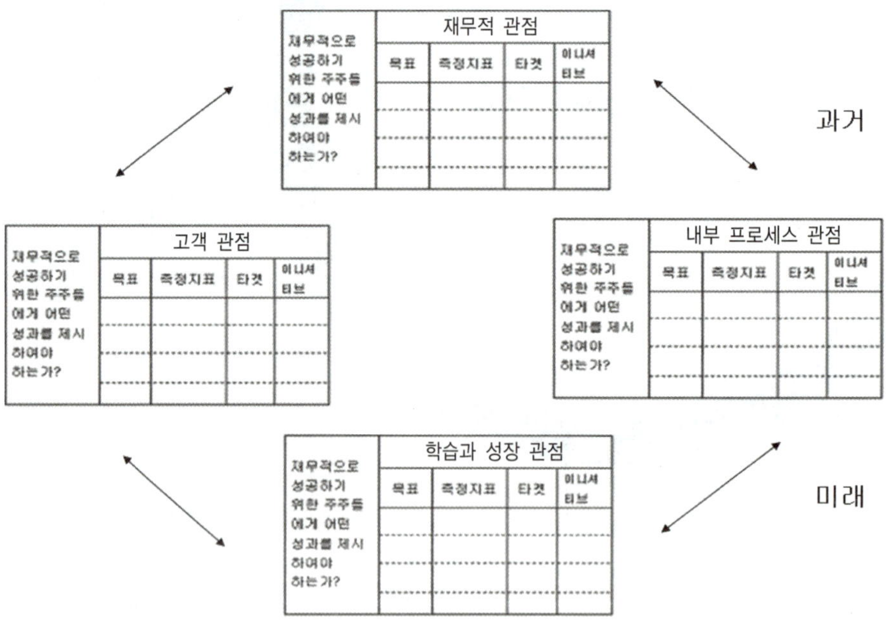

출처 : Kaplan & Norton, *The Balanced Scorecard*, 1996.

과거에는 기업들이 지나치게 조직차원에서의 성과를 주로 매출액, 순이익, EVA 등과 같은 재무적인 지표로만 측정하였다. 그러나 대외, 대내 성과(조직, 프로세스), 고객 성과를 균형적으로 관리해야 한다. 재무지표가 효과적인 경영을 위해서 중요하긴 하지만 단기성과에 치중하는 경향이 있고 불완전하다는 자각에서, 재무적 지표를 보완하기 위해서 사업운영에 대한 비재무적인 성과지표도 도입하기 시작한 것이다.

즉, 기업비전이 구체적인 행동과 성과로 연결되기 위해서 이를 측정 할 수 있는 구체적인 성과지표가 필요하고 이러한 성과지표로써 'Balanced Scorecard'의 개념이 등장했다. Balanced Scorecard 는 비전달성을 위한 기업의 성과목표를 재무적인 관점뿐만 아니라, 고객 관점, 내부 비즈니스 프로세스 관점, 지속적인 학습 및 혁신의 네 가지 관점을 반영하여 다양한 관점에서 조직의 성과관리를 보다 체계적으로 표시하고 관리할 수 있게 한다.

이러한 균형성과표는 사업의 성과를 신속하면서도 종합적인 관점에서 측정할 수 있게 도와주는 성과측정시스템이다. 균형성과표는 경영성과를 측정하고 판단하는 데 경우에 따라서는 상호이질적인 평가요소들의 성과를 하나의 보고서에 함께 보여준다.

또한 균형성과표를 사용함으로써 부분최적화를 박을 수 있다. 균형성과표는 경영에 필요한 거의 모든 운영측정지표들을 한꺼번에 보여주기 때문에 경영자의 의사결정에 전체적인 안목을 제공해 준다.

아울러, 균형성과표는 최고경영자의 경영비전을 명백히 하고, 단순화하며, 실행 가능하게 만든다. 효율적인 의사결정에 도움이 되는 측정항목만을 선별해 여기에 관련된 정보를 제공하고, 현재와 미래의 경영성과를 판단하는 데 필요한 주요 지표들로 구성되어 있다.

균형성과표에서의 재무적 관점(financial perspective)은 재무지표만을 관리하는 것 이상의 의미를 갖는다. 즉, 종업원 1인당 총자산, 종업원 1인당 매출액, 종업원 1인당 순이익, 투자수익율(ROI: return on investment), 자산활용율, 영업 마진, 시장점유율, 시장성장율, 이익률, 세분화 시장 · 고객 이익률, 유동성, 자기자본 부채비율, 종업원당 부가가치, 재무활동성 등 다양한 지표들을 포함시킬 수 있다.

고객 관점(customer perspective)의 성과지표로는 고객 이탈률, 고객관계 지수, 고객만족도, 고객당 연간 매출액, 고객관계에 소요된 평균시간, 종업원당 고객수, 고객 1인당 비용, 고객방문회수, 불평불만건수 등을 포함시킬 수 있다.

내부 프로세스 관점(internal process perspective)은 기업의 핵심 프로세스와 핵심역량에 관련된 것으로, 생산성, 효율성, 서비스 품질, 협력업체 성과, 신상품 수익률, 상품개발 사이클, 고객응대시간, 정시 배달율, 재고회전율, 종업원 1인당 관리비용 등의 성과지표를 포함시킬 수 있다.

그리고 혁신 및 학습 관점(innovation and learning perspective)은 미래지향적인 관점이다. 현재는 그 가치가 보이지 않지만 장기적으로 종업원 개발 투자 가 기업성장에 얼마나 영향을 미칠 수 있는지를 파악한다. 혁신/제안 비율, 교육과정 이수, 학습, 현장에서의 성과 개선, 팀 훈련 비율, 직무순환, 작업배치, 감독자, 종업원 만족도, 경력 개발, 의사소통 인지도, 이직율, 결석율, 월급수준, 종업원 연봉 변화율, 교육일수, 교육비, 제안건수 등을 들 수 있다.

제2절 BSC를 활용한 관리 프로세스

균형성과표(BSC)는 재무적, 고객, 내부 비즈니스 프로세스, 학습 및 성장 관점의 네 가지 균형된 시각으로 기업의 과거 · 현재 · 미래 성과를 살펴보고 전사적 성과의 개선을 도모하는 전략적 도구이다.

도표 14-2 BSC를 활용한 관리 프로세스

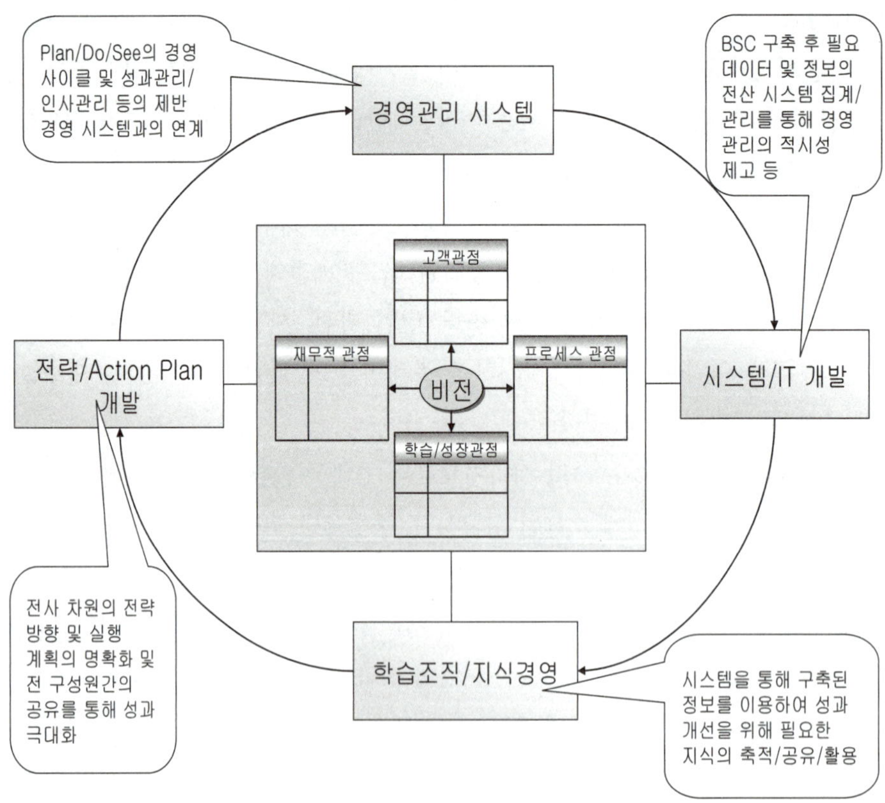

BSC는 전략 · 실행 계획의 개발, 경영관리 시스템 구축, 시스템 개발 및 학습조직 · 지식경영의 순환 사이클에서 중추적인 역할을 수행하게 된다. 전사적 차원의 전략방향 및 각 부서에서 수행할 실행계획을 명확하게 설정하고, 인사관리 등 제반 경영관리 시스템을 개발하게 된다.

또한 BSC 구축 후 필요한 데이터 및 정보의 전산시스템의 개발과 관리를 통해 경영관리의 적시성을 제고한다. 나아가 시스템을 통해 구축된 정보를 활용해 성과개선을 위해 필요한 지식을 축적 · 공유 · 활용하게 된다(도표 14-2 참조).

제3절 균형성과표 예시

1 조직차원의 균형성과표

〈도표 14-3〉은 영국 소매금융기업인 할리팩스(Halifax)사의 Balanced Scorcard와 성과지표들을 도출하기 위한 각 단계를 보여 주고 있다.

이사회가 비전 및 사명을 확정하자 프로젝트팀은 핵심 성공 요소 및 네 가지 관점들에 대한 측정지표들을 수립하였다. 캐플런과 노튼의 원래 제안과는 달리, 할리팩스 사는 "학습 및 발전 관점"은 성과측정표에는 적합지 않다고 생각했고 그 대신 "직원 개발 및 향상 관점"을 가지는 것이 더 적절하다고 생각하여 이를 포함시켰다. 전반적인 성과측정표 개발에는 약 6~9개월이 소요되었다. 할리팩스사는 데이터의 정확도 및 이용 가능성, 핵심 성공요소와의 관련성, 측정지표의 우선 순위 및 중요도, 행위에 대한 긍정적 효과, 측정결과를 관리하고 그것에 영향을 줄 수 있는 사용자의 능력과 같은 요소를 기준으로 바람직한 측정지표를 설정하였다.

도표 14-3 할리팩스사의 전반적 BSC 개발의 각 단계

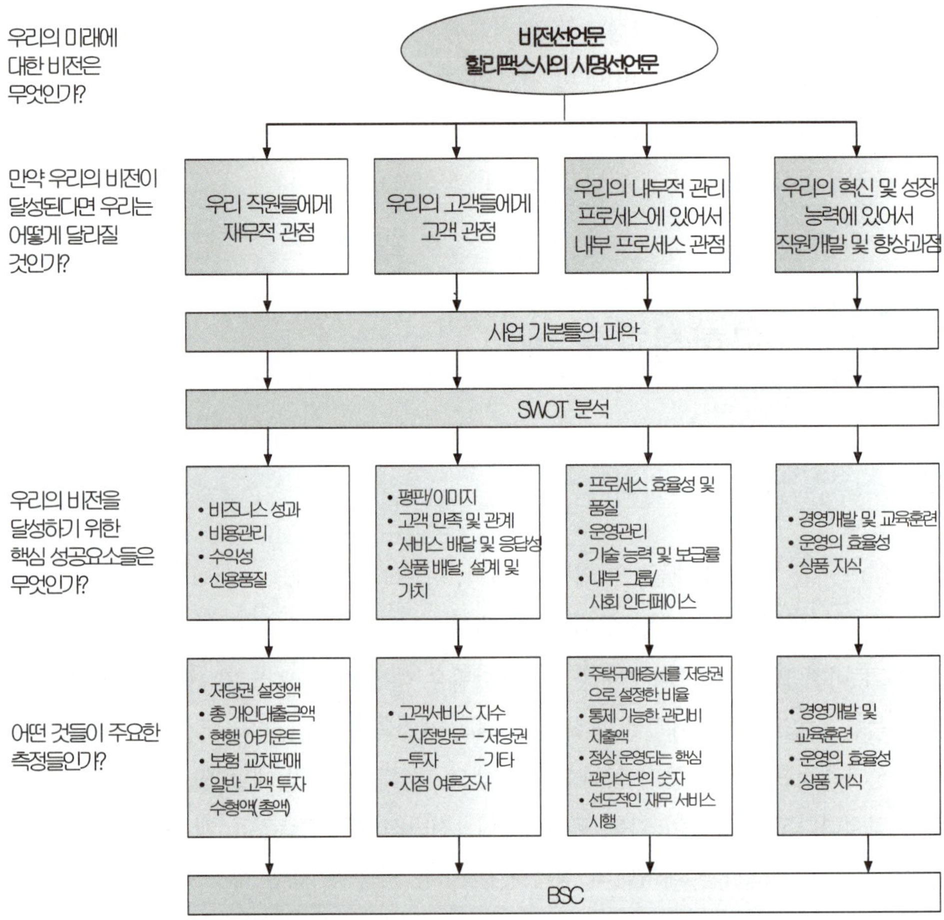

출처 : Clive et al., *Performance Drivers*, 1999.

2 R&D 부문에 적용된 균형성과표

R&D(연구개발)에 BSC를 도입하기 위해서는 먼저 기업의 비전 달성을 위한 R&D의 미션을 규명하고 이에 근거한 핵심활동을 파악한다. 그 다음에 각 활동을 측정할 수 있는 핵심지표를 도출한다. 도출된 핵심지표를 부서별로 배분하여 목표를 설정하고 이의 달성 정도를 중간 점검하며, 마지막으로 성과에 대한 평가와 이 평가결과를 활용하는 사이클을 거치게 된다.

도표 14-4 R&D 부문에 적용된 BSC의 예

재무적 관점	
• 생존	• R&D 성과의 현재가치/R&D 투자액
• 성공	• 신제품 매출 비율
• 번영	• R&D로 얻게된 시장점유율

고객 관점	
• 고객 만족	• 고객만족도
• 내외부 고객들의 요구충족	• 고객의 제안으로 시작한 프로젝트의 비율
• 생산 가능성 제고를 위한 설계	• 엔지니어링 시간 / (엔지니어링 시간 + 문제해결시간)
• 프로젝트 사업화율	• 양산 이전에 중단된 프로젝트의 비율

비전과 전략

내부 비즈니스 프로세스 관점	
• 생산성	• 프로젝트 투입시간/총 R&D 투입시간
• 출시속도	• 현재의 출시속도/목표출시속도
• 기술/설계의 재활용	• 표준 설계 및 증명된 기술의 재활용 비율
• 프로젝트 기간의 신뢰성 산출물의 질	• 수정된 프로젝트의 기간의 합/계획된 프로젝트의 기간의 합 재작업시간/횟수

혁신 및 학습 관점	
• 기술리더쉽	• R&D 지출액 대비 특허의 수
• 장기적 시각	• 기초/응용 연구에 대한 R&D 내·외부의 예산액 비중
• 기술획득 능력	• 외부의 제3자와 공동작업으로 추진중인 프로젝트의 비중
• 학습조직	• 새로운 프로제트에 적용된 아이디어의 비율

출처 : Kerssens-van Drongelen & Cook, "Design Principles for the Development of Measurement Systems for Research and Development Processes", *R&D Management, 1997.*

〈도표 14-4〉는 R&D 부문에 BSC를 도입한 예이다. 신제품 매출비율 등을 재무적 관점의 지표에 포함시켜 신제품 개발을 촉진시킬 수 있고, 시장의 요구에 맞는 프로젝트의 비율 등이 고객 관점의 지표에 포함되어 프로젝트의 성패가 단순히 기술적 성과로만 판가름되지 않게 할 수 있다. 또한 기초연구에 대한 R&D 투자비중과 같은 지표를 혁신 및 학습지표에 포함시켜 장·단기 사업 간의 균형을 추구할 수 있다.

지속적 경쟁우위를 위한

경영전략론

PART 4

경영전략기획 실습 및 사례연구

Chapter 15 경영전략기획 실전실습

Chapter 16 경영전략기획 사례연구

CHAPTER

15

경영전략기획 실전실습

제1절 기업 경영전략기획 실습

제2절 성공적 인생기획 실습

제1절 기업 경영전략기획 실습

1 부서의 중장기 비전과 전략 수립 실습

❐ 작성과정 1. 목적 전개도

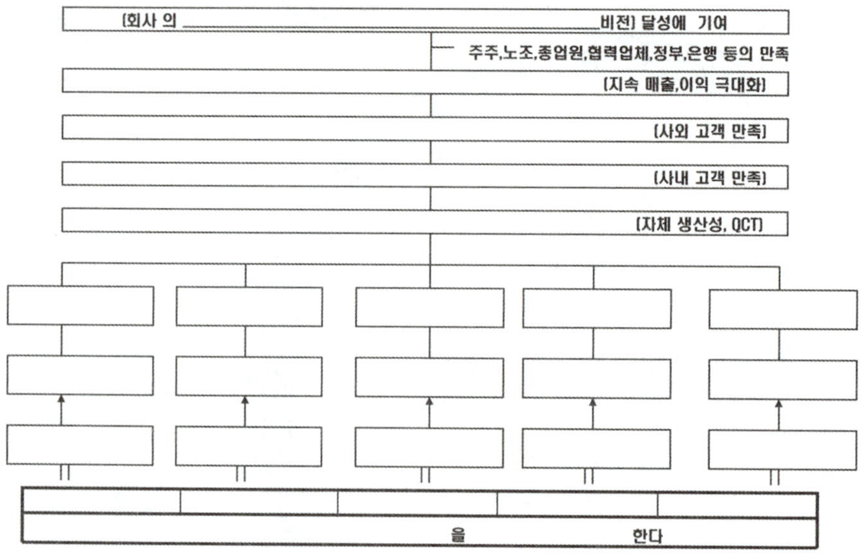

❐ 작성과정 2. 부서 미션/비전 및 중장기 비전

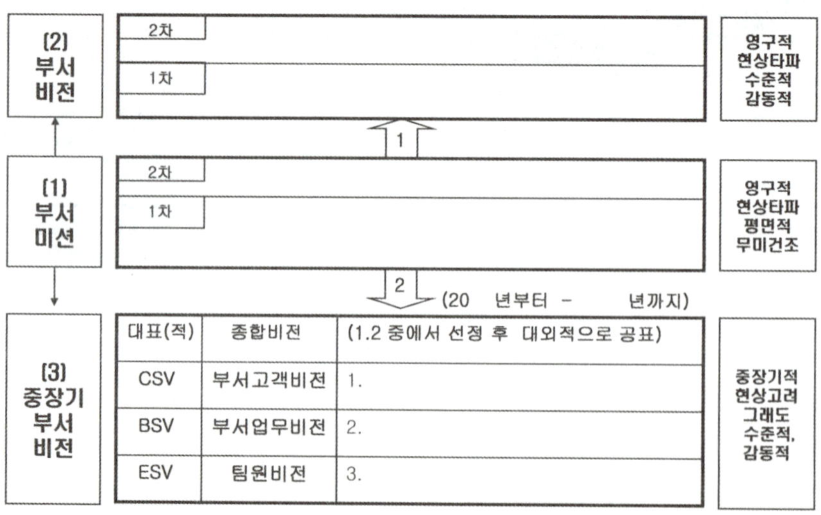

❒ 작성과정 3. 업무 분장 및 Activity 체계도 (최소한 Level II or III까지기재)

Level I	Level II	Level III	Level IV

(NO : 0f)

❒ 작성과정 3. 업무 분장 및 Activity 체계도 (최소한 Level II or III까지기재)

Level I	Level II	Level III	Level IV

(NO : 0f)

❐ 작성과정 4. 중장기 목표 체계도 4.1 종합목표 체계도

위 치		목표항목(명)	측정방법	극한목표	현수준 (20 년)	벤치마크	목표수준 (3년간)		
							20	20	20
부서 비전									
부서미션									
부서 중장기 비전	고객만족								
	업무만족								
	팀원만족	세계적 [ ] 전문가 집단 인정도	부서원 설문평점 (5.0만점)	지속적 5.0 만점유지	3.5추정	______사 4.3 추정	3.9	4.3	4.5

❐ 작성과정 4. 중장기 목표 체계도 4.2 정량/정성목표 체계도

구 분	항 목	목표 항목	측정 방법	극한 목표	현 수준 (20 년)	벤치 마크	목 표 수 준 (3년간)		
							20	20	20
정량 목표	매 출								
	경 비								
	기타 생산성 또는 경쟁력								
정성 목표	4.1 보다 구체적인 항목 (목표달성 업무)								
	부서활성화								
	인재육성								
	경영혁신								

❐ 작성과정 5. SWOT 분석 5.1 강약점 (SW)분석

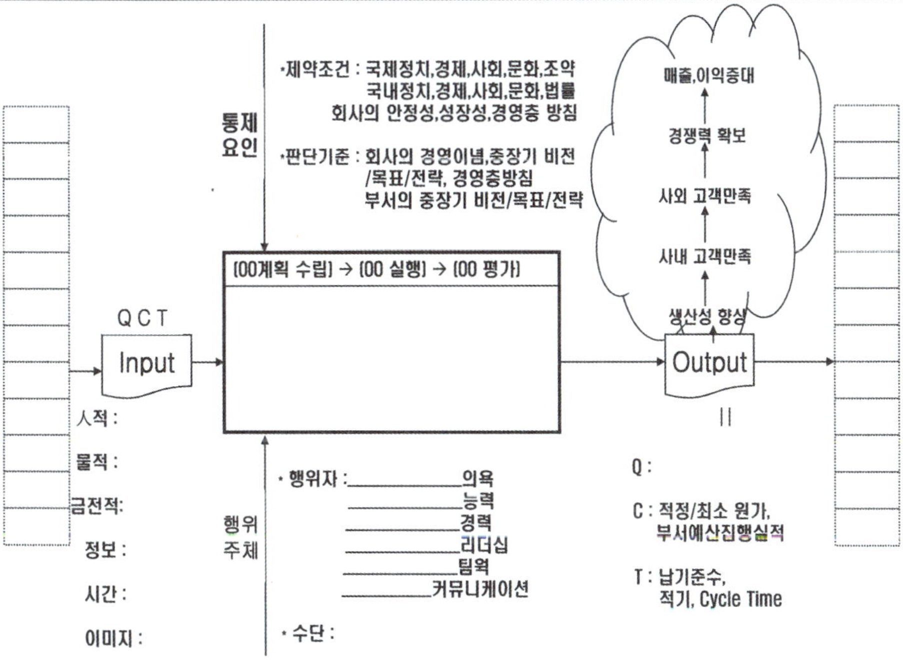

❐ 5.2 기회/위협 (OT)분석 5.2.1 개괄적 분석

구 분	세계추세(키워드)	세계 ( )시장	국내 ( )시장	자사에의 영향	우리부서에의 영향
S(사회)					
K(경쟁)					
E(경제)					
P(정치)					
T(기술)					
I(정보)					
C(고객)					

❐ 5.2 기회/위협 (OT)분석 5.2.2 구체적 분석

( ) 업종 환경	최근 몇 년/금년의 최고경영층 방침	우리 기능(영업,생산 등)의 정책, 제도	우리 부서에의 기회와 위협

❐ 5.3 SWOT 분석 요약

(20 년 월 현재)

외부환경 분석 / 내부환경 (여건)분석	기회(O)	위협(T)
강점(S)	SO전략(안)	ST전략(안)
약점(W)	WO전략(안)	WT전략(안)

❐ 작성과정 6. 전략 및 Action Plan(안) 도출

- 앞의 SWOT분석 작업 등에 의해 전략을 수립한 후, 주요 전력별 액션플랜 도출 및 일정화

주요 전략과제	Action Plan 후보(안)	선정된(안) -중요도 -실행가능성	일 정 [3년간 줄긋기]		
			20	20	20
	1) 2) 3) 4) 5) 6) 7) 8)				
	1) 2) 3) 4) 5) 6) 7) 8)				
	1) 2) 3) 4) 5) 6) 7) 8)				

❐ 작성과정 6. 전략 및 Action Plan(안) 도출

- 앞의 SWOT분석 작업 등에 의해 전략을 수립한 후, 주요 전력별 액션플랜 도출 및 일정화

주요 전략과제	Action Plan 후보(안)	선정된(안) -중요도 -실행가능성	일 정 [3년간 줄긋기]		
			20	20	20
	1) 2) 3) 4) 5) 6) 7) 8)				
	1) 2) 3) 4) 5) 6) 7) 8)				
	1) 2) 3) 4) 5) 6) 7) 8)				

❐ 작성결과 : [　　　　] 중장기 비전과 전략 종합

(장기)비전		
(장기)미션		
중장기 비전	종 합	
	CSV	
	BSV	
	ESV	

구 분		항 목	측정방법	현수준	20	20	20
영구 목표	비전 목표						
중장기 목표	CSV						
	BSV						
	ESV						

전략 및 액션플랜	1.	2.	3.
	1.1 1.2 1.3	2.1 2.2 2.3	3.1 3.2 3.3
조 직	(　　팀)+　　(　　팀) +　　(　　팀)		

일 정	구 분	항 목	20 년	20 년	20 년
	1.				
	2.				
	3.				

예 산	합 계	내 용	

2 중점 실천과제(전략과제) 도출

앞에서 살펴본 부서의 전략이나 액션플랜이 사실은 하나하나의 과제가 된다.

그러나 그것들이 부서 과제의 전부는 아니다. 일반적으로 연말이 되면 누구나 인사평가서 포장에 바쁘다. 그러나 이때 보이기 위한 실적이나 결과물을 찾으면 늦었다. 연초에 정말 멋진 과제를 이미 선정하고 끝내 놓았어야만 했다(이러면 자동승진).

아래의 실천과제 체계도와 도출방법을 활용하여 내년도에 해야 할 멋진 과제들을 일단은 질보다 양으로 많이 도출해 보자. 물론 나중엔 중요도와 긴급도가 높은 과제 몇 개만 선정한 후 내년 초부터 실행에 들어가면 된다.

먼저, 과제는 부서장의 4대 미션인 조직의 목표달성, 부서원들이 신나게 일할 수 있는 분위기를 만들어야 하는 조직활성화, 부서를 더욱 발전적으로 존속시키기 위위한 인재육성, 전사 차원에서 수행하는 경영혁신에의 적극적 동참 등의 과제를 세분하한 체계도에서 찾을 수 있다.

❒ 과제? 어디에서 찾는가?

❑ 부서/개인 실천과제 Chain도의 구성요소

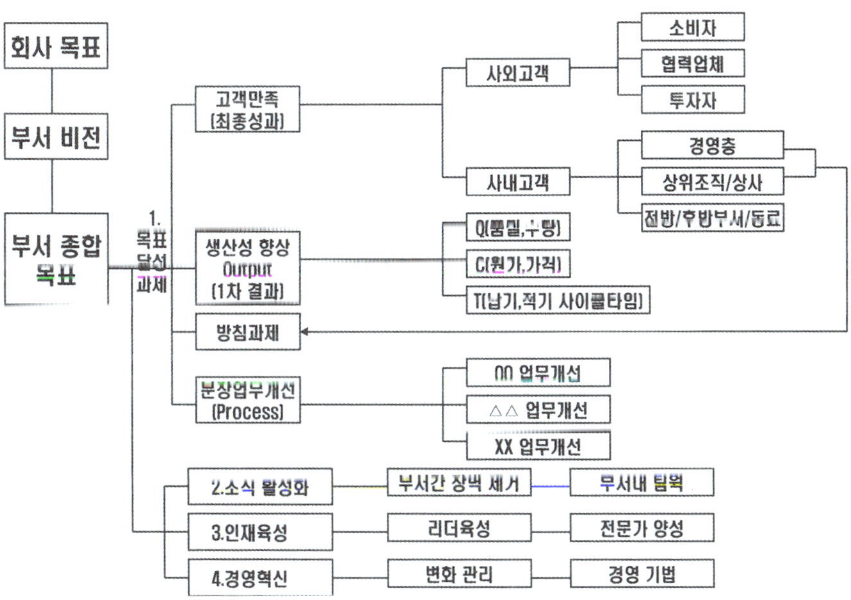

체계(Chain)도에 의한 세부 과제 종류별 그 의미와 도출방법은 다음과 같다.

❐ 과제의 종류별 의미와 도출방법은 무엇인가?

종 류	항 목	의 미	도 출 방 법
1.목표달성 과제	1.1 고객만족	조직의 궁극목적은 사내외 고객만족이다	사내외 고객은 구체적으로 누구이며 그들의 기대는 무엇이며,잘 부응하고 있는가?
	1.2 생산성 향상	부서 또는 개인의 Output의 수준을 올리고 Input(투입)을 극소화 한다	부서 또는 Output의 Q.C.T는 구체적으로 무엇이며,사내외 고객이 만족하는 수준인가?
	1.3 방침과제	경영층과 벡터를 일치해야 전략적 경쟁우위가 가능하다	경영층,상위조직의 방향과 전략은 무엇이며, 나는 무엇을 해야 하나?
	1.4 분장업무 개선	Output(결과)산출을 위해서는 과정인 Process를 잘 관리해 주어야 한다.	분장업무는 생산성 향상에 빠짐없이,중복 없이 잘 되어있는가? 폐지대상,효율화 대상,새로 창조해야 할 업무는 무엇인가?
2.조직 활성화 과제	2.1 부서간 장벽 제거	관료화가 되면 경영관리 스피드 저하, 원가상승으로 쟁력을 상실한다	부서간,계층간 장벽이 있는가? 어떻게 해소 가능한가?
	2.2 부서내 팀웍	부서내 이기주의가 만연하면 정보 2중 수집, 시너지 상실 인간관계 파괴로 생산성이 저하된다	부서내 이기주의가 있는가? 어떻게 해소 가능한가?
3.인재육성 과제	3.1 리더육성	후임부서장이 육성될 때 조직이 지속적으로 발전한다	후임 부서장이 육성되고 있는가? 어떻게 육성 가능한가?
	3.2 전문가 양성	경쟁력의 핵심은 전문가이다	업무목표 달성에 필요한 핵심역량은 무엇인가? 그 능력은 필요수준 이상으로 확보되어 있는가?
	3.3 자기 계발	자기계발 없는 개인 경쟁력 확보는 없다	학습에 열심인가? 어떻게 자기계발 분위기를 조성할 것인가?
4.경영혁신 과제	4.1 변화관리	환경변화를 미리 읽고,대응하지 않으면 도태된다	SWOT분석을 하여 대응과제를 찾는다
	4.4 경영기법	생산성 향상, 경쟁력 강화,변화관리도 최신 경영 기법을 사용할 때 효율적이 된다	6시그마,고객만족,벤치마킹,리엔지니어링 등 선진 기업들의 최신 혁신 기법을 알고 있는가? 잘 적용, 활용하고 있는가?

각 과제 종류별로 과제 도출의 범위를 명확히 하기 위해서는 세부적으로 다음과 같은 작업을 한다.

❐ 작성과정 1. 목표달성과제 [나의 담당/실습대상 업무의]

1.1 고객만족 과제

구분	항 목	구체적 명칭	우리 부서 차원과제	나의 담당 업무상 과제	기 간 (년도)		
					20	20	20
사외 고객	소비자 협력업체 투자자 정부기관 금융기관 기타						
사내 고객	경영층 상위조직 상사 하위조직 부하 전방부서 후방부서						

1. 목표달성과제 [나의 담당/실습대상 업무의]

1.2 생산성 향상 (Output↑, Input↓)

구 분	항 목	구체적 명칭	우리 부서 차원과제	나의 담당 업무상 과제	기 간 (년도)		
					20	20	20
Output	제품 서비스						
Q	품질						
	수량						
Cost	고정비						
	변동비						
T	납기						
	적기						
	사이클 타임						

1. 목표달성과제 [나의 담당/실습대상 업무의]

1.3 방침과제

구분	항 목	구체적 과제명	우리 부서의 과제명	나의 업무상 과제명	기 간 (년도)		
					20	20	20
(장기) 경영목표							
(장기) 경영방침							
2008 경영방침							

1. 목표달성과제 [나의 담당/실습대상 업무의]

1.4 분장업무상 과제

구 분	분장 업무명	부서차원의 개선과제	나 개인 담당 업무상 개선과제	기 간 (년도)		
				20	20	20
현재 업무 분장표상						
창조적 추가 업무						

❐ 작성과정 2. 조직 활성화 과제

구 분	항 목	구체 전후방 사내외 고객명	부서차원의 활성화 과제명	나 개인차원의 활성화 과제명	기 간 (년도)		
					20	20	20
부서간 장벽 (+외부)	친교 모임						
	정기 회의						
	상호 신뢰						
	정보 공유						
	조직 지식학습						
	공동 프로젝트 수행						
부서내 팀웍	친목 모임						
	정기 회의						
	상호 신뢰						
	정보 공유						
	조직 지식학습						
	공동 프로젝트 수행						

❒ 작성과정 3. 인재 육성과제 [이번 실습에서는 자기계발 과제만 함]

구 분	항 목	구체적 필요능력명	부서 차원의 과제명	나 개인 차원의 과제명	기 간 (년도)		
					20	20	20
리더육성	후임자 육성	·(부하)리더십					
	오피니언 리더육성	·(동료/후배) 리더십					
전문가 양성	(이론)전문가						
	(실무)전문가						
자기 계발	공통	·어학 ·PC ·상식					
	직무 (핵심 역량)						

❒ 작성과정 4. 경영혁신 과제

구 분	항 목	구체 혁신기법명	부서 차원 과제명	개인차원의 과제명	기 간 (년도)		
					20	20	20
전사 공통	품질 혁신	6 시그마					
	서비스 혁신	CSM(고객만족경영)					
본부 (공장) 공통							
부서 (기능) 공통							

현재 시점이 연말이라면, 내년도에 부서에서 해야 할 과제들이나 자신이 해야 할 과제들을 앞에서 설명한 과제의 종류별 의미와 도출법 및 과제 도출을 명확화하기 위해 세부적으로 작성한 것을 보면서 중점 실천과제(Action Plan 과제에 해당) 15개 씩 찾아 아래 양식에 적어 보자. 중점 실천과제(Action Plan 과제에 해당)도 어미에 XX 강화/함양/제고/향상 등의 수식어를 붙인다.

❐ 작성결과 : 20 년도 [ ] 중점 실천과제 종합

구 분	NO	중점 실천 과제	측정방법	현 수준 (20)	목표 수준 (년도)		
					20	20	20
고객만족	1						
	2						
	3						
	4						
	5						
	6						
	7						
	8						
	9						
	10						
	11						
	12						
	13						
	14						
	15						

[구분 : 고객만족, 생산성향상, 방침과제, 업무개선, 조직활성화, 자기계발, 경영혁신]

3 중점 실천과제 실행기획

상기의 중점 실천 과제 중 하나를 선택하여 개인 담당 업무과제에 대한 경영전략 기획서를 작성해 보자.

작성과정은 부서의 중장기 비전 및 경영전략 수립과 정보의 깊이만 차이 있을 뿐, 프로세스는 같다.

먼저, 목적전개도를 활용하여 중점 실천과제의 목적과 미션 및 비전을 명확히 한다. 이어서 시스템구성도, SWOT분석 등을 통해 문제점이나 장애요인을 도출하기 위한 상황분석을 한다. 아울러, 종합목표를 설정하고, 도출된 전략별로 액션플랜을 도출한다. 마지막으로 세부 시행

계획인 조직화/일정화/예산화의 작업 순으로 진행한다. 실습할 하나의 중점 과제별로 이상과 같은 프로세스 순으로 다음의 양식을 채워 보자.

❒ 작성과정 1. 목적/미션/비전 [목적 전개도]

(2) 비전	
(1) 미션	

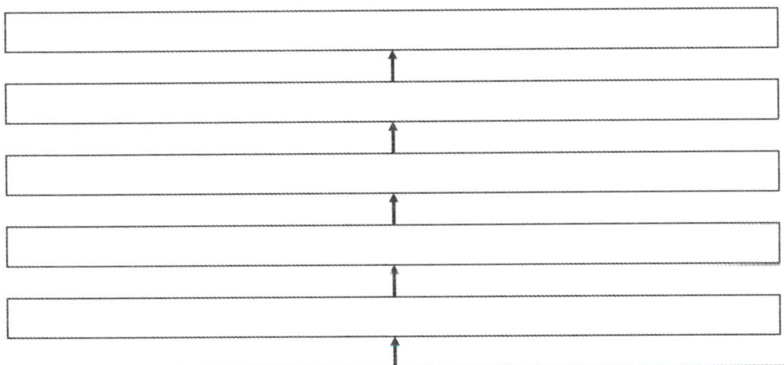

		을		한다

❒ 작성과정 2. 상황분석

❑ 2.1 목적에 대한 상황분석 [필수]

구 분	항 목	잘되고 있는가? 보통인가? 무엇이 낮은 수준인가?
비 전		
미 션		
Output	Q (품질,수량)	
	C (코스트)	
	T (납기,적기, 사이클 타임)	

(미션과 비전 항목이 중복되면 미션은 버리면 된다.)

❐ 2.2 프로세스(과정)에 대한 상황분석 [필수]

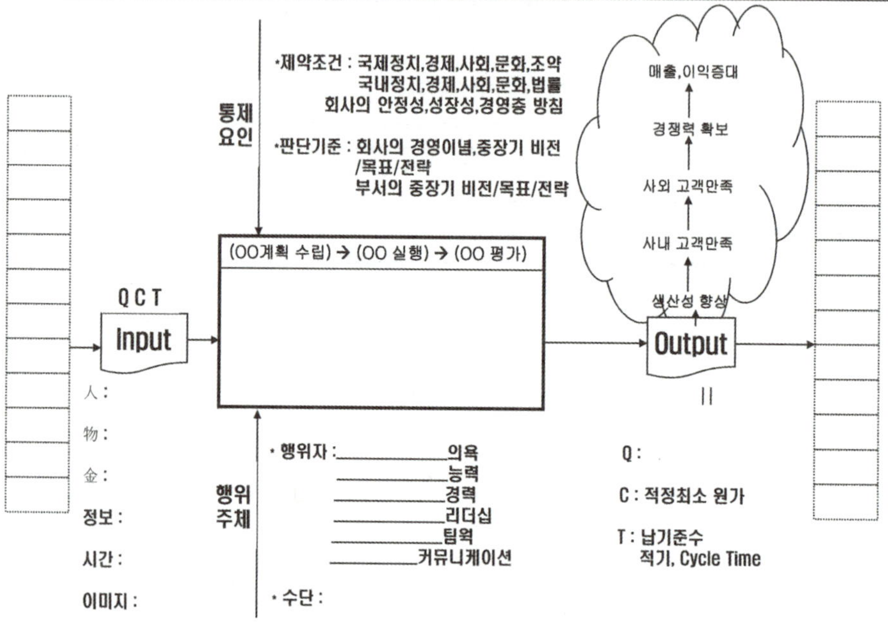

❐ 2.3.3 3C 분석 [필요시]

구 분	분석 필요항목	정보 소스(정보원)	현재 개략적 추정수준 또는 장단점
Customer			
Competitor			
Company (우리회사,부서)			

❐ 2.3 SWOT 분석 요약

(20 년 월 현재)

외부환경 분석 / 내부환경 (여건)분석	기회(O)	위협(T)
강점(S)	SO전략(안)	ST전략(안)
약점(W)	WO전략(안)	WT전략(안)

(SO/ST/WO/WT 전략 (안)은 아예 평가까지 실시 후 불 채택한 건은 뒤에 [X]를 칩니다)

❐ 작성과정 3. 목표설정

구 분		목표 항목	측정 방법	극한 목표	현 수준 (20)	벤치마크	목표 수준 (년도)		
							20	20	20
비 전									
Out put	Q								
	C								
	T								

❐ 작성과정 4. 전략 및 Action Plan(안) 도출

- 앞의 SWOT분석 작업 등에 의해 전략을 수립한 후, 주요 전략별 액션플랜 도출 및 일정화

주요 전략과제	Action Plan 후보(안)	선정된(안) -중요도 -실행가능성	일 정 [줄긋기, 3년간]		
			20	20	20
	1) 2) 3) 4) 5) 6) 7) 8)				
	1) 2) 3) 4) 5) 6) 7) 8)				
	1) 2) 3) 4) 5) 6) 7) 8)				

❐ 작성과정 4. 전략 및 Action Plan(안) 도출

- 앞의 SWOT분석 작업 등에 의해 전략을 수립한 후, 주요 전략별 액션플랜 도출 및 일정화

주요 전략과제	Action Plan 후보(안)	선정된(안) -중요도 -실행가능성	일 정 [줄긋기, 3년간]		
			20	20	20
	1) 2) 3) 4) 5) 6) 7) 8)				
	1) 2) 3) 4) 5) 6) 7) 8)				
	1) 2) 3) 4) 5) 6) 7) 8)				

□ 20 년도 중점 실천과제 기획서 (종합요약)

<table>
<tr><td>제 목</td><td colspan="6"></td></tr>
<tr><td>1. 목적 및 배경</td><td colspan="6"></td></tr>
<tr><td>2.현상의 문제점
및 장애요인</td><td colspan="6"></td></tr>
<tr><td>3. 목 표</td><td colspan="6"></td></tr>
<tr><td rowspan="2">4. 전략
(기본/개선방향)
및 실행방안</td><td colspan="2">1)</td><td colspan="2">2)</td><td colspan="2">3)</td></tr>
<tr><td colspan="2">-
-
-</td><td colspan="2">-
-
-</td><td colspan="2">-
-
-</td></tr>
<tr><td>5. 협조부서</td><td colspan="6">(부서) + (국) +
(팀) + (팀) +</td></tr>
<tr><td rowspan="2">6. 일정계획</td><td></td><td></td><td></td><td></td><td>실행</td><td>평가/보고</td></tr>
<tr><td></td><td></td><td></td><td></td><td></td><td></td></tr>
<tr><td>7. 예 산</td><td colspan="6"></td></tr>
<tr><td># 첨부</td><td colspan="6">1.
2.</td></tr>
</table>

전사 경영전략기획이든, 부서 중장기 전략기획이든, 담당업무든, 기획서든, 보고서든 이처럼 전략기획의 결론은 1매의 문서로 요약 가능하고 그렇게 해야한다.

제2절 성공적 인생기획 실습

지금까지 학습하고 훈련한 경영전략기획 기법의 향후 지속적 활용을 위해 가장 중요한 우리 인생에 적용하여, '나의 성공적 인생기획' 실습을 완성하자.

❏ 인생성공 기획(안) 3-1 [ ]조 [ ]

인생 Vision	
나의 좌우명 (인생 슬로건)	
인생 Mission	가족,부모형제,친지,친구,회사,이웃,국민,인류 만족을 위하여 건강,일,돈,명예,자식후원,사랑 및 종족보존 관리를 한다 [멋진 문장이 진짜 이지만 오늘은 생략도 가능 함]

상황 분석 (수치화)	종합 장애요인				
	개별 장애 요인	1) 돈 부족	2)명예 실추우려	3)사랑상실우려	4)건강악화우려
		[현상황] [장래 장애요인]	[현상황] [장래 장애요인]	[현상황] [장래 장애요인]	[현상황] [장래 장애요인]

□ 다양한 관점별로 인생 비전을 찾아보는 방법

NO	관 점	참고사항	바람직한 모습(예)
1	전략 도메인	황금기	XX 분야의 대가. 남을 돕는 사람이 된다.
2	활성화	의욕,도전정신	언제나 극한목표에 도전하며 살고 있다.
3	(경쟁)순위	세계,국내	세계 최고의(국내 최고의) XX이 된다.
4	세계화	세계적,한국적	한국을 대표하는 XXX이 된다.
5	생활	여유,건강	늘 여유(건강한)있는 사람이 된다.
6	고객	소중한 사람,존경하는 사람	아내로부터 인정 받는 사람. 아버님으로부터 인정 받는 사람.
7	창조	새로운 가치	인류에게 새로운 가치를 창조한 사람으로 기억된다.
8	도전	높은 목표에	보다 나은 사람이 되기 위해 부단히 노력하는 사람
9	이익	부가가치 창출	사회에 이익을 주는 사람
10	경쟁(우위)	남보다 뛰어난	어디서든 탁월한 사람으로 인정 받는 사람
11	시대	미래,21세기	미래 한국사회와 21세기 회사를 이끌어 가는 사람
12	공헌	사회,지역,조직	고향을 빛낸 인물로 영구히 기억. 국가/회사 발전에 공헌한 사람으로 평가 받고 있다.
13	성장	발전,규모	회사의 초고속성장에 기여한 사람
14	숫자목표포함	(예)1000억 재산	1조 재산가가 되어 있다.
15	인간존중	사랑,도움	인류(불우한 이웃)를 사랑한 사람으로 기억 된다
16			

❑ 인생성공 기획(안) 3-2

[ ] 조 [ ]

인생 종합 목표	목표항목	측정방법(단위)	극한목표	벤치마크	현수준	언제까지	목표수준
	가족 행복도						
	나의 성공도						

인생 전략 Domain	20대	30대	40대	50대	60대	70대	80대	90대 이후

전략 및 실행 방안	1)돈 벌기 강화 [목표:]	2)명예 향상 [목표:]	3) 사랑 함양 [목표:]	4) 건강 증진 [목표:]
	1.1	2.1	3.1	4.1
	1.2	2.2	3.2	4.2
	1.3	2.3	3.3	4.3

목표항목은 인생비전에서 용어를 찾아서 기재한다. 예컨대, 비전이 '남부러워 하는 행복가정/국내최고갑부'라면, 가정행복도/재산(부자수준도/재산)이 목표항목이 된다. 이번은 무조건 가족 행복도와 나의 성공도를 종합 목표항목으로 하고 실습하기로 한다.

측정방법(M.M = Measuring Method)은 목표항목의 측정방법이다. 가능하면 수치로 측정할 수 있는 것으로 하고 정 안되면 설문조사 평점인데, ( )하고 단위나 몇 점 척도인지를 적어준다. 예컨대, 재산(억원)/국내 갑부서열(순위)/친지이웃 설문조사(5점 척도) 등으로 기재하면 된다

극한(이념) 목표는 절대로 거의 달성 불가능한 수준이며 완벽한 수준을 말하는데, 불가능해도 이를 한번 생각하면 나의 도전 목표수준이 올라가 더 크게 성공할 수 있기 때문에 설정하는 것이다.(예, 인류 역사상 최고의 갑부로 영원히 기록되는 갑부/설문조사결과 항상 100점 만점 등)

Benchmark는 탁월한 남의 이름과 그 수준이다. 그에게 한 수 배워서 그를 능가하려고 Benchmark를 하는 것이다.(예, 노벨/포드/빌 게이츠 600억 달러, 최수종/하희라 부부 평균 95점 추정 등)

언제까지란 원래는 단기/중기/장기의 기간을 정하고 작업 하는 데, 여기는 종합 목표이므로 전성기 때를 기준으로 하나만 적는다.

'어느 수준까지는'에서 특히 주의할 것은 극한목표수준/벤치마크수준/현수준/목표수준 등의 측정방법의 모든 단위는 통일하여 설정해야, 비교가능성이 있다.

❑ 인생성공 기획(안) 3-3 ( )조 ( )

조 직	누구(협조 내용),									
일 정	구 분	항 목	일 정							
	돈 벌기 강화 (억)	1.1 1.2 1.3								
	명예 제고 ( )	2.1 2.2 2.3								
	사랑 함양 ( )	3.1 3.2 3,3								
	건강 증진 (세)	4.1 4.2 4.3								
예 산	합 계	내 용								
	총 억									

□ SWOT 분석

외부 환경분석 [직업/분야만] / 내부 환경분석 [추가도출]	[뜰 분야부터] 기회(O)	위협(T) [사양 분야부터]
	전략 도메인 탐색용	
강점(S)	SO전략(안)	ST전략(안)
약점(W)	WO전략(안)	WT전략(안)

□ 인생 전략별 액션플랜 도출 및 선정 Sheet

[ ]전략의 액션플랜(안)	평 가		선 정
1)	(고) 중요도 (저)	O ◉ X △ 실행가능성 (고)	장기: 중기: 단기:

□ 인생 전략별 액션플랜 도출 및 선정 Sheet

[ ]전략의 액션플랜(안)	평 가		선 정
1)	(고) 숭요도 (저)	O ◉ X △ 실행가능성 (고)	장기: 숭기: 난기:

□ 인생 전략별 액션플랜 도출 및 선정 Sheet

<table>
<tr><th>[ ]전략의 액션플랜(안)</th><th colspan="3">평 가</th><th>선 정</th></tr>
<tr><td rowspan="3">1)</td><td rowspan="2">(고)
중요도
(저)</td><td>O</td><td>◎</td><td rowspan="3">장기:
중기:
단기:</td></tr>
<tr><td>X</td><td>△</td></tr>
<tr><td></td><td colspan="2">실행가능성 (고)</td></tr>
</table>

□ 인생 전략별 액션플랜 도출 및 선정 Sheet

<table>
<tr><th>[ ]전략의 액션플랜(안)</th><th colspan="3">평 가</th><th>선 정</th></tr>
<tr><td rowspan="3">1)</td><td rowspan="2">(고)
중요도
(저)</td><td>O</td><td>◎</td><td rowspan="3">장기:
중기:
단기:</td></tr>
<tr><td>X</td><td>△</td></tr>
<tr><td></td><td colspan="2">실행가능성 (고)</td></tr>
</table>

CHAPTER

16

경영전략기획 사례연구

사례1 이동통신회사의 경쟁전략

빠른 경영환경과 시장포화라는 위협 속에 각 이동통신사들은 위기를 맞고 있다. 이제는 경쟁 환경에서 뒤쳐질 수 없는 마케팅 전략과 그 실현만이 그들에게 지워지고 있다. 그러나 위기가 있음 기회가 있는 법. 지난 2002년 크게 맛을 본 월드컵 마케팅, 그리고 고령화 사회의 진입과 함께 빛을 발휘하기 시작한 실버산업, 그 속을 파고드는 실버마케팅은 각 통신 3사 모두에게 위기 속에 소중한 기회로 주어질 것이다. 이번 사례연구에서는 학기 중 발표에 있었던 KTF-SHOW 뿐만 아니라 국내 이동통신시장의 1위 기업인 SKT-3G+를 비교 분석함으로써 경쟁사분석의 중요성을 설명하겠다.

위기와 기회가 함께 도사리는 현 시점에서 각 이동통신사들의 전략은 시대적 흐름과 산업환경 속에 상호 경쟁을 펼칠 것이라 기대한다. 경쟁사분석 요소의 현행전략이 가장 잘 드러나는 마케팅 전략을 중점적으로 살펴보고 특히 그들의 마케팅 전략을 펼치기에는 최적의 도구인 프로모션 전략을 통해 경쟁관계를 분석하도록 한다. 광고 하나 하나에 기업이 울고 웃는다. 이에 각 통신사의 광고를 분석, 유추하여 기업별로 비교되는 차별화된 마케팅 전략과 사례를 알아보고, 향후 4세대 이동통신 시장에서 각 이동통신사들이 나아가야 할 방향을 제시해보고자 한다.

1 환경 분석

	SKT	KTF
정치 · 경제	**정치적 측면**에서 시장점유율 기준이 현재 50%에서 33%를 웃돌면 시장지배적 사업자로 추정해 여러 가지 제한을 받게 하는 방안이 추진되고 있다는 점에서 향후 시장점유율 50%를 웃도는 SKT에게는 큰 위협요인으로 작용할듯하나 KTF, LGT는 큰 기회요인으로 작용할 듯하다. 그 외 가장 큰 이슈가 되고 있는 보조금의 부분적 허용이 시행된 지 약 한 달이 지난 시점에서 각 이통사의 차별화된 마케팅 전략이 등장하고 있으나, 휴대폰 교체 수요는 급증한 반면 번호이동 등이 줄면서 4월 중순 시장 규모가 3월의 절반수준 이하로 급감했다. 이에 관해 이통 3사는 4월과 달리 5월부터 기존 신규 가입자 증가율을 회복할 수 있을 것으로 전망하고 있다. 이는 보조금이 신규 가입에 별다른 효용가치가 없다고 판단, 신규 가입자 확보를 위한 다른 마케팅 전략을 마련할 것으로 분석되기 때문이다. 특히, 이통 3사는 1분기 실적발표에서 다양한 요금제와 서비스 차별화로 신규 고객 유치에 적극 나서겠다고 밝힌 바 있어, 이와 관련한 구체적인 마케팅전략이 펼쳐질 것으로 예상된다. **경제적 측면**에서는 유가상승과 원화강세, 국내외 경제의 악재 속에 있지만, 이동통신시장은 큰 영향을 받지 않을 것으로 판단된다.	

사회 · 문화	**사회문화 측면**에서는 영상통화 시장에서 청소년층이 주 소비계층으로 등장했다. 이들 젊은 연령층은 유행에 민감하고, 새로운 기술 수용에 적극적이며 또래 집단 간의 차별화된 제품 및 서비스를 보다 빨리 구입함으로써 심리적 우월감을 느낀다. 사회 전반적으로 가처분 소득이 줄어, 소비가 위축되고 소비 지출 시에도 합리성과 경제성을 강조하며 대체적인 경향과는 달리, 젊은 층은 쇼핑을 즐기고 있으며 계획이 없던 물건도 눈에 띄면 구입하는 충동구매 현상도 강하게 나타난다. 그리고 고령화 사회를 진입과 함께 부각되고 있는 실버산업의 부문에서도 각 이동통신사들의 마케팅 전략 경쟁이 뜨겁다. 성인 시장이 포화상태에 이른 가운데, 60대 이상의 실버 시장이 점차 커지면서 이들이 이동통신 시장의 최후의 격전지가 될 것이라는 예상이 되고 있다. 관련 요금제와 다양한 서비스의 도입 개편을 통하여 마지막 남은 시장을 장악하려는 3사의 치열한 경쟁이 펼쳐지고 있다.
글로벌화 · 기술개발	**글로벌화 측면**에서 SK는 몽골의 이동통신사업시장에 성공적으로 진출하고 3개통신사중 가장먼저 이동통신 본고장이 미국시장에 진출하면서 시장점유율1위업체로서 차기 시장점유율 제고를 위한 중장기적 계획을 마련하고 있다. KTF는 SKT보다는 좀 늦은 후발대의 모습을 취하고 있다. 우선 최근에 일본 최대 이동통신 회사인 NTT 토모코와의 협력기구 창설로 네트워크, 국제로밍, 단말기 등 제3세대이동통신 서비스를 본격 추진할 계획이다. 이는 가깝게는 국내시장에서의 입지구축과 멀리는 차기 일본시장에서의 입지를 생각한 듯하다. **기술개발 측면**에서 이동통신사들은 3세대 이동통신에서 한국이 가졌던 높은 기술을 바탕으로 4세대 이동통신 에서도 높은 인지도를 가지기 위한 기술 개발과 혁신에 박차를 가하고 있다.

2 SWOT 분석

① KTF - SHOW

Strength	Weakness
• KT 와의 결합상품 연계 시너지 효과 • 중간지적 위치로 명확한 목표 의식 구축 (2015년 시장점유율 1위 확보) • 고객에게 신뢰감 획득과 가치극대화를 위한 윤리경영 선도 기업으로서 사회적 입지 구축 • 영상통화 시장선도자로서의 이미지	• "2등 브랜드"의 이미지
Opportunities	**Threats**
• 동일 주파수 사용에 따른 공정 경쟁 • 데이터 중심의 HSDPA 활성화시 새로운 수익원 확보 • KT 재판매를 통한 대규모 마케팅 전략구사 가능	• HSDPA에 대한 역량 집중에 따른 리스크 증대 • 3.5G 휴대폰 시장의 오픈마켓 전환으로 휴대폰 유통의 지배력 약화 • Wibro의 HSDPA시장 잠식 가능성

② SKT - 3G+

Strength	Weakness
• "1등 브랜드"의 이미지	• 결합상품 연계 시 제휴사(HTI)와의 이해관계 충돌 가능성
Opportunities	**Threats**
• 데이터 중심의 HSDPA 활성화시 새로운 수익원 확보 • 기존 독과점 구조를 이용한 다수의 기존 고객대상 마케팅 가능	• 동일 주파수 사용에 따른 공정 경쟁으로 2G 시장에서의 800MHZ주파수 사용 장점 사라짐 • KT 재판매 등 KT와 연계한 KTF의 공격적인 마케팅 • 3.5G 휴대폰 시장의 오픈 마켓 전환으로 휴대폰 유통의 지배력 약화 • Wibro의 HSDPA시장 잠식 가능성

3 영상통화의 기반

(1) 제 3세대 통신망(3G 방식)

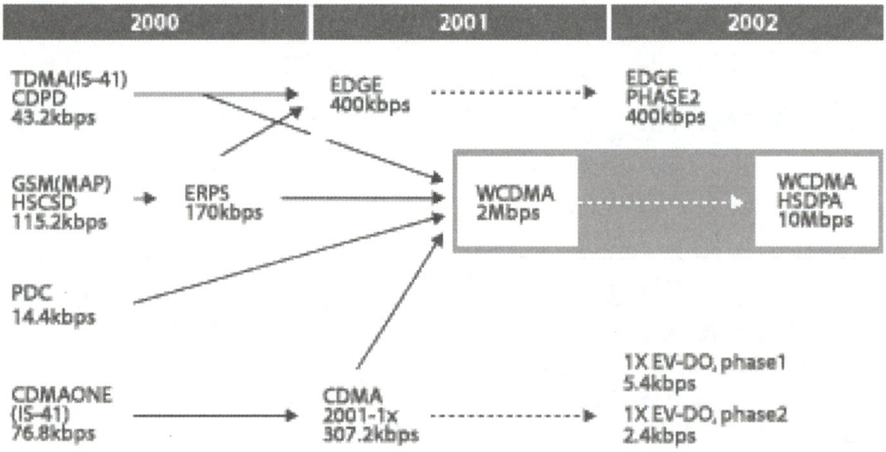

제3세대 시스템은 멀티미디어 전송을 목적으로 개발되었고, 고화질 화상 서비스, 빠른 데이터 전송율 등 많은 기존 시스템과의 차별성을 가짐으로서 상상할 수도 없는 높은 부가가치를 창출할 것으로 예상되고 있다.

WCDMA는 가장 많은 국가들이 채택하고 있는 제3세대 이동통신 시스템입니다. 우리나라, 유럽, 일본, 미국 그리고 중국 등의 많은 기관들이 3GPP(3'rd Generation Project Group)을 구성하여 기술 스펙을 발전시켜 나가고 있다.

제3세대 통신시스템을 개발하고자 하는 의지는 ITU(International Telecommunications Union)의 WARC(World Administrative Radio Conference)의 1992년 회의에서 시작되었으며, ITU에서는 이 제3세대 시스템을 IMT−2000(International Mobile Telephony 2000)이라 일컫고 CDMA와 TDMA를 기반으로 하는 몇 가지 무선 접속 규격(air interface)을 정의하고 있다. 애초 IMT−2000 시스템의 목적은 세계적으로 단일 무선 접속 규격을 만드는 것이었으나 여러 가지 정책적, 기술적인 문제들로 인해 어려워진 것이 사실이다. 하지만 WCDMA는 유럽의 모든 나라와 우리나라, 일본을 포함하는 많은 나라들에서 제3세대 통신을 위한 무선 접속 기술로서 채택되어 있어 부분적으로나마 ITU의 목적에 가장 부합하는 규격이라고 볼 수 있다.

(2) 제 4세대 이동통신 기술의 개발

4세대 이동통신 개발을 위하여 ITU, EU의 WWRF(Wireless world Research Forum), 일본의 mITF(Mobile IT Forum), 중국의 FuTuRE(Future Technologies for Universal Radio Environment) 그리고 우리나라의 4G 이동통신 비전연구 위원회 등 국제기구와 세계 각국은 표준화 및 기술개발을 추진하고 있다.

국내의 경우에서는 정부와 산 · 학 · 연 공동체로 Vision 위원회를 구성하여 전반적인 4세대 이동통신의 비전 정립과 이정표를 설정하고 있으며, 2002년부터 한국전자통신연구원을 중심으로 4세대 이동통신 초고속 패킷 무선전송 기술연구 사업을 진행 중에 있다. 그리고 2003년에 4세대 이동통신을 포함한 차세대 이동통신을 10대 신성장 동력의 하나로 채택하여 범국가적 차원에서 기술개발 및 표준화가 추진되고 있다.

4세대 이동통신시스템의 비전은 전송 속도의 향상과 다양한 망의 융합이라고 할 수 있다. ITU−R에 의하면 2010년경에는 저속 이동시 1Gbps, 고속이동시에는 100Mbps의 데이터 전송이 가능하며, 셀룰러 시스템, 무선 네트워크, WLAN, PAN 등 다양한 유 · 무선망의 융합이 이루어질 것으로 전망하고 있다.

4세대 이동통신의 서비스는 앞에서 살펴본 바와 같이 높은 데이터 전송율과 망간의 융합을 지원하는 4세대 이동통신 시스템 상에서 제공되는 고품질(High Quality), 다중서비스(Multi−Service)라고 할 수 있다.

IUT에서는 4세대 이동통신의 서비스 요구사항과 이를 충족시키기 위한 서비스 목표를 다음과 같이 제시하였다. 먼저 서비스 요구사항은 멀티미디어 지리정보를 제공할 수 있는 위치정보시스템, 멀티미디어 처리가 가능한 이동 컴퓨팅 서비스, 고화질 이미지 영상HDTV 서비스,

텔레의료/방재 서비스, 무선 인터넷 방송 및 뉴스 서비스, 주문형 비디오 서비스 등 이다. 그리고 이를 충족시키기 위한 서비스 목표는 높은 데이터 전송율과 요구 품질에 따른 다양한 데이터 전송속도 지원, 서로 다른 시스템 사이에 끊김없는 서비스(로밍, 핸드오버), 다양한 형태의 장치(전화, PDA 등)의 지원 및 다양한 응용(오락, 게임 등)의 지원, 인증 · QoS · 보안 등 보다 발전된 운용과 성능의 지원 등 이다.

이를 바탕으로 고품질, 다중서비스가 지원되는 4세대 이동통신 환경 속에서 제공될 서비스의 형태는 다음과 같은 것으로 예측된다. 사용자의 요구에 따라 언제 어디서나 최적의 서비스가 제공하고, 다양한 유 · 무선 접속망 사이의 상호연결을 제공하여 유선서비스의 무선화와 무선서비스의 고품질화를 달성할 것이다. 또한 평생번호, UMS(Unified Message Service), 번호 이동성처럼 서비스 제공업체 등에 따른 서비스 차별화가 아닌 사용자의 서비스 품질요구에 따른 서비스가 제공될 것이다. 예상되는 핵심서비스로는 방송 스트리밍 서비스, 게임, 긴급서비스를 위시한 위치기반서비스, MMS(Multimedia Message Service) 등이다.

4 경쟁관계 분석

(1) 한국 이동통신 산업의 경쟁사 분석(이동통신 서비스)

① 이동통신 서비스 산업 현황

국내 이동통신시장은 1997년 5개사 경쟁체제로 들어서면서 가입자 수가 급격히 증가했으나 2000년대 이후 증가율이 10%내외로 둔화되면서 성숙기에 접어들게 되었다. 2007년 12월 현재 이동통신 가입자 수는 현재 4000만 명을 넘어선 상태이다.

1999년 이동통신요금은 10초를 기준으로 26원에 달했으나 이동통신 서비스 업체들의 요금인하 경쟁의 영향으로 소비자 단체 및 정부의 요금인하 압력으로 인해 지속적으로 하락하고 있는 모습을 보이고 있다. 2007년 현재 표준요금을 기준으로 10초당 19원의 요금이 책정되고 있다.

사업자별 이동통신가입자 수는 가장 먼저 시장에 진출한 SK텔레콤이 가장 큰 비중을 차지하고 있다. 신세기 통신과의 합병으로 큰 폭의 시장점유율을 차지했으나 공정거래위원회의 시장점유율 제한정책으로 50%이하 점유율을 유지하게 되었다. 2001년 이후 3사 체제로 들어서면서 SK텔레콤의 뒤를 이어 KTF와 LG텔레콤의 순으로 시장점유율은 안정화 되고 있는 모습을 보이고 있다.

이동통신 서비스 시장의 매출액은 2006년을 기준으로 선두기업인 SK텔레콤이 약 10조 6510억원, KTF가 약 6조원의 매출을 기록하고 있다.

3세대 이동통신 시장에서의 경쟁이 과열됨에 따라 SKT와 KTF간의 가입자 수 확보에도 두 자사간의 경쟁이 치열한 상태이다.

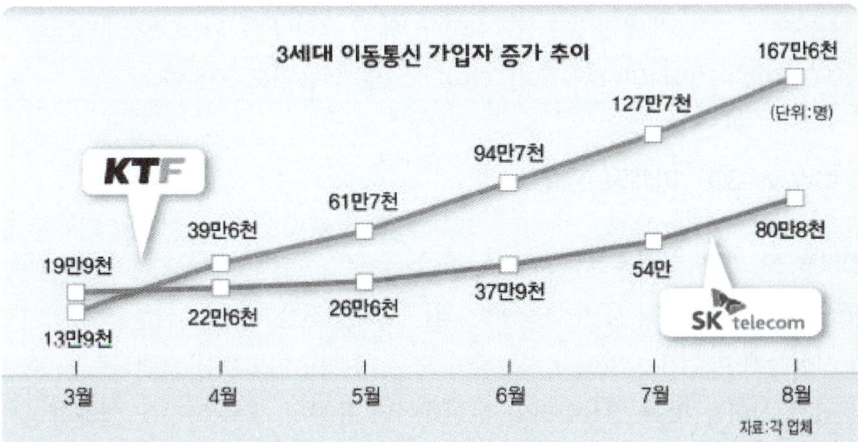

위의 표에서 보면 SHOW라는 영상통화를 중심으로 한 KTF의 브랜드가 3세대 이동통신 시장에서 선도적으로 나서서 마케팅을 펼친 결과, SKT보다 더 많은 가입자 수를 확보한 것으로 나타났다.

5 SHOW vs 3G+ 전략 분석

(1) SHOW vs 3G+ 경쟁 배경

그들은 각종 언론매체를 통한 대대적인 promotion은 물론 이제는 서로 비방하는 광고마저 주저 하지 않는다. 우리나라를 대표하는 이동통신 회사인 KTF와 SKT가 이렇듯 각각 SHOW vs 3G+에 전력투구하는 이유는 과연 무엇일까?

이유는 바로 3.5세대 통신에 있다. SHOW vs 3G+는 모두 화상통화 라고 하는 3.5세대 통신 방식을 취하고 있다. 현재 KTF와 SKT는 3.5세대 통신이 당분간 이동통신 기술혁신의 마지막 단계로 생각하고 있는 것이다.

즉, 3.5세대 통신 시장의 안정적 점유가 곧 국내 이동통신 시장에서의 확실한 우위를 점할 수 있다는 의미이기도 한 것이다. 지금껏 SKT는 2G 기반이었다. 2G에선 SKT는 800Mhz대역, KTF는 1.8Ghz대역에서 사업을 했다.

주파수 특성상 SKT가 인프라 투자를 덜하고도 '잘 터지는'유리한 상황이었다. HSDPA(고속하향패킷접속을 통해 3세대 이동통신 기술인 WCDMA나 CDMA보다 훨씬 빠른 속도로 데이터를 주고받을 수 있는 3.5세대 이동통신방식이다.)에선 그러나 둘 다 2Ghz 대역으로 같은 조건이다. KTF는 이번이 아니면 1위 도전 기회가 영영 없을지도 모른다.

(2) SHOW vs 3G+ 마케팅 전략.

① SHOW vs 3G+ 광고전략

'쇼(SHOW)'와 '쓰리지 플러스(3G+)'. 최근 텔레비전을 비롯해 신문, 잡지, 인터넷 등에서 심심찮게 마주치는 말이다. 두 가지 모두 차세대 이도통신 브랜드로, 고속 데이터패킷 접속 시대를 맞아 영상통화와 무선데이터 통신의 새로운 장을 열겠다면서 치열한 경쟁을 벌이고 있는 사이다.

SHOW는 KTF의 새로운 통신 브랜드 이고, 3G+는 SK텔레콤의 브랜드이다. 각종 매체에서는 두 회사의 브랜드를 놓고 어떤 회사의 전략이 소비자에게 더 잘 먹혀 들어갔는지 많은 의견들이 쏟아지고 있다.

두 브랜드는 광고에서도 확인이 가능하듯 '화상통화'를 강조하고 있다. 그런데 두 브랜드가 3월부터 내놓고 있는 광고를 보면 이전 광고와 많이 달라 보인다.

SK텔레콤은 시장을 선도하고 있다는 이미지를 지속적으로 전달하기 위해 지난해 7월 19일, 새로운 이동통신 대표 브랜드인 'T'를 선보였다. 'T'는 통신(Telecom), 기술(Technology), 최고(Top), 신뢰(Trust)등을 상징하며, 단순한 이동통신 서비스를 뛰어넘는 '유비 쿼터스 네트워크 서비스'를 지향하고 있다. 이후 8월 1일부터 'T'의 본격 런칭과 함께 HSDPA 서비스는 'T 3G+'로, 요금제는 'T PLAN'으로, 고객 체험형 매장을 'T World'로 통일시켰다. 이동통신 서비스 초기 '스피드011'이라는 이름을 널리 앞세웠던 것과는 질적으로 큰 변화다. SK텔레콤이 밝힌 것처럼 이제는 통신 회사라는 이미지를 벗어나 '미디어 그룹'으로 자리 잡기를 희망하고 있다.

난데없이 나타난 "나는 나를 좋아 한다 . 나는T다"라는 광고는 이 같은 전략을 잘 보여준다. 통신 이야기는 거의 등장하지 않는다. 개성이 강한 젊은이들만 등장한다. 그런데 이런 전략에 차질이 빚어진 것일까? KTF의 반격에 시장을 선도하는 SK텔레콤이 웬일로 반응을 보인다. '보여주는 쇼는 싫다'라는 멘트를 자사 광고에 집어넣으면서 말이다. 후발 주자와의 비교를 원치 않았던 SK텔레콤으로서는 아주 이례적인 일이다.

KTF는 HSDPA, 즉 화상통화와 무선인터넷으로 대변되는 새로운 통신 서비스 시장에 '올인'하고 있다. KTF도 ICET(정보, 콘텐츠, 엔터테인먼트, 거래)등 이동통신사로서의 이미지를 탈피하겠다는 전략을 발표하긴 했지만 SK텔레콤에 비해서는 공격적이지 않았다.

그런 KTF가 지난 3월 HSDPA 전국망을 구축하면서 'SHOW'라는 브랜드 알리기에 총력을 기울이고 있다. 갑자기 정자와 난자가 만나는 티저 광고를 내보이더니 이제는 각 세대별로 화상통화에 대한 느낌을 담은 광고를 집행하고 있다. SK텔레콤은 는 후발주자였던 KTF 가 화상통화라는 새로운 트랜드를 확실히 선점하기 위해 '사람'을 중심에 뒀던 SK텔레콤의 전략을 선택했다는 것은 곱씹어 볼만한 대목이다.

화상통화 서비스가 시장에 안착될지는 미지수다. 그렇지만 새로운 서비스가 시작된 올해 'SHOW'와 '라이브 온 3G+'의 대결만큼은 그 서비스의 안착만큼이나 상당한 관심을 끌기에 충분해 보인다.

② SHOW vs 3G+ PR 광고 비교

ⓐ SHOW

▶ Show – 런칭 광고

Need – 행복을 추구할 욕구, 즐거움

Want – '우물쭈물 살다가 이렇게 끝날 줄 알았지– 버나드쇼"

새로운 세상에 행복해 지기 위해 묘비명처럼 장례식 앞에서라도 생활에 더욱 충실하며, 웃으면서 살아가고 싶다.

▶ 사랑해 – 영상통화

Need – 사랑에 대한 사회적 욕구

Want – 진짜 사랑을 전하고 싶고, 떠나지 못하게 붙잡고 싶고, 평생토록 사랑한다는 말을 하기위해 영상 통화를 하고 싶다.

▶ 배남준 편

Need – 남들과 틀린 나를 표현하고 싶은 욕구

Want – 똑 같은 것을 하느니 차라리 죽자 영상통화를 통해 새로운 세상이 오면 남과 틀린 나를 표현 하고 싶다.

ⓑ 3G+

▶ Need : 행복을 추구할 욕구

Want : 나는 여자가 커피를 쏟은 모습이나, 여학생들의 말뚝박이, 귀여운 강아지의 모습, 할아버지의 사랑고백, 갓난애의 탄생처럼 영상통화를 통해 일상에 모습을 볼 수 있어서 행복하다.

ⓒ 3G+ VS Show

▶ 둘 다 영상통화를 통해 세상이 변할 것이라는 메시지를 담고 있지만,

3G+ 는 일상생활의 단면을 보여 주면서 소박한 행복 추구를 소구하고 있고,

Show는 환상적인 모습을 보여 주며, 자신을 표현하는 즐거움을 소구하고 있다.

③ KTF(SHOW) SKT(3G+) 마케팅 전략 비교

KTF는 07년 2월 본격적인 HSDPA(SHOW방식) 마케팅 활동 을 개시하고 07년 180만 가입자, 09년 약 750만 가입자, 2012년 전체 가입자를 HSDPA로 전환시키려 함. KTF의 HSDPA올인 전략의 이유는 4가지로 판단된다.

첫째, SK텔레콤이 통신용으로 주파수 특성이 뛰어난 800MHZ를 독점하는 상황에서 PCS1.8GHZ대역이 갖는 한계를 극복하고자 함. HSDPA는 양 사 동일하게 2.0GHZ를 사용하므로 주파수 차이로 인해 발생하는 통화 품질의 차이는 일부 해소 할 수 있다.

둘째, EV-DO(CDMA 기술의 상용화에 성공, 전 세계적인 CDMA 기술의 급속한 확산 계기를 마련한 미국의 세계적인 통신업체인 퀄컴이 3세대 이동통신 시장을 겨냥해 1999년 하반기에 선보인 초고속 무선데이터 통신기술.)대비 HSDPA는 설비 투자비가 적어 패킷 당 요금이 저렴하므로 가격 인하가 가능하여 서비스에 대한 가격 경쟁력을 확보할 수 있다.

셋째, 글로벌 소싱을 통해 저렴한 단말기 유통이 가능하므로 H조금 수준을 인하할 여력이 발생하여 가입자 유치에 긍정적이다.

넷째, 화상전화, 대용량 DATA서비스, 글로벌 로밍 등을 통해 ARPU(가입자당 평균 수익)가 증가하므로 단기 수익성 악화에도 중장기적으로 긍정적이라 주장함.

KTF의 공격적인 HSDPA전략에 대해 SKT는 HSDPA 단말기 보급을 위한 공격적 마케팅 대응은 자제하면서 저가의 CDMA단말기를 통해 가입자를 지속 확대하여 후발사업자의 HSDPA확산에 대응하고자 한다. HSDPA단말기 보급을 자제하고 기존 CDMA가입자에

집중 하면서, CDMA와 HSDPA망을 동시에 운영하는 전략을 취하는 이유는 3가지로 판단된다.

첫째, SKT가 독점하고 있는 CDMA 800MHZ의 경쟁우위를 지속적으로 유지시키기 위함이다.

둘째, HSDPA의 설비투자가 EV-DO 대비 적은 것은 사실이나, 이미 EV-DO망에 대한 규모의 경제 및 설비투자가 완료된 상황이므로 무리하게 가입자를 유럽식 방식으로 전환시켜 800MHZ EV-DO망의 사용량을 줄여 800MHZ에 대한 재분배(또는 후발 사업자에 로밍 제공)논의를 촉발할 이유가 없다고 판단한다.

셋째, HSDPA는 서비스 초기로서 커버리지, 통화품질, 데이터 서비스가 기존 서비스 대비 우월하거나 차별화되기 곤란하기 때문이다.

1, 2위 사업자간 마케팅 경쟁으로 산업전반의 수익성 악화가 예상되는 가운데 상대적으로 규모가 가장 작아 마케팅 비용 집행의 절대금액이 적은 LG텔레콤의 고전이 예상되는 상황이다. 1,2위 사업자가 강조하는 글로벌 로밍, 화상전화, 풀 브라우징(휴대용 단말기로 유선 인터넷 사이트를 검색하는 기능)등 신규서비스에 대응하기 위해 약 5,500억원(07년 2,200억원, 서울 수도권 및 8대 광역시)규모로 EV-DO R.A 전국망을 확보하려고 한다.

사업자별, 이동통신사별 마케팅 전략은 상이하나, 공동의 전략 목표를 갖는다.

첫째, 가입자 모집을 통한 M/S증가

둘째, 해지율 안정을 통한 마케팅 비용 절감

셋째, 참신한 데이터 서비스 개발을 통한 ARPU의 증가로 판단한다.

④ **Data를 통해본 SHOW VS 3G+**

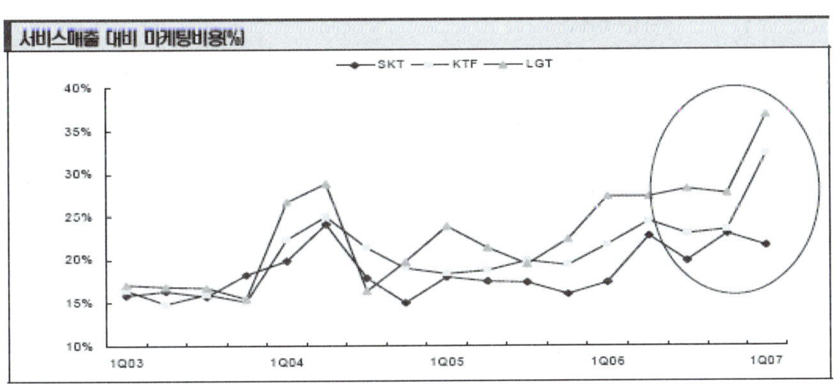

KTF의 HSDPA 영업 강화로 기존 자사 CDMA가입자를 HSDPA로 전환 가입시키려는 상황이 발생하여 해지 율이 이동통신 3사 대비 가장 높은 수준으로 유지되고 있다. 순증 가입자 규모도 유지하고, HSDPA 가입자 전환도 해야 하는 상황이므로 마케팅비용의 증가는 불가피하다.(자료 : 대신증권 리서치 센터)

'07년1월 예상보다 마케팅 비용 집행에 안정을 보인 SK텔레콤의 실적이 양호한 상황이다. 모토롤라의 저원가 단말기를 공급하며 단말기 보조금을 소폭 줄인 전략이 성공한 사례이기도 하다. 향후도 저가 단말기 중심의 마케팅 활동으로 가입자 모집 및 마케팅비용 증가 억제를 시도할 전망이다. 모회사 KT가 KTF의 CDMA를 재판매 하면서 집행하는 마케팅 비용으로 인해 이동통신 3사 대비 상대적으로 안정적인 마케팅 비용을 유지해 오던 KTF가 HSDPA시장에서 마케팅 활동을 강화하며 큰 폭으로 비용이 증가했다. 향후 지속적인 마케팅 활동이 예고되어 07실적 개선은 기대하기 곤란하다.

하지만 07년 5월 HSDPA마케팅에 힘입어 3G누적 가입자는 KTF가 앞선 상황이다.

⑤ 한미 FTA 체결이 국내 이동통신 시장에 미치는 영향

통신기술방식 결정 시 자율성 확대 또한 비용 절감의 효과를 기대 할 수 있다. 그러나 중장기 경쟁 활성화 요인이 다분하고, 우리나라의 통신서비스가 산업 사이클 상 성숙국면을 지나고 있는 상황이기 때문에 FTA체결 후 해외사업자와의 경영목적 지분인수는 다소 부정적인 상황이다. 07년 5월 현재 한 · EU간 FTA도 진행 중이다. 한미 FTA와 동일한 수준의 개방논의가 진행될 것으로 전망하고 있다.

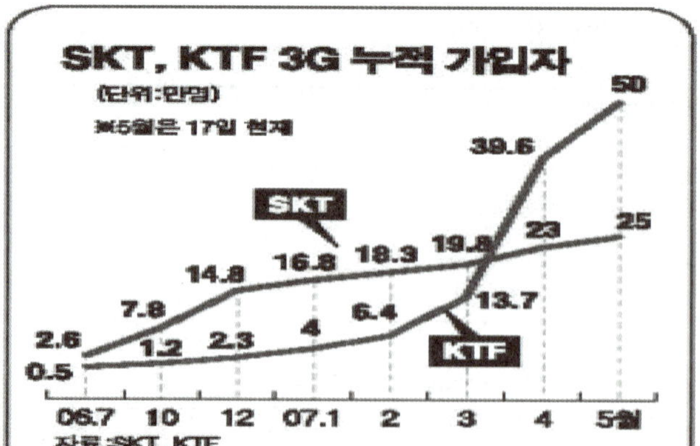

특히 기간 통신 사업자에 대한 외국인 보유 지분 제한 및 통신방식 결정과 관련한 규제 완화가 추진될 경우 KT, SK텔레콤의 수급여건은 크게 개선될 것으로 예상되며, 향후 기술방식 선정에 자율권이 확대되어 WIPIless 단말기 출시 등의 비용절감효과가 기대된다.

6 의견 및 제안

3G 가입자는 KTF가 3월부터 'SHOW' 브랜드를 런칭, 대대적인 마케팅을 전개하면서 크게 늘기 시작했다. 특히, 4월 한 달간 'SHOW' 가입자는 25만6천여 명이 증가해 3월 신규 7만5천 명의 3배를 기록했다. 그러나 대규모 마케팅에 비해 절대적인 신규 가입자 수는 크지 않으며, 2G와 3G 가입자 모두를 공략하는 전략을 취하고 있는 SK텔레콤은 4월 한 달간 3G 신규 가입자가 3만4천여 명에 그쳤다.

앞의 수치에서 보이듯 아직까지는 폭발적인 신규 가입자 수의 증가가 보이지 않는다. 여러 가지 이유가 있겠지만, SK텔레콤이 본격적으로 3G마케팅에 뛰어들지 않았으며, 무엇보다 3G에 대한 소비자들의 인식은 개선됐지만 실질적인 가입자 증대 효과로 이어지지 않고 있기 때문이다.

3G 이동통신 서비스가 고객을 유인하려면 기본 서비스인 영상통화 외에 초고속 데이터 송수신 기능을 활용한 각종 응용콘텐츠 개발이 이뤄져야 하고, 영상 및 데이터 송수신 때 요금도 저렴해야 할 것이다. 또한 전략적으로 3G전용 단말기 종류를 늘리고 가격을 내려 소비자들에게 좀 더 어필해야 할 것이다.

아직 3G시장이 상업적으로 큰 수익을 낸다거나 일상화가 이루어지지는 않았지만, 거대한 자본을 지닌 양대 이동통신사의 경쟁이 존재하며, 이동통신 분야에서 빠른 변화를 추구하는 소비자들의 패턴과 유무선 통신 인프라가 매우 발전된 우리나라의 상황이 결합된다면 한국의 3G 시장은 성공할 가능성이 높다.

전 세계적으로 2세대 시장은 이미 포화 상태이기 때문에 3G로의 전환은 불가피한 선택이다. 그 중에서도 아시아 지역은 유럽과는 달리 3G 라이선스 비용도 상당히 싼 편이며 이동통신 가입자 확산이나 경제성장 속도 등을 감안하면 3G 서비스의 성장 가능성이 여타 지역에 비해 높다. FTA체결이 이루어진 미국, 협상진행 중인 EU와 더불어 앞으로 FTA체결이 유력한 중국의 경우 2009년에 3G 가입자 수가 9800만 명에 이를 것으로 예상 된다. 기술적인 우수성에도 불구하고 인구수가 적은 우리나라의 시장에 한계 속에서 출혈 경쟁을 하는 우리나라의 이동통신사들이 눈여겨 볼 필요성이 있는 수치이다. 여기에 3G 시장의 성숙이 유무선망이 통합된 3G 네트워크를 비롯해 단말기, 애플리케이션, 콘텐츠 등이 필요하다는 점을 감안할 때 애플리케이션, 콘텐츠 부문이 활발한 한국 기업들이 도전해볼만한 가치가 있을 것이다.

2004년 전자정보센터의 보고서에 따르면 이동전화 가입자 수가 포화치에 이르고 요금이 지속적으로 인하되고 할인됨에도 불구하고 매출액은 상대적으로 안정적인 성장세를 유지하고 있는 것으로 예측하였다. 단, 매출액 성장률은 낮아지는 추세를 보이고 있다. 최근 각 통신사의 요금할인 경쟁으로 인해 매출액에 적지 않은 영향을 미칠 것으로 예상하였으며, 2010년 이동통신 시장 전체 매출액 규모는 약 18조 1,967억으로 연 평균 3.1%의 성장을 보일 전망이다.

이런 매출액의 안정적인 증가는 기존 매출액의 절대적인 비중을 차지했던 음성통화 기반의 매출액이 연평균 2.5%로 감소하고 있는데 비해 데이터 서비스 매출이 연평균 35.5%의 성장률을 유지하면서 전반적인 시장성장의 원동력으로 작용하고 있기 때문이다.

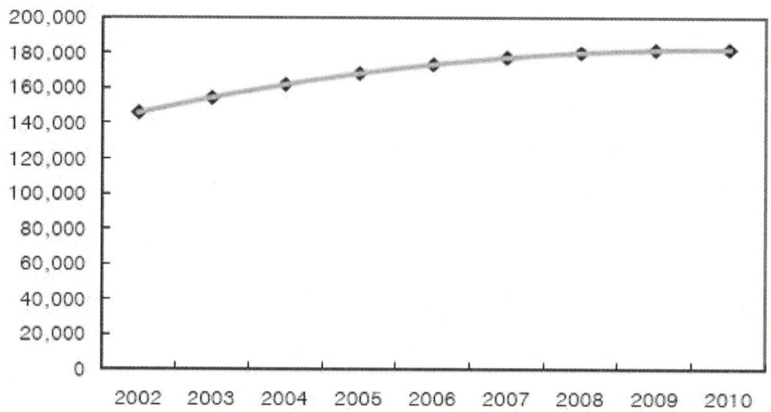

(그래프는 이동통신 시장 전체 매출액 증가 추이 (단위: 억 원)-상기 매출액은 SKT, KTF, LGT 3사의 매출액 합계에 근거함.)

2010년 데이터 서비스의 매출액은 6조 8388억 원으로 총 매출액의 37.58%를 차지할 전망이다. 최근 데이터 서비스 매출액을 높이기 위한 이동통신사의 노력은 상당히 구체적으로 전개되고 있다.

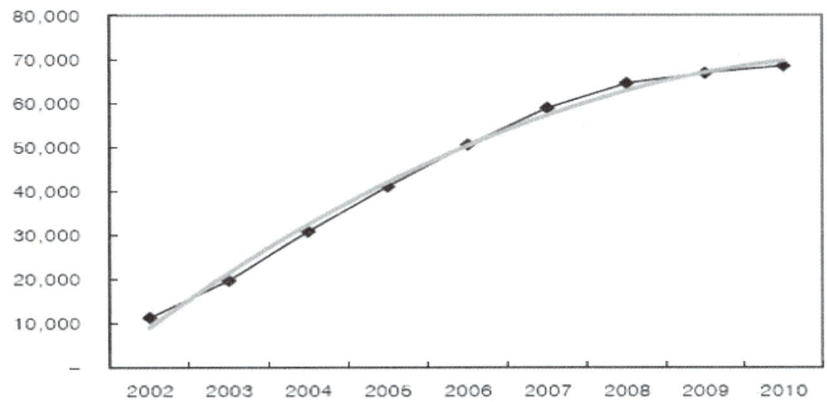

(이동통신 테이터 서비스 매출액 증가 추이(단위: 억 원)

그리고 한 · 미 FTA 체결 등 국내 시장의 전격 개방으로 통신 분야 뿐 아니라, 우리나라의 모든 경제가 세계무대로 나아가야 하는 시대적 역할을 부여받고 있다. 이와 같은 상황에서국내 이동통신 기업들은 글로벌시장을 통해 이미 포화 상태에 접어든 국내 시장을 뛰어넘어 새로운 '블루오션(Blue Ocean)'을 찾기 위한 노력을 해야 할 것이다. 한계 상황에 다다른 내수 시장을 극복하고 미래 수익원을 창출하기 위해서는 해외시장 개척만이 '해답'이라는 것이다. 이는 단순히 특정 업체의 해외진출뿐 아니라, 우리나라의 앞선 기술과 제품을 해외에 선보임으로써 세계 시장의 흐름을 리드하고, 연관된 산업의 동반진출까지 꾀할 수 있다는 점에서도 의미를 짚어 볼 수 있다.

[기타 영상이동통신시장 발전을 위한 아이디어]

1. 현 고객들의 영상통화의 필요성에 대한 낮은 인식도를 끌어 올리기 위한 기업광고를 더욱 활성화시킨다.

① 광고 화면에 뜨는 문구에 SHOW가 아니면 바꿔라 라는 식으로 글자를 각색한 식의 광고)

예 001광고 – 조인성, 싸이, 고릴라 편 패러디

② 영상통화 사용자에 한해서 다양한 서비스를 제공할 수 있는 전략을 구축한다.

예 영상통화 사용자에 제한하여 포인트 적립을 실시.

③ 영상폰에 특화된 대량 고객화

예 "특정 영상폰을 구매하는 고객님들에게 한하여 영상폰에 고객님만의 고유의 이니셜을 금으로 새겨 드립니다!"

④ 영상통화를 일정 시간 이상 사용할 경우의 혜택.

예 5분 이상 영상통화 사용시 쿠폰 응모, 일정 시간의 무료 통화나 무료 문자 사용 가능.

2. 영상통화가 대중적으로 보급이 되었을 시의 서비스 전략

① 건물 밖에서의 영상통화의 불편함을 해소하기 위해, 영상통화 부스 설치.

참고문헌

1. 조동성, 21세기를 위한 전략경영, 서울경제경영, 2006.
2. 박철순 · 김성훈, 한국 이동통신 서비스및 단말기 산업의 변천과 발전방향, 서울대학교 경영연구소 기업경영 연구총서, 서울대학교 출판부. 2007.2.
3. 최병삼, 이동통신산업의 부가서비스 경쟁, SERI 경제포커스, 2005.01.17.
4. 이통 단말기 보조금 금지 4년의 득실, LG경제연구원.
5. 김영곤 · 이병철, 대한민국에는 SK텔레콤이 있다, 저 21세기북스.
6. 이화자, KTF 즐거움을 파는 회사, 흐름출판, 2005.
7. SKT홈페이지 www.sktelecom.com
8. KTF홈페이지 www.ktf.com
9. 전자정보센터 http://203.253.128.6:8088/

사례2 삼광유리공업의 경영전략

1 서론

종합포장용기문화 창조의 기업이라는 목표를 가지고 유리시장에서 가장 강력한 경쟁력을 확보한 기업으로 평가받고 있는 삼광유리공업이라는 유리제품 제조사가 있다. 일반적으로 잘 알려지지 않은 기업이지만 삼광유리가 만드는 제품은 일반인들에게 친숙한 제품이다. 예를 들면 하이트맥주나 진로 참이슬의 유리병, 롯데칠성의 칠성사이다와 코카콜라 등의 캔 음료, 유리밀폐용기로 시장에서 큰 호응을 얻고 있는 글라스락이 있다. 이 제품들의 특징은 자사의 사명은 철저히 숨기면서 해당 브랜드로 자사의 기술력을 인정받았다는 점에 있다. 그렇다면 삼광유리공업은 어떠한 전략을 가지고 시장과 고객, 자사를 분석하였기에 이렇게 성공할 수 있었는지에 대해 알아보자.

2 기업의 외부여건(기회)

(1) 거시환경 분석

삼광유리공업은 주류나 음료수용 병이나 캔을 주로 생산하는 유리병 전문 생산 업체이다. 이러한 특성상 초기 엄청난 규모의 투자가 선행되어야 하고 공정이 쉼없이 계속적으로 이루어지고 있다. 만약 한번이라고 공정이 정지되는 상황이 연출된다면 그 피해는 어마어마하게 마련이다. 또한 약간의 오차라도 발생한다면 엄청난 제품균열과 소비자 상해를 입힐 수 있는 것이 현실이다. 이에 따라 거시적 환경을 분석해 보고자 한다.

삼광유리공업은 기술적 측면에서 국내에서는 둘째라면 서러울 정도의 유리병 생산 능력과 설비를 갖추고 있다. 아직까지 두산이 시장에서 선두기업이라고 평가받고 있지만 두산의 지속적인 수익성추구를 위한 정책에 따라 조만간 유리병시장에서 철수할 가능성이 높다. 이에 따라 기술력을 가진 삼광유리는 업계 선두가 될 가능성이 높다.

현재 경제상황은 삼광유리와 같은 계약제 생산방식을 가지고 있는 업체에 있어서는 큰 영향을 받지 않는다. 이는 경제성장률이나 환율, 실업률 등에 영향을 받지 않고 주류시장과 음료시장이 유지된다는 것을 의미한다.

최근 웰빙을 중시하는 시장의 상황을 반영하여 삼광유리공업은 글라스락이라는 유리 밀폐용기를 생산하고 있다. 이는 시장에서 플라스틱 밀폐용기에 대한 환경호르몬 불식이라는 테마와 함께 놀라운 성장세를 이어가고 있다. 또한 정부 역시 국민 건강을 중요시 하는 만큼 결코 삼광유리공업의 행보에 해가 되지는 않을 것으로 보인다.

(2) 산업구조 분석

마이클포터 교수의 5 FORCE MODEL에 따르면 산업 경쟁을 유발하는 요인들은 크게 5가지로 나눠진다. 이를 삼광유리공업에 적용시키면 다음과 같다.

먼저 기존 기업 간의 경쟁 상황은 다음과 같다. 국내 유리시장은 두산, 삼광유리, 금비로 구성되어 있다. 나머지 군소업체가 있지만 실제로 생산량이나 생산능력에서 큰 차이가 나기 때문에 위의 3사가 시장의 80% 이상을 차지하고 있다고 볼 수 있다. 각 사의 특징은 다음과 같다. 먼저 두산은 앞에서 살펴본 바와 같이 시장에서 철수를 신중하게 고려하고 있다. 전문가들에 따르면 빠르면 2008년 중에 시장을 철수할 수도 있다는 전망까지 나온 상태이다. 또한 금비의 경우 원래 진로에 소주병을 독점 납품하던 회사였지만 진로의 워크아웃으로 인해 금비의 생산도 급감한 상태이고 여기에 진로를 인수한 하이트맥주가 삼광유리에 생산계약을 한 상태여서 금비는 계속해서 외형이 줄어들고 있다. 결국 이러한 상황으로 인해 삼광유리는 산업 내에서 점차 경쟁력을 높여가고 있는 상황이다.

둘째로 새로운 기업의 진출가능성이다. 유리병 제조업은 초기 투자비가 많이 들어가는 업종의 특성상 현재는 초기투자를 감내할 능력이 있는 대기업만이 뛰어들 수 있는 시장이다. 하지만 초기 수요를 확보하는 것이 사실상 불가능하기 때문에 타 기업이 뛰어들기 보다는 기존 기업들이 상호간에 안정적인 경쟁을 하는 구조가 지속될 가능성이 높다.

셋째로 대체품의 압력이다. 유리병을 대체할 만한 대체품이 있을까? 과거에는 그 역할을 플라스틱 용기가 해왔다. 하지만 최근 불거진 플라스틱 용기의 환경호르몬의 유해성은 플라스틱에 대한 신뢰를 종식시켰고 조금 비싸고 무겁더라고 안전한 유리를 선호하는 것이 최근의 트랜드라고 할 수 있다. 세상에서 가장 안정한 소재중의 하나가 유리라는 인식도 한몫하고 있다고 볼 수 있다. 앞으로 유리를 대체할 깨지지 않고 가벼우면서 인체에 무해한 성분이 나타난다면 유리 산업은 바로 존폐의 위기에 직면하게 될 것이다. 하지만 현재로서는 그러한 가능성은 희박하다고 볼 수 있다.

넷째로 구매자의 교섭력이다. 삼광유리공업의 경우 구매자인 하이트맥주나 진로, 롯데칠성에 대해서 상대적인 소규모 기업이기 때문에 단가결정력이 떨어질 것이라고 예상할 수 있다. 하지만 실제 삼광유리공업의 자료에 따르면 매년 계약하는 형태를 통해 일정마진을 확보하고 있으며 생산능력을 인정받는 업체가 극소수인 현실로 인해 납품단가는 매년 유지되고 있다고 한다. 단 인플레이션을 감안할 때 오르지 못하는 것은 리스크라고 볼 수 있다.

다섯째로 공급자의 교섭력이다. 실제로 삼광유리공업은 이 부분에서는 교섭력이 떨어진다고 볼 수 있다. 그 이유는 원재료 중 유리의 재료인 규사와 소다회는 계열사인 동양제철화학에서 전량 들여오기 때문이다. 물론 계열사이기 때문에 무조건 비싸게 주는 일은 없겠지만 서로의 상황을 잘 알고 있기 때문에 추가마진이 발생하지 않는 것도 사실이다.

위의 다섯 가지 측면에서 살펴봤을 때 삼광유리공업은 현재 매우 안정적이고 지속가능한 기업이라고 볼 수 있다.

(3) 고객 분석

기업에 있어서 고객은 자사의 존폐여부를 결정하는 중요한 대상이다. 삼광유리공업은 과거 주류와 음료생산업체가 주요한 고객이었다. 이러한 특성상 일반 소비자를 대상으로 고객을 분석할 필요가 없었던 것이 사실이었다. 하지만 이러한 단편화된 고객군은 기업의 더 큰 성장의 상애요인이기도 했다. 결국 삼광유리공업은 2005년 글라스락이라는 유리밀폐용기 시장에 뛰어들게 되었고 이를 위해 20~40대의 젊은 주부층들을 주요 고객으로 선정하게 되었다.

이들은 젊다는 특성으로 인해 과거와는 달리 선상을 중시하고 고품실, 고가격에 대해 충분히 감내 할 수 있는 고객이었다. 삼광유리공업은 플라스틱밀폐용기 전문 생산업체인 하나코비를 경쟁자로 인식하였고 하나코비를 이기기 위한 다양한 방법을 연구했다. 결국 고객이 원하는 품실과 선상, 디자인을 알게 되었고 그것을 적용하여 성공한 것이 오늘날 히트상품 글라스락이다.

3 기업내부여건(자원)

(1) 내부자원

모든 기업들은 저마다의 전략수립과 실행을 위한 자산이나 능력, 기술, 정보를 가지고 있기 마련이다. 삼광유리공업에 있어서 내부자원은 무엇일까?

먼저 삼광유리공업의 자산은 이미 업체최고의 생산시설을 갖춘 공장일 것이다. 과거에 주로 생산을 담당하였던 인천유리공장, 최근 완전한 설비를 갖췄고 이전을 통해 주력으로 떠오르고 있는 천안공장, 2PC캔을 생산하는 천안2공장, 3PC캔을 주로 생산하는 대구공장 등 모두 4개의 공장을 가지고 있다. 이러한 생산 시설은 국내 최고의 생산력을 자랑하며 최근 신도시로 개발이 확정된 학익동신도시부지의 인천공장은 부동산개발로 인해 장부가 대비 3배 이상의 차익이 기대되고 있다. 이 자금은 또 다른 성장자금으로 사용될 것으로 예상된다.

둘째로 기술력이다. 이것은 앞에서 자세하게 살펴봤지만 이미 국내에서는 최고의 유리병 생산업체라고 평가받고 있다. 또한 공장 역시 97%의 높은 가동률로 높은 수익성을 보여주고 있다. 아래 영업이익률 추이 역시 높은 가동률로 인한 원가 최소화가 주요인이라고 할 수 있다.

그림 3. 영업 이익률 추이

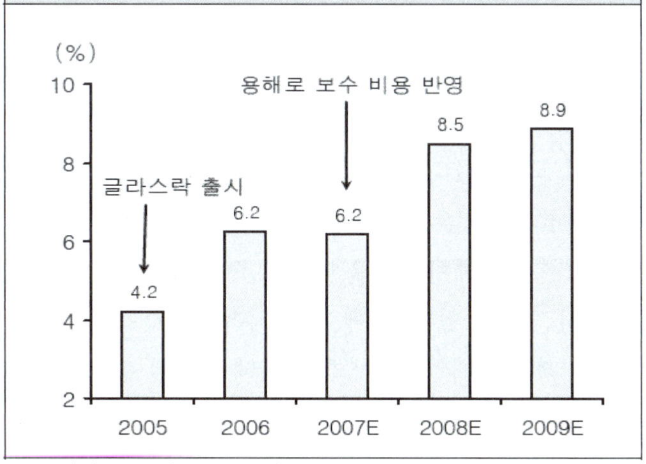

자료: 삼광유리, 삼성증권 추정

셋째로 정보력이다. 삼광유리공업은 오랜 상생관계에 있는 하이트맥주와 롯데칠성과의 관계로 인해 상호간의 생산량과 기술력을 공유하고 있으며 상호 조율하고 있다. 또한 최근 하이트맥주에 인수된 진로 역시 이러한 관계를 맺기 시작한 만큼 앞으로 더욱 안정된 기업존속이 가능할 것이다. 또한 소비자들의 취향을 항상 분석하고 모니터링 함으로써 년 3회 이상 신제품을 출시하는 적극적인 개발 활동을 통해 고객의 만족을 제공하는 것은 물론 고객의 요구를 정보화 하고 있다.

(2) 핵심역량

핵심역량이란 기업의 성장을 위한 원동력이며 기반이 되는 것이다. 삼광유리공업에 있어서 핵심역량을 바니의 4가시 특성에 연관시켜 설명하면 다음과 같다.

첫째 자원의 유용성 여부이다. 기업의 효율성과 생산성을 증대시키기 위한 유용성이 있는가? 삼광유리공업은 이러한 충분한 능력을 갖췄다고 생각한다. 시번 관세상 수치석으로 섭근하면 매년 자본금 대비 순이익률이 10%에 이르고 있다. 이는 100원의 자금으로 1년 후 10원의 이익을 생산한다는 개념으로 우리나라 제조입체들이 평균 5%의 자본금대비 순이익률을 기록한다는 동세와 비교 했을 때 매우 우수한 수치라고 볼 수 있다.

둘째로 자원의 희소성이다. 삼광유리공업이 가진 핵심역량인 유리병과 캔 생산 공장이 누구나 쉽게 마련할 수 있을까? 아마도 거의 불가능할 것이다. 또한 현재와 같은 유리병 전문 인력을 한 번에 모두 확보할 수 있을까? 이 역시 불가능에 가깝다. 즉 자원의 충분한 희소성을 가지고 있다고 볼 수 있다.

셋째로 불완전 모방성이다. 이는 먼저 생산능력을 갖췄다는 전제하게 가능하다. 만약 이러한 생산설비를 갖춘 기업이 있다고 치더라도 이들이 삼광유리공업과 같은 특허를 가지고 있지 않다면 최소 수 십년간은 동일한 제품을 생산할 수 없다. 즉 다수의 특허와 실용신안권을 가진 삼광유리는 불완전 모방성을 가지고 있다고 할 수 있다.

넷째로 불완전 대체성이다. 이것은 과거 크게 문제 되었던 부분이다. 가격이나 무게 파손우려로부터 안정했던 플라스틱제품에게 시장을 빼앗겼던 삼광유리공업은 언제든 신소재가 나타나면 대체성의 위험에 직면할 수 있다. 이에 대한 지속적이고 적극적인 대체가 이루어 지지 않는다면 지금과 같은 안정적인 기업운영이 한 순간에 무너질 수도 있다는 사실을 명심해야 한다.

4 기업철학, 목표, 비전

삼광유리공업은 고정관념에서 벗어난 신개념 포장용기문화 창달의 선두기업, 현대 생활문화에 적합한 국민건강증진과 기능성을 갖춘 주방종합용기 전문기업이라는 비전을 가지고 있다. 또한 품질 최우선 경영으로 최고의 제품을 제공하여 고객, 주주와 임직원을 위한 최고의 가치를 창출하는 것을 목표로 하고 있다. 이처럼 기업의 철학과 비전이 오직 한 방향인 유리용기에만 맞춰져 있고 더군다나 국민 건강을 위해 계속된 연구개발과 노력이 지속될 것이라는 사실을 예측할 수 있다.

목표역시 자사의 욕심이 아닌 먼저 고객을 생각하고 다음으로 주주와 임직원을 생각하는 모습을 볼 때 기업의 우선순위가 어떻게 정립되어 있는가를 알 수 있다. 이처럼 기업의 철학은 한 순간에 만들어 질 수 없고 지속적이고 장기적으로 만들어 지는 것이다. 이러한 철학을 가지고 꾸준히 노력한다면 지금보다 더욱 고객의 신뢰와 사랑을 받는 기업이 될 것이다.

5 경쟁우위전략

기업은 전략 분석의 내외부요소의 분석을 바탕으로 경쟁우위를 발견하여 이를 바탕으로 경쟁을 통해 경쟁우위를 확보해야 한다. 만약 경쟁우위가 일회적이거나 출혈을 통한 경우, 핵심요소를 갖추지 못한 경우라면 이것은 진정한 의미의 경쟁우위가 아니라고 볼 수 있다. 삼광유리공업의 경우 어떤 경쟁우위를 가지고 있을까?

(1) 원가우위전략

삼광유리공업은 사명에서 알 수 있듯이 유리생산을 전문으로 하는 업체이다. 이 업체가 만약 건설을 한다면 성공할 수 있었을까? 그건 상황에 따라 다르겠지만 실패할 가능성이 훨씬 높을 것이다. 즉 자사가 하던 업종에서 최선을 다했고 비록 다른 제품을 개발하더라도 같은 유리 관련 제품에만 치중하면서 리스크와 초기설비투자비용을 최소화 하였다. 이는 기업 활동 간의 관련성을 높였다고 볼 수 있다. 또한 사업부 간의 상호 관련성을 높였다고도 볼 수 있다.

또한 규모의 경제를 실현하였다. 유리제품 생산의 특성상 원래 공장이 70%이하로 가동되면 적자가 발생한다고 한다. 하지만 70%를 넘는 순간부터 원자재비는 거의 추가되지 않지만 생산량은 급격하게 늘어나게 되고 수익은 더 높게 상승하게 된다. 이는 비용의 구조상 고정비가 높지만 변동비가 낮은 구조를 가지고 있기 때문이라고 볼 수 있다. 즉 대량 생산이 이루어질수록 수익성을 가파른 우 상향 그래프를 그리게 된다고 할 수 있다.

또한 학습효과와 경험곡선 효과 역시 극대화시키고자 노력하였다. 같은 제품을 반복적으로 생산하는 업종의 특성상 계속해서 인력이 전문화되면서 부가가치의 원가가 계속적으로 낮아지고 있고 현재도 이러한 추세는 계속되고 있다.

위와 같은 다양한 이유로 인해 원가우위 전략을 성공적으로 이루고 있다고 볼 수 있다.

(2) 차별화전략

삼광유리공업은 제공하는 유리제품에 대한 서비스의 차별화는 불가능 하였다. 결국 제품의 질로 승부할 수밖에 없었다. 이에 따라 최대한 수직적통합화와 아웃소싱을 조화롭게 추진하였다. 즉 자사의 핵심역량인 유리용기 생산능력을 바탕으로 용기를 만들고 뚜껑과 같은 플라스틱 제품은 최대한 저가와 고품질의 아웃소싱을 줌으로써 저가납품과 저가 생산을 극대화 시켰다. 또한 인천공장은 수도권에 인접한 입지를 선정하였고 충청권은 천안공장이 영남권은 대구 공장이 인근에 위치하여 좋은 입지를 선점하는 것에도 관심을 기울였다. 이러한 세심한 관심과 전략은 오늘날 만년 3위의 유리제품생산업체에서 1위를 넘보는 유리제품생산 기업으로 도약하는데 가장 중요한 역할을 하였다고 볼 수 있다.

6 제품 포트폴리오 관리

앞에서 살펴본 경쟁우위 전략을 바탕으로 삼광유리공업의 제품수명주기 그래프 상의 위치를 생각해 보자.

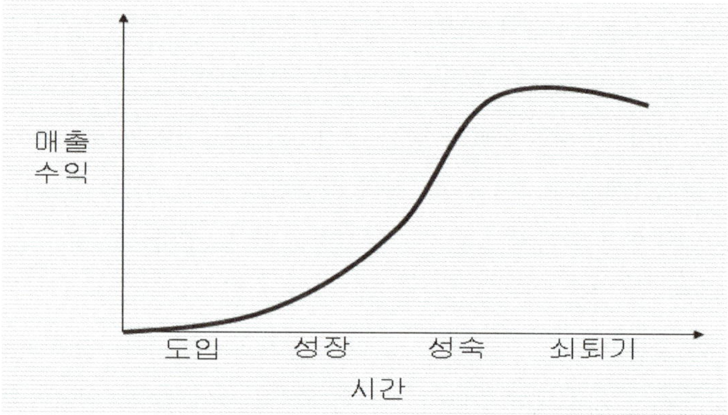

현재 삼광유리공업은 유리병이나 캔의 경우 성숙기에 위치하고 있다. 반면에 글라스락을 중심으로 한 밀폐용기는 성장기에 위치하고 있다. 다음으로 제품 포트폴리오 관리 도표를 보자.

위에서 볼 수 있는 것이 제품 포트폴리오 관리의 도표인 PPM이다. 이는 삼광유리공업이 현재 어떤 위치에 있는 제품군을 보유하고 있으며 앞으로 어떤 전략을 가지고 기업의 목표를 가져야 할지 알 수 있게 하는 도표이다.

먼저 가장 큰 매출을 차지하는 유리병의 경우 현재 시장점유율은 높고 시장 성장률은 낮은 현금젖소의 위치에 있다. PPM전략에 따르면 현금젖소에 위치한 제품군은 추가 투자 없이 창출되는 현금으로 물음표에 위치한 유망한 제품군에 투자하는 것이 가장 현명한 방법이라고 할 수 있다. 실제로 삼광유리공업은 현재 추가적인 투자를 하지 않고 있다.

두 번째 높은 매출을 차지하는 캔사업 부문 역시 현재 낮은 성장률과 높은 시장점유율을 차지하고 있기 때문에 위의 유리병과 같은 전략을 가지고 사업을 추진하고 있다.

마지막으로 신규사업군인 밀폐용기 산업 부문은 시장점유율은 저에서 고로 이동하는 상황이고 시장성장률은 매우 높은 상황이다. 이는 2007년까지는 물음표의 위치하고 있었지만 2008년 이후에는 별이 될 수 있으리라고 본다. 실제 투자도 어느 정도 마무리되고 있고 현금유입이 본격화되기 시작하였기 때문이다.

이처럼 삼광유리공업은 PPM에 따라 분석하더라도 매우 효율적인 자금투자와 회수가 이루어지고 있다는 사실을 발견할 수 있다.

7 삼광유리공업의 위기와 재도약

사실 삼광유리공업은 1998년 IMF경제위기 상황에서 회사의 부도의 아픔을 맛보았다. 당시 이러한 위기는 그동안 방만했던 경영에 대한 각성을 하는 중요한 기회로 작용하였고 이후 내실있고 튼튼한 성장을 위한 3년간의 뼈를 깎는 고통의 시간을 겪었다. 그러한 과정을 통해 반드시 성공할 수 있는 유리 관련 제품만을 생산하고 철저히 준비한다는 자세를 가지게 되었다. 또한 그 때의 시련을 바탕으로 2003년부터 2년여의 꾸준한 연구와 시장 모니터링을 바탕으로 플라스틱 밀폐용기의 단점과 기존 두산의 파카락의 단점을 보완한 삼광유리공업의 글라스락이라는 최고의 품질을 가진 유리밀폐용기를 시장에 성공적으로 런칭하게 된다.

이것은 단순히 성공적인 제품 생산이라는 시각이 아닌 삼광유리공업이 자신감과 가능성을 표출한 중요한 계기가 되었다고 한다. 아래의 표는 신제품인 글라스락의 매출호조로 인한 식기부문 매출 상향추세와 앞으로의 전망치를 반영한 내용이다.

그림 2. 식기 부문 매출 추정

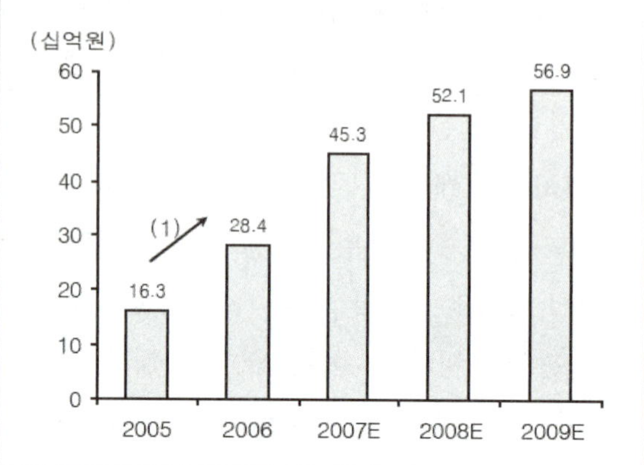

참고: (1) 글라스락 출시 후 73.9% 성장
자료: 삼광유리, 삼성증권 추정

8 삼광유리공업이 성공비결

(1) 삼광유리공업이 성공할 수 있었던 비결은 무엇인가?

① 외부시장 환경을 정확히 인식

삼광유리공업의 성공 이유는 개인적으로 외부시장에서의 고객의 요구를 정확하게 인식한 것이라고 생각한다. 이것은 과거와는 달리 양보다는 질을 중시하며 값 보다는 만족을 중시하는 현대인들의 의식의 변화를 잘 인지하고 이에 부합하기 위한 노력을 한 것으로 볼 수 있다. 여기에 삼광유리공업으로서는 신제품 글라스락을 출시하고 초반 고전을 면치 못하던 때에 환경호르몬 문제가 SBS 환경프로그램을 통해 2주간에 걸쳐 다큐멘터리 형식으로 집중 방송되면서 시장에서의 관심을 한 몸에 받게 되었고 이것은 철저히 준비한 삼광유리공업으로서는 성공의 열매를 얻을 수 있는 기회로 작용한 것이다.

② 내부 자원을 효율적으로 활용

삼광유리공업은 원래 유리제품 생산에 있어서는 국내에서 알아주는 기업이다. 하지만 방만한 경영과 수익성을 무시한 확장으로 인해 IMF경제위기 때 어려움을 겪게 되었다. 당시 진로나 대우 등 대기업들이 문어발식 경영을 통해 무너지는 모습을 보면서 삼광유리로서는 자사의 본업에 집중해야겠다는 생각을 하였을 것이다. 이러한 의식의 변화와 적립으로 인해 2003년 이후 안정적인 유리제품 생산과 연구에만 집중하고 있다. 이처럼 아는 것만 연구하고 도전하는 다소 보수적인 기업경영은 결국 안정적인 성장을 이루었고 최근 글라스락이라는 밀폐용기로 인해 국내 능률협회나 만족도 조사에서 1위를 독점하고 있는 것으로 생각된다.

③ 브랜드 런칭 전략

삼광유리공업은 글라스락을 처음 출시할 때부터 삼광유리라는 인지도 떨어지는 자사의 사명을 철저히 숨기고 글라스락이라는 유리밀폐용기의 대명사를 소비자 머리에 인지시키고자 노력하였다. 지금은 글라스락은 알지만 삼광유리공업은 모르는 사람이 대부분인 사실을 감안 할 때 삼광유리공업의 이러한 전략은 매우 성공적이었다고 볼 수 있다.

④ 전혀 다른 시장 창출

삼광유리공업의 신사업이었던 글라스락을 보면서 느낀 것은 기존의 고정관념이 얼마나 무서운 것인가라는 사실이다. 흔히들 밀폐용기라고 하면 당연히 플라스틱으로 만들어야 한다는 것이 통념이었다. 하지만 삼광유리는 이러한 고정관념을 깨트리기 위해 노력하였고 결국 2005년 이러한 노력은 결실을 얻게 되었다. 냄새와 색이 베지도 않는 것은 물론이고 쉽게 깨지거나 상처가 나지 않으면서도 냉장과 냉동이 가능한 밀폐용기인 글라스락의 출시가 바로 그것이다.

만약 일반인들처럼 고정관념을 가지고 플라스틱만이 밀폐용기라는 생각을 가졌다면 이러한 히트상품은 세상에 나올 수 없었을 것이다.

(2) 앞으로의 과제

① 경쟁사와의 관계

삼광유리공업의 대표적인 경쟁사는 유리병에 있어서는 금비이다. 하지만 유리병의 경우 계약을 맺는 원도급업체와의 관계가 중요하다 보니 실질적으로 금비와 직접 맞붙는 경우는 없다고 볼 수 있다. 이러한 성격으로 인해 실제루 경쟁사라고 보기는 부족한 면이 있다.

하지만 아직 매출은 작지만 계속해서 충돌을 하고 있는 밀폐용기사업의 경우 하나코비사의 락앤락과 유사하다는 소송으로 인해 잦은 충돌이 계속되고 있다. 과연 앞으로도 이러한 현상이 계속될 것인가? 현재로서는 3건의 소송 중 한건은 삼광유리공업이 승소한 상황이고 나머지 두 소송은 시간이 해결해 줄 문제이지만 하나코비가 승소하기는 어려워 보인다. 이러한 현실을 볼 때 최소 2008년까지는 소송이 이어지겠지만 삼광유리공업이 손해 볼 가능성은 거의 없다고 볼 수 있다.

② 지속적인 계약관계

유리병 사업의 경우 하이트맥주와 주식지분관계를 가지고 있을 정도로 관계가 돈독하다고 알려져 있다. 이러한 관계로 인해 진로를 인수한 하이트맥주는 진로의 소주병 생산도 금비에서 삼광유리공업으로 넘긴 상황이다. 캔의 경우도 롯데칠성과 계속해서 계약을 맺고 있다.

현재로서는 타 기업이 이 시장에 들어올 가능성은 사실상 없다고 볼 수 있다. 하지만 만약 매우 낮은 가격에 협상을 요청하는 기업이 생긴다면 발주자로서 하이트맥주나 롯데칠성은 고민에 빠질 수밖에 없을 것이다. 이런 측면에서 삼광유리공업은 현재보다 더욱 긴밀한 관계를 가지지 않는다면 언제든지 위협적인 상황에 노출될 수 있다는 가능성을 열어두고 영업을 해야 할 것이다.

③ 저가 중국산의 위협

현재 국내 유리시장에 중국산이 발을 붙이지 못하는 것은 바로 기술력과 단가라고 한다. 이러한 경쟁우위를 가진 국내 상위사는 아직까지는 중국산에 대한 위협을 느끼지 못하고 있지만 언제까지나 이와 같은 상황이 지속된다는 보장은 없다. 앞으로 좀 더 고 부가가치의 유리제품을 생산하고 다기능의 제품 예를 들어 단열성을 극대화 한다던가 초경량의 제품을 만들고 깨지지 않는 특수 강화유리를 만들어 중국 등의 개발도상국에서 따라오지 못하는 기술력을 확보하지 않고서는 안심할 수 없을 것이다.

전술한 것과 같은 다양한 기술개발을 통해 삼광유리공업이 세계 유리생산 독보적인 위치에 올라야 안정적인 성장을 기대할 수 있을 것이다.

9 주식시장에서의 삼광유리공업에 대한 평가

주식시장에서는 삼광유리에 대한 긍정적인 평가가 이어지고 있다. 이러한 긍정적인 평가는 주가로 화답하고 있다. 제출자 역시 이러한 삼광유리공업의 성장성과 안정성을 믿고 2006년 초에 약간의 주식을 매수한바 있고 현재까지도 보유하고 있다.

10 결론

IMF이후 삼광유리공업은 외형보다는 내실을 위주로 쉼 없이 성장해 왔다. 아래 표를 보면 매출도 매출이지만 영업수익과 순이익 향상에 전사적 노력을 기울였음을 알 수 있다. 그동안 삼광유리공업은 꾸준한 이익 성장을 하였지만 이 추세는 당분간 계속될 것으로 예상된다. 기존의 유리병과 캔의 안정적인 현금흐름확보는 물론이고 신사업군인 밀폐용기가 시장에서 안정적인 성장을 하고 있으며 올해부터 미국의 월마트에 성공리에 입점하였고 내년에는 유럽 시장을 공략하기 때문이다.

(단위:백만원)

구 분	제41기3분기	제 40 기	제 39 기	제 38 기	제 37 기
매출액	149,601	178,114	154,203	167,508	162,131
영업이익	10,083	11,129	6,471	5,991	8,998
계속사업이익	9,987	10,661	4,270	3,322	5,059
당기순이익	9,987	10,661	4,270	3,322	5,059

〈 참고 : 41기는 2007년 임 〉

이러한 일련의 과정들이 어려움을 겪고 회생한 삼광유리공업에게는 꿈이 현실로 변화되는 과정일 것이다. 더욱 더 성장하여 지금의 성장성에 만족하지 않고 더 큰 꿈을 꾸며 세계 속에 한국의 유리제품과 유리생산능력을 보일 수 있는 기업으로 성장하기를 기대하며 리포트를 마무리하고자 한다.

마지막으로 다음은 앞으로의 성장성을 추정한 삼성증권의 예상 손익계산서다. 이러한 모습으로 꾸준히 성장한다면 유리병은 물론이고 유리밀폐용기와 캔 등 모든 사업 부문에서 마켓리더가 될 것이라고 확신한다.

손익계산서

12월 31일 기준 (십억원)	2005	2006	2007E	2008E	2009E
매출액	154.2	178.1	200.8	207.8	211.1
일반병	67.9	72.9	70.4	69.7	69.0
식기(글라스락 포함)	16.3	28.4	47.8	56.4	61.2
화장품병	1.5	1.8	1.1	1.1	1.1
캔부문	68.4	75.0	81.4	80.6	79.8
매출원가	134.1	152.6	170.4	171.0	172.7
매출총이익	20.1	25.5	30.4	36.8	38.4
판매 및 일반관리비	13.6	14.4	15.7	16.3	16.6
인건비	3.9	3.6	3.6	3.8	4.0
감가상각비	0.1	0.3	0.3	0.3	0.3
기타	9.6	10.5	11.8	12.2	12.4
영업이익	6.5	11.1	14.6	20.6	21.8
영업외수익	2.8	9.2	9.6	16.0	16.2
이자수익	0.3	0.3	0.7	1.3	0.9
지분법이익	1.2	7.0	6.5	12.9	13.4
기타	1.2	1.9	2.4	1.9	1.9
영업외비용	4.9	6.9	8.2	7.4	6.4
이자비용	3.6	5.8	6.4	6.2	5.3
지분법손실	0.0	0.0	0.7	0.0	0.0
기타	1.3	1.2	1.1	1.2	1.2
세전계속사업이익	4.3	13.4	16.1	29.1	31.6
(계속사업이익)법인세비용	0.1	2.7	2.5	5.3	5.8
계속사업이익	4.3	10.7	13.6	23.8	25.8
중단사업이익	0.0	0.0	0.0	0.0	0.0
*법인세효과	0.0	0.0	0.0	0.0	0.0
순이익	4.3	10.7	13.6	23.8	25.8

사례3 동원 F&B의 경쟁전략과 기업전략

– 목 차 –

1. 서론

우리나라 대기업들은 관련, 비관련 다각화를 통하여 발전하여 왔다. 그 결과 한국은 다른 개도국보다 빨리 산업구조를 고도화할 수 있었던 것도 사실이다. 그러나, 현 시점에서 '대마불사'식 형태와 '문어발식 경영'은 한국재벌의 문제점으로 생각되고 있다. 이 시점에서 동원그룹을 연구대상으로 선정하여 우리나라의 재벌들이 어떠한 과정을 거쳐 다각화를 해왔는지 되집어 보고 우리나라 기업이 나아가야 할 방향에 대해 연구해 보고자 한다.

'먹는 장사는 크게 흥하지도, 크게 망하지도 않는다'는 말이 있었다. 급속한 성장을 하고 있는 동원 그룹내 식음료업체인 동원F&B를 통하여 그러한 옛말이 현대에도 통하는지 생각해 보고, 이러한 식음료업계의 경쟁전략에 대해서 분석함으로써 미래에 식음료업계로 사업진출을 생각하는 이들에게 작게나마 도움을 주고자 한다.

2. 회사소개

1) 비젼

고객만족과 가치실현에 최대한 관심을 기울이며 꾸준한 혁신을 추구하여 더 나은 제품과 서비스를 제공하고 풍요로운 생활을 만드는 새로운 사업과 기술을 창출하는데 가장 앞서가는 기업이 되겠습니다. 또한 구성원의 개성을 존중하고 일에 대한 보람을 느낄 수 있는 신바람 나는 직장을 만들고 물질적, 문화적으로 풍요로운 삶을 누리는 건전한 사회인이 되도록 하는 데도 앞장서는 기업이 되겠습니다.

2) 경영이념

(1) 고객에게 기쁨을 주는 경영

가. 고객은 회사의 사업기반이며, 동원의 존재근거이다.

나. 동원은 항상 고객과 생각을 같이하고 고객의 입장에서 의사결정한다.

다. 고객을 항상 기쁘게 하여 고객과 함께 발전한다.

(2) 사람을 존중하는기업

가. 조직의 구성원을 하나의 독립된 인격체로 존중한다.

나. 구성원이 일을 통하여 성장하도록 지원하여 우수한 인재로 육성한다.

(3) 새로운 가치를 창조하는 경영

가. 동원은 사회에 끊임없이 새로운 가치를 제공한다.

나. 조직역량을 강화하여 보다 높은 이상과 탁월함을 추구하고 실현하는 도전적이고 혁신적 경영을 해 나간다.

3) 회사연혁

1969. 04	동원산업주식회사 설립(자본금 1,000만원)
1973. 05	최초 해외기지 설치(아프리카 가나공화국 테마)
1975. 02	5천톤급 공모선 동산호 진수
1976. 11	동원냉장㈜ 설립
1977. 10	동원정밀㈜ 설립
1979. 07	동원육영재단 설립
1979. 04	국내 최초 참치선망선 코스타데마필호 인수
1981. 11	동원식품㈜ 설립
1982. 05	동원증권㈜ 인수
11	동원참치통조림 국내 시장 최초 출시
1983. 05	괌(GUAM)기지 설치
1986. 02	성남공장 준공
12	창원공장 준공
12	동원경제연구소 설립
1987. 11	동일냉동식품㈜ 설립
1989. 02	제주양식장 준공
03	한국증권거래소에 주권상장(주식수 5,720,000주)
04	창원공장, 동원참치캔 KS마크 획득 YMCA와 공동으로 제1회 바다글짓기대회 개최
06	동원건설 인수
1992. 10	동일냉동식품 아산공장 준공
1993. 06	양재동 신사옥 준공, 입주

1995. 05 광주공장 준공, 동원파이낸스 설립
07 성미전자(현 이스텔시스템즈) 인수
09 중국 청도동원식품유한공사 공장 준공
1996. 04 동원그룹 공식 출범
07 진천공장 준공
1997. 02 한·일 합작 도매물류전문회사 'RESKO' 출범
05 동원드림스 아이스하키팀 창단
07 동원샘물 연천공장 준공
1999. 02 김재철 회장, 제23대 무역협회회장 선임
04 전 공장(창원, 성남, 광주, 진천) ISO 9001 인증 획득
04 동원창립 30주년
2000. 06 중국 상해성미전자통신유한공사 설립
2000. 11 ㈜동원F&B 분사 분할

4) 기업조직도

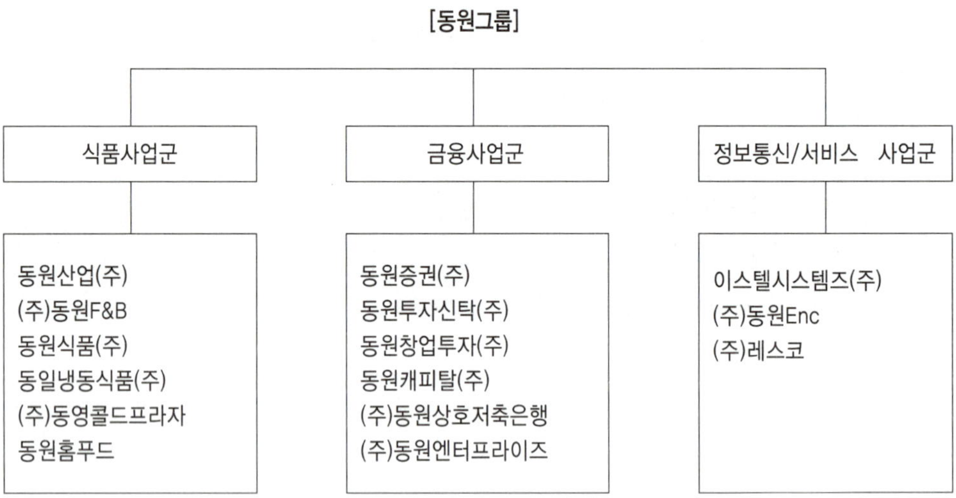

3. 경쟁전략

1) 산업구조 분석

(1) 기존 경쟁자

가. 경쟁기업의 동질성

전략 목적등이 동질적이나 다수의 경쟁자로 담합 가능성 낮아 낮은 수익률

나. 제품제별화

일상제에 속하는 편의품으로 가격경쟁을 하게 되어 낮은 수익률을 냄.

다. 낮은 퇴거장벽

주요품목인 참치, 김치, 샘물, 등은 동원에서 하고, 나머지는 외주 및 OEM 방식을 취함으로 인해, 퇴거장벽 낮음.

라. 비용구조

고정비의 분산 – 주요상품은 직접공장운영 하고, 나머지는 외주 및 OEM

(2) 잠재적 진입자

가. 진입장벽의 낮음

식음료산업 중에서도 일상 편의품을 취급함으로 인해 신규진입기업에 비해 가지는 우위는 적다고 생각함.

나. 규모의 경제 높음

동원F&B는 직접 공장을 운영하는 규모가 큰 기업임으로 대량 생산으로 인한 단위당 원가는 낮아진다고 봄.

다. 절대적인 비용우위 높음

품질은 좋으면서 가격도 저렴한 제품을 만들어 낸다는 것은 경험효과로 인한 절대적인 비용우위를 가졌다고 봄.

라. 제품차별화 높음

브랜드 이미지가 주는 효과는 크다고 봄.

마. 기존산업자의 보복 : 예 동원(82년 출시)〈-〉사조(88년 출시) : 88~89년 치열한 경쟁, 동원의 유통 우위 반면, 칠성사이다(롯데)〈-〉초록사이다(동원) 경쟁에서 초록사이다 해외진출

(3) **대체재** : 식당, 가정

(4) **공급자와의 교섭력** : 수직통합으로 인한 공급선에 대한 교섭력은 높다고 봄.

(5) **구매자와의 교섭력** : 상대적 교섭력은 낮다고 보는데, 전환비용이 낮으며, 구매자의 가격민감도가 높다고 봄.

2) 동원F&B의 가치사슬로 분석한 핵심역량

(1) 신속한 제품 개발과 제품의 다양성

동원F&B의 신제품 개발은 동원식품연구소에서 진행하고 있다. 또한 제품의 개발뿐만 아니라 지속적인 품질 개선도 끊임없이 연구를 하고 있다. 식품연구소는 크게 제품개발팀과 연구지원팀의 두 부문으로 나누어지는데 제품개발팀은 조미식품, 냉동 및 냉장식품, 음료 및 샘물의 세 파트로 나누어 연구를 하며 연구지원팀은 품질보증, 신기술개발 및 분석, 고객상담 업무를 맡고 있다. 동원 식품 연구소에서는 동원F&B에서 취급하는 모든 제품에 대한 개발과 연구를 하고 있기 때문에 동원F&B는 연구소에 대한 자부심이 크다. 종합 식품 회사란 이미지에 맞추어 최대한 다양한 제품을 신속하게 출시하는 것을 목표로 하고 있다. 이렇듯 식품연구소는 기존 제품의 경쟁력강화와 신소재 개발에 힘쓰며 건강한 국민식생활 문화창달에 앞장 서고 있다.

(2) 생산능력

동원F&B의 각 공장은 생산의 효율성과 지역특성을 고려하여 농 · 수 · 축산물 가공 전문 생산기지를 구축하였다. 이에 따라 창원공장은 수산물 가공공장으로, 광주공장을 농산물 가공, 진천공장은 축산물 가공제품을 생산하고 있으며 성남공장은 신선

함을 우선으로 하는 냉장식품을 생산하고 있다. 또한 계열회사인 동일냉동 아산공장에서는 냉동식품을, 동원식품 청주공장은 조미김제품을, 연천공장에서는 먹는 샘물을 생산하고 있다. 동원F&B의 각 공장은 철저한 품질관리시스템을 갖추고 한국에서 제일 좋은 식품회사가 되기 위해 모든 제품을 최신시설로 완벽하게 위생처리하며 직원들은 제품 하나하나에 정성을 다하여 생산하고 있다. 이렇듯 동원 F&B는 자사의 주력 제품에 대한 생산성을 높이기 위해 자체 공장을 소유하고 있으며, 이로써 비용우위를 창출해내고 있다. 그러나 동원F&B는 종합 식품 회사이기 때문에 500여가지가 넘는 모든 제품에 대해서 생산기지를 구축하기란 쉽지 않을뿐더러 비효율적일 것이다. 그렇기 때문에 주력상품과 주변제품으로 나누어 주력제품은 자체 생산공장을 갖고 있으나 그 외의 주변 제품들에 대해서는 제품스왑을 통하여 생산의 효율성과 유연성을 달성하고 있다. 동원식품연구소에서 개발된 많은 주변제품들이 OEM을 통해서 생산되고 있으며 그렇기 때문에 생산비용구조측면에서 고정비용을 분산시키는 효과를 낳고 있다. 즉, 주력상품외의 다른 제품들에 대해서는 보다 유연하게 시장에 접근할 수 있으며 시장의 반응과 성장률을 고려하여 얼마든지 확장과 철수가 가능하도록 하는 생산 시스템을 구축하고 있다. 동원F&B는 이러한 생산의 효율성을 통하여 비용우위를 창출하고 있다.

(3) 배송과 물류의 효율성

식품 사업에서 무엇보다 중요한 핵심역량은 무엇보다도 물류의 효율성에 있을 것이다. 이유는 제품차별화가 쉽게 이루어지지 않는 일상편의품에 식품군이 속하므로 물류의 비용우위가 사업의 경쟁전략이 되기 때문이다. 그러한 이유로 동원F&B는 물류전문회사의 메스코를 다 4개의 기업들과 공동 출자함으로써 물류의 효율성을 달성하고 있다. 동원F&B는 제품의 보관, 배송, 하역 등의 물류의 전기능을 메스코를 통해 수행하고 있다. 이로써 주력업무에 경영자원을 집중하고, 핵심역량을 강화 할 수 있다. 즉, 유연한 조직을 구축함으로써 위험을 분산시키고, 파트너쉽이 가져오는 시너지효과에 의한 새로운 부가가치를 창출하며, 물류 비용을 절감할 수 있고, 고정비를 변동비화 함으로써 경기변동에 신속한 대응으로 물류 서비스의 전문화, 고급화를 이루어 낼 수 있다.

또한 동원F&B의 제품을 중간유통단계 없이 직접 가정에 주문배달하는 프랜차이즈 사업을 새롭게 실시하고 있다. 가정의 주부식인 쌀, 김치, 샘물 등을 주축으로 보다 저렴한 가격으로 고객에게 제품을 제공하고 있다. 전국을 연결하는 동원F&B의 광역 물류시스템과 택배시스템 등 통합물류시스템으로 제품을 적기에 공급하고 있으며, 월별/시기별로 생산현황과 수요공급을 예측한 대량구매, 비축, 계약재배 등으로 제품의 안정적 공급과 가격 경쟁력 강화에 힘을 쓰고 있다. 이러한 유통단계의 축소는 식품의 신선도 향상과 가격 인하로 이어지며 제품배송에 대한 비용우위를 달성하게 된다.

(4) 조직구조의 효율성

제품과 서비스는 한 곳에서 완성되고 책임지어지는 것이 아니기 때문에 경영자원들 간에 유기적인 관계와 협조가 매우 중요하다. 그런 의미에서 동원F&B는 연구소와 마케팅팀, 그리고 생산지원팀 등 관련부서들이 유기적으로 힘을 합치고 있고 이런 노력 덕분인지 최근들어 고객들의 사랑을 많이 받고 있는 신제품들을 속속 시장에 내놓고 있다. 식품사업이기 때문에 무엇보다도 중요한 것은 먹거리에 대한 고객들의 신뢰일 것이다. 따라서 조직문화는 정직과 성실을 강조하고 있으며 조직간의 긴밀한 연계를 통해 이러한 조직문화에 부합되는 조직구조를 이루어 내고 있다. 즉, 이러한 조직구조의 효율성은 동원 F&B의 핵심역량이 될 수 있다.

위에서 살펴본바와 같이 동원F&B의 핵심 역량은 조직구조의 효율적인 연계에 기초한 빠른 신제품 개발과 제품의 다양성, 생산능력, 배송 물류의 효율성이다. 이러한 핵심역량은 동원F&B가 비용우위 전략을 취하고 있음을 알 수 있다. 특히 생산과 물류에서 이러한 경쟁전략이 잘 드러나고 있다. 그러나 이러한 비용우위는 삶의 질이 점차 높아지고 있는 요즘 지속적인 우위로 자리 매김 하기가 더욱 어려워질 것이다. 따라서 앞으로의 경쟁전략은 동원F&B의 핵심역량에 기초한 비용우위뿐만 아니라 제품의 전문성이 가미된 차별화 전략을 겸해야만 기업이 장기적으로 성장하고 이익을 낼 수 있는 방법이 될 것이다.

4. 다각화 전략

: 현재의 다각화된 사업의 분석

(1) BCG의 포트폴리오 매트릭스

가. 자금젖소(Cash Cows)사업 : 동원산업

국내 1위의 원양회사인 동원산업은 단일사로는 세계최대 선단 및 생산량을 과시하고 있다. 국내 수산업에서 67%의 높은 시장점유율을 자랑하고 있으며, 최대 경쟁사인 사조산업과 약 134,756백만원의 매출액 차이('01년 12월말 기준)를 보이고 있다. 이러한 동원산업은 자금여력이 풍부해 상시 5천억원은 조달이 가능하며 실제로 동원그룹내의 금융사업부와 정보통신사업부의 자금 조달원, 식품사업을 보다 전문화하기 위해 동원산업에서 분할된 (주)동원F&B의 투자자금 원천사업이 되고 있다.

나. 의문부호사업(Question Marks)사업

- 동원F&B :

급속한 산업화, 국제화, 맞벌이 부부 증가등에 따른 식품 소비패턴 변화로 가공식품의 생산, 소비 및 외식이 급속히 증가하고 다양화가 진행되어 식품산업의 성장은 꾸준히 증가할 것으로 예상된다. 실제로 식품사업의 부가가치를 조사한 결과 '95년 10.8조원, '00년 12.5조원, '05년 16.3조원의 성장세를 보일 것으로 조사되었다.(자료: 통계청. 광공업통계조사보고서, LG경제연구소. 경제성장률 전망, 1999) 따라서 적극적인 투자와 체계적인 사업구도를 설정하여 식품사업에 뛰어든다면 충분한 부가가치를 창출할 수 있을것으로 보인다. 그러나 현재 동원F&B의 시장점유율은 아직까지 높은 편이 아니며 이는 '00년에 동원산업에서 분할되어 CJ나 풀무원, 대상과 같이 전문화, 특성화된 식품업체들보다 다소 늦은 출발때문인 점도 있지만, 이러한 점을 신속히 보완하여 향후 적극적인 투자를 통해 높은 성장성과 수익성을 확보하여 동원그룹의 제 2의 자금원천사업이 되어야 할 것이다.

- 금융사업(동원증권외) :

현재 국내 금융사업은 선진국에 비해 부실자산 규모가 크며, 수익성이 낮은데다 규모의 영세성, IT투자 여력 부족등으로 상당한 어려움을 겪고 있다. 하지만 금융사업은 국민경제내에서 필요한 자금의 조달과 공급이라는 중요한 기능을 담당하고 있는 시스템산업으로서 경기회복과 외부적인 부실요소가 해소된다면 안정적인 사업구조 아래 수익성 창출이 다분한 사업이라고 할 수 있다. 현재 국내 금융사업은 삼성, LG, 현대, 국민은행등 막강한 경쟁력을 지닌 대형기업들이 시장에 대거 몰려있기 때문에 동원그룹 금융사업부의 시장점유율은 최상위라고 할 수 없지만 이를 극복하기 위해 동원그룹은 금융전업그룹이라는 비전아래 동원그룹 전체 자본의 약 75%를 금융업종에 투자하고 있다. 따라서 다분한 수익성과 성장성을 지니고 있는 금융사업에는 적극적이고 지속적인 투자가 필요하다.

- (주)동원Enc :

(주)동원Enc는 교육기자재 산업은 물론, 냉동식품용 쇼케이스와 일회용 용기 및 식품 포장재 분야에도 진출하고 있는 동원 정밀과 건설 설계, 시공, 감리 및 가정용품, 건설 현장에서 소요되는 건설중장비, 기기 및 기구등을 렌탈하고 있는 동원건설회사이다. 동원정밀은 식품의 성질을 그대로 살릴 수 있는 포장재를 개발하고 있기 때문에 식품사업과의 시너지 효과를 기대할 수 있고, 동원그룹의 핵심역량중 하나라고 할 수 있는 포장재기술(캔원터치기술최초개발)이 타 정밀사업회사보다 월등하기 때문에 이 기술을 계속 개발하고, 지속적인 투자를 한다면 충분한 성장성과 수익성을 기대할 수 있을 것이다. 또한 건설부문에서도 동원정밀에서 생산되고 있는 가정용품이나 건설중장비, 기기 렌탈등을 건설사업과 병행한다면 두 사업간의 시너지 효과를 기대할 수 있다. 따라서 지속적인 투자가 이루어진다면 시너지 창출과 더불어 꾸준한 수익성과 성장성을 확보 할 수 있을 것이다.

- (주)레스코 :

(주)레스코는 국내의 물류 유통서비스의 질적 개선을 위해 한 · 일 5개 회사(동원산업, 애경산업, 삼양사, 대한통운, 미쓰비시상사)가 공동으로 설립한 물류서비스 전문회사이다. 최근 국내는 물론 전 세계적으로도 교통량 증가에 따른 물류비용의 증가가 기업 경쟁력 제고에 걸림돌 작용을 하고 있는 상황이어서 이를 해결할 수 있는 물류사업은 시장 성장 잠재력이 어느 분야보다 큰 것으로 평가받고 있다. 하지만 현재 국내 물류산업은 유통업체의 영세성으로 인해 물류 전문인력이 모자라고 물류 정보화 추진의지가 결여되어 있기 때문에 (주)레스코는 동원그룹의 원활한 자금동원능력을 통한 지속적인 투자와 그동안의 물류비 절감 및 물류 노하우를 보다 체계적으로 구축한다면 열악한 국내 물류산업내에서 강력한 경쟁력을 지닌 기업으로 성장할 수 있을것이다. 또한 동원그룹의 핵심사업이자 시장 성장성이 큰 식품사업의 특성(고유의 품질과 안정성 유지를 위한 냉장 보관 방법등)을 잘 유지할 수 있는 물류시스템을 보다 전문화 시킨다

면 향후 수익성 및 성장성의 잠재력이 매우 크기 때문에 적극적인 투자가 필요하다.

다. 개(Dog)사업 : 이스텔시스템즈(주)

이스텔시스템즈(주)는 광전송장비 및 CDMA 중계기, 인터넷 장비, Data Network 관련제품 등을 개발,공급하는 회사이다. 통신사업은 인터넷 미디어 분야 및 초고속정보통신망 구축등에 따라 성장 잠재력이 큰 사업이라고 할 수 있다. 하지만 동원그룹 입장에서 보면 비관련다각화 부문으로서 기존 사업들과의 시너지 효과를 기대하기 어렵고, 고도의 전문화된 기술을 요하기 때문에 이 부문만을 전문적으로 취급하고 있는 IT업체들과의 경쟁에서 낙오될 가망성이 있다. 실제로 이스텔시스템즈(주)의 매출액은 작년부터 적자를 기록하고 있기 때문에 향후 지속적인 투자보다는 매각등의 방법을 통해 기존의 금융이나 식품, 물류 사업등을 더욱더 건실히 하는 것이 동원그룹 전체의 시너지 효과를 높일 수 있는 방법이라고 생각한다.

(2) 핵심역량

가. 어업기술

동원그룹은 1969년 원양업, 수산업에서 출발하여 창업 초기부터 항상 새로운 어법, 새로운 어장 개발 등 끊임 없는 기술개발을 지향하고 있다. 국내 최초로 대규모 원양어선 사업을 하면서 30여년간 넘게 보유하고, 축적되어온 어업기술을 통해 현재 국내 최고의 생산량을 과시하고 있다. 이러한 어업기술은 타기업이 단기간 내에 쉽게 보유할 수 있는 역량이 아니며 현재 동원그룹이 존재 할 수 있기까지 중요한 밑거름 역할을 하고 있다.

나. 어선장비

원어를 생산하는 선망신은 국내 총보유 26척중 동원이 13척을 보유, 단일사로는 세계최대선단을 자랑하고 있다. 최신설비와 기술인력보유로 남태평양, 인도양, 대서양등의 광활한 조업지역 확보등 세계최고의 육해상의 네트워크 시스템을 구축하고 있다.

다. 포장재기술

동원그룹은 (주)동원Enc를 별도로 설립하여 냉동식품용 쇼케이스와 일회용 용기 및 식품 포장재 분야에 끈임없는 연구개발을 통한 전문화를 지향 하고 있다. 국내에서는 최초로 원터치(캔)기술을 개발하였고, 참치, 맛살, 어묵등 신선도에 민감한 식품류의 특성을 제대로 살릴 수 있는 포장재를 개발하는 기술은 동원그룹만이 보유할 수 있는 핵심역량이다.

(3) 핵심역량에 기초한 다각화 분석

동원그룹의 핵심역량을 어업기술, 어선장비, 포장재기술로 보고 이에 기초한 다각화는 식품사업부라고 생각하였기 때문에 이를 중심으로 분석하였다.

가. 동원산업

1969년에 설립되어 1973년 국내 최초로 아프리카 가나 공화국에 해외기지를 세우며 오늘날 동원그룹의 모태이자 국내최고의 수산전문회사로 자리매김하고 있다. 동원산업은 식품부문이 분할되면서 총 매출액이 감소 하였지만 이는 식품부문의 매출액이 동원F&B로 이동하였기 때문이며 수산업부문만을 본다면 국내 최고의 경쟁력과 어획 생산량을 자랑하고 있다. 아직까지는 동원그룹의 자본조달처 역할로 제몫을 충분히 하고 있으며, 동원F&B, 동원식품등의 주요 공급처 역할을 하는등 동원그룹내의 사업부간의 시너지 효과에 중요한 구실점 역할을 하고 있는 기업이다.

나. 동원F&B

동원그룹은 전체의 핵심역량이자 동원산업의 주요 역량인 어업기술을 통해 다량의 어획물을 획득함으로써 안정적인 생산량을 확보하고 있다. 이처럼 동원산업의 안정적인 생산망을 토대로 수산식품을 보다 전문화 하고, 맞벌이 부부의 증가와 인스턴트식품의 소비량 증가에 따른 식품시장의 성장가능성을 고려하여 보다 강력한 경쟁력을 얻기 위해 '00년 11월에 식품전문회사인 동원F&B로 사업을 다각화 하였다. 현재 동원F&B는 동원산업과의 시너지 효과를 창출하며 상온, 냉장식품등의 다양한 제품군을 출시하고 있다.

다. 동일냉동식품(주)

동일냉동식품은 1987년 일본유수의 종합식품회사인 일본수산(주)와의 합작투자로 설립된 냉동식품 전문 회사이다. 만두류, 튀김류, 가스류, 완자류등 다양한 냉동식품을 출시하고 있지만 현재 또다른 사업부인 동원F&B에서 상온,냉장식품등 대부분의 제품을 취급하고 있기 때문에 별도의 냉동식품사업부를 두는것보다는 식품군을 한 곳으로 통합하는 것이 업무 효율성과 자원절약 차원에서 더욱 효과적일것으로 판단된다. (동일냉동식품(주)는 12월에 초 동원F&B로 인수될 예정)

라. 동원홈푸드

동원홈푸드는 동원그룹이 '01년 (주)63시티 FS사업부문 인수 · 통합하면서 상호명을 동원홈푸드로 변경하여 설립된 기업이다. 중견 케터링 사업체로서 동원그룹내의 식품전문회사인 동원F&B, 물류전문회사인 RESKO와 공동협력체제를 구축하고 있으며 서울대학교, 여주대학교, 경인여대, 유한양행, 한미은행, 태평양 등의 구내식당을 오픈, 꾸준히 사업영역을 확장해 가고 있다. 국내 급식업체가 급격히 증가하고 있기 때문에 향후 더욱 전문화된 급식업체의 필요성이 절실하다고 판단된되는데 동원홈푸드는 안정적인 물류시스템 확보(레스코)와 전문화된 식품회사(동원F&B)간의 시너지 효과를 보다 더 잘 이용한다면 급식전문업체로서 꾸준히 성장할 수 있을것이다.

(4) 비관련 다각화 분석

동원의 비관련 다각화는 금융사업군과 정보통신/서비스사업군 3사를 분석하였다.

가. 금융사업군

1982년 동원증권의 민영화는 동원의 금융산업 진출의 출발점이 되었다. 동원증권을 동원산업에서 인수한 이후 동원은 ㈜동원경제연구소와 동원주지신탁운용㈜ 등 5개의 금융계열사를 거느리게 되었다. 동원산업은 사업 특성상 수출입업무도 중요하다. 그러므로 환율변동에 의한 환차손 관리 등 금융의 중요성을 느꼈을 것이다. 또한 80년대 우리나라 기업들은 문어발식 경영이라고 부를 정도로 비관련 다각화가 팽배하였다. 이런 때에 동원증권의 민영화는 동원이 금융산업에 발 빠르게 진출할 수 있는 기회를 주었던 것이다. 처음부터 증권사를 설립하는 것보다 기존의 증권사를 인수하여 그 경영자원을 이용하는 것이 훨씬 유리하기 때문이다. 그 후 김정태(현 국민은행장) 사장 등 전문경영인의 도입으로 동원증권은 경쟁력 확보와 도약적인 발전을 이루었다.

나. 동원EnC

동원EnC는 정밀과 건설부문으로 나눠져 있다. '77년 설립된 동원정밀은 광학기술을 이용한 영상기자재와 PENTAX로 대표되는 카메라, 냉장/냉동 쇼케이스, 환경/물류, 포장재를 생산하고 있다. 동원정밀에서 만든 포장재는 동원F&B를 비롯한 가공식품 분야에 캔과 연포장, PET 병을 제공하고 있다. 정밀의 경우 동원산업에 냉장/냉동고 공급 등 Synergy 효과를 창출하였고, 광학기술을 갖춰 카메라, 프로젝터 등의 전혀 새로운 분야에서 두각을 드러냈다. '89년에 인수된 동원건설은 건설 붐에 의한 뒤늦은 진출로 해석된다. 또 일본 미쓰비시상사와 합작하여 '95년 설립한 동일렌탈은 렌탈업 진출을 꾀하였던 것이나 '99년 동원건설에 흡수되었다. 그러나 동원건설도 2001년 동원EnC에 피합병 되었다. 이것은 자원집중, 경영효율 제고, 사업다각화를 위한 합병이라고 한다.

다. 이스텔시스템즈(주)

이스텔시스템즈㈜(전 성미전자)는 통신기기 및 방송장비 제조업 회사이다. IT산업의 발달로 인한 통신장비 수요로 발전한 이 회사는 '95, '96년 2년 연속성장성부문 1위를 차지한 우량기업이다. 정보통신 붐에 의한 21C유망사업인 IT산업에 진출하기 위해 '95년 성미전자를 인수한 것으로 해석된다. 그러나 현재 세계경제 침체, IT산업의 불황, 시설투자 감소라는 악재속에 2001년 이후 적자를 기록하고 있다.

라. (주)레스코

㈜레스코는 '97년 동원산업, 삼양사, 대한통운, 애경산업, 미쓰비시상사가 합작하여 만든 물류서비스 전문회사이다. 상온, 냉동, 냉장 등 3온대 제품을 모두 취급하고 있다. '91년부터 동원산업에서 자사제품의 유통/물류를 운영하다가 본격적으로 물류산업에 진출한 것이다. 합작법인으로 출발한 ㈜레스코는 '97년 일본 미쓰비시그룹의 도매물류회사인 료쇼쿠로부터 1년 간 선진물류시스템에

관한 물류컨설팅을 받으며 성장하였다. 현재 동원산업, 애경산업, 삼양사의 물류대행을 맡고 있다. 합작회사로써 안정적인 구매자를 확보하고 있으며, 물류산업의 성장률 증가와 함께 꾸준한 매출 성장을 하고 있다.

5. 결론

1) 경쟁전략

– 동원F&B 및 식음료업계의 나아가야 할 방향

급속하게 전개되는 노령화와 소득수준 증가로 인해 사람들은 건강에 대한 관심이 높아지고 있다. 이러한 사회분위기에 편승하여 동원F&B에서도 보다 질 좋은 원재료로 보다 차별화된 제품을 생산하여 브랜드 충성도를 높일 수 있는 방향으로 제품 개발 방향을 선회하여야 할 것으로 생각되어진다. 그 연장선상에서 생각해볼 때 2002년 8월 건강식품연구소를 설립하여 건강보조식품으로의 사업진출을 모색하는 것은 바람직하다고 생각된다.

라이프 스타일의 변화로 식사대용식 시장이 꾸준한 성장세를 보일 것으로 예상되므로 동원F&B를 비롯한 식음료업체들은 보다 더 간편한 식사대용식과 즉석식품의 개발을 위해 많은 경영자원을 투입하여야 할 것이며, 유통채널의 꾸준한 개척을 통해 소비자들에게 더 가까이 다가갈 수 있도록 하는 노력을 아끼지 않는 것이 미래 식음료업계에서의 성공 요인이 될 것이다.

2) 기업전략

(1) 동원그룹이 나아가야 할 방향

현재 이스텔시스템즈나 동원EnC의 건설부문은 다른 계열사에 비해 수익구조가 탄탄하지 못하다. 그래서 이 두 부문에 대해 생각해 보았다.

이스텔시스템즈는 그룹 내 핵심역량-연구개발능력-과도 연관성이 적고, 세계경제 침체로 인한 기업들의 투자 감소로 산업 성장률이 계속 낮은 상태이다. 또 시장 내 점유율마저 낮다, 군소 업체와의 경쟁 심화, 대형 통신기기업체의 기술력, 자본력, 내부화도 무시할 수 없는 위험요인이다. 그러므로 이스텔시스템즈에 더 투자를 하는 것보다 매각하여 다른 주력사업에 힘을 더 기울이는 것이 좋을 것 같다.

동원EnC의 정밀부문은 탄탄한 기술력과 동원EnC의 구매자에 대한 힘을 가지고 있다. 그러나 건설부문 같은 경우 대형 건설업체와의 경쟁은 아파트의 고품격화와 내부화로 경쟁력이 떨어진다. 그러나 정밀과 건설의 Synergy 효과를 창출할 수 있다면 복합상가 등 아파트 외 건설분야에서 승부의 수가 있다고 본다. 문제는 이러한 Synergy 창출이 가능한가와 얼마만큼의 Synergy를 창출할 수 있는가 이다. 이 부분에 대해 더 분석해보고 매각이나 유지의 판단을 하여야 할 것이다.

현재 동원은 꾸준한 기업확장을 통해 2002년 4월 대규모 기업집단에 신규 지정되었고, 식품사업주력인 동원엔터프라이즈(지주회사)와 금융주력사인 동원금융지주(가칭)로 크게 구도를 잡아가고 있다. 따라서 동원은 앞으로 지주회사를 통해 수익성을 높이는 일에 더욱 전념해야 하며, 각 계열사들은 철저한 성과주의에 기초하여 전문경영인에 의한 책임경영과 이사회 중심 경영을 통해 사업경쟁력을 강화해 나가야 한다.

(2) 동원을 통해 본 다각화 방향

시장 개방이 급속화되면서 산업내 경쟁이 국내뿐만 아니라 국외로까지 확대되어 기업들간의 경쟁은 더욱 치열해 질 수밖에 없게 되었고, 이러한 환경에서 많은 기업들이 다각화를 통해 대형화를 추구하고 있는 것은 불가피한 현상이라고 생각한다. 다만 이러한 다각화를 추진함에 있어서 기업들은 기존사업부간의 시너지 효과를 기대할 수 있고, 자사 기업의 핵심역량을 극대화 할 수 있는 관련다각화를 고려해야 할 것이며, 비관련 다각화시에는 자사기업의 역량과 외부환경을 보다 객관적으로 분석하여 확실한 성장 가능성과 경쟁에서의 승산 가능성이 있는 사업 분야인지를 고려해야 한다. 사업진출이 확정되면 진출방법에 있어서 설립보다는 합작, 인수&합병을 통해 경영자원의 기초를 다지는 것이 유리하다고 본다. 그 후 그 사업의 전문경영인의 기용과 전문경영인이 능력껏 일할 수 있는 경영권을 부여하는 것이 중요하다고 생각한다.

사례4 현대자동차의 글로벌 마케팅 전략

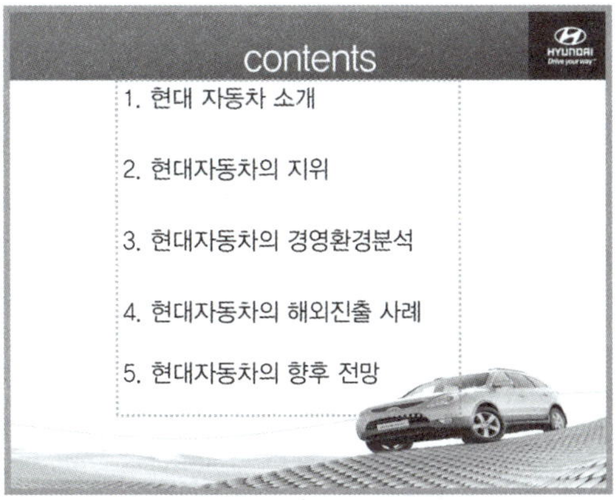

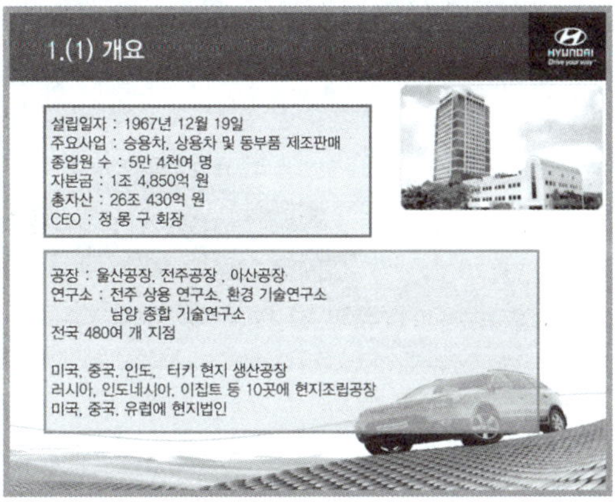

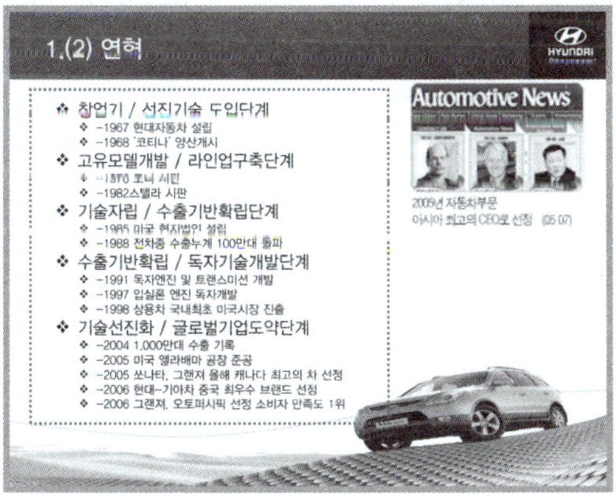

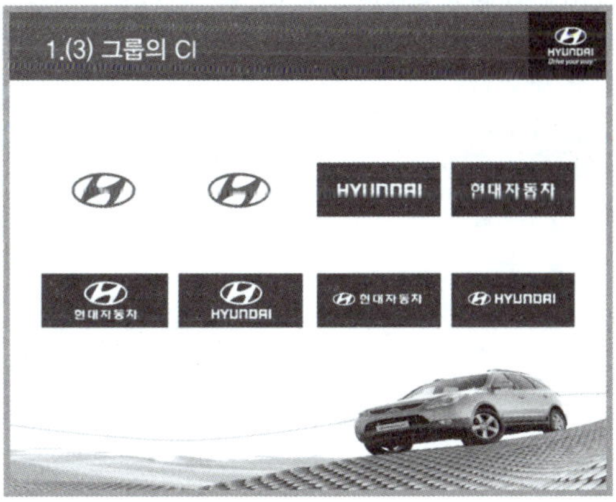

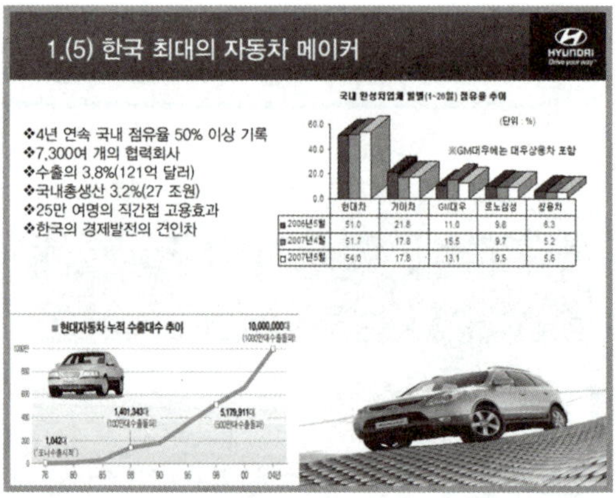

	현대차	기아차	GM대우	르노삼성	쌍용차
2006년5월	51.0	21.8	11.0	9.8	6.3
2007년4월	51.7	17.8	15.5	9.7	5.2
2007년5월	54.0	17.8	13.1	9.5	5.6

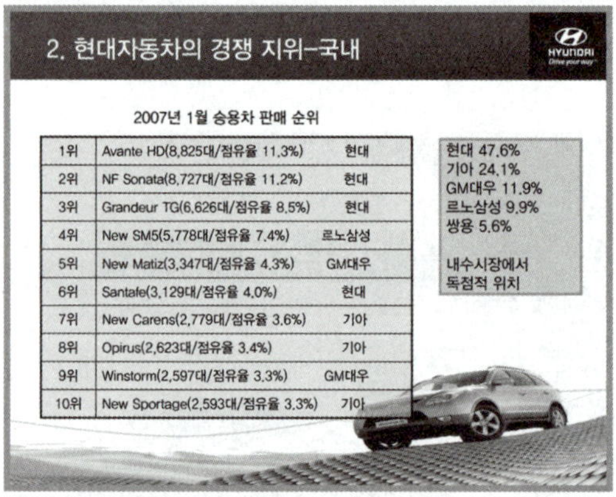

1위	Avante HD(8,825대/점유율 11.3%)	현대
2위	NF Sonata(8,727대/점유율 11.2%)	현대
3위	Grandeur TG(6,626대/점유율 8.5%)	현대
4위	New SM5(5,778대/점유율 7.4%)	르노삼성
5위	New Matiz(3,347대/점유율 4.3%)	GM대우
6위	Santafe(3,129대/점유율 4.0%)	현대
7위	New Carens(2,779대/점유율 3.6%)	기아
8위	Opirus(2,623대/점유율 3.4%)	기아
9위	Winstorm(2,597대/점유율 3.3%)	GM대우
10위	New Sportage(2,593대/점유율 3.3%)	기아

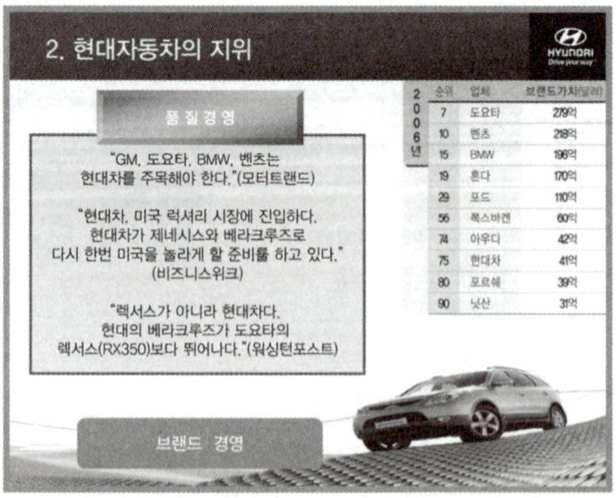

2006년

순위	업체	브랜드가치(달러)
7	도요타	279억
10	벤츠	218억
15	BMW	196억
19	혼다	170억
29	포드	110억
56	폭스바겐	60억
74	아우디	42억
75	현대차	41억
80	포르쉐	39억
90	닛산	31억

3. 현대자동차의 경영환경분석

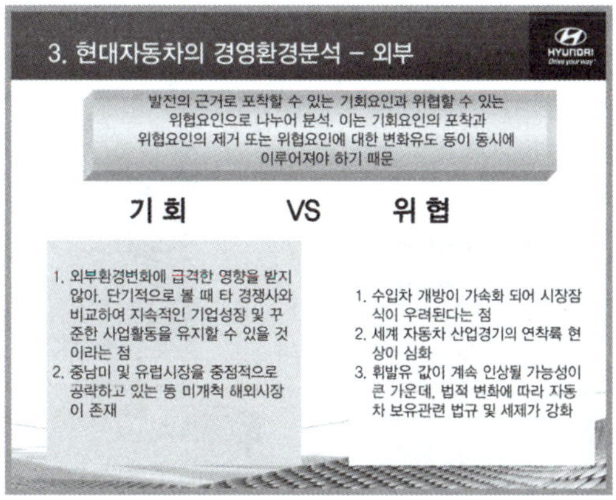
3. 현대자동차의 경영환경분석 – 외부
발전의 근거로 포착할 수 있는 기회요인과 위협할 수 있는 위협요인으로 나누어 분석. 이는 기회요인의 포착과 위협요인의 제거 또는 위협요인에 대한 변화유도 등이 동시에 이루어져야 하기 때문
기 회
VS
위 협
1. 외부환경변화에 급격한 영향을 받지 않아, 단기적으로 볼 때 타 경쟁사와 비교하여 지속적인 기업성장 및 꾸준한 사업활동을 유지할 수 있을 것이라는 점
2. 중남미 및 유럽시장을 중점적으로 공략하고 있는 등 미개척 해외시장이 존재
1. 수입차 개방이 가속화 되어 시장잠식이 우려된다는 점
2. 세계 자동차 산업경기의 연착륙 현상이 심화
3. 휘발유 값이 계속 인상될 가능성이 큰 가운데, 법적 변화에 따라 자동차 보유관련 법규 및 세제가 강화

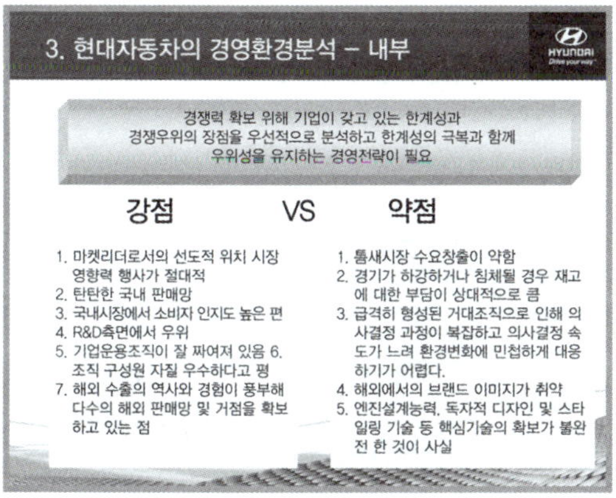
3. 현대자동차의 경영환경분석 – 내부
경쟁력 확보 위해 기업이 갖고 있는 한계성과 경쟁우위의 장점을 우선적으로 분석하고 한계성의 극복과 함께 우위성을 유지하는 경영전략이 필요
강점
VS
약점
1. 마켓리더로서의 선도적 위치 시장 영향력 행사가 절대적
2. 탄탄한 국내 판매망
3. 국내시장에서 소비자 인지도 높은 편
4. R&D측면에서 우위
5. 기업운용조직이 잘 짜여져 있음 6. 조직 구성원 자질 우수하다고 평
7. 해외 수출의 역사와 경험이 풍부해 다수의 해외 판매망 및 거점을 확보하고 있는 점
1. 틈새시장 수요창출이 약함
2. 경기가 하강하거나 침체될 경우 재고에 대한 부담이 상대적으로 큼
3. 급격히 형성된 거대조직으로 인해 의사결정 과정이 복잡하고 의사결정 속도가 느려 환경변화에 민첩하게 대응하기가 어렵다.
4. 해외에서의 브랜드 이미지가 취약
5. 엔진설계능력, 독자적 디자인 및 스타일링 기술 등 핵심기술의 확보가 불완전 한 것이 사실

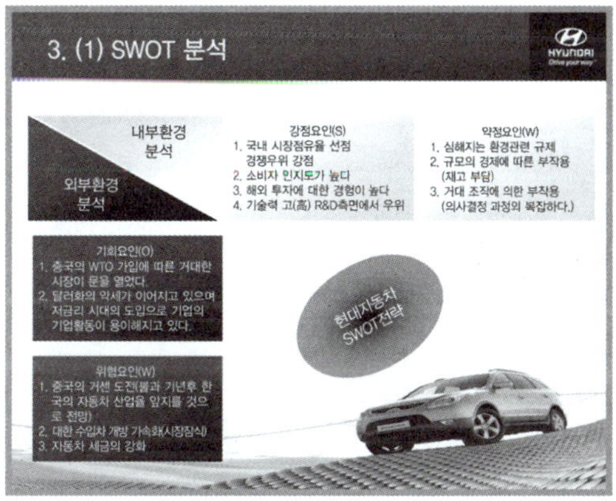
3. (1) SWOT 분석
내부환경 분석
외부환경 분석
강점요인(S)
1. 국내 시장점유율 선점 경쟁우위 강점
2. 소비자 인지도가 높다
3. 해외 투자에 대한 경험이 높다
4. 기술력 고(高) R&D측면에서 우위
약점요인(W)
1. 심해지는 환경관련 규제
2. 규모의 경제에 따른 부작용 (재고 부담)
3. 거대 조직에 의한 부작용 (의사결정 과정의 복잡하다.)
기회요인(O)
1. 중국의 WTO 가입에 따른 거대한 시장이 문을 열었다.
2. 달러화의 약세가 이어지고 있으며 저금리 시대의 도입으로 기업의 기업활동이 용이해지고 있다.
위협요인(W)
1. 중국의 거센 도전(몇과 기년후 한국의 자동차 산업을 앞지를 것으로 전망)
2. 대한 수입차 개방 가속화(시장잠식)
3. 자동차 세금의 강화
현대자동차 SWOT전략

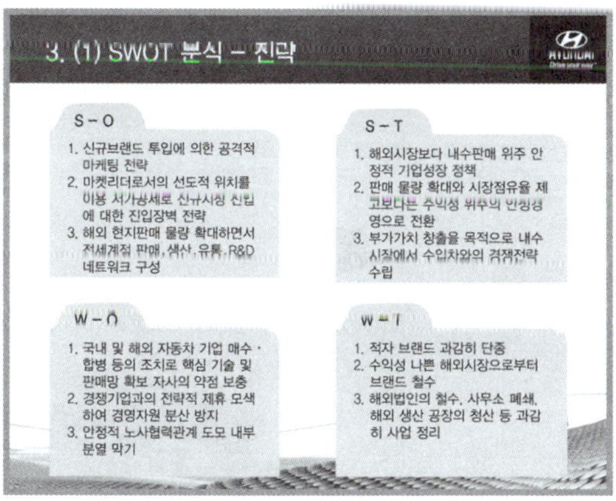
3. (1) SWOT 분석 – 전략
S – O
1. 신규브랜드 투입에 의한 공격적 마케팅 전략
2. 마켓리더로서의 선도적 위치를 이용 서가상세로 신규시장 진입에 대한 진입장벽 전략
3. 해외 현지판매 물량 확대하면서 전세계적 판매, 생산, 유통, R&D 네트워크 구성
S – T
1. 해외시장보다 내수판매 위주 안정적 기업성장 정책
2. 판매 물량 확대와 시장점유율 제고보다는 수익성 위주의 안정경영으로 전환
3. 부가가치 창출을 목적으로 내수시장에서 수입차와의 경쟁전략 수립
W – O
1. 국내 및 해외 자동차 기업 매수 · 합병 등의 조치로 핵심 기술 및 판매망 확보 자사의 약점 보충
2. 경쟁기업과의 전략적 제휴 모색하여 경영자원 분산 방지
3. 안정적 노사협력관계 도모 내부 분열 막기
W – T
1. 적자 브랜드 과감히 단종
2. 수익성 나쁜 해외시장으로부터 브랜드 철수
3. 해외법인의 철수, 사무소 폐쇄, 해외 생산 공장의 청산 등 과감히 사업 정리

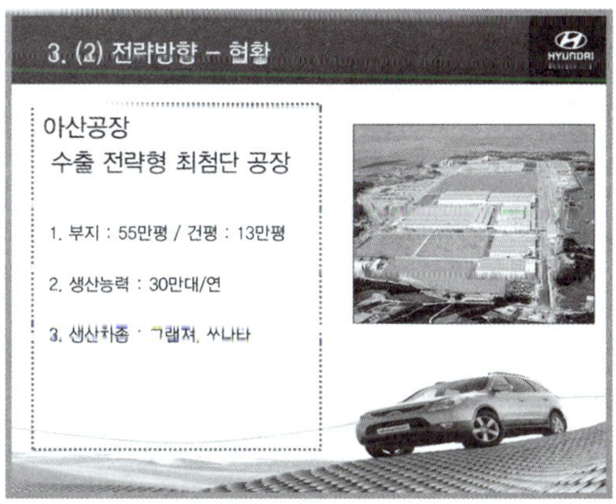
3. (2) 전략방향 – 현황
아산공장
수출 전략형 최첨단 공장
1. 부지 : 55만평 / 건평 : 13만평
2. 생산능력 : 30만대/연
3. 생산차종 : 그랜저, 쏘나타

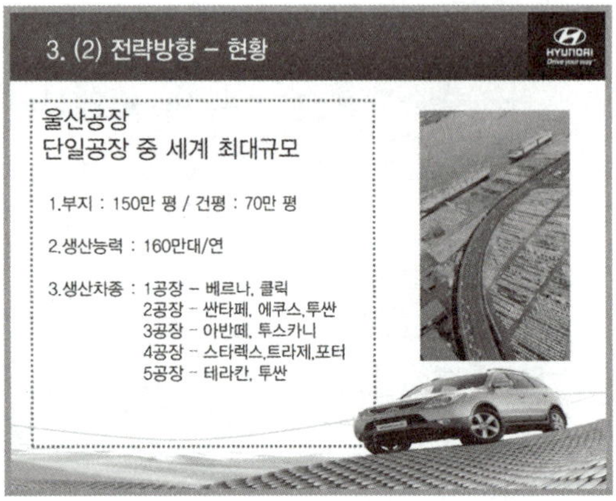
3. (2) 전략방향 – 현황
울산공장
단일공장 중 세계 최대규모
1.부지 : 150만 평 / 건평 : 70만 평
2.생산능력 : 160만대/연
3.생산차종 : 1공장 – 베르나, 클릭
2공장 – 싼타페, 에쿠스, 투싼
3공장 – 아반떼, 투스카니
4공장 – 스타렉스, 트라제, 포터
5공장 – 테라칸, 투싼

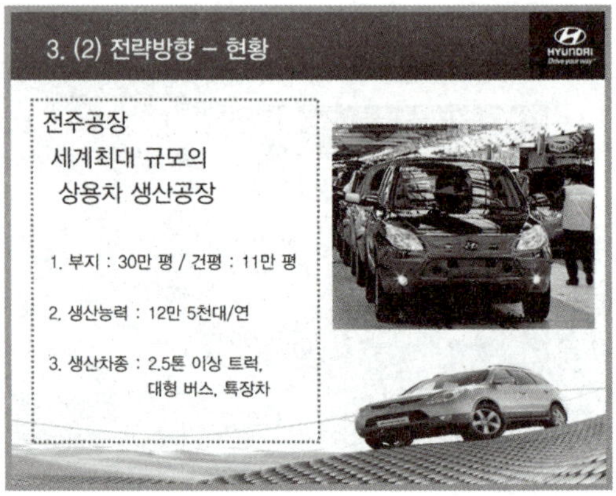
3. (2) 전략방향 – 현황
전주공장
세계최대 규모의
상용차 생산공장
1. 부지 : 30만 평 / 건평 : 11만 평
2. 생산능력 : 12만 5천대/연
3. 생산차종 : 2.5톤 이상 트럭,
대형 버스, 특장차

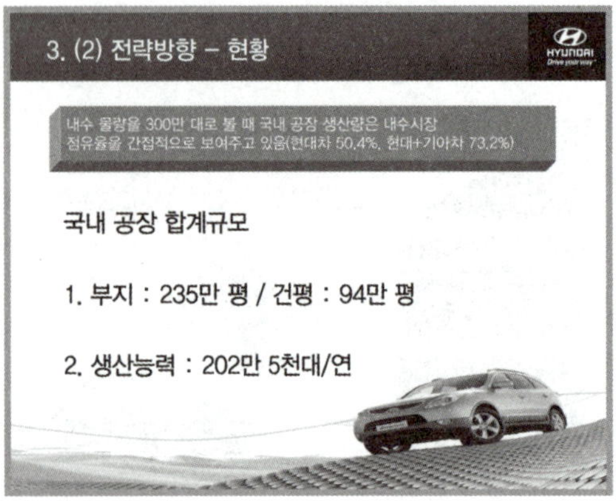
3. (2) 전략방향 – 현황
내수 물량을 300만 대로 볼 때 국내 공장 생산량은 내수시장 점유율을 간접적으로 보여주고 있음(현대차 50.4%, 현대+기아차 73.2%)
국내 공장 합계규모
1. 부지 : 235만 평 / 건평 : 94만 평
2. 생산능력 : 202만 5천대/연

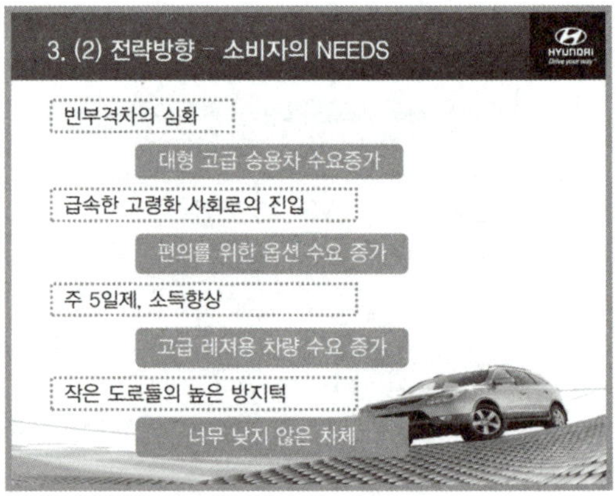
3. (2) 전략방향 – 소비자의 NEEDS
빈부격차의 심화
대형 고급 승용차 수요증가
급속한 고령화 사회로의 진입
편의를 위한 옵션 수요 증가
주 5일제, 소득향상
고급 레저용 차량 수요 증가
작은 도로들의 높은 방지턱
너무 낮지 않은 차체

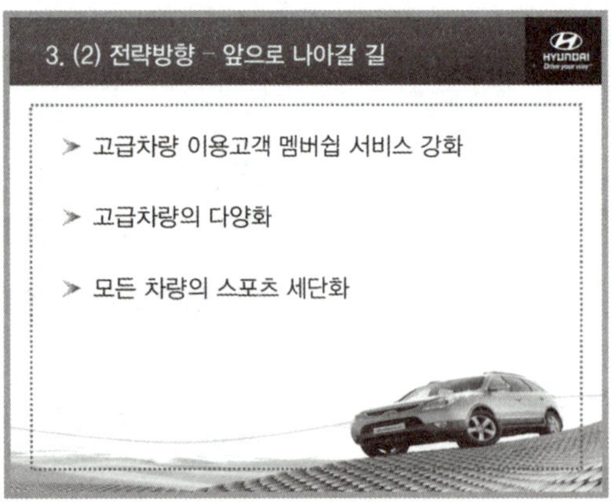
3. (2) 전략방향 – 앞으로 나아갈 길
➢ 고급차량 이용고객 멤버쉽 서비스 강화
➢ 고급차량의 다양화
➢ 모든 차량의 스포츠 세단화

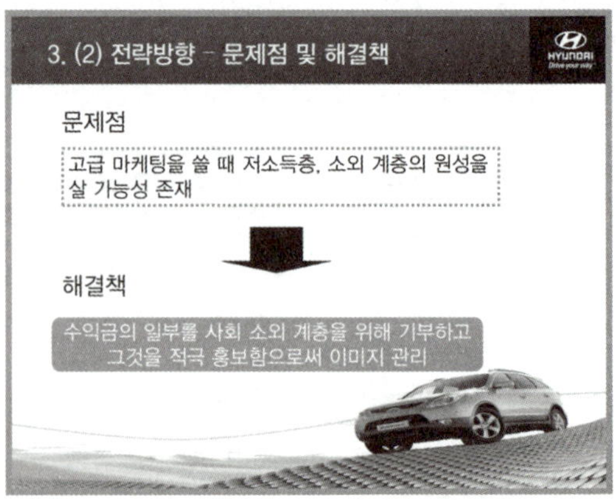
3. (2) 전략방향 – 문제점 및 해결책
문제점
고급 마케팅을 쓸 때 저소득층, 소외 계층의 원성을 살 가능성 존재
해결책
수익금의 일부를 사회 소외 계층을 위해 기부하고 그것을 적극 홍보함으로써 이미지 관리

3. (3) 현대 자동차의 핵심성공 요소

핵심성공요소	산업내 경쟁적 위치		
	강	중	약
시장점유율	○		
각 제품의 시장 성장율		○	
제품라인의 다양성		○	
판매 유통의 효율성		○	
보유자산가치		○	
가격경쟁력		○	
광고.홍보의 효과성			○
산업설비의 위치성과 신규설비 창착률	○		
노동생산성		○	
경험곡선 효과		○	
부가가치 창출			○
상대적 제품 품질		○	
R&D 우위/위치	○		
현금 확보 및 흐름		○	
고용인원의 우수성	○		
기업 이미지			○

3. (3) 핵심 경쟁 전략 – 국내

1. 기존에 유지하고 있는 전차종의 시장점유율을 50%로 높이기 위하여 제품차별화를 통한 모델 다양화 전략 추진하면서 빠른 신제품 개발 및 시장출시 목표
2. 생산거점 다지역화 고물류비용 해소, 판매인구의 저변확대를 목표로 다점포화에 의한 고객밀착형 맨투맨식 지역 마케팅(Area Maketing)
3. 기업내부 환경의 안정화 위해 노사분규 발생 예방, 노사화합의 경영실천을 축으로 기업이미지 향상 및 노동 생산성 증대 추구
4. 신규시장진입자에 대비한 시장선점 위해 제품가격 할인등과 같은 공격적 경영 시도, 이를 통한 신규 및 기존경쟁사에 대한 기회제공 근절정책
5. 시장관리의 측면에서 A/S의 철저화 & B/S(Before Service) 실시 고객만족 극대화 고객참여 경영 시도 노력

3. (3) 핵심 경쟁 전략 – 해외

단기 – 자사(현대)의 브랜드 이미지 고양하기 위해, 강력한 광고 및 홍보정책 실시하는 공격적인 전략

중기 – 기본적 경영차원에서 해외 현지경영의 활성화 & 수익성 개선 두 가지 부문에 초점

장기 – 첨단기술 확보 & 시장개척비용 절감 신제품 개발 비용과 기간의 절약

사례5 삼성의료원의 경영전략

SAMSUNG 삼성의료원

삼성의료원의 경영전략 분석사례

: 고령화 사회! 삼성의료원의 선택?

INDEX

SAMSUNG 삼성의료원

- INTRODUCTION
- ANALYSIS
  - 3C & SWOT -
- STRATEGY

SAMSUNG 삼성의료원

INTRODUCTION

INTRODUCTION

SAMSUNG 삼성의료원

❖ 회사 연혁

연도	일자	내용
1994	1994. 10. 11	진료개시
	1994. 11. 09	삼성의료원 개원식 / 미국존스홉킨스병원 협력조인식
	1994. 12.	강북삼성병원(전 고려병원) 마산삼성병원(전 마산고려병원) 삼성의료원에 편입
1995	1995. 02. 21	삼성생명과학연구소 개소
	1995. 01. 29	일본 고베 지진 지역 의료봉사단 파견
1996	1996. 05.28	삼성제일병원(전 제일병원) 삼성의료원에 편입
1999	1999. 03. 05	성균관대학교 의과대학 신축건물 준공식
2000	2000. 03.17	마산병원 신관개관
2003	2003. 07.27	강북삼성병원 한국서비스진흥원 윤리경영대상 수상
	2003. 12. 18	마산삼성병원 경남지역 최초 뇌동맥류수술 성공 1000차례 달성
2004	2004. 08	삼성암센터 신축공사 기공식
2005	2005. 09	KCSI 7년 연속 1위
	2005. 11	보건복지부, 심근경색진료 최우수 병원에 선정
	2005. 12	장기이식센터, 간이식 500례 달성

INTRODUCTION

SAMSUNG 삼성의료원

故 한용철 명예원장

❖ 초대 병원장

삼성의료원 故 한용철 명예원장을 20세기 우리나라 최고의 명의로 손꼽는데 주저할 사람은 없을 것이다. 명예원장은 단순히 병을 고치기 보다는 인술을 펴는 의사이고, 후배이기도 한 제자들의 앞날을 걱정하고 이끌어 주는 참 교육자이며, 또한 우리나라 의료문화를 한 단계 발전시킨 탁월한 최고경영자이다.

INTRODUCTION

SAMSUNG 삼성의료원

최규완 의료원장

❖ 2대 병원장

국내 소화기내과 분야의 최고 권위자인 최규완 의료원장은 임상 의사이자 연구자 그리고 최고경영자로서 줄 곧 '최고의 길'을 걸어 왔다.

의료원장 취임 후 의료원을 세계 초일류 의료기관으로 성장시키기 위한 중장기 전략을 수립하여, 대외 경쟁력 향상에 주력하면서 성장 발전을 주도해 왔다.

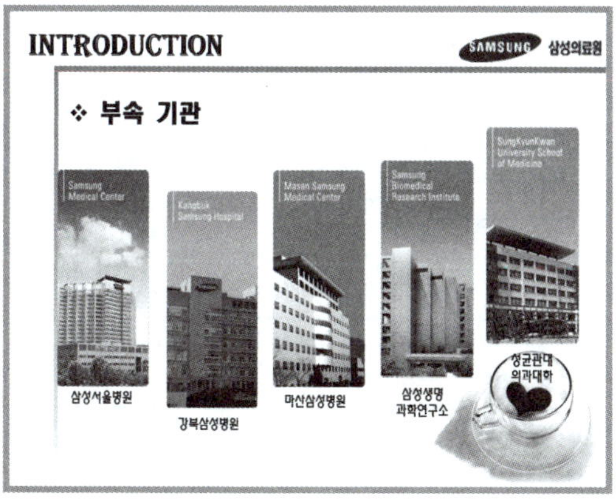

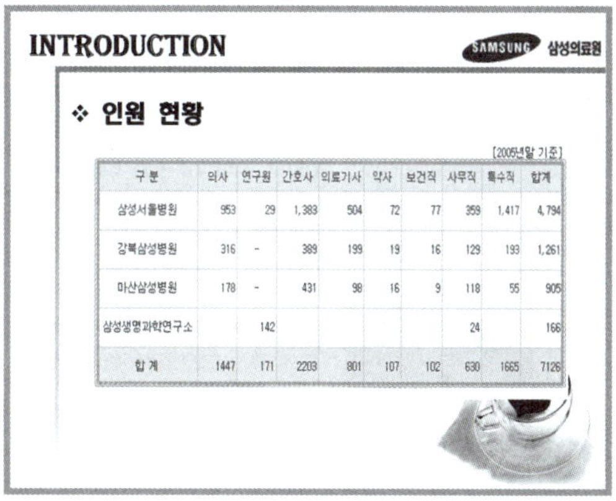

구 분	의사	연구원	간호사	의료기사	약사	보건직	사무직	특수직	합계
삼성서울병원	953	29	1,383	504	72	77	359	1,417	4,794
강북삼성병원	316	-	389	199	19	16	129	193	1,261
마산삼성병원	178	-	431	98	16	9	118	55	905
삼성생명과학연구소		142					24		166
합 계	1447	171	2203	801	107	102	630	1665	7126

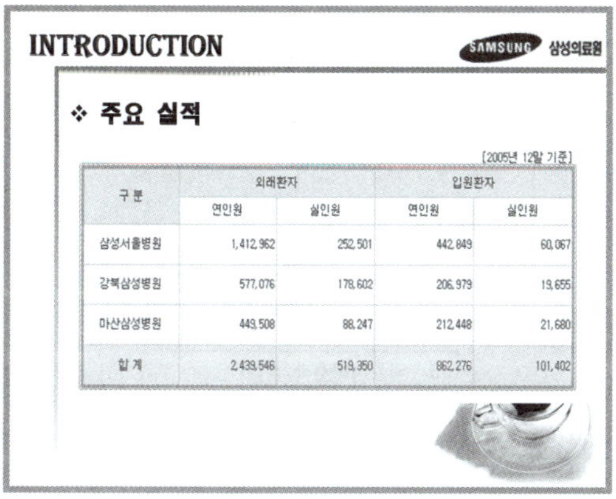

구 분	외래환자		입원환자	
	연인원	실인원	연인원	실인원
삼성서울병원	1,412,962	252,501	442,849	60,067
강북삼성병원	577,076	178,602	206,979	19,655
마산삼성병원	449,508	88,247	212,448	21,680
합 계	2,439,546	519,350	862,276	101,402

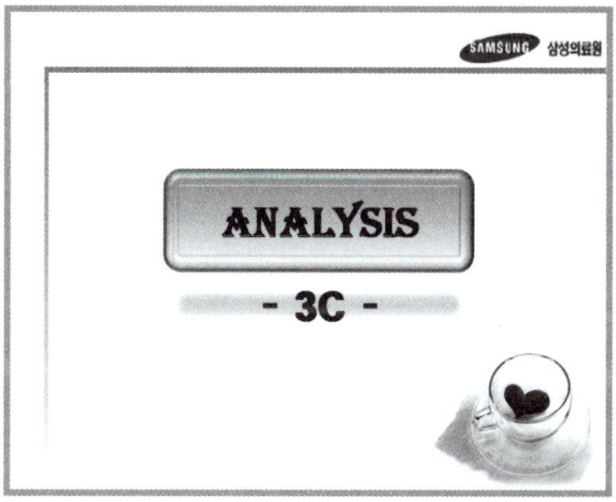

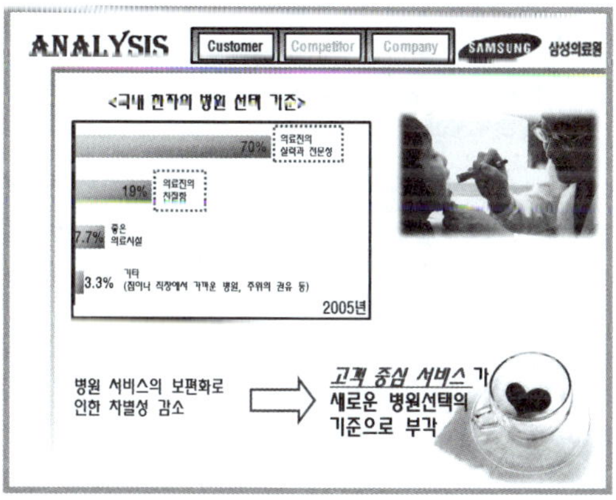

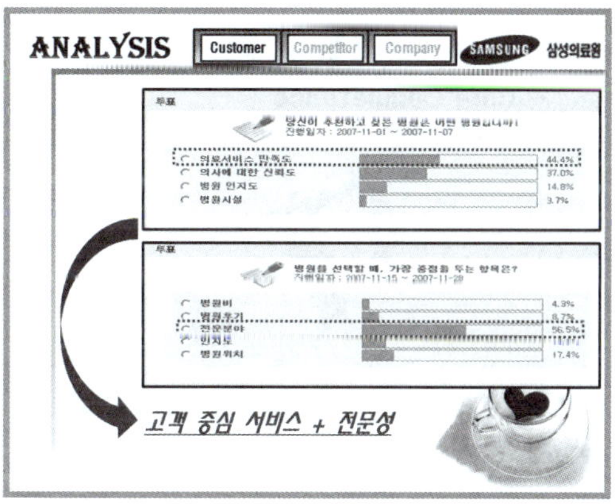

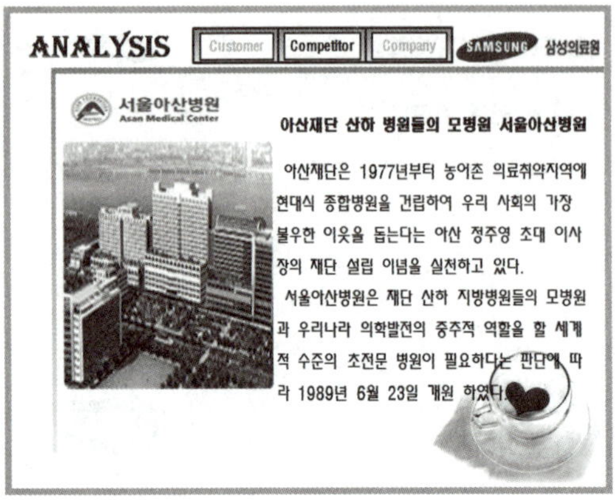
ANALYSIS
Customer
Competitor
Company
SAMSUNG 삼성의료원
서울아산병원
Asan Medical Center
아산재단 산하 병원들의 모병원 서울아산병원
아산재단은 1977년부터 농어존 의료취약지역에 현대식 종합병원을 건립하여 우리 사회의 가장 불우한 이웃을 돕는다는 아산 정주영 초대 이사장의 재단 설립 이념을 실천하고 있다.
서울아산병원은 재단 산하 지방병원들의 모병원과 우리나라 의학발전의 중추적 역할을 할 세계적 수준의 초전문 병원이 필요하다는 판단에 따라 1989년 6월 23일 개원 하였다.

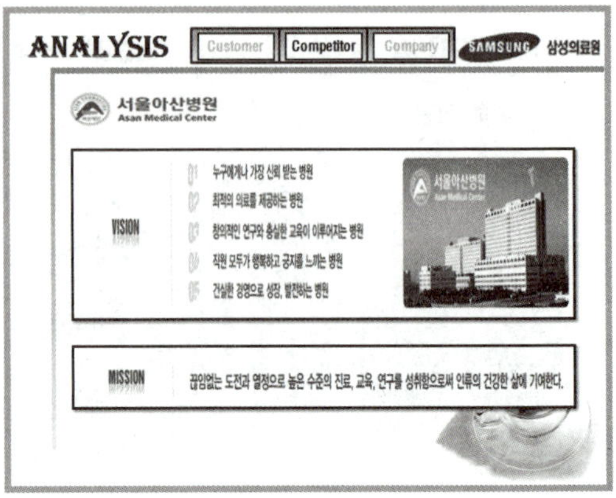
ANALYSIS
Customer
Competitor
Company
SAMSUNG 삼성의료원
서울아산병원
Asan Medical Center
VISION
01 누구에게나 가장 신뢰 받는 병원
02 최적의 의료를 제공하는 병원
03 창의적인 연구와 충실한 교육이 이루어지는 병원
04 직원 모두가 행복하고 긍지를 느끼는 병원
05 건실한 경영으로 성장, 발전하는 병원
서울아산병원
MISSION
끊임없는 도전과 열정으로 높은 수준의 진료, 교육, 연구를 성취함으로써 인류의 건강한 삶에 기여한다.

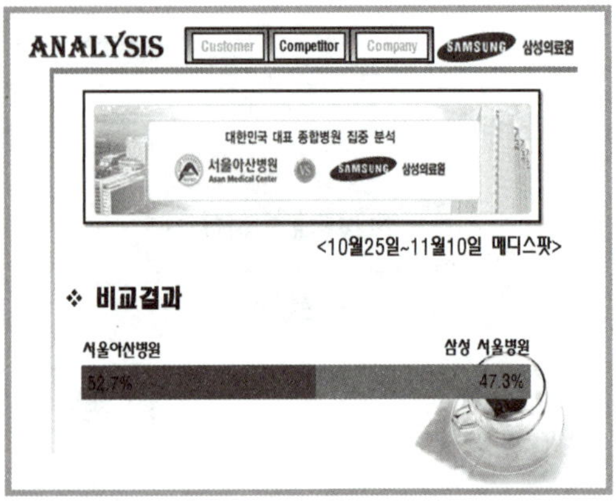
ANALYSIS
Customer
Competitor
Company
SAMSUNG 삼성의료원
대한민국 대표 종합병원 집중 분석
서울아산병원
Asan Medical Center
VS
SAMSUNG 삼성의료원
<10월25일~11월10일 메디스팟>
❖ 비교결과
서울아산병원
삼성 서울병원
52.7%
47.3%

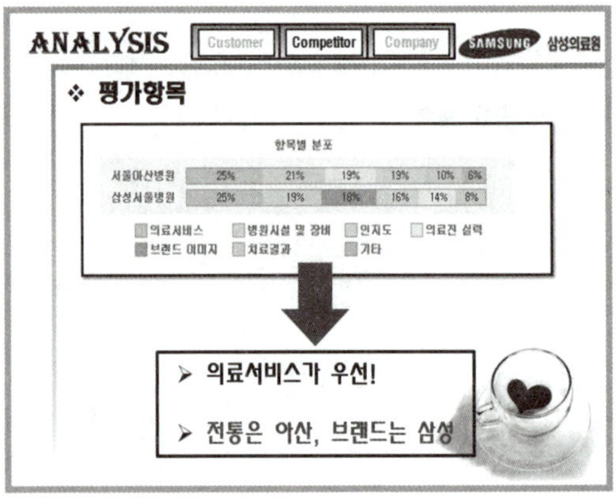
ANALYSIS
Customer
Competitor
Company
SAMSUNG 삼성의료원
❖ 평가항목
항목별 분포
서울아산병원 25% 21% 19% 19% 10% 6%
삼성서울병원 25% 19% 18% 16% 14% 8%
의료서비스
병원시설 및 장비
인지도
의료진 실력
브랜드 이미지
치료결과
기타
➢ 의료서비스가 우선!
➢ 전통은 아산, 브랜드는 삼성

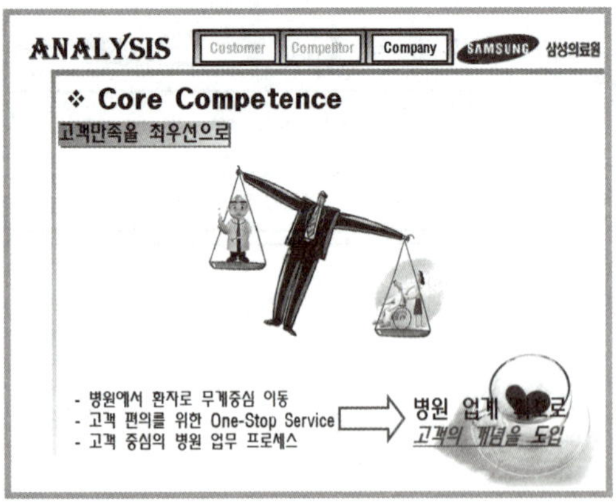
ANALYSIS
Customer
Competitor
Company
SAMSUNG 삼성의료원
❖ Core Competence
고객만족을 최우선으로
- 병원에서 환자로 무게중심 이동
- 고객 편의를 위한 One-Stop Service
- 고객 중심의 병원 업무 프로세스
병원 업계 최초로
고객의 개념을 도입

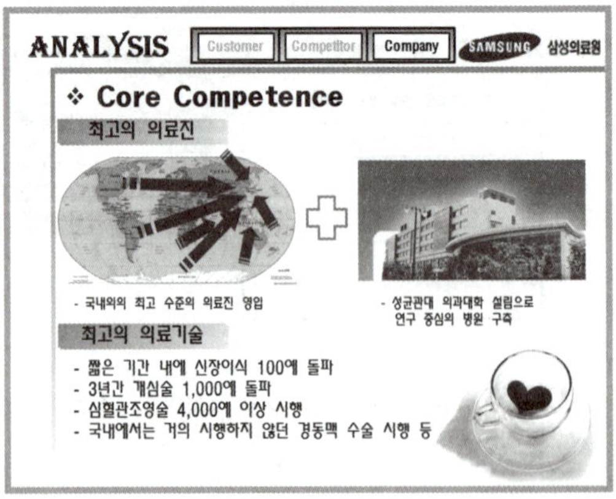
ANALYSIS
Customer
Competitor
Company
SAMSUNG 삼성의료원
❖ Core Competence
최고의 의료진
- 국내외의 최고 수준의 의료진 영입
- 성균관대 의과대학 설립으로
연구 중심의 병원 구축
최고의 의료기술
- 짧은 기간 내에 신장이식 100예 돌파
- 3년간 개심술 1,000예 돌파
- 심혈관조영술 4,000예 이상 시행
- 국내에서는 거의 시행하지 않던 경동맥 수술 시행 등

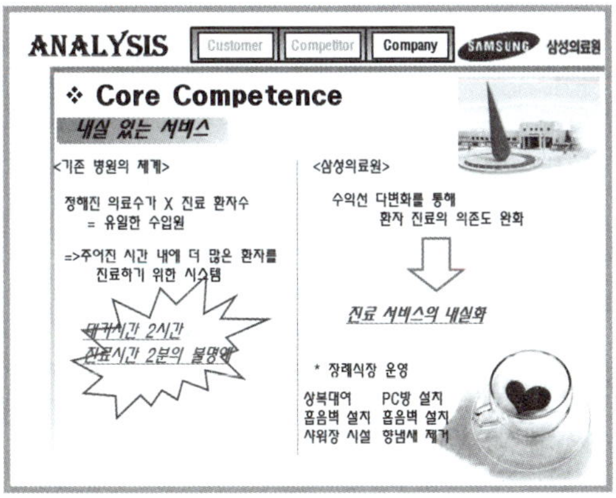
ANALYSIS
Customer
Competitor
Company
SAMSUNG 삼성의료원
❖ Core Competence
내실 있는 서비스
<기존 병원의 체계>
정해진 의료수가 X 진료 환자수
= 유일한 수입원
=>주어진 시간 내에 더 많은 환자를
진료하기 위한 시스템
대기시간 2시간
진료시간 2분의 불명예
<삼성의료원>
수익선 다변화를 통해
환자 진료의 의존도 완화
진료 서비스의 내실화
* 장례식장 운영
상복대여 PC방 설치
흡음벽 설치 흡음벽 설치
샤워장 시설 향냄새 제거

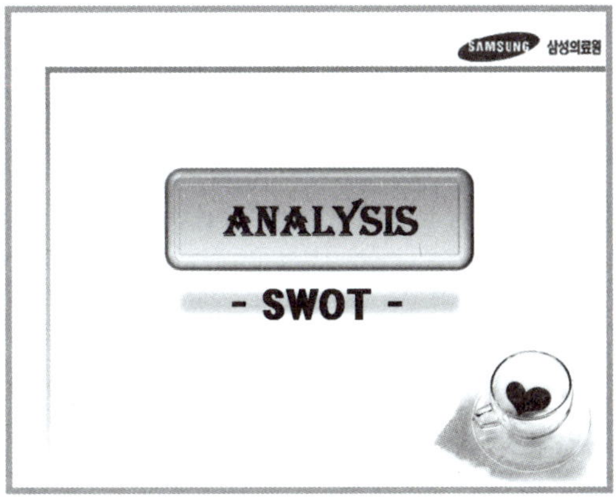
SAMSUNG 삼성의료원
ANALYSIS
- SWOT -

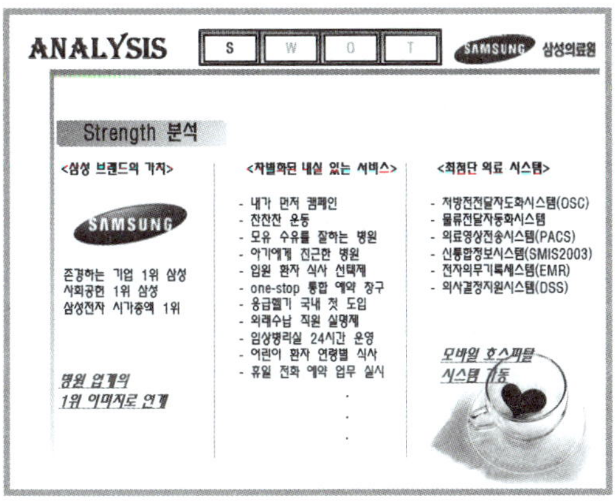
ANALYSIS
S
W
O
T
SAMSUNG 삼성의료원
Strength 분석
<삼성 브랜드의 가치>
SAMSUNG
존경하는 기업 1위 삼성
사회공헌 1위 삼성
삼성전자 시가총액 1위
병원 업계의
1위 이미지로 연계
<차별화된 내실 있는 서비스>
- 내가 먼저 캠페인
- 찬찬찬 운동
- 모유 수유를 잘하는 병원
- 아기에게 친근한 병원
- 입원 환자 식사 선택제
- one-stop 통합 예약 창구
- 응급헬기 국내 첫 도입
- 외래수납 직원 실명제
- 임상병리실 24시간 운영
- 어린이 환자 연령별 식사
- 휴일 전화 예약 업무 실시
<최첨단 의료 시스템>
- 처방전전달자도화시스템(OSC)
- 물류전달자동화시스템
- 의료영상전송시스템(PACS)
- 신통합정보시스템(SMIS2003)
- 전자의무기록시스템(EMR)
- 의사결정지원시스템(DSS)
모바일 호스피탈
시스템 가동

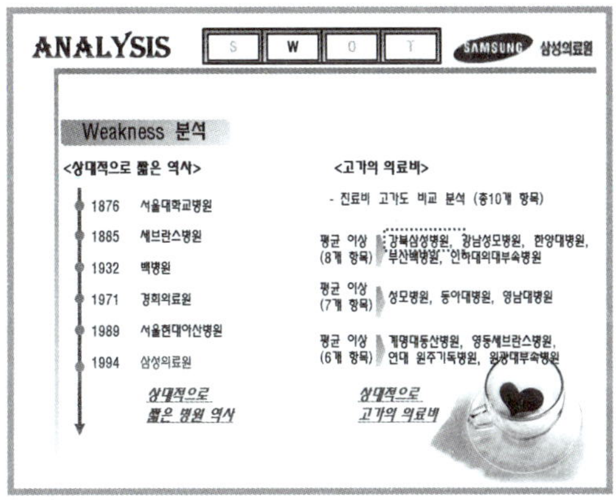
ANALYSIS
S
W
O
T
SAMSUNG 삼성의료원
Weakness 분석
<상대적으로 짧은 역사>
1876 서울대학교병원
1885 세브란스병원
1932 백병원
1971 경희의료원
1989 서울현대아산병원
1994 삼성의료원
상대적으로
짧은 병원 역사
<고가의 의료비>
- 진료비 고가도 비교 분석 (총10개 항목)
평균 이상 (8개 항목) 강북삼성병원, 강남성모병원, 한양대병원, 부산백병원, 인하대의대부속병원
평균 이상 (7개 항목) 성모병원, 동아대병원, 영남대병원
평균 이상 (6개 항목) 계명대동산병원, 영동세브란스병원, 연대 원주기독병원, 원광대부속병원
상대적으로
고가의 의료비

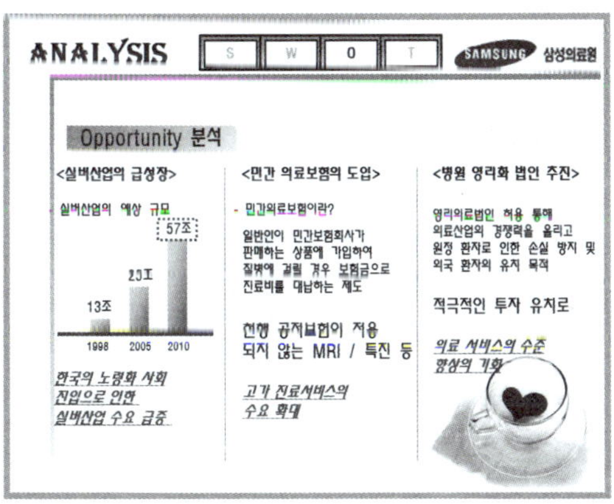
ANALYSIS
S
W
O
T
SAMSUNG 삼성의료원
Opportunity 분석
<실버산업의 급성장>
실버산업의 예상 규모
57조
13조
1998
2005
2010
한국의 노령화 사회
진입으로 인한
실버산업 수요 급증
<민간 의료보험의 도입>
- 민간의료보험이란?
일반인이 민간보험회사가
판매하는 상품에 가입하여
질병에 걸릴 경우 보험금으로
진료비를 대납하는 제도
되지 않는 MRI / 특진 등
고가 진료서비스의
수요 확대
<병원 영리화 법인 추진>
영리의료법인 허용 통해
의료산업의 경쟁력을 올리고
원정 환자로 인한 손실 방지 및
외국 환자의 유치 목적
적극적인 투자 유치로
의료 서비스의 수준
향상의 기회

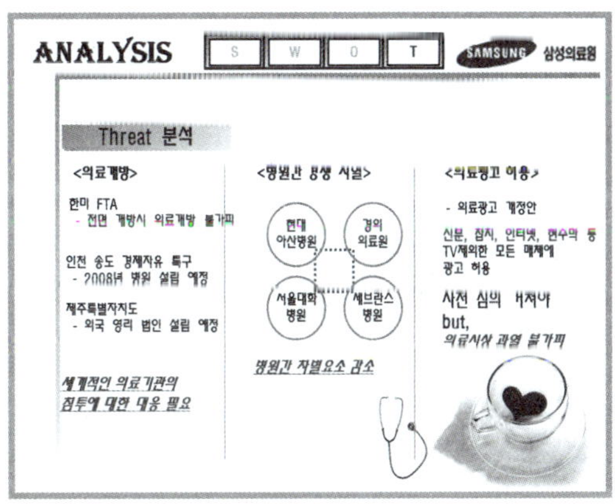
ANALYSIS
S
W
O
T
SAMSUNG 삼성의료원
Threat 분석
<의료개방>
한미 FTA
- 전면 개방시 의료개방 불가피
인천 송도 경제자유 특구
제주특별자치도
- 외국 영리 법인 설립 예정
세계적인 의료기관의
침투에 대한 대응 필요
현대
아산병원
경희
의료원
서울대학
병원
세브란스
병원
병원간 차별요소 감소
- 의료광고 개정안
신문, 잡지, 인터넷, 현수막 등
TV제외한 모든 매체에
광고 허용
but,
의료시장 과열 불가피

SAMSUNG 삼성의료원
STRATEGY

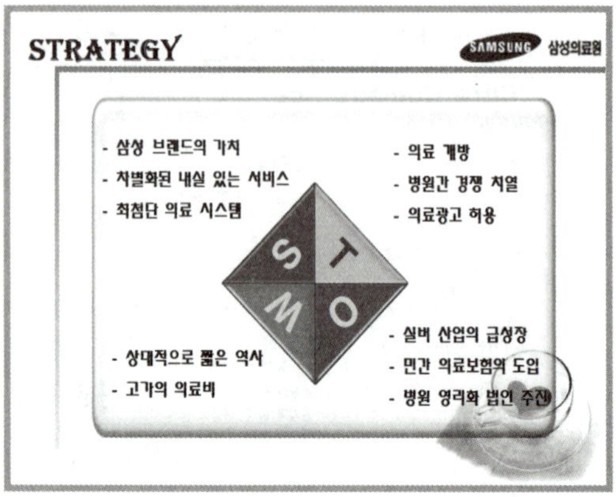
STRATEGY
SAMSUNG 삼성의료원
- 삼성 브랜드의 가치
- 차별화된 내실 있는 서비스
- 최첨단 의료 시스템
- 의료 개방
- 병원간 경쟁 치열
- 의료광고 허용
S
T
W
O
- 상대적으로 짧은 역사
- 고가의 의료비
- 실버 산업의 급성장
- 민간 의료보험의 도입
- 병원 영리화 법인 추진

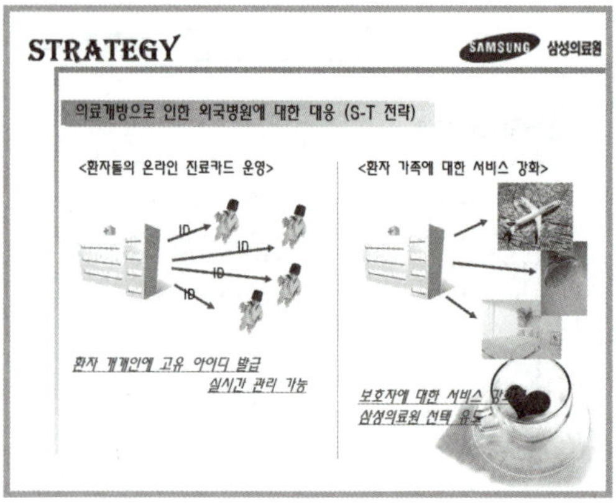
STRATEGY
SAMSUNG 삼성의료원
의료개방으로 인한 외국병원에 대한 대응 (S-T 전략)
<환자들의 온라인 진료카드 운영>
ID
ID
ID
ID
환자 개개인에 고유 아이디 발급
실시간 관리 가능
<환자 가족에 대한 서비스 강화>
보호자에 대한 서비스
삼성의료원 선택 유도

STRATEGY
SAMSUNG 삼성의료원
실버산업에 대한 적극적인 대비 (S-O 전략)
<실버타운과 의료서비스 제공 계약>
실버타운
삼성의료원의 의료진
노후산업 성장으로 증가할
실버타운내 의료서비스 선점

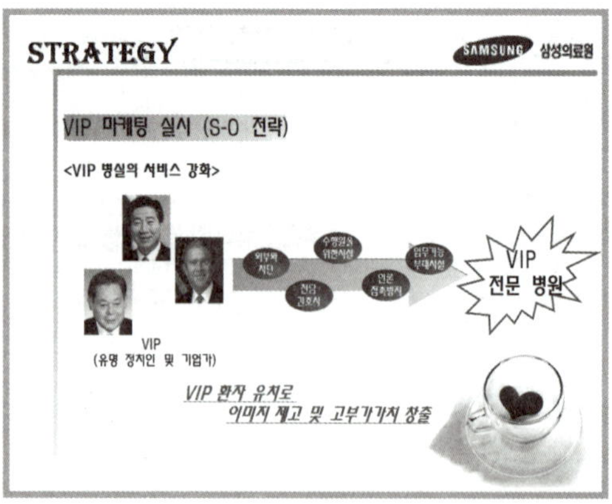
STRATEGY
SAMSUNG 삼성의료원
VIP 마케팅 실시 (S-O 전략)
<VIP 병실의 서비스 강화>
VIP
(유명 정치인 및 기업가)
VIP
전문 병원
VIP 환자 유치로
이미지 제고 및 고부가가치 창출

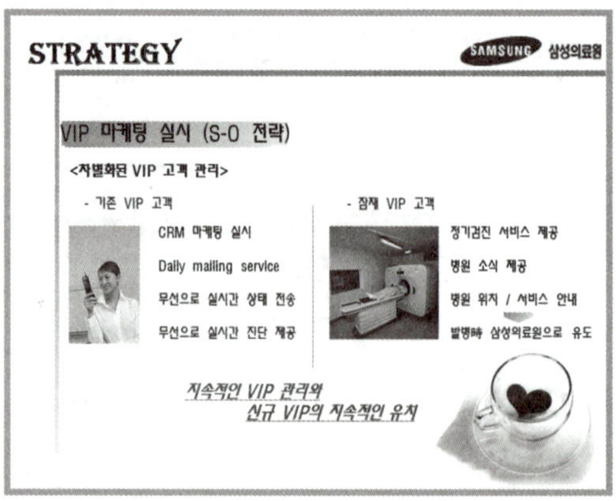
STRATEGY
SAMSUNG 삼성의료원
VIP 마케팅 실시 (S-O 전략)
<차별화된 VIP 고객 관리>
- 기존 VIP 고객
CRM 마케팅 실시
Daily mailing service
무선으로 실시간 상태 전송
무선으로 실시간 진단 제공
- 잠재 VIP 고객
정기검진 서비스 제공
병원 소식 제공
병원 위치 / 서비스 안내
발병時 삼성의료원으로 유도
지속적인 VIP 관리와
신규 VIP의 지속적인 유치

사례6 정상을 향한 VIPS의 경쟁전략

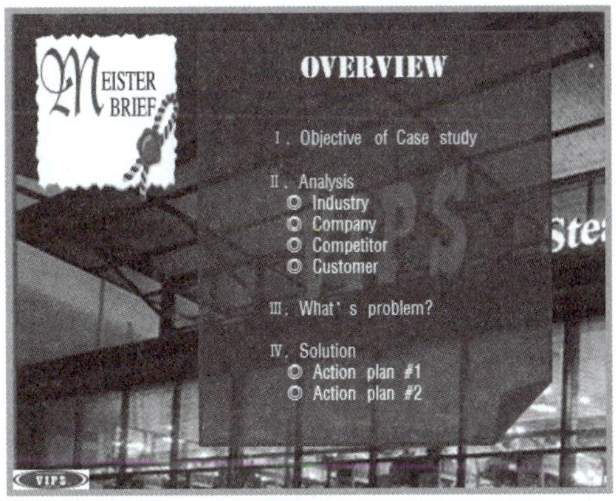

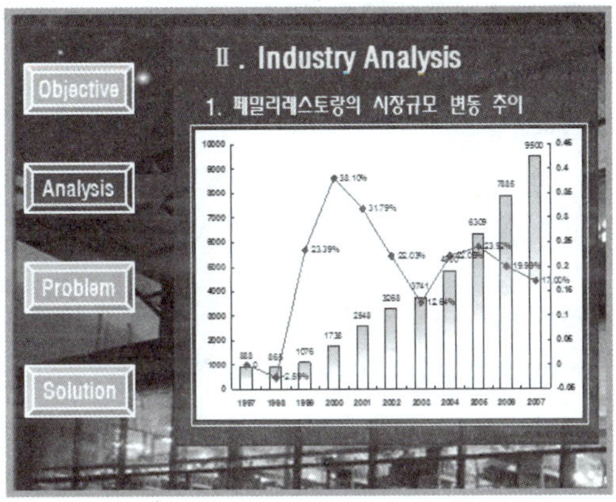

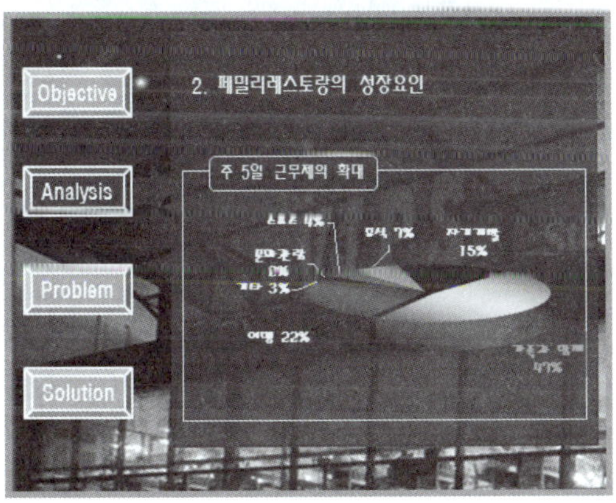

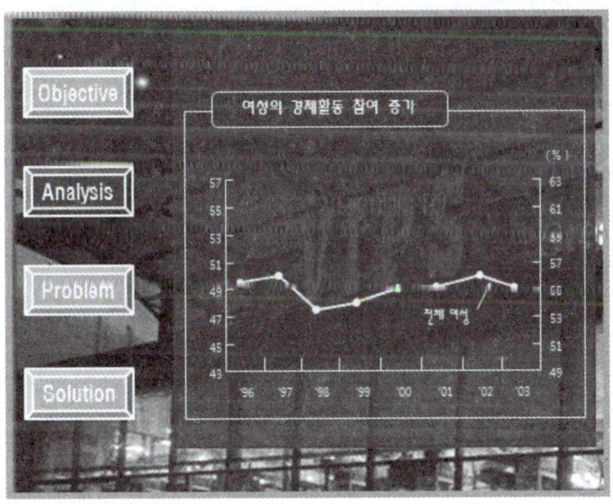

Objective
Analysis
Problem
Solution
웰빙 열풍의 장기화 조짐
도입단계
('00~'01)
확산단계
('02~'03)
활용단계
('04~)
대중매체들의
소개
기존제품에
대한 마케팅
봇수
다양한
웰빙형 신상품
등장
- 실질임금 증대
- 주체적 소비문화
- 최악의 황사
- 광우병
- 조류독감
- 사스 확산
- 주5일
근무제실시

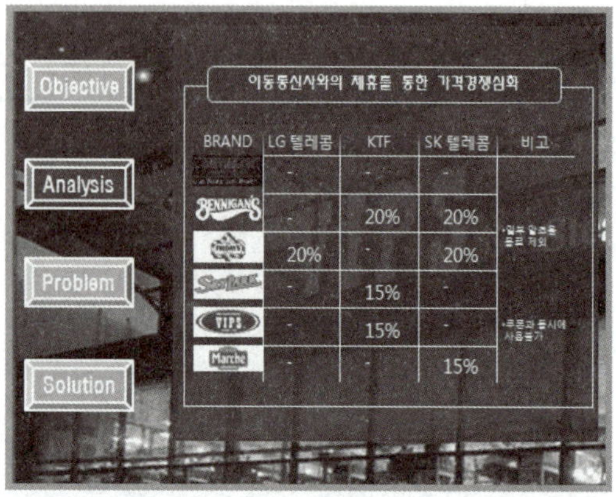
Objective
Analysis
Problem
Solution
이동통신사와의 제휴를 통한 가격경쟁심화
BRAND
LG 텔레콤
KTF
SK 텔레콤
비고
-
-
-
BENNIGAN'S
-
20%
20%
20%
-
20%
-
15%
-
VIPS
-
15%
-
Marche
-
-
15%

Objective
Analysis
Problem
Solution
3. 패밀리레스토랑 트렌드
VIPS
빕스 75개 매장
아웃백 74개 매장
전국적으로 이미 300여 개에 육박하는
육류중심 패밀리레스토랑 매장 수

Objective
Analysis
Problem
Solution
웰빙시대에 발맞추는 해산물 메뉴 강세
신세계 푸드시스템의 보노보노
BONO BONO
- 고급화 전략
- 엄선된 식재료
제네시스의 오션스타
Ocean star
Seafood Dining No.1
- 해산물 요리와 샐러드뷔페
- 랍스터 등의 메인요리

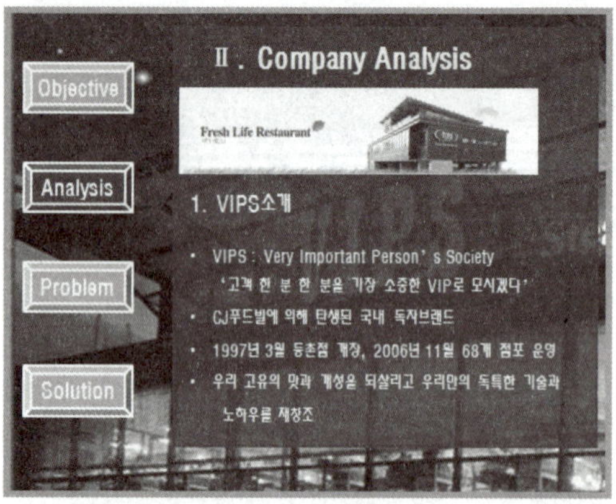
Objective
Analysis
Problem
Solution
Ⅱ. Company Analysis
Fresh Life Restaurant
1. VIPS소개
• VIPS : Very Important Person's Society
'고객 한 분 한 분을 가장 소중한 VIP로 모시겠다'
• CJ푸드빌에 의해 탄생된 국내 독자브랜드
• 1997년 3월 등촌점 개장, 2006년 11월 68개 점포 운영
• 우리 고유의 맛과 개성을 되살리고 우리만의 독특한 기술과
노하우를 재창조

Objective
Analysis
Problem
Solution
Fresh Life Restaurant
• 주요 Target : 자가차량을 소유한 가족단위의 고객 /
경제력을 갖춘 20~30대의 직장인
• 매장위치 : 넓은 주차공간 확보를 위해서 매장이
주로 도심지 외곽에 위치함.
• 직화구이 방식으로 구워낸 10여종의 스테이크
• 90여 가지의 메뉴로 구성된 샐러드바

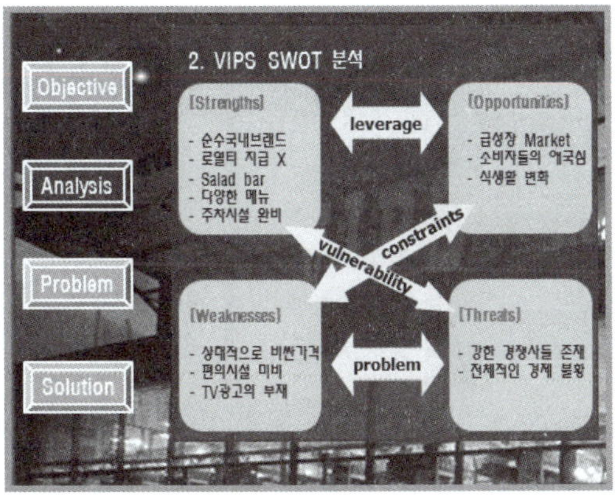
Objective
Analysis
Problem
Solution
2. VIPS SWOT 분석
[Strengths]
- 순수국내브랜드
- 로열티 지급 X
- Salad bar
- 다양한 메뉴
- 주차시설 완비
[Opportunities]
- 급성장 Market
- 소비자들의 애국심
- 식생활 변화
[Weaknesses]
- 상대적으로 비싼가격
- 편의시설 미비
- TV광고의 부재
[Threats]
- 강한 경쟁사들 존재
- 전체적인 경제 불황
leverage
constraints
vulnerability
problem

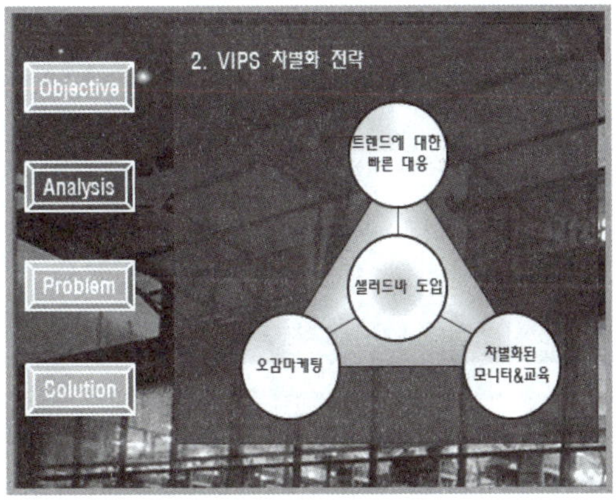
Objective
Analysis
Problem
Solution
2. VIPS 차별화 전략
트렌드에 대한 빠른 대응
샐러드바 도입
오감마케팅
차별화된 모니터&교육

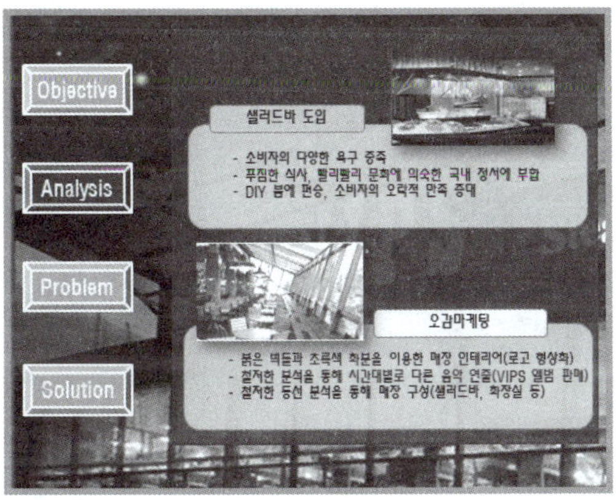
Objective
Analysis
Problem
Solution
샐러드바 도입
- 소비자의 다양한 욕구 충족
- 푸짐한 식사, 빨리빨리 문화에 익숙한 국내 정서에 부합
- DIY 붐에 편승, 소비자의 오락적 만족 증대
오감마케팅
- 붉은 벽돌과 초록색 화분을 이용한 매장 인테리어(로고 형상화)
- 철저한 분석을 통해 시간대별로 다른 음악 연출(VIPS 앨범 판매)
- 철저한 동선 분석을 통해 매장 구성(샐러드바, 화장실 등)

Objective
Analysis
Problem
Solution
트렌드에 대한 빠른 대응
- 한국의 맛 도입(김치 제공, 찹쌀 메뉴 개발)
- 계절별 뉴 샐러드 메뉴 도입
- 육류, 조류 파동에 대비하는 시푸드 메뉴 개발
차별화된 모니터 & 교육
- 주부 모니터 요원의 활용 및 세심한 배려로 입소문 효과 증대
- 상황에 따른 직원 매뉴얼 없이 전 직원의 능동적인 대처 장려

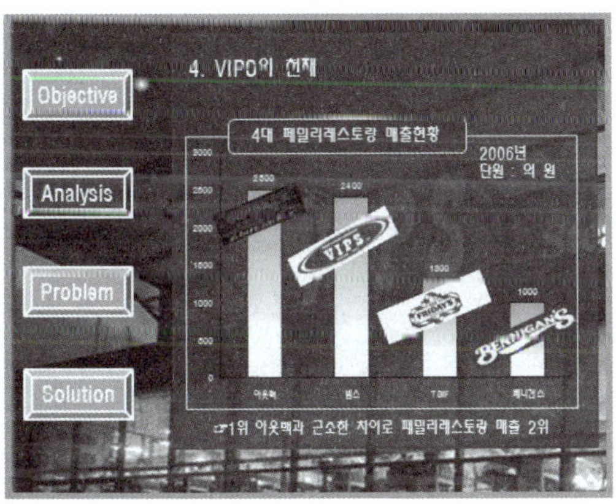
Objective
Analysis
Problem
Solution
4. VIPO의 현재
4대 패밀리레스토랑 매출현황
2006년
단위 : 억 원
2500
2400
1000
VIPS
BENNIGAN'S
☞1위 아웃백과 근소한 차이로 패밀리레스토랑 매출 2위

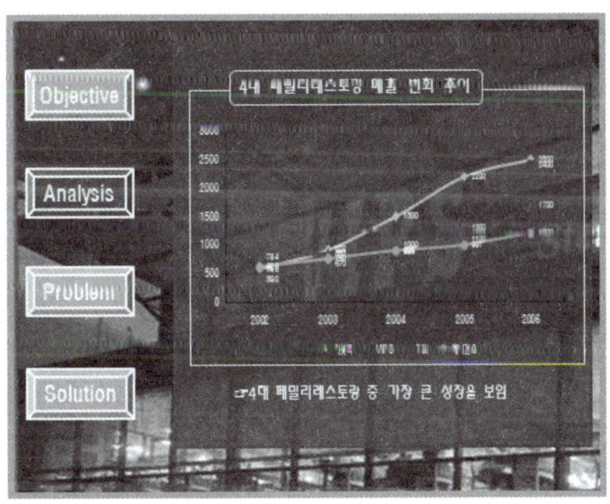
Objective
Analysis
Problem
Solution
4대 패밀리레스토랑 매출 변화 추이
2002
2003
2004
2005
2006
☞4대 패밀리레스토랑 중 가장 큰 성장을 보임

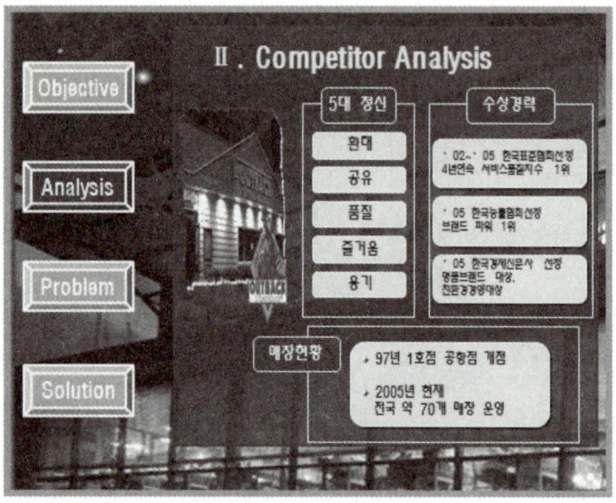
Objective
Analysis
Problem
Solution
Ⅱ. Competitor Analysis
5대 정신
환대
공유
품질
즐거움
용기
수상경력
' 02~' 05 한국표준협회선정 4년연속 서비스품질지수 1위
' 05 한국능률협회선정 브랜드 파워 1위
' 05 한국경제신문사 선정 명품브랜드 대상, 전문경영인대상
매장현황
97년 1호점 공항점 개점
2005년 현재 전국 약 70개 매장 운영

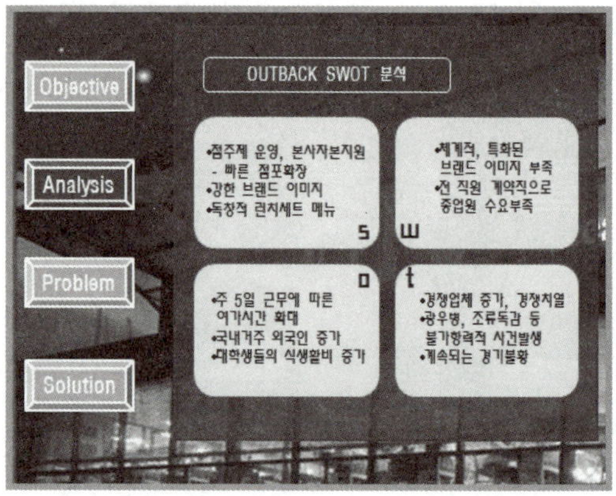
Objective
Analysis
Problem
Solution
OUTBACK SWOT 분석
•점주제 운영, 본사자본지원 - 빠른 점포확장
•강한 브랜드 이미지
•독창적 런치세트 메뉴
s
w
•체계적, 특화된 브랜드 이미지 부족
•전 직원 계약직으로 종업원 수요부족
o
t
•주 5일 근무에 따른 여가시간 확대
•국내거주 외국인 증가
•대학생들의 식생활비 증가
•경쟁업체 증가, 경쟁치열
•광우병, 조류독감 등 불가항력적 사건발생
•계속되는 경기불황

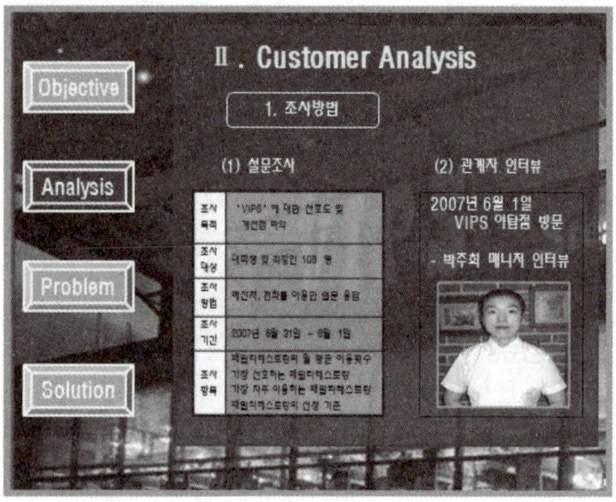
Objective
Analysis
Problem
Solution
Ⅱ. Customer Analysis
1. 조사방법
(1) 설문조사
(2) 관계자 인터뷰
조사 목적
조사 대상
조사 방법
조사 기간
조사 항목
2007년 6월 1일 VIPS 야탑점 방문
- 박주희 매니저 인터뷰

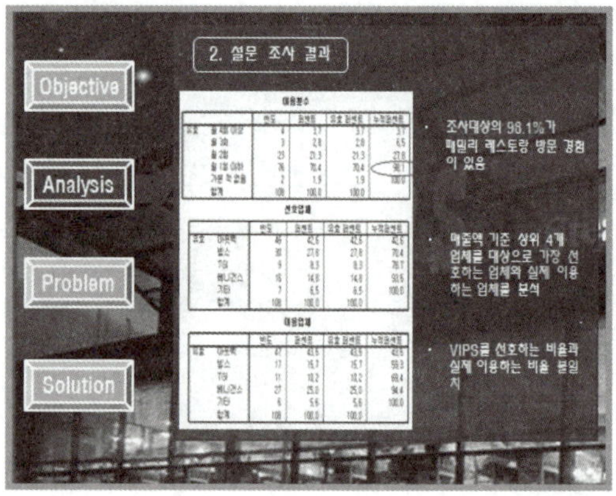
Objective
Analysis
Problem
Solution
2. 설문 조사 결과
조사대상의 98.1%가 패밀리 레스토랑 방문 경험이 있음
매출액 기준 상위 4개 업체를 대상으로 가장 선호하는 업체와 실제 이용하는 업체를 분석
VIPS를 선호하는 비율과 실제 이용하는 비율 불일치

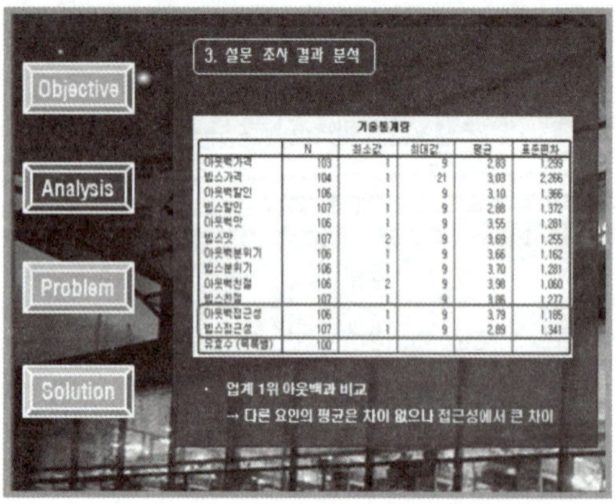
Objective
Analysis
Problem
Solution
3. 설문 조사 결과 분석
기술통계량
N 최소값 최대값 평균 표준편차
아웃백가격 103 1 9 2.83 1.299
빕스가격 104 1 21 3.03 2.266
아웃백할인 106 1 9 3.10 1.366
빕스할인 107 1 9 2.88 1.372
아웃백맛 106 1 9 3.55 1.281
빕스맛 107 2 9 3.69 1.255
아웃백분위기 106 1 9 3.66 1.162
빕스분위기 106 1 9 3.70 1.281
아웃백친절 106 2 9 3.98 1.060
빕스친절 107 1 9 3.86 1.277
아웃백접근성 106 1 9 3.79 1.185
빕스접근성 107 1 9 2.89 1.341
유효수 (목록별) 100
업계 1위 아웃백과 비교
→ 다른 요인의 평균은 차이 없으나 접근성에서 큰 차이

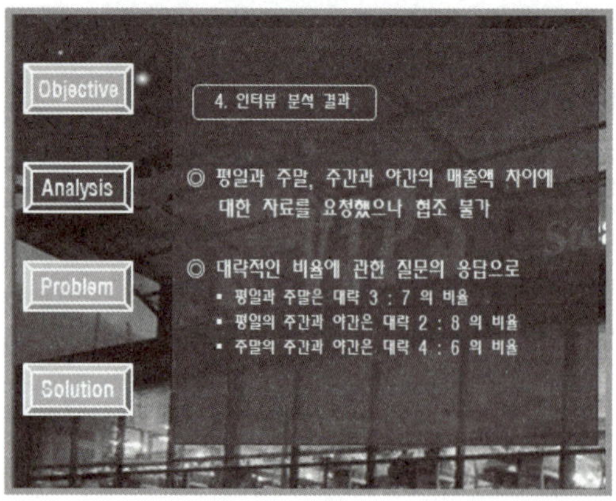
Objective
Analysis
Problem
Solution
4. 인터뷰 분석 결과
◎ 평일과 주말, 주간과 야간의 매출액 차이에 대한 자료를 요청했으나 협조 불가
◎ 대략적인 비율에 관한 질문의 응답으로
▪ 평일과 주말은 대략 3 : 7 의 비율
▪ 평일의 주간과 야간은 대략 2 : 8 의 비율
▪ 주말의 주간과 야간은 대략 4 : 6 의 비율

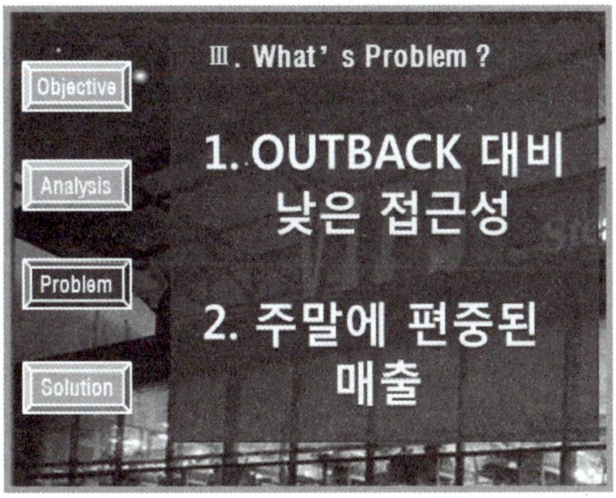
Objective
Analysis
Problem
Solution
Ⅲ. What' s Problem ?
1. OUTBACK 대비 낮은 접근성
2. 주말에 편중된 매출

Objective
Analysis
Problem
Solution
Ⅳ. SOLUTION !
☞ 선도우위를 차지하기 위한 전략 제시
1. 매장 접근성 향상
2. 주중, 주간 매출액 향상

Objective
Analysis
Problem
Solution
☞ Action plan #1
도심지에 VIPS를!
VIPS
VIPS의 가장 큰 문제는 낮은 접근성!!
Building in Style(건물 안에 들어가 입점하는 방식) 점포의 증가로 보다 많은 고객들을 확보!!

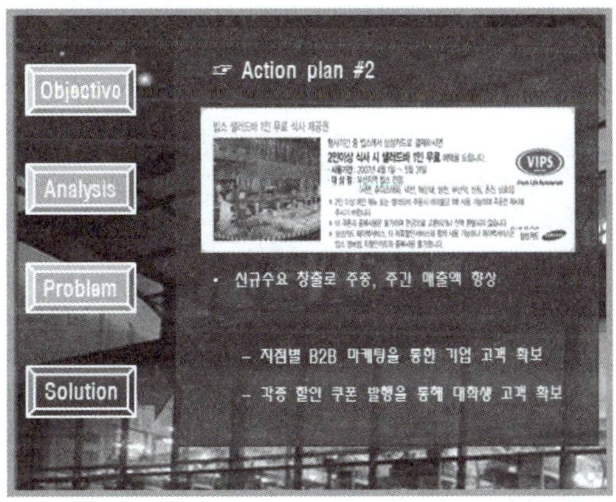
Objective
Analysis
Problem
Solution
☞ Action plan #2
2만이상 식사 시 샐러드바 1인 무료
VIPS
· 신규수요 창출로 주중, 주간 매출액 향상
- 지점별 B2B 마케팅을 통한 기업 고객 확보
- 각종 할인 쿠폰 발행을 통해 대학생 고객 확보

사례7 현대백화점의 경영전략

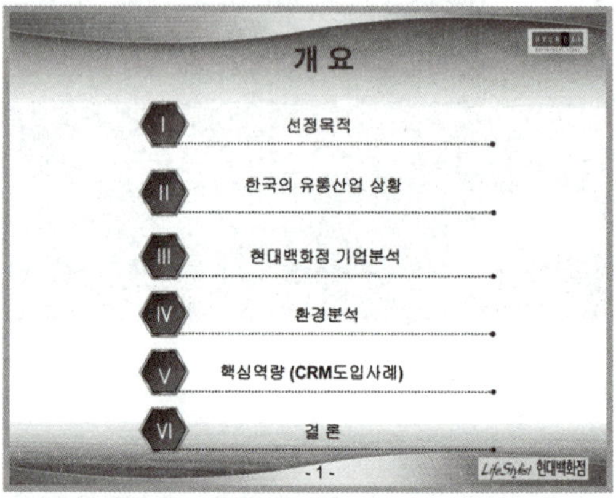

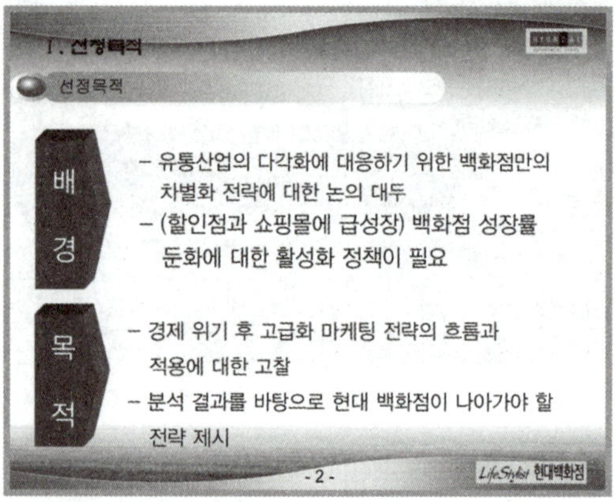

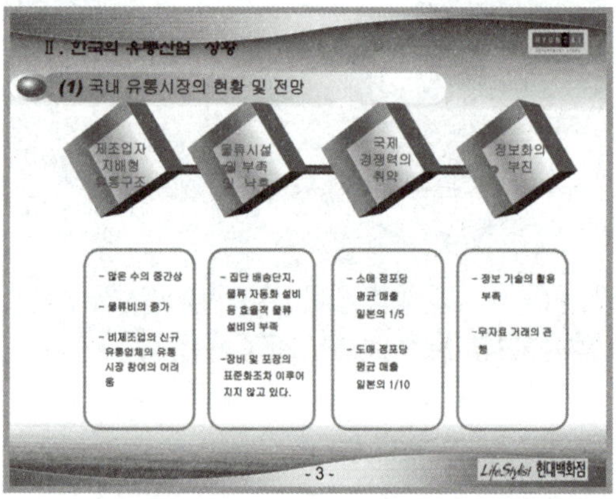

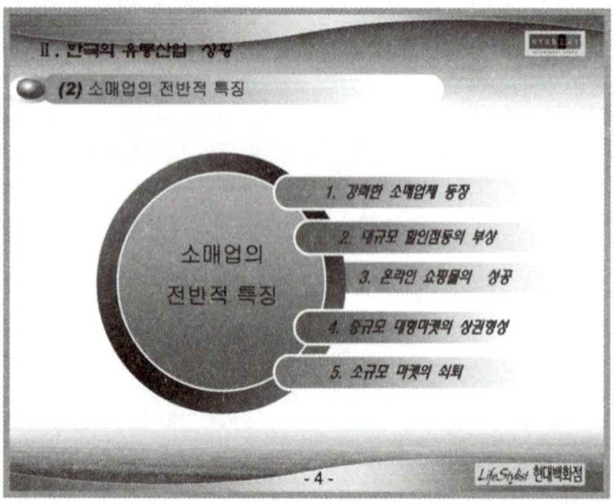

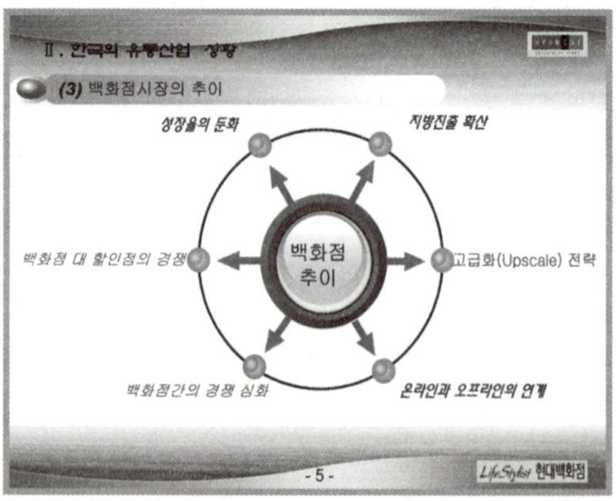

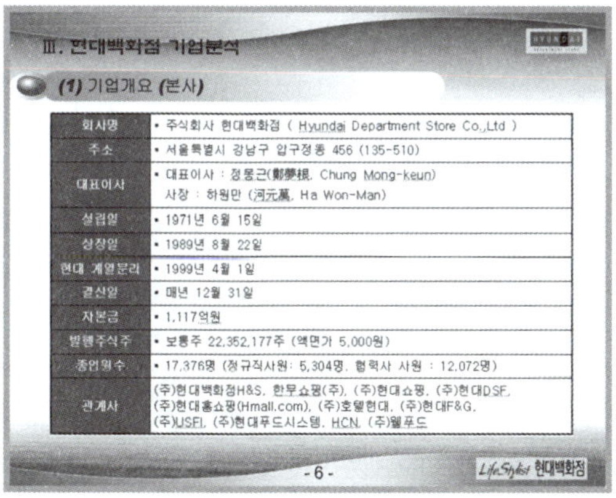

Ⅲ. 현대백화점 기업분석

(1) 기업개요 (본사)

회사명	• 주식회사 현대백화점 (Hyundai Department Store Co.,Ltd)
주소	• 서울특별시 강남구 압구정동 456 (135-510)
대표이사	• 대표이사 : 정몽근(鄭夢根, Chung Mong-keun) 사장 : 하원만 (河元萬, Ha Won-Man)
설립일	• 1971년 6월 15일
상장일	• 1989년 8월 22일
현대 계열분리	• 1999년 4월 1일
결산일	• 매년 12월 31일
자본금	• 1,117억원
발행주식주	• 보통주 22,352,177주 (액면가 5,000원)
종업원수	• 17,376명 (정규직사원: 5,304명, 협력사 사원 : 12,072명)
관계사	(주)현대백화점H&S, 한무쇼핑(주), (주)현대쇼핑, (주)현대DSF, (주)현대홈쇼핑(Hmall.com), (주)호텔현대, (주)현대F&G, (주)USFI, (주)현대푸드시스템, HCN, (주)웰푸드

- 6 -

LifeStylist 현대백화점

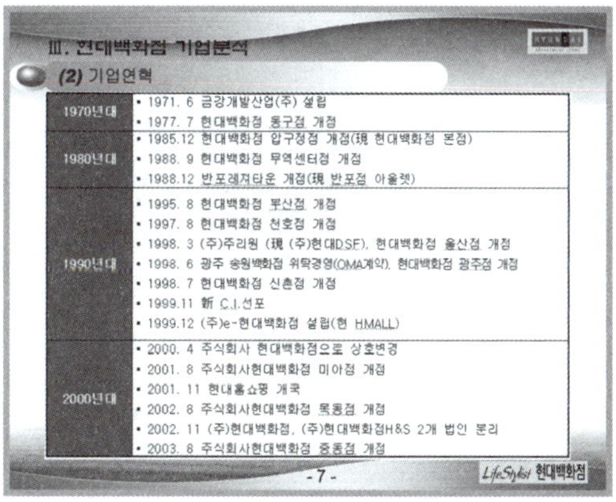

Ⅲ. 현대백화점 기업분석

(2) 기업연혁

1970년대	• 1971. 6 금강개발산업(주) 설립 • 1977. 7 현대백화점 동구점 개점
1980년대	• 1985.12 현대백화점 압구정점 개점(現 현대백화점 본점) • 1988. 9 현대백화점 무역센터점 개점 • 1988.12 반포레저타운 개점(現 반포점 아울렛)
1990년대	• 1995. 8 현대백화점 부산점 개점 • 1997. 8 현대백화점 천호점 개점 • 1998. 3 (주)주리원 (現 (주)현대DSF), 현대백화점 울산점 개점 • 1998. 6 광주 송원백화점 위탁경영(OMA계약), 현대백화점 광주점 개점 • 1998. 7 현대백화점 신촌점 개점 • 1999.11 新 C.I.선포 • 1999.12 (주)e-현대백화점 설립(현 HMALL)
2000년대	• 2000. 4 주식회사 현대백화점으로 상호변경 • 2001. 8 주식회사현대백화점 미아점 개점 • 2001. 11 현대홈쇼핑 개국 • 2002. 8 주식회사현대백화점 목동점 개점 • 2002. 11 (주)현대백화점, (주)현대백화점H&S 2개 법인 분리 • 2003. 8 주식회사현대백화점 중동점 개점

- 7 -

LifeStylist 현대백화점

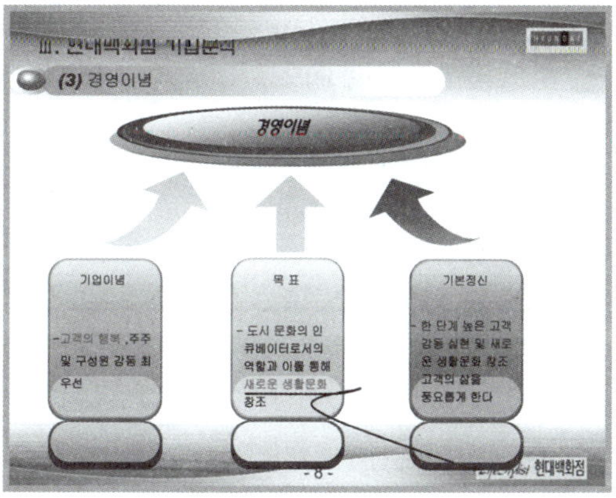

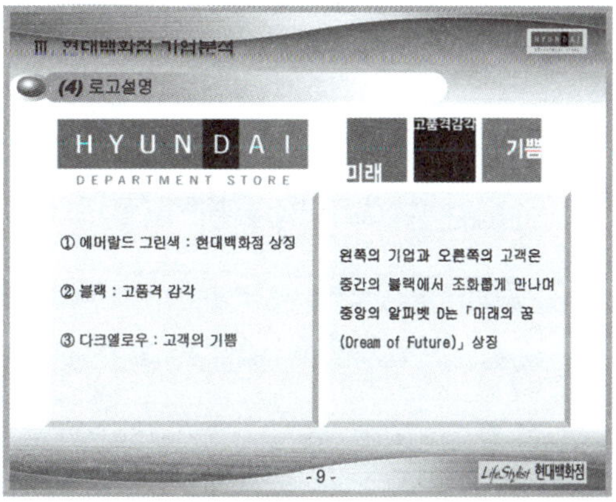

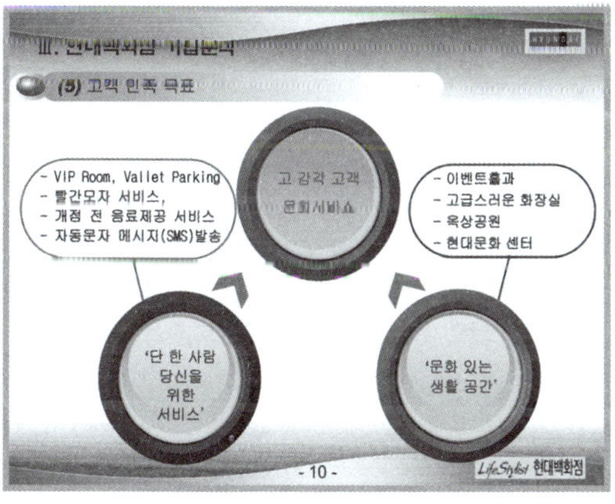

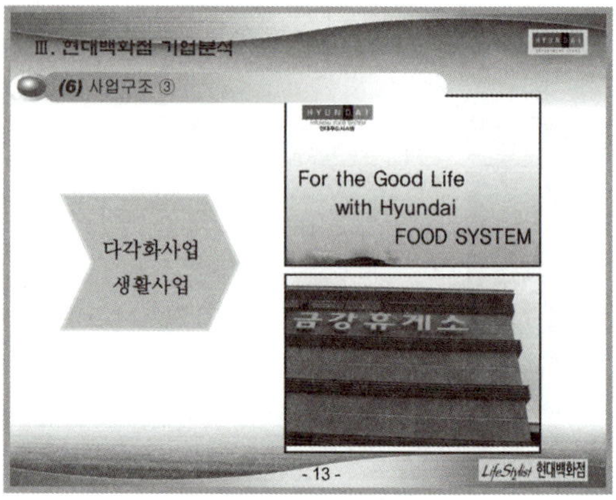

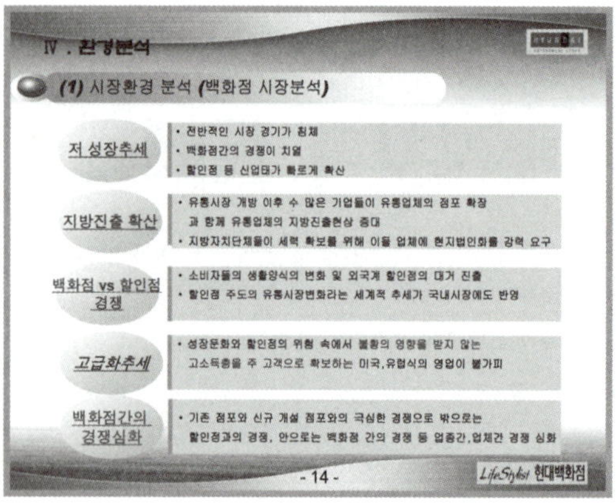

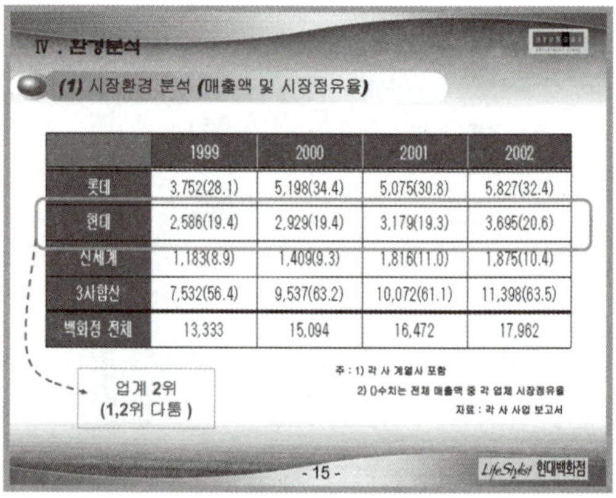

	1999	2000	2001	2002
롯데	3,752(28.1)	5,198(34.4)	5,075(30.8)	5,827(32.4)
현대	2,586(19.4)	2,929(19.4)	3,179(19.3)	3,695(20.6)
신세계	1,183(8.9)	1,409(9.3)	1,816(11.0)	1,875(10.4)
3사합산	7,532(56.4)	9,537(63.2)	10,072(61.1)	11,398(63.5)
백화점 전체	13,333	15,094	16,472	17,962

주 : 1) 각 사 계열사 포함
2) ()수치는 전체 매출액 중 각 업체 시장점유율
자료 : 각 사 사업 보고서

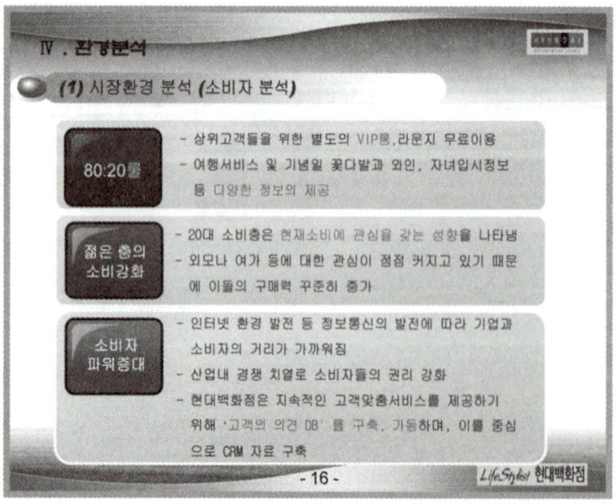

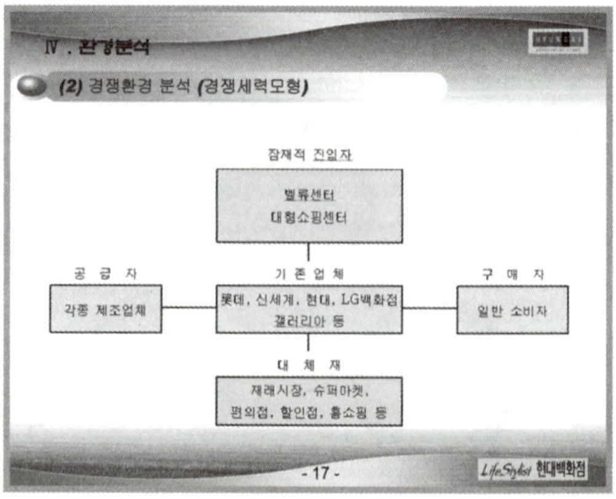

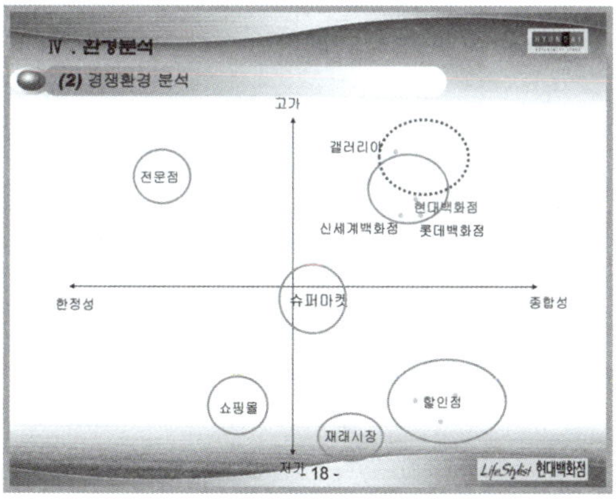
Ⅳ. 환경분석
(2) 경쟁환경 분석
고가
갤러리아
전문점
현대백화점
신세계백화점
롯데백화점
한정성
슈퍼마켓
종합성
쇼핑몰
할인점
재래시장
저가
- 18 -
LifeStylist 현대백화점

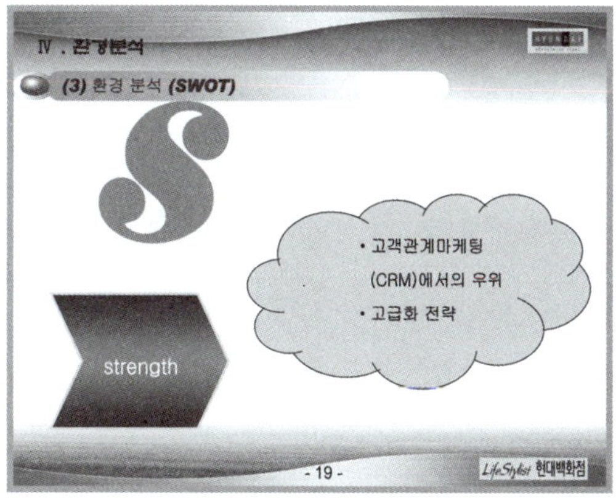
Ⅳ. 환경분석
(3) 환경 분석 (SWOT)
S
strength
• 고객관계마케팅 (CRM)에서의 우위
• 고급화 전략
- 19 -
LifeStylist 현대백화점

Ⅳ. 환경분석
(3) 환경 분석 (SWOT)
w
weakness
• 고급백화점의 이미지에 맞는 상권확보의 어려움
• 지나친 고급화이미지 인한 거리감
- 20 -
LifeStylist 현대백화점

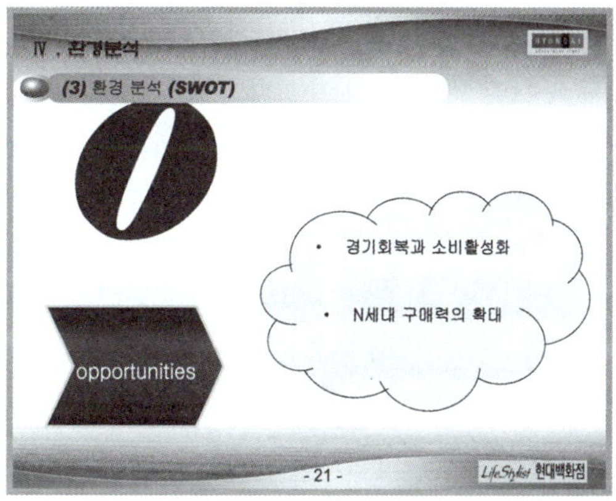
Ⅳ. 환경분석
(3) 환경 분석 (SWOT)
o
opportunities
• 경기회복과 소비활성화
• N세대 구매력의 확대
- 21 -
LifeStylist 현대백화점

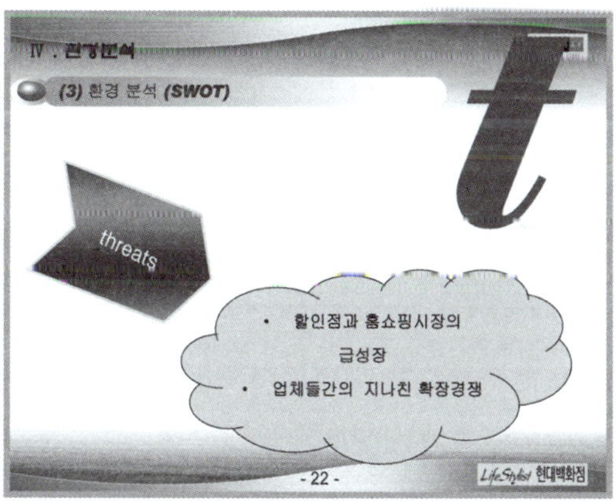
Ⅳ. 환경분석
(3) 환경 분석 (SWOT)
t
threats
• 할인점과 홈쇼핑시장의 급성장
• 업체들간의 지나친 확장경쟁
- 22 -
LifeStylist 현대백화점

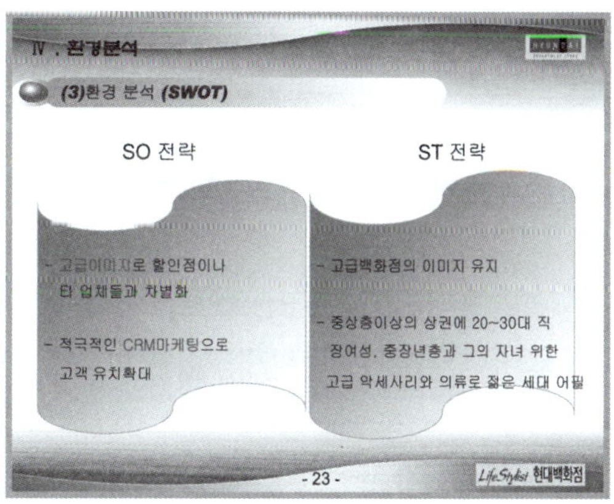
Ⅳ. 환경분석
(3)환경 분석 (SWOT)
SO 전략
- 고급이미지로 할인점이나 타 업체들과 차별화
- 적극적인 CRM마케팅으로 고객 유치확대
ST 전략
- 고급백화점의 이미지 유지
- 중상층이상의 상권에 20~30대 직장여성, 중장년층과 그의 자녀 위한 고급 악세사리와 의류로 젊은 세대 어필
- 23 -
LifeStylist 현대백화점

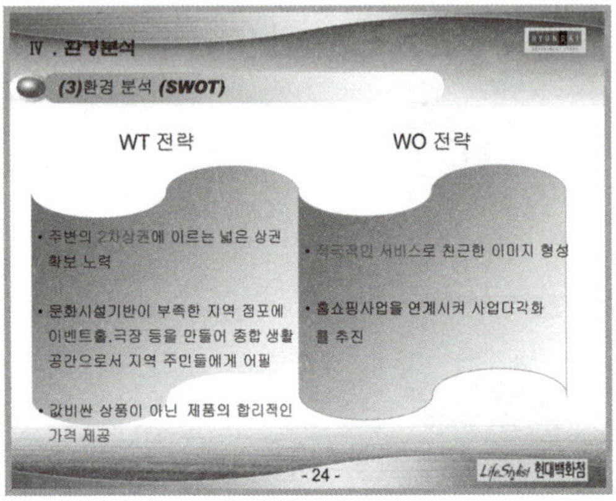
Ⅳ. 환경분석
(3)환경 분석 (SWOT)
WT 전략
WO 전략
• 주변의 2차상권에 이르는 넓은 상권 확보 노력
• 문화시설기반이 부족한 지역 점포에 이벤트홀,극장 등을 만들어 종합 생활 공간으로서 지역 주민들에게 어필
• 값비싼 상품이 아닌 제품의 합리적인 가격 제공
• 적극적인 서비스로 친근한 이미지 형성
• 홈쇼핑사업을 연계시켜 사업다각화 를 추진
- 24 -
LifeStylist 현대백화점

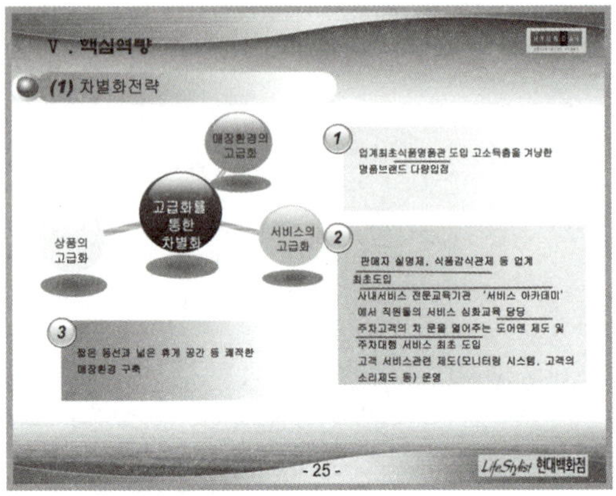
Ⅴ. 핵심역량
(1) 차별화전략
매장환경의 고급화
고급화를 통한 차별화
서비스의 고급화
상품의 고급화
1
업계최초식품명품관 도입 고소득층을 겨냥한 명품브랜드 다량입점
2
판매자 실명제, 식품감식관제 등 업계 최초도입
사내서비스 전문교육기관 '서비스 아카데미'에서 직원들의 서비스 심화교육 담당
주차고객의 차 문을 열어주는 도어맨 제도 및 주차대행 서비스 최초 도입
고객 서비스관련 제도(모니터링 시스템, 고객의 소리제도 등) 운영
3
짧은 동선과 넓은 휴게 공간 등 쾌적한 매장환경 구축
- 25 -
LifeStylist 현대백화점

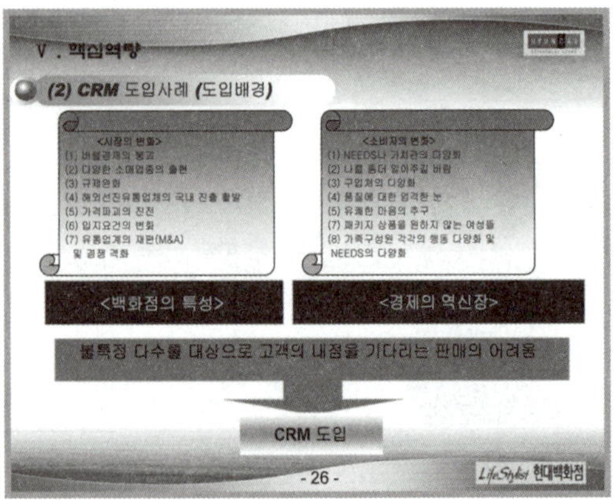
Ⅴ. 핵심역량
(2) CRM 도입사례 (도입배경)
<시장의 변화>
(1) 버블경제의 붕괴
(2) 다양한 소매업종의 출현
(3) 규제완화
(4) 해외선진유통업체의 국내 진출 활발
(5) 가격파괴의 진전
(6) 입지요건의 변화
(7) 유통업계의 재편(M&A) 및 경쟁 격화
<소비자의 변화>
(1) NEEDS나 가치관의 다양화
(2) 나를 좀더 알아주길 바람
(3) 구입처의 다양화
(4) 품질에 대한 엄격한 눈
(5) 유쾌한 마음의 추구
(7) 패키지 상품을 원하지 않는 여성들
(8) 가족구성원 각각의 행동 다양화 및 NEEDS의 다양화
<백화점의 특성>
<경제의 역신장>
불특정 다수를 대상으로 고객의 내점을 기다리는 판매의 어려움
CRM 도입
- 26 -
LifeStylist 현대백화점

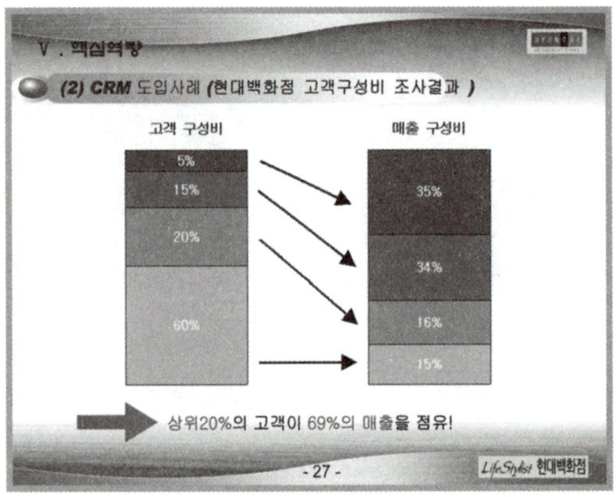
Ⅴ. 핵심역량
(2) CRM 도입사례 (현대백화점 고객구성비 조사결과)
고객 구성비
매출 구성비
5%
15%
20%
60%
35%
34%
16%
15%
상위20%의 고객이 69%의 매출을 점유!
- 27 -
LifeStylist 현대백화점

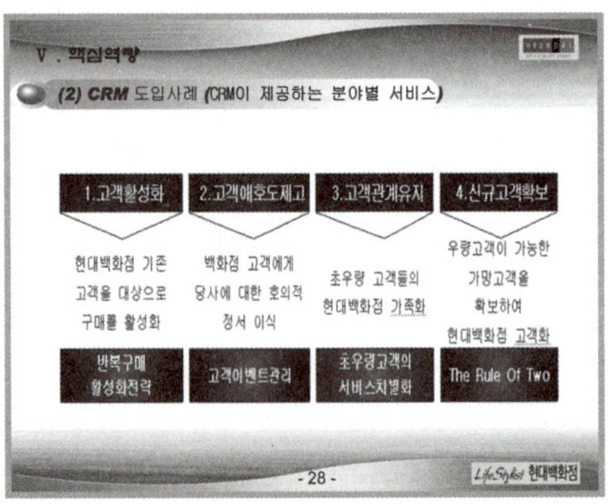
Ⅴ. 핵심역량
(2) CRM 도입사례 (CRM이 제공하는 분야별 서비스)
1.고객활성화
2.고객애호도제고
3.고객관계유지
4.신규고객확보
현대백화점 기존 고객을 대상으로 구매률 활성화
백화점 고객에게 당사에 대한 호의적 정서 이식
초우량 고객들의 현대백화점 가족화
우량고객이 가능한 가망고객을 확보하여 현대백화점 고객화
반복구매 활성화전략
고객이벤트관리
초우량고객의 서비스차별화
The Rule Of Two
- 28 -
LifeStylist 현대백화점

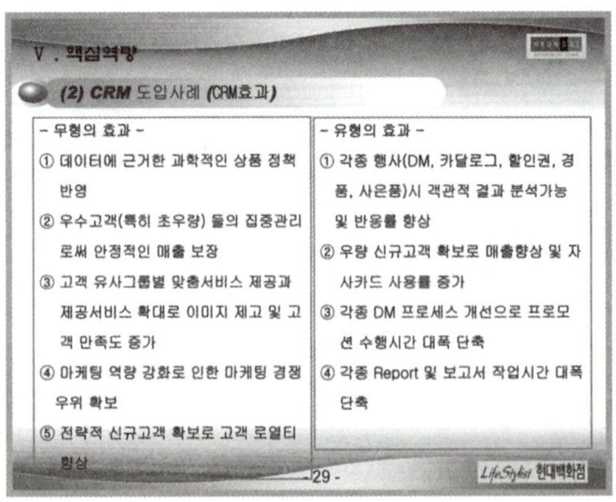
Ⅴ. 핵심역량
(2) CRM 도입사례 (CRM효과)
- 무형의 효과 -
① 데이터에 근거한 과학적인 상품 정책 반영
② 우수고객(특히 초우량) 들의 집중관리로써 안정적인 매출 보장
③ 고객 유사그룹별 맞춤서비스 제공과 제공서비스 확대로 이미지 제고 및 고객 만족도 증가
④ 마케팅 역량 강화로 인한 마케팅 경쟁우위 확보
⑤ 전략적 신규고객 확보로 고객 로열티 향상
- 유형의 효과 -
① 각종 행사(DM, 카달로그, 할인권, 경품, 사은품)시 객관적 결과 분석가능 및 반응률 향상
② 우량 신규고객 확보로 매출향상 및 자사카드 사용률 증가
③ 각종 DM 프로세스 개선으로 프로모션 수행시간 대폭 단축
④ 각종 Report 및 보고서 작업시간 대폭 단축
- 29 -
LifeStylist 현대백화점

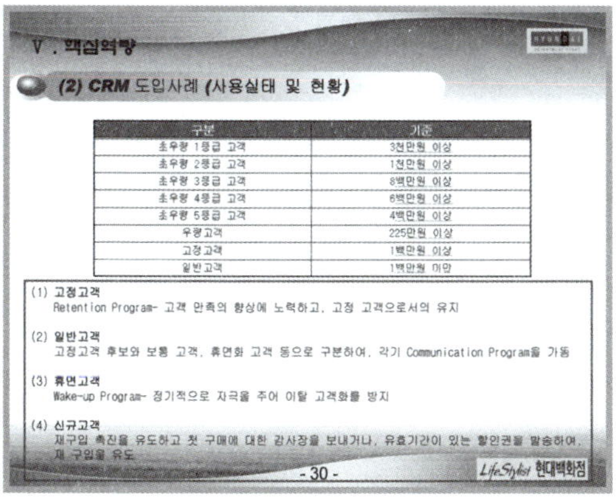
Ⅴ. 핵심역량
(2) CRM 도입사례 (사용실태 및 현황)
구분 | 기준
초우량 1등급 고객 | 3천만원 이상
초우량 2등급 고객 | 1천만원 이상
초우량 3등급 고객 | 8백만원 이상
초우량 4등급 고객 | 6백만원 이상
초우량 5등급 고객 | 4백만원 이상
우량고객 | 225만원 이상
고정고객 | 1백만원 이상
일반고객 | 1백만원 미만
(1) 고정고객
Retention Program- 고객 만족의 향상에 노력하고, 고정 고객으로서의 유지
(2) 일반고객
고정고객 후보와 보통 고객, 휴면화 고객 등으로 구분하여, 각기 Communication Program을 가동
(3) 휴면고객
Wake-up Program- 정기적으로 자극을 주어 이탈 고객화를 방지
(4) 신규고객
재구입 촉진을 유도하고 첫 구매에 대한 감사장을 보내거나, 유효기간이 있는 할인권을 발송하여,
재 구입을 유도
- 30 -
LifeStylist 현대백화점

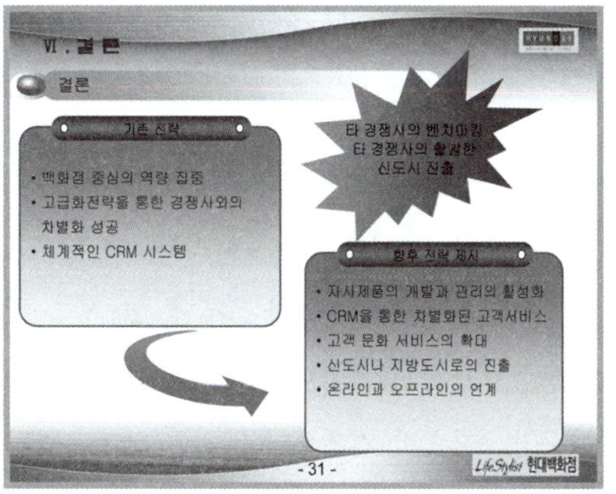
Ⅵ. 결 론
결론
기존 전략
• 백화점 중심의 역량 집중
• 고급화전략을 통한 경쟁사와의
차별화 성공
• 체계적인 CRM 시스템
타 경쟁사의 벤치마킹
타 경쟁사의 활발한
신도시 진출
향후 전략 제시
• 자사제품의 개발과 관리의 활성화
• CRM을 통한 차별화된 고객서비스
• 고객 문화 서비스의 확대
• 신도시나 지방도시로의 진출
• 온라인과 오프라인의 연계
- 31 -
LifeStylist 현대백화점

참고 문헌

김동철, 서영우, 『경영전략 수립 방법론』, 시그마인사이트컴, 2008.

김명수, 『공공정책평가론』, 박영사, 1993.

김명호, 『기업사례 경영학』, 두남, 2005.

김성수, 『21세기형 글로벌경영전략』, 삼영사, 2008.

김승경, 『지속적 경쟁우위를 위한 생산운영관리』, 청목출판사, 2016.

김위찬, Rene Mauborgne, 『블루오션전략』, 교보문고, 2005.

김철교 외, 『중소기업창업론』, 탑북스, 2010.

박준용, 『전략경영』, 청람, 2008.

신유근, 『조직행위론』, 다산출판사, 1981.

신철호, 『14가지 경영혁신기법의 통합모델』, IBS, 1999.

신형덕 역, Barney, Jay B. & Hesterly, William S., 『전략경영과 경쟁우위』, 시그마프레스, 2016.

오동일, "사업부 조직의성과 평가를 위한 DEA 모형의 적용가능성에 관한 연구", 서울대학교 박사학위 논문, 1987.

오석홍 외, 『조직학의 주요이론』, 법문사, 2000.

유기현, 『전략경영론』, 무역경영사, 2003.

이상학, 『굿씽크』, 아이비에스, 1999.

이재관, 『프로세스 혁신』, 기한재, 2006.

이재관, 정대용, 『경영가이드북』, 부천상공회의소, 2003.

이학종, 『전략경영』, 박영사, 1997.

임창희, 『경영학』, 학현사, 2004.

장세진, 『경영전략』, 박영사, 2016.

장세진, 『경영전략 사례집』, 박영사, 2006.

조동성, 『21세기를 위한 전략경영』, 서울경제경영, 2006.

전용욱 외, 『국제경영』, 문영사, 2009.

최종태, 『현대 조직론』, 경세원, 1985.

황안숙, 『혁신전략』, 형설출판사, 2004.

한희영, 『경영학 원론』, 법문사, 1980.

Amit, R. and P.J.H. Schoemaker, "Strategic Asset and Organizational Rent", Strategic Ma－nage-ment Journal, Vol.14, 1993.

Andrews, K.R., 『The Concept of Corporate Strategy』, Dow Jones Irwin, 1971.

Andrews, K.R., 『The Concept of Strategy』, Homewood, IL, Richard D. Irwin, 1980.

Ansoff, I.H, 『Corporate Strategy』, McGraw－Hill, 1965.

Ansoff, I.H, 『Business Strategy』, Penguin books, 1976.

Ansoff, I.H, 『Implementing Strategic Management』, Englewood Cliffs, NJ, Prentice Hall, 1984.

Barnard, C., 『The Function of Executives』, Harvard Business School Press, M.A., 1938.

Barney, J.B., "Firm Resources and Sustained Competition Advantage", Journal of Management, Vol.17, 1991, pp.99-120.

Barney, J.B., "Organizational Culture : Can It Be a Source of Sustained Competitive Advantage?", Academy of Management Review, Vol.11, No.3., 1986.

Beer, M.M., 『Organization Change And Development : A Systems View』, Goodyear Publishing Co., 1980, pp.165-167.

Bower J.L. &Yves Doz, "Strategy Formulation : A Social and Political Process", Strategic Management : A New View of Business Policy and Planning, eds. C.W. Hofer and Dan Schendel, Boston, MA, Little Brown and Co., 1979.

Chandler, A.D, 『Strategy and Structure : Chapters in the History of American Industrial Enterprise』, MA, MIT Press, 1962.

Chandler, A.D., 『The Visible Hand : The Managerial Revolution in American Business』, Harvard University Press, M.A., 1977.

Cho and Lee, "A Paradigm in Strategy Theory : ser-M", Working Paper, Seoul National University, 1995.

Christensen, C.R., Kenneth R. Andrews & Joseph L. Bower, 『Business Policy』Irwin, 1973.

Cyert, R.M. and James G. March, 『A Behavioral Theory of the Firm』, Englewood Cliffs, NJ, Prentice Hall, 1963.

David, C.D., 『Business Policy and Planning』, Prentice-Hall, 1977.

Drongelen, K. & Cook, "Design Principles for the Development of Measurement System for Research and Development Processes", R&D Management, 1977.

Fleisher, C.S. and Bensoussan, 『Strategic and Competitive Analysis』, Pearson Education, 2003.

Ghemawat, P., 『Commitment : the Dynamics of Strategy』, Free Press, New York, 1991.

Glueck, W.F., 『Business Policy』, McGraw-Hill, 1976.

Greiner, L.E., "Evolution and Revolution as Organizations Grow", Harvard Business Review, July-August, 1972.

Hannan, M.T. and J.Freeman, "Structural Inertia and Organizational Change", American Sociological Review, Vol.49, 1984.

Hax, A.C., 『Strategic Management-An Intergrative Perspective』, Englewood Cliffs, NJ, Prentice Hall, 1984.

Hax, A.C., "The Corporate Strategic Planning Process", Interfaces, Vol.14, No.1 January-February, 1984, pp.47-60.

Hofer, C.W., E.A. Murray, Ram Charan, and Robert A. Pitts, 『Strategic Management, A Casebook in Business Policy and Planning』, West Publishing, 1980, p.19.

Kaplan, R.S. & Norton, D.P., "The Balanced Scorecard Measures That Drive Performance", Harvard Business Review, 1992.

Kreps, D.M., 『A Course in Micromic Theory』, Princeton University Press,1990.

Levinthal, D.A., "Learning and Schumpeterian Dynamics", Working Paper, Wharton School, University of Pennsylvania, 1993.

Lorange, P., Corporate Planning-An Executive Viewpoint, Englewood Cliffs, NJ, Prentice Hall, 1980, Michael Porter, op cit., 1980,1985.

March, J., "Exploration and Exploitation in Organizational Learning", Organization Science, Vol.2, 1991.

Mintzberg, H., "Crafting Strategy", Harvard Business Review, Vol. 65, No. 1, July-august, 1987, pp.66-75.

Mintzberg, H., "Patterns in Strategy Formulation", Management Science, 1976, pp.934-948.

Mintzberg, H., Westley, "Cycles of organizational change", Strategic Management Journal, Vol.11, 1992, pp.171-195.

Olve et al., Performance Drivers, 1999.

Porter, M.E., 『Competitive Strategy: Techniques for Analyzing Industries and Competitiors』, Free Press New York, 1980.

Porter, M.E., 『Competitive Advantage: Creating and Ssustaining Superior Performance, Free Press New York, 1985.

Porter, M.E., 『Competitive Strategy-Techniques for Analyzing Industries and Competitors』, New York, The Free Press, 1985.

Porter, M.E., 『Competitive Strategy』, The Free Press, 1980.

Porter, M.E., "What is Strategy?", Harvard Business Review, November - December, 1996.

Rumelt, R.P., Strategy, 『Structure and Economic Performance』, Harvard University Press, M.A., 1974.

Rumelt, R.P., "Theory, Strategy and Entrepreneurship", in D. Teece(ed), The Competitive Challenge, Ballinger, M.A., 1987.

Schumpeter, J.A., 『Capitalismm, Socialism and Democracy』, Harper, NewYork, 1942.

Schwartz, J.J.,『Corporate Policy』, Prentive-Hall, 1978.

Stanford, M.J., 『Management Policy』, Prentice-Hall, 1979.

Teece, Pisano and Shuen, "Dynamic Capabilities and Strategic Management", CCC W orking Paper Center for Reaearch on Management, University of California, Berkely, 1990.

Vancil, R.F., and Peter Lorange, "Strategic Planning in Diversified Companies", Harvard Business Rewview, 53, No.1, January-February 1975, pp.81-90.

찾아보기

1 ~ 7

A ~ Z

ㄱ

ㄴ

ㄷ

ㄹ

ㅁ

ㅂ

ㅅ

ㅇ

ㅌ

ㅍ

ㅎ

지속적 경쟁우위를 위한

경영전략론 제4판

발행일 2017년 8월 24일
저 자 김승경
발행인 문정임
발행처 학산미디어
기 획 이덕선

표 지 부광아트 전진완 · 유현정
주 소 서울시 노원구 동일로245가길 41 202-401
전 화 02-935-0670 010-3223-7340
팩 스 02-932-0670
이메일 sorgento2000@hanmail.net
등 록 제25100-2011-000001호
ISBN 979-11-85294-19-3 93320
정 가 25,000원

이 도서의 국립중앙도서관 출판시도서목록(CIP)은 서지정보유통지원시스템 홈페이지(http://seoji.nl.go.kr)와 국가자료공동목록시스템(http://www.nl.go.kr/kolisnet)에서 이용하실 수 있습니다.
(CIP제어번호: CIP2017019518)